Ingrid Crowther

Im Kindergarten kreativ und effektiv lernen – auf die Umgebung kommt es an

Beltz Verlag · Weinheim und Basel

BELTZ

Ihre Wünsche, Kritiken und Fragen richten Sie bitte an:
Verlagsgruppe Beltz, Fachverlag Frühpädagogik
Werderstraße 10, 69469 Weinheim.

Published in the English language by Nelson Canada,
a Thomson Learning Company
© 2003

ISBN 3-407-56306-X

1. Auflage 2005

05 06 07 08 09 5 4 3 2 1

Planung/Konzept: Ulrike Bazlen, Weinheim
Lektorat: Sigrid Weber, Freiburg
Übersetzung: Claudia von Zglinicki, Berlin
Herstellung: Anja Kuhne, Weinheim
Satz: Markus Schmitz, Büro für typographische Dienstleistungen, Münster
Druck und Bindung: Druckhaus »Thomas Müntzer«, Bad Langensalza
Umschlaggestaltung: glas ag, Seeheim-Jugenheim
Titelfotografie und Kapitelauftaktfotos: Heidi Velten, Leutkirch
Fotos: Ingrid Crowther
Printed in Germany

Weitere Informationen finden Sie im Internet unter http://www.beltz.de

Inhaltsverzeichnis

Vorwort I zur deutschen Ausgabe

Dass dieses Buch nun in deutscher Sprache erscheinen kann, hat einen sehr persönlichen Hintergrund. 1998 trafen sich in Kanada zwei Frauen wieder, die sich vor vierzig Jahren zum letzten Mal in Deutschland begegnet waren. Damals waren sie Kinder, elf und vierzehn Jahre alt, und schlossen eine innige Freundschaft, die leider durch die Auswanderungspläne der Eltern der einen in die »neue Welt« 1958 jäh beendet wurde.

Je älter Menschen werden, desto wichtiger wird es für viele, Ordnung in die Vergangenheit zu bringen. Dazu gehört es auch, wichtige Menschen von einst ausfindig zu machen und sie wenigstens noch einmal wiederzusehen. Nur über Umwege war die Adresse der Freundin herauszufinden. Aber es klappte! Bei der telefonischen Anbahnung des Wiedersehens stellt sich heraus, dass wir ganz ähnliche Lebenswege eingeschlagen hatten: beide in der Hochschullehre tätig, beide spezialisiert auf Pädagogik und Entwicklungspsychologie, beide Mütter eines Sohnes. Was Wunder, dass wir uns am Flughafen auf den ersten Blick sehr vertraut waren, viele gemeinsame Erinnerungen lebendig wurden und sich viele fachliche Berührungspunkte fanden.

Ingrid Crowther wurde durch die Auswanderung der Eltern in einer Zeit, in der sie sich zur jungen Frau zu entwickeln begann, von ihren Wurzeln abgeschnitten und empfand dies mit zunehmendem Alter immer mehr als Problem. Damals hatte sie jedoch keine Wahl und musste sich anpassen. Ein Ereignis, das sie als Einschränkung des Selbstbestimmungsrechts empfand.

So konnte Ingrid Crowther damals das Selbstbestimmungsrecht, das aus ihrer Sicht auch als Grundrecht von Kindern zu gelten hat, nicht ermöglicht werden. Die Überzeugung, dass dies gleichwohl eine existentielle Notwendigkeit ist, wurde zu einem wichtigen Markpunkt und Gestaltungsprinzip der pädagogischen Arbeit von Ingrid Crowther und damit auch des vorliegenden Werks.

In einem ihrer Briefe drückte Ingrid ihre Freude darüber, dass die Übersetzung des Buches sie nun wieder ein wenig mit ihren Wurzeln verbinden wird, so aus:

»*It is thrilling for me to be able to have some of my efforts recognized in Germany, particularly since my formative years were spent in that country. Many of the values and principles I have tried to instill in my text are values and principles that I was raised with and we know that the impact of the early years is significant. I am also particularly pleased that a dear childhood friend, that I thought I had also lost has not only re-surfaced in my life, has followed a similar path and is now able to write the introduction to my text. I feel honoured and feel that I can now do something in for a country that gave me my first experiences in life.*« (Edmonton, 2004)

(»Es ist aufregend für mich, zu erleben, dass einige meiner pädagogischen Bemühungen nun in Deutschland anerkannt werden, zumal meine eigene frühe Bildung in diesem Land stattgefunden hat. Viele der Werte und Prinzipien, die in dieses Buch eingeflossen sind, sind Werte, von denen meine Erziehung gekennzeichnet war und – wie wir ja wissen –, sind die frühen Einflüsse prägend. Besonders erfreut bin ich darüber, dass eine Freundin aus Kindheitstagen, die ich verloren gegangen glaubte, wieder in mein Leben getreten ist, um so mehr, als sie ähnliche Wege wie ich beschritten hat und nun in der Lage ist, eine Einführung zu meinem Buch zu verfassen. Ich fühle mich geehrt und bin stolz darauf, dem Land, das mir die ersten Erfahrungen in meinem Leben vermittelt hat, endlich etwas zurückgeben zu können.«)

Das Buch »Creating Effective Learning Environments« (in der deutschen Fassung »Im Kindergarten kreativ und effektiv lernen – auf die Umgebung kommt es an«), kann als wichtigster wissenschaftlicher und praktisch pädagogischer Beitrag der Autorin zum Thema Förderung von Kindern in ihrer bildsamsten Phase bezeichnet werden.

Schon kurz nach der Veröffentlichung im Jahr 2003 zeigte sich, dass dieses Werk in der amerikanischen Fachwelt einen herausragenden Stellenwert für die Ausbildung und die Alltagspraxis von Erzieherinnen und Erziehern sowie Lehrerinnen und Lehrern einnehmen würde. So wurde es bereits kurz nach seinem Erscheinen in Kanada von einem US-amerikanischen Fachverlag übernommen. Um so mehr freut es mich, dass sich auf meine Anregung hin der Beltz Verlag dazu entschlossen hat, dieses Buch ins Deutsche zu übertragen, um es damit auch der deutschen Leserschaft zugänglich zu machen.

Fundiertes Wissen über eine allseitige frühkindliche Förderung, die die vielfältigen Dimensionen des Lernens mit Kopf, Herz und Hand erklärt, begründet und veranschaulicht, ist wichtiger denn je. Das hat das schlechte Abschneiden Deutschlands bei der PISA-Studie 2000 der OECD belegt. Erzieherinnen werden in Deutschland auf Fachschulniveau qualifiziert, Kindergärten und Grundschulen sind verschiedenen Ressorts zugeordnet und keinesfalls alle Kinder haben eine Chance, einen Kindergartenplatz zu bekommen.

In Ländern, die – wie Kanada – bei PISA Spitzenwerte erreicht haben, sind Ganztagsschulen selbstverständlich, Kindergärten und Day-Care-Einrichtungen (Krippen, Hort) sind in die Elementary Schools integriert und der Kindergartenbesuch ist kostenlos. Es gibt keine Berührungsängste gegenüber einer frühen, ganzheitlichen Lese- und Schreibförderung. Wenn die Kinder mit sechs bzw. sieben Jahren in die erste Klasse der Grundschule kommen, können sie in der Regel bereits lesen und schreiben.

Mit einer qualifizierten Frühförderung wird folglich die Basis für die spätere Leistungsfähigkeit von Kindern gelegt. Länder, die dies begriffen haben, schneiden im Leistungsvergleich besser ab als Länder, in denen die Frühförderung von Kindern allein der Verantwortung junger, unerfahrener, am Beginn ihrer wirtschaftlichen Etablierung stehenden Eltern überlassen bleibt.

Kinder lernen durch Bewegung und Begreifen, Kinder lernen mit allen Sinnen, Kinder lernen, während sie spielen, und sie spielen, um zu lernen. Wenn das auch kein geplanter Vorgang ist, so vollziehen sich die Entwicklung der Intelligenz und die Entwicklung der körperlichen Fähigkeiten doch dadurch, welche Möglichkeiten und Angebote die Kinder zu ihrer Betätigung erhalten.

Um Kinder zu verstehen, ihre Stärken und Entwicklungschancen zu erkennen, müssen wir sehr genau hinschauen. Gute Pädagogik vergleicht Kinder nicht, sondern versucht, jedes Kind in seinem jeweiligen Lernniveau, der Unverwechselbarkeit seiner Person, in seinen Potenzialen und seinem Entwicklungsrhythmus zu verstehen und bemüht sich darum, seine Neigungen und Fähigkeiten möglichst differenziert kennen zu lernen und individuell zu fördern. Genau dies ist die Stärke dieses Buches.

Ingrid Crowther ist ein ausgesprochen strukturiertes und durch die vielen aussagekräftigen Fotos äußerst anschauliches Werk gelungen. Es ist das Resultat einer jahrzehntelangen Praxis ihrer Erfahrung in der Ausbildung von Erzieherinnen und es kann allen nützen, die mit jüngeren Kindern produktiv und harmonisch zusammen leben und zusammen arbeiten wollen.

Das Buch gehört in die Bibliothek jedes Kindergartens und jeder anderen Einrichtung, die mit der Frühförderung von Kindern befasst sind. Es könnte und sollte schließlich zum festen Bestandteil der Erzieherinnenausbildung in Deutschland werden. Durch die Aufwertung der Ausbildung und die Würdigung der Arbeitsleistung dieses Berufszweiges sollte dieser endlich die angemessene Wertschätzung erfahren.

Prof. Dr. Petra Milhoffer

Im August 2004

Vorwort II zur deutschen Ausgabe

Der PISA-Schock sitzt tief. Und viele Erzieherinnen fürchten (nicht ganz zu Unrecht), mit einer Vorverlegung schulischer Lernziele, Lernformen und Selektionspraktiken in den Kindergarten hinein für Versäumnisse und Fehlentwicklungen in der Schule herhalten müssen.

Die neuen Bildungsvereinbarungen, -pläne, -programme und -empfehlungen, wie sie ab 2003 etwa in Bayern, Berlin, Brandenburg, Nordrhein-Westfalen und Rheinland-Pfalz entwickelt wurden, zeigen, dass der Bildungsbegriff viel komplexer, variabler und ganzheitlicher gedeutet werden kann, als wir es von der schulischen Lerntradition her kennen. Das lässt hoffen, dass Kindertagesstätten nach PISA nicht zu Vorschulen degenerieren, sich aber auch nicht einigeln, um Kindern nur eine Betreuung ohne Entwicklungs-, Förder- und Bildungsanspruch anzubieten.

Ein ganzheitliches Bildungsverständnis, das an der Wissbegierde, der Motivation zur Kompetenzentwicklung, dem Entdeckergeist und dem Forscherdrang von Mädchen und Jungen ansetzt, kann sich auf verschiedene Wurzeln berufen:

- auf die Reformpädagogik zum Beispiel Maria Montessoris, Peter Petersens, Célestin Freinets und Helen Parkhursts mit ihrer Vorstellung von einem pädagogischen Handeln »vom Kinde aus«;
- auf die jüngeren Lerntheorien von Jean Piaget über Jerome Bruner bis hin zum aktuellen Konstruktivismus (z. B. eines Heinz von Foerster), in denen das lernende Subjekt als Akteur, Entdecker und Konstrukteur verstanden wird;
- auf die neuere Hirnforschung (Spitzer, Hüther, Roth, Singer), die den Zusammenhang von Bewegung, Wahrnehmung, Emotion, Kognition und Informationsspeicherung betont.

Unter den Ansätzen für die pädagogische Arbeit mit jüngeren Kindern ist vor allem die Reggio-Pädagogik zu nennen, die diese verschiedenen Quellen aufgreift, bündelt und in pädagogisches Handeln übersetzt. Die Ideen, die in den späten 60er Jahren im norditalienischen Reggio Emilia entwickelt und seither in verschiedenen Ländern, z. B. in Schweden, Neuseeland oder Nordamerika weitergeführt wurden, zeichnen sich durch einen erfreulich engen Theorie-Praxis-Bezug aus. Reggianische Vorstellungen vom »Kind als Konstrukteur seiner Entwicklung«, von den »100 Sprachen des Kindes«, vom »Raum als dritten Erzieher« sind zu international bekannten Schlüsselbegriffen der elementarpädagogischen Diskussion geworden.

Auch Ingrid Crowthers Arbeit hat ihre Grundlagen in der Reggio-Pädagogik. Das ist nicht nur an den einschlägigen Literaturhinweisen und Zitaten des vorliegenden Buches ablesbar. Viel entscheidender für den Bezug zu Reggio sind die drei Grundüberzeugungen Crowthers: Lernen ist ein komplexer Prozess, an dem die ganze Person mit Kopf, Herz und Hand beteiligt ist und der auf den Aufbau personaler, sozialer, methodischer und sachlicher Kompetenzen, vor allem aber auf die Stärkung von Interessen und individuellen Bedeutungshierarchien abzielt. Der Raum, die (Lern-)Umgebungen sind mit ihrer gegenständlichen und personellen Ausstattung und mit ihrer stimulierenden Atmosphäre wesentliche Katalysatoren und Motoren kindlicher Forscher- und Lernaktivität. Lernen hinterlässt sinnlich-gegenständliche Spuren: Gemaltes, Gebautes, veränderte Umwelt, Musik und Geräusche, Inszenierungen verschiedenster Art. Damit drücken Kinder sich, ihre Fähigkeiten und ihre Einzigartigkeit aus. Das Phänomen des »Werksinns«, den Erik Erikson bei jüngeren Schulkindern ausmachte, prägt schon Kinder im Vorschulalter.

Zweierlei Besonderheiten machen das Buch Ingrid Crowthers innerhalb des Literaturangebots für die professionelle pädagogische Arbeit mit jüngeren Kindern so faszinierend und wertvoll: Zum einen die konsequente Systematik, mit der zu jedem Teilthema Theorie- und Praxisbezüge entfaltet und aufeinander bezogen werden. Zum anderen die Selbstverständlichkeit, mit der ganz ohne Wertung und Hierarchisierung Bildungsqualität und Persönlichkeitsgewinn in ganz unterschiedlichen Handlungsfeldern dargestellt werden: Spielen mit Sand und Wasser, Musizieren, Bauen mit Holzklötzchen und anderen Materialien, Stille erfahren, darstellendes Spiel, kreatives Gestalten, Manipulieren und Experimentieren, Sammeln mathematischer und naturwissenschaftlicher Erfahrungen, Werken mit Holz.

Crowthers Buch ist voll praktischer, durch viele Fotos belegter Ideen und Anregungen – jedoch nicht im Sinne einer Rezeptsammlung. Das Buch ist vielmehr die alltagsbezogene Konkretisierung eines reflektierten Bildes vom Kind, seiner Entwicklung und seiner sich entfaltenden Strategien der Auseinandersetzung mit der Welt und mit sich selbst.

Prof. Dr. Tassilo Knauf

Im August 2004

Vorwort der Autorin

Warum dieses Buch geschrieben worden ist?

Es sind schon viele Bücher veröffentlicht worden, die sich mit Lehrplänen für Kinder von null bis sechs Jahren befassen. Die meisten legen jedoch entweder den Schwerpunkt auf die Theorie über Lehrpläne oder sie konzentrieren sich auf die praktische Umsetzung dieser Theorien, und in aller Regel sind es nicht die Bedürfnisse und Kompetenzen von Kindern, auf denen Curricula aufbauen.

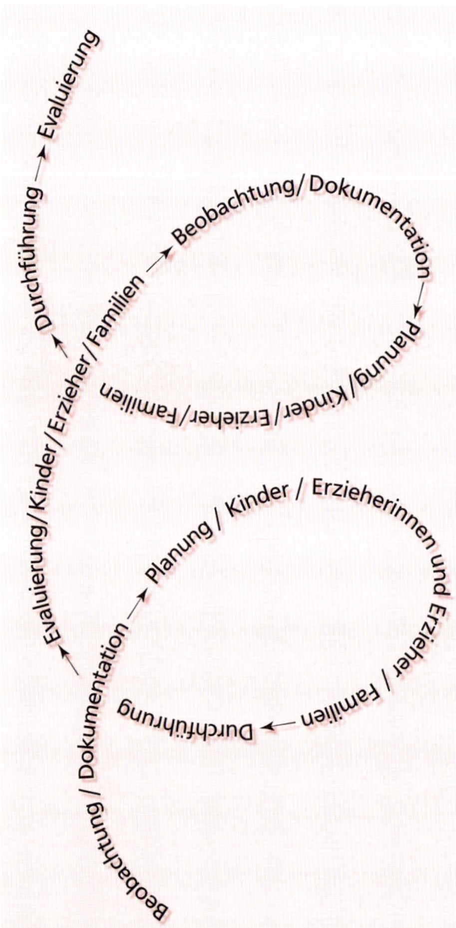

Abb. 0.1 Planspirale

Der Zweck dieses Buches ist es zum einen, Lehrpläne zu entwickeln, die vom Kind ausgehen, und zum anderen die Lücke zwischen Theorie und Praxis zu schließen. Das Buch will angehenden Erzieherinnen und Erziehern, Studentinnen und Studenten dabei helfen, die Sicht des Kindes auf das Curriculum einzunehmen und vor diesem Hintergrund Lernprozesse zu verstehen und theoretische Erkenntnisse zu nutzen. Die Perspektive der Kinder erkennt man durch sorgfältige Beobachtung und Dokumentation, dies ist einer der Grundsteine für die Entwicklung von Lehrplänen (→ Abb. 0.1). Deshalb ist es entscheidend, nicht mit allgemeinen Theorien oder Methoden zu beginnen, die für viele Kinder geeignet sind, sondern von jedem einzelnen Kind auszugehen.

Die Philosophie

Kinder, Familien, Erzieherinnen und Erzieher für die frühe Kindheit sowie andere Erwachsene haben als Partner die Aufgabe, den Kindern Lernerfahrungen zu ermöglichen. Alle Partner in diesem Prozess entwickeln sich weiter und lernen kontinuierlich voneinander. So ist auch das Curriculum kein statisches Programm, sondern ein fließender Prozess, der sich mit den verändernden Bedürfnissen, Interessen und dem Lernen ständig verändert und neu entsteht. Das Curriculum beginnt mit dem Lernenden – mit dem Kind. Es entsteht aus den Interessen, Erfahrungen und Fähigkeiten jedes einzelnen Kindes. Deshalb wird hier von dem sich entwickelnden Curriculum gesprochen.

Dieses Buch dokumentiert das Lernen von einzelnen Kindern und Kindergruppen in den verschiedenen Lernbereichen über eine bestimmte Zeit. Die Darstellung jedes curricularen Bereichs beginnt mit den *realen* Erfahrungen, die die Kinder gemacht haben. Ausgehend von diesen Erfahrungen werden theo-

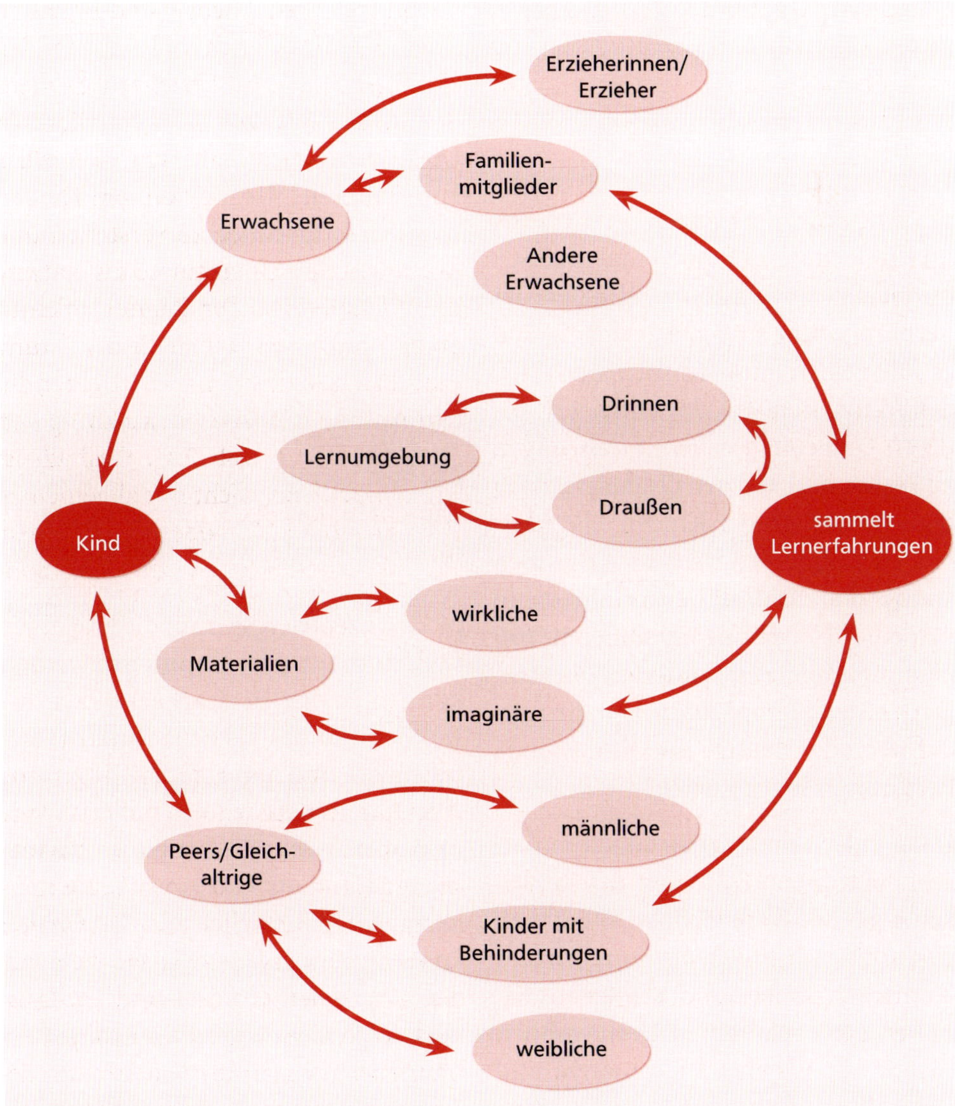

Abb. 0.2 Der interaktive Lernkreislauf

retische Informationen eingewoben, erklärt und erweitert, sowie Aspekte der Lernumgebung und Interaktionen mit den Erzieherinnen eingeflochten.

Das Curriculum wird als eine Einheit behandelt, die das Kind als Zentrum dieser Einheit umfasst – mit allen Seiten, die das Heranwachsen und die Entwicklung dieses Kindes unterstützen und fördern (➛ Abb. 0.2).

Die Lernumgebung

Es ist unmöglich, Lernprozesse in verschiedenen Umgebungen – zu Hause, im Kindergarten, drinnen und draußen – voneinander zu trennen. Alle Teile der Lernumgebung sind gleich wichtig und es sollte einen ununterbrochenen Fluss der Aktivitäten von der einen zur anderen Umgebung geben. Erfahrungen zu Hause sind Teil der Erfahrungen im täglichen Leben der Kinder. Alle Aktivitäten drinnen können auch draußen stattfinden. Damit Lernerfahrungen von einer Umgebung zur anderen, von einem Setting zum anderen, übertragen werden können, brauchen die Kinder überall vielfältige und umfassende Erfahrungsmöglichkeiten.

Die Kinder, deren Erfahrungen in diesem Buch dokumentiert werden, bilden keine geschlossene Gruppe. Sie haben einen unterschiedlichen kulturellen und ethnischen Background; Kinder aus Familien der kanadischen Ureinwohner, chinesische, japanische, schwarze und weiße Kinder sind dabei. Einige Kinder haben Behinderungen. Die Umgebung ist so eingerichtet worden, dass sie die Fähigkeiten all dieser Kinder fördert und sie zu neuen Erfahrungen ermutigt. Die Kinder spielten bei der Gestaltung der Lernumgebung eine aktive Rolle und waren in Entscheidungsprozesse involviert. Auch die Familien beteiligten sich, halfen bei der Auswertung der Lernerfahrungen der Kinder und machten außerdem Vorschläge im Prozess der Planung.

Die Rolle der Erzieherinnen in dieser Umgebung war es, alle Aktivitäten zu koordinieren, das Lernen der Kinder und ihre Erfahrungen zu dokumentieren sowie eine Umgebung zu schaffen, die alle Individuen befähigte, sich aktiv an Lernprozessen zu beteiligen.

Der Aufbau des Buches

Die beiden ersten Kapitel legen das Fundament für das Buch. Der Schwerpunkt im ersten Kapitel ist die Beziehung zwischen Spiel und Lernen; das zweite Kapitel konzentriert sich auf die Frage, wie Lernräume effektiv eingerichtet werden können, so dass sie das Spiel als zentrales Medium des Lernens fördern, unterstützen und anregen. Die folgenden zehn Kapitel befassen sich mit jeweils einem spezifischen Lernbereich. Zusammengenommen entsprechen sie den curricularen Bereichen einer optimalen Lernumgebung. Jedes Kapitel wird mit den Lernzielen eröffnet und ist dann nach folgenden Aspekten aufgebaut:

- Lernerfahrungen der Kinder, die szenisch beschrieben und mit Fotos veranschaulicht werden

- Theoretische Aspekte der Lernerfahrungen
- Bedeutung der Lernerfahrungen
- Rolle der Erzieherinnen
- Geeignete Aufbewahrungs- und Beschriftungssysteme
- Überlegungen zum Einrichten spezifischer Lernbereiche
- Beobachtungs- und Dokumentationstechniken
- Überlegungen und Erfahrungen aus anderen Ländern
- Listen von Einrichtungen und Materialien
- Alter und Entwicklungsstadien, die für die jeweiligen Lernbereiche spezifisch sind.

Mit Schlüsselbegriffen wird dann der Inhalt jedes Kapitels noch einmal zusammen gefasst. Kontrollaufgaben für die auszubildenden Erzieherinnen am Ende jedes Kapitels ermöglichen selbstständige Studien oder Gruppendiskussionen im Unterricht.

Kernpunkte

Der Text beruht auf den realen Erfahrungen von Kindern. Sie sind der Ausgangspunkt für die theoretischen und methodischen Erläuterungen. Die Erfahrungen der Kinder werden sowohl in Bildern als auch schriftlich dokumentiert. Das erlaubt ein praxisverbundenes Lernen, das es den Auszubildenden und Studierenden erleichtert, Verbindungen zur Theorie herzustellen.

Die Informationen werden in einer logischer Abfolge dargestellt. Die Aktivitäten des Kindes werden beschrieben, theoretische Fragen erläutert, die Interaktionen der Erzieherinnen, der Wert der Erfahrungen und Dokumentationstechniken auf der Basis der Aktivitäten vorgestellt.

Die Herangehensweise schließt moderne Philosophien über Integration, Spiel, Ausrichtungen und Praktiken des Lernens ein und jedes Kapitel endet mit einer internationalen Komponente, die Erfahrungen aus anderen Teilen der Welt reflektiert.

Danksagungen

Ich möchte den Kindern herzlich danken, die so aktiv am Programm im Loyalist College Curriculum Lab teilnahmen. Ohne ihre Mitwirkung wäre dieses Buch nicht möglich gewesen. Außerdem möchte ich mich für das andauernde Interesse, die Unterstützung und Hilfe bei den Familien der Kinder bedanken.

Ein besonderer Dank geht an Dewey's Independent Grocer in Belleville, Ontario, für die Unterstützung bei der Herstellung der Fotos in exzellenter Qualität zu einem günstigen Preis.

Außerdem möchte ich folgenden Menschen für wertvolle Anregungen während des Schreibprozesses danken: Lynn Wilson, George Brown College; Ann Stone, Langara College; Mabel F. Higgins, Lambton College; Marian Warwick, Fanshawe College; Louisa Dyck, Conestoga College; Joanne Baxter, Mount Royal College; Donna Mese, Cambrian College; Dale Long, Seneca

College; Lorrie Baird, Fleming College; Judith Boyd, New Brunswick Community College; Pauline Camuti, Centennial College und Anna McDonnel, The Institutue for Early Childhood Education and Developmental Studies.

1 SPIELEN UND LERNEN IN DER EFFEKTIVEN LERNUMGEBUNG

KAPITELÜBERSICHT

- Ein historischer Blick auf das kindliche Spiel
- Die Stadien des Spiels: sozial und kognitiv
- Lernen in der frühen Kindheit
- Was ist Spiel?
- Das sich entwickelnde Curriculum und das Spiel
- Die Rolle der Umgebung beim Lernen und beim Spiel
- Überlegungen aus anderen Ländern
- Zusammenfassung
- Kontrollaufgaben

LERNZIELE

Nach dem Lesen dieses Kapitels kann der Leser/die Leserin:

- die historische Entwicklung des Spiels erörtern;
- moderne Theorien zur Entwicklung des kindlichen Spiels erläutern;
- Stadien des sozialen Spiels erklären und Beispiele dafür nennen;
- das kognitive Spiel erklären und Beispiele dafür geben;
- die Beziehung zwischen Spiel und Lernen erkennen;
- diskutieren, inwiefern das Spiel das Konzept des sich entwickelnden Lehrplans unterstützt;
- Eigenschaften von Lernumgebungen drinnen und draußen benennen, die das Lernen durch das Spiel unterstützen.

»Spiel ist eine Aktivität. Aus einem Spiel muss nicht unbedingt ein Produkt resultieren. Ein einzelnes Kind oder einer Gruppe von Kindern kann in das Spiel involviert sein, es kann sich aus dem Umgang mit Spielzeug und Werkzeugen oder auch nur aus der Phantasie des Kindes entwickeln. Die Spieldauer kann einige Minuten oder auch mehrere Tage betragen.«

M. Mayasky
Schöpferische Aktivitäten für junge Kinder

1.1 Ein historischer Blick auf das kindliche Spiel

Dass Kinder durch Spielen lernen, ist nicht neu. Diese Idee lässt sich über Jahrhunderte zurückverfolgen. Dabei zeigt sich, dass die spezifischen gesellschaftlichen Werte der jeweiligen Zeit mitbestimmen, wie Kinder lernen, und dass ebenso die aktuellen philosophischen Standpunkte einer bestimmten Epoche die Lernumgebungen widerspiegeln.

Die Auffassung, Spiel als beste Übung für frühes Lernen zu begreifen, wurde schon von dem griechischem Philosophen Plato festgehalten. Er bestand darauf, Spielen als eine natürliche Aktivität in der Kindheit anzuerkennen. »Lasst junge Kinder in Ruhe und ihr werdet feststellen, dass sie schon bald viele Aktivitäten finden werden, um sich zu unterhalten; sie werden ihre eigenen Spiele erfinden.« (Curtis und Boultwood 1963, S. 24) Die Konsequenz aus dieser Sichtweise bestand darin, Lernumgebungen zu schaffen, in denen Wert auf Schönheit gelegt, Phantasie und Nachahmung gefördert und Materialien bereitgestellt wurden, so dass sich die Kinder in allen Fertigkeiten üben konnten, die sie auf ihr Erwachsenendasein vorbereiteten. Die Kinder sollten das Lernen in ihrer Umgebung genießen.

Auch im Alten Rom wurde das Spiel als wertvolle Lernaktivität für Kinder betrachtet. Quintilian, ein römischer Philosoph, war der Ansicht, dass der erste Unterricht auf der Ebene des Spielens erfolgen sollte. Es ging darum, das Kind mit solchen Frühlernmaterialien zu versorgen, die für spätere Anforderungen notwendig sein würden. So konnte man zum Beispiel einem Kind Elfenbein-Buchstaben und mit Buchstaben und Worten versehene Tafeln zum Spielen geben, um es zum Nachzeichnen zu ermutigen. Diese spielerische Beschäftigung sollte auf das spätere Lesen und Schreiben vorbereiten. Außerdem erkannte Quintilian die gewaltige Lernkapazität von Kindern und betrachtete das ständige Wiederholen als beste Lernmethode.

Der Bischof John Amos Comenius (1592–1670) sah aktives Lernen, praktische Erfahrungen und elterliche Beteiligung als entscheidende Aspekte für das frühe Lernen an. 1658 veröffentlichte Comenius das wahrscheinlich erste Bilderbuch für Kinder: »Orbis Pictus«.

John Locke (1632–1704) propagierte die freie und ungezügelte Entfaltung des Spiels der Kinder. Wichtig war für ihn, frühes Lernen zu einer angenehmen Erfahrung zu machen, und er erkannte die Notwendigkeit, Kinder beim Spiel zu beobachten, um ihre Interessen herauszufinden. Seiner Ansicht nach sollten frühe Lernerfahrungen durch gut angeleitete spielerische Aktivitäten seitens einfühlsamer Erwachsener und durch sorgfältig ausgewählte Erfahrungsmöglichkeiten in der Lernumgebung unterstützt werden.

Jean Jacques Rousseau (1712–1778) verlangte als erster, Kindern zu erlauben, Kinder zu sein. Er erkannte die negativen Auswirkungen einer schlechten Lernumgebung auf die späteren Möglichkeiten eines Kindes und trat dafür ein, Kinder entsprechend ihrer Fähigkeiten, Interessen und Bedürfnisse lernen zu lassen und dabei auf das jeweilige Entwicklungsstadium Rücksicht zu nehmen. Frühe Lernumgebungen sollten lockere, informelle Einrichtungen sein, die das Kind zu kleinen Entdeckungsreisen unter Benutzung seiner Sinne und seines Bewegungsapparats ermutigen.

Johann Heinrich Pestalozzi (1746–1824) stellte ebenfalls das Recht des Kindes in den Mittelpunkt, durch angenehme, freie Erkundung zu lernen. Kinder entwickelten sich seiner Auffassung nach durch Selbsttätigkeit. Er begriff Lernen als das beständige Fortschreiten innerhalb einer Hierarchie von Entwicklungsschritten. Deshalb wurden Lernumgebungen so aufgebaut, dass Kinder bestärkt wurden, durch Versuch und Irrtum, aktive Teilnahme, Beobachtung, Nachahmung und viele Wiederholungen zu lernen.

Friedrich Fröbel (1782–1852) glaubte, dass Kinder am besten durch die Handhabung realer Gegenstände und unter der Anleitung von Erwachsenen lernen. Er sah es als die Aufgabe des Lehrers, die Lernaktivitäten zu organisieren und das Verhalten bei spielerischen Aktivitäten zu leiten.

Zusammenfassend lässt sich sagen, dass frühere Theoretiker folgende entscheidende Punkte zum Thema Spiel und dessen Bedeutung für Kinder hervorhoben:

- Spielen wurde als natürliche Aktivität des frühen Lernens aufgefasst;
- die Rolle des Erwachsenen war es, zu aktiver Erkundung anregende Lernumgebungen und Aktivitäten zu arrangieren und
- die Kinder innerhalb dieser Lernumgebungen zu führen und anzuleiten.

1.2 Theoretische Annäherungen an das Spiel

Spätere moderne Theorien über die Erziehung von Kindern zwischen null und sechs Jahren wurden von diesen teilweise recht weit zurückliegenden Vorstellungen beeinflusst und integrierten einige Aspekte des Lernens durch Spielen. Tabelle 1.1 fasst diese Theorien und Philosophien zusammen.

Aktuelle Philosophien und Forschungen bestätigen das Recht des Kindes auf Lernen durch Spielen. In der 1999 von der Regierung von Ontario finanzierten Untersuchung Early Years Study erkannten McCain und Mustard, dass für die entscheidende Phase der ersten sechs Jahre im Leben eines Men-

Theoretiker/Methode	Beschreibung
John Dewey (1859–1952) Kindzentrierte Herangehensweise	• Lernen ist ein aktiver Prozess, der auf realen Erfahrungen aufbaut. • Lernen baut auf den Interessen der Kinder auf.
Margaret McMillan (1860–1931) Spielorientierte Kindertagesstätte im Freien	• Der Spielbereich ist so angelegt, dass die Kinder von drinnen nach draußen wechseln können. • Es geht um ein auf dem Spiel aufbauendes, kreatives Programm, das den Schwerpunkt im Bauen, in der Bewegung und im Zeichnen sieht.
Maria Montessori (1870–1952) Vorbereitete Umgebung	• Kinder lernen anders als Erwachsene. • Der enorme Lernumfang der Kinder in den frühen Jahren (»absorbierender Geist«) wird einzigartig beschrieben. • Es gibt sensible Phasen, in denen Kinder für neues Lernen besonders aufnahmefähig sind. • Das Anbieten geeigneter Materialien wird auf die Fähigkeiten der Kinder abgestimmt. • Sich selbst korrigierende Materialien zum Entdecken und Lernen werden verwendet.
Lev Vygotsky (1896–1934) Sozialhistorische Theorie	• Kultur entsteht durch soziale Interaktion mit anderen Menschen. • Kinder lernen durch Erfahrungen, die sie mit Gleichaltrigen (Peers) und Erwachsenen teilen. • Erwachsene leiten Kinder im Prozess des Lernens an. • Erwachsene unterstützen das Lernen der Kinder, indem sie ihnen Lernerfolge ermöglichen (Scaffolding).
Jean Piaget (1896–1930) Konstruktivistische Theorie	• Kinder schreiten in ihrer kognitiven Entwicklung stufenweise voran, indem sie eigenes Wissen konstruieren. • Kinder lernen über drei Wissensebenen: physikalisch, logisch-mathematisch und sozial. • Physikalisch: Das Kind hantiert mit Gegenständen, um etwas über die Eigenschaften des Gegenstands zu erfahren – Größe, die Form, Gewicht, Farbe. • Logisch-mathematisch: Das Kind hantiert mit Gegenständen, um Beziehungen zwischen den Gegenständen zu erkunden. • Sozial: Das Kind engagiert sich im sozialen Spiel, um etwas über Regeln, Werte und Moral zu lernen.

Theoretiker/Methode	Beschreibung
Loris Malaguzzi (1920–1994) Das sich entwickelnde Curriculum	• Kinder sind aktive Teilnehmer an der Konstruktion des Lernens. • Kinder, Familien, Erzieherinnen und Erzieher sind beim Lernen gleichberechtigte Partner. • Betont werden die bildenden Künste und eine ästhetisch anspruchsvolle Umgebung. • Regelmäßige Dokumentation und Austausch über die Bemühungen der Kinder, ein Curriculum zu entwickeln, finden statt. • Die Kinder beteiligen sich an der Entwicklung projektbasierter Lernprozesse.
Erik Erikson (1902–1994) Psychosoziale Theorie	• Er entwickelte ein Stufenmodell sozialer Interaktionen, in denen sich die Bedürfnisse von Kindern verschiedener Altersstufen widerspiegeln. • Jedes Stadium hält Aufgaben bereit, die erfüllt werden müssen. • Diese Aufgaben werden am besten im Spiel erfüllt.
Howard Gardner (geb. 1943) Theorie der multiplen Intelligenz	• Intelligenz entwickelt sich durch die Interaktionen mit der Lernumgebung sowie die angeborenen Fähigkeiten. • Es gibt sieben Ebenen der Intelligenz: linguistische, logisch-mathematische, räumliche, musikalische, körperliche/kinästhetische, interpersonelle und intrapersonelle Intelligenz. Diese Intelligenzebenen unterscheiden sich voneinander, sind mit verschiedenen Arten des Lernens verbunden und bestimmen den besten Weg, auf dem das Kind lernen wird.

Tab. 1.1 Spiel und theoretische Ansätze

schen Folgendes gilt: »Entscheidende oder sensible Phasen sind Zeiten, in denen sich bestimmte Teile oder Funktionen des Gehirns besonders gut entwickeln.« (McCain und Mustard 1999, S. 29) Wenn die Kinder die entsprechenden Anregungen für das jeweilige Entwicklungsfenster bekommen, bauen sie Nervenverbindungen auf, die Muster für späteres Lernen, Verhalten und für die Gesundheit festlegen. Diese Muster entstehen durch qualitativ hochwertige Interaktionen in der frühen Kindheit. »Lernen in den frühen Jahren basiert auf positiven, altersadäquaten Interaktionen mit den primären Bezugspersonen sowie auf Gelegenheiten, gemeinsam mit anderen Kindern spielerisch Probleme zu lösen. Dies stimuliert die Entwicklung des Gehirns.« (McCain und Mustard 1999, S. 7)

Das Spielen entwickelt sich in vorhersagbaren Entwicklungsschritten. Mildred Parten beschrieb 1932 das soziale Spiel, Jean Piaget 1962 verschiedene Kategorien der kognitiven Entwicklung durch Spielen. 1968 übernahm Sara Smilansky diese Stufen des Spielens und entwickelte sie weiter. Obwohl sich das Spielen in einer Ordnung entwickelt, wie später in Tabelle 1.2 dargestellt, ist es wichtig zu wissen, dass einige Formen des Spielens über die ganze Kindheit hinweg ausgeführt werden. Dies hängt von den Erfahrungen des Kindes ab, von der Art der Aktivität, mit der es sich beschäftigt, von der Ausgestaltung der Umgebung und davon, woran sich das Kind beteiligen möchte.

1.3 Die Entwicklung des Spiels

1.3.1 Stufen des sozialen Spiels (Parten 1932)

Das Einzelspiel

Szenarium: Auf zwei Tischen wurde folgendes Material angeordnet: Nudelhölzer, Plastikmesser, grüne Knete oder Spielteig, ein Karton mit kurzen Strohstücken, Holz und Zweige, ein Karton mit Mehl. Paul hatte mit dem Nudelholz, seinen Händen, Plastikgabeln und -löffeln die Knete geformt und geknetet (➛ Abb. 1.1). Plötzlich verließ er den Bereich, um ein paar Dinosaurier und einen Pappteller zu holen und drückte die Knete auf den Teller. Dann steckte er die Dinosaurier in die Knete und gab zu verstehen, dass sie nicht herauskommen konnten. Er nahm etwas Mehl, streute es über die Dinosaurier und sagte: »Es schneit.« Paul spielte allein, ohne mit den Kindern um sich herum in Interaktion zu treten.

Abb. 1.1 Paul sucht bei seiner Aktivität keinen Kontakt zu anderen Kindern.

Parallelspiel

Josefine kam herüber, nahm etwas grüne Knete, setzte sich neben Paul an den Tisch und formte ebenfalls Knete (➛ Abb. 1.2). Sie steckte ihre Finger in die Knete, rollte sie mit dem Nudelholz aus, formte sie wieder um zu einem Ball und steckte schließlich verschieden ge-

Abb. 1.2 Josefine formt neben Paul die Knete, ohne mit ihm in Kontakt zu treten.

färbte Strohstückchen und Stäbchen in ihr Werk.

Paul und Josefine formten und gestalteten nun beide Knete; sie spielten parallel. Beide konzentrierten sich jeweils auf die eigene Kreation und nutzten das Material in ähnlicher Weise: Jedes Kind formte die Knete, benutzte ein Nudelholz, um sie auszurollen, und steckte Gegenstände hinein. Josefine verließ den Bereich, während Paul seinem Werk weitere Dinosaurier hinzufügte.

Josefine ist ein Kleinkind. Sie war von der Aktivität von Paul angezogen worden. Da Paul sich auf sein Spiel konzentrierte, gab es weder einen Dialog noch einen Austausch von Materialien zwischen den beiden Kindern. Sowohl Josefine als auch Paul zeigten ein entwicklungsangemessenes Verhalten. Paul hatte die Entscheidung getroffen, allein zu arbeiten. Er arbeitete an etwas, das für ihn von Interesse war.

Das assoziative Spiel

Paul rief Simone, die Erzieherin, damit sie sich seine Saurier im Schlamm und im Schnee ansehen konnte. Mit ihr kamen mehrere andere Kinder. Simone bat Paul, den Kindern zu erzählen, was er gemacht hatte. Er zeigte auf seine Saurier und erklärte, dass diese im Schlamm seien und dass es schneite. Zwei der Kinder, Anna und Benjamin, fragten sofort, wo die Teller fürs Kneten seien. Paul zeigte ihnen, wo sie aufbewahrt wurden. Jedes Kind nahm sich eigene Knete und Dinosaurier, Benjamin außerdem noch einige Saurierformen. Als Anna und Benjamin begannen, den

Abb. 1.3 Anna und Benjamin lassen sich von Pauls Aktivitäten inspirieren.

Schlamm für ihre Dinosaurier herzustellen, entstand ein aktiver Dialog zwischen den Kindern (➛ Abb. 1.3). Sie gaben ihren Sauriern Namen, verglichen deren Anzahl und Größe und die Menge des Schnees, der fiel. Benjamin informierte Anna und Paul, dass er »liegende Dinosaurier« habe. Er hatte sie hergestellt, indem er Dinosaurierformen in die Knete presste. Anna fragte sofort, ob sie eine der Formen benutzen könne. Benjamin stimmte gern zu. Jedes Kind war mit einer ähnlichen Aktivität beschäftigt und formte Dinosaurier im Schlamm und im Schnee. Die Kinder redeten miteinander darüber, was sie taten und tauschten Materialien aus, aber jedes Kind konzentrierte sich weiterhin auf die eigene Aktivität.

Als sich die Möglichkeit ergab, seine Entdeckungen mit anderen zu teilen, war Paul sehr daran interessiert, sich mit den anderen Kindern auszutauschen. Er half ihnen, indem er ihnen zeigte, wo er die Materialien gefunden hatte, und erklärte, warum er sich gerade auf diese Weise beschäftigte. Obwohl er daran interessiert war, was die anderen Kinder taten, blieb er bei seinem eigenen Spiel. Als Benjamin erklärte, seine Saurier würden liegen, schaute Paul sich dessen Arbeit an, setzte dann aber seine Aktivität fort.

Das kooperative Spiel

Zwei andere Kinder, Jakob und Ben, wurden von der Aktivität angezogen. Sie schauten sich zunächst an, was die anderen Kinder taten. Dann fragte Jakob

Abb. 1.4 Durch kooperatives Spiel ist ein phantasievoller Saurierpark entstanden.

Ben, ob er gern im Sand spielen würde. Ben stimmte zu. Als sie zum Sandkasten gingen, erzählte Ben, dass er in Toronto im Zoo gewesen war. Jakob sagte: »Cool! Da war ich auch schon. Lass uns einen Zoo bauen.«

Sie diskutierten darüber, welche Materialien sie brauchten. Beide Jungen sammelten Materialien und brachten sie zum Buddelkasten. Als sie sich in den Schränken umsahen, wo die Tiere standen, bemerkten sie, dass in einer Kiste noch einige Saurier übrig geblieben waren. Jakob sagte: »Machen wir lieber einen Saurierzoo!« Ben stimmte zu und die Jungen vereinbarten, welche Aufgabe jeder übernehmen würde. Ben beschloss, dass sie zusammen den Schlamm machen würden. Sie entschieden auch, dass »Jurassic Park« entstehen sollte. Jakob wollte nach draußen gehen, um einige Zweige und Steine für den Park zu sammeln, Ben machte sich auf die Suche nach weiteren Sauriern, Schienen und Zäunen. Als die Jungen ihren Park vollendet hatten (➛ Abb. 1.4), vereinbarten sie, dass Jakob der »Saurier-Darsteller« sein würde, Ben sollte die Autos durch den Park fahren lassen. Sie entschieden auch, dass die Zäune zu hoch und stark wären, als dass die Saurier ausbrechen könnten. Die beiden Jungen planten ihre Beschäftigung, wiesen sich gegenseitig Aufgaben zu, um ihr Werk zu vollenden, legten einige einfache Regeln für ihr Spiel fest und entschieden, welche Rolle jeder spielen würde.

Zuschauerverhalten

Der Geräuschpegel und die Aktivität im Sandkasten lockten Hannah

Abb. 1.5 Hannah bleibt in der Beobachterrolle und wendet sich dann wieder eigenen Aktivitäten zu.

an. Sie sah den Jungen beim Spielen zu (➛ Abb. 1.5), äußerte keinen Kommentar und deutete auch in keiner Weise den Wunsch an, mitzuspielen. Nach etwa zehn Minuten ging sie dann zum Bastelbereich, um eine Halskette zu basteln. Sie hätte leicht versuchen können, sich gemeinsam mit den anderen zu beschäftigen. Es war ihre eigene Entscheidung, mitzumachen oder nicht.

1.3.2 Stufen des kognitiven Spiels (Piaget 1962; Smilansky 1968)

Das funktionelle Spiel

Josefine (➛ Abb. 1.2) bearbeitete immer noch die Knete. Sie bohrte ihre Finger hinein, rollte sie aus und verformte sie wieder und wieder. Josefine wählte diese Beschäftigung, weil ihr die sensorische Handhabung der Knete Spaß machte und sie dabei verschiedene Techniken des Verformens der Knete üben konnte. Sie benutzte die Techniken, die ihr gefielen, mehrere Male – Hineinstechen, Rollen und Zusammenballen der Knete. Diese Art des Spiels nennt man auch wiederholendes Spielen oder übendes Spielen.

Das symbolische Spiel

Das schöpferische Spiel

Sowohl Paul (➛ Abb. 1.1) als auch Anna und Benjamin (➛ Abb. 1.3) erklärten, was ihre speziellen Knete-Szenen darstellten. Für Paul waren es Saurier, die im Schlamm stecken geblieben

Babys	
Einzelspiel	• Das Baby spielt allein. • Anfangs wird nur mit Händen, Füßen und Mund gespielt. • Wenn der Säugling reifer wird, greift er nach Spielzeug und hantiert damit.
Beobachterverhalten	• Das Baby beobachtet andere Menschen in seiner Umgebung. • Es konzentriert sich auf Gegenstände in seiner Nähe.
Parallelspiel	• Ältere Babys, die sich schon fortbewegen können, spielen dicht beieinander, verwenden ähnliches Material und sind in ähnliche Aktivitäten vertieft.
Funktionelles Spiel	• Zum Spiel gehören viele Wiederholungen. • Babys hantieren mit Gegenständen, sie stoßen, schieben, ziehen, drehen und biegen sie. • Ältere Babys fangen an, Gegenstände so zu benutzen wie vorgesehen: Tassen zum Trinken, Löffel zum Essen.
Kleinkinder	
Beobachterverhalten	• Den Aktivitäten anderer Kleinkinder wird viel Aufmerksamkeit entgegengebracht. • Kleinkinder lassen die eigene Beschäftigung liegen, um zu sehen, was woanders geschieht.
Einzelspiel	• Wenn sie sich für eine Aktivität interessieren, spielen sie über eine lange Zeit allein.
Parallelspiel	• Gespielt wird oft neben anderen Kindern, es finden keine Interaktionen statt; zu beobachten sind ähnliche Spielgeräte und ähnliches Engagement in ähnlichem Spiel.
Funktionelles Spiel	• Das Spiel wird oft wiederholt, vor allem wenn es neu ist. • Spiele konzentrieren sich auf das Leeren, Füllen, Auseinandernehmen, Stapeln und Umwerfen von Gegenständen.
Symbolisches Spiel	• Die Kinder beginnen, Objekte zu benutzen, um damit andere Objekte darzustellen. Das Spiel ist reich an symbolischen Aktionen.

Tab. 1.2 Vergleich des Alters und der Stadien des sozialen und kognitiven Spiels

Vorschulkinder	
Beobachterverhalten	• Die Kinder sehen spielenden Kindern zu, um über die eigene Teilnahme zu entscheiden. • Sie schauen dem Spiel zu, wenn sie sich ihrer selbst oder der Situation nicht sicher sind.
Einzelspiel	• Aufgrund einer eigenen Entscheidung wird allein gespielt, um eine neue Situation zu erkunden oder für einige Zeit allein zu sein.
Parallelspiel	• Die Kinder können nebeneinander spielen, wenn sie vertieft sind in das, was sie tun.
Assoziatives Spiel	• Die Kinder teilen zwar Ideen und Materialien, spielen aber oft nebeneinander und bleiben bei ihrem Spiel.
Funktionelles Spiel	• Die Kinder erkunden unbekannte Situationen oder Aktivitäten.
Schöpferisches Spiel	• Fehlende Materialien werden ohne Umstände durch verfügbare ersetzt und mit Bedeutung versehen. • Viele symbolische Aktionen, wie das Heben der Hand als Zeichen für Halt, Schulterzucken als Zeichen für Unsicherheit, werden eingesetzt.
Dramatisches Spiel/ Rollenspiel	• Das Kind vertieft sich oft ins Rollenspiel und/oder imaginäres Spiel ohne Requisiten.
Schulkinder	
Die Kinder beteiligen sich an allen Arten von Spiel, abhängig von Interesse, Stimmung, Neigung, Setting und Materialien.	
Kooperatives Spiel	• Die Kinder beginnen mit der Gleichaltrigengruppe zu spielen, um Aktivitäten zu organisieren. • Zu den Aktivitäten gehört es, sich ein gemeinsames Ziel zu setzen, zu planen und Rollen zu übernehmen, um das Ziel zu erreichen.
Wettspiel	• Die Kinder lassen sich immer stärker auf Wettspiele ein. • Zum Spiel gehört es zu gewinnen und zu verlieren.
Regelspiel	• Die Kinder können für ihr Spiel eigene Regeln aufstellen. • Sie beteiligen sich an Aktivitäten, die immer komplexere Regeln haben, wie Mannschaftssportspiele und Brettspiele.

Tab. 1.2 Vergleich des Alters und der Stadien des sozialen und kognitiven Spiels

waren. Alle Kinder schlossen sich Pauls Idee an, Schnee durch aufgestreutes Mehl darzustellen, und sie benutzten ebenfalls Knete, Saurier und Mehl, um die Szene aufzubauen.

Das dramatische Spiel/ Rollenspiel

Nachdem Jakob und Ben ihren Saurier-Zoo vollendet hatten, begannen sie ein aktives Rollenspiel. Ben besorgte sich einen Hut aus dem Theaterraum und stellte seine Spielzeugfiguren auf den Zug. Dann ließ er den Zug fahren. Jakob bewegte seine Tiere oder Saurier in dem Gehege umher, das sie aufgebaut hatten, und ließ sie die Zweige und die Gräser, die sie draußen gesammelt hatten, essen und aus dem Teich trinken. Wenn der Zug dem Zaun nahe kam, bewegte er die Tiere oder Saurier rasch zum Zaun und schrie. Auch Ben schrie immer wieder und meinte: »Einige Leute haben Angst. Sie schreien.« Max hörte die Schreie. Er kam herüber, um zu sehen, was los war. Dann fragte er, ob er mitspielen könne. Die beiden Jungen stimmten zu, erklärten, dass es sich um einen Saurier-Zoo handele und erläuterten die Spielregeln. Ben sagte: »Du kannst die Leute herumlaufen lassen.« Während ihres Rollenspiels wechselten die drei Jungen von Zeit zu Zeit die Rollen.

Ben und Jakob hatten beide den Zoo in Toronto besucht, hatten also Erfahrungen, wie ein Zoo aussieht und wie sich Leute in einem Zoo verhalten. Von dem Film Jurassic Park hatten sie gehört, ihn aber nicht tatsächlich gesehen. Die Struktur, die sie erschaffen hatten, und das dramatische Spiel, das daraus entstanden war, war also Ergebnis ihrer persönlichen Erfahrungen und deren Wahrnehmung.

Spiel mit Regeln (Regelspiel)

Als sich Max dem Jurassic-Park-Spiel von Ben und Jakob anschloss, erklärten ihm diese sorgfältig die Regeln. Sie sagten ihm, dass er die Leute auf den Straßen zu halten habe, dass die Leute nicht nahe an die Zäune herankommen dürften und dass die Geräusche der Tiere und Saurier die Leute verängstigten. Daran hielt er sich, ließ aber eine seiner Figuren über den Zaun klettern. Ben und Jakob erklärten gemeinsam, dies sei nicht erlaubt und die Person würde aus dem Zoo geworfen. Max entschied sich daraufhin, nach den Regeln zu spielen, die Ben und Jakob aufgestellt hatten.

1.4 Lernen in der frühen Kindheit

Dem Entwicklungsstand angemessene Praktiken können folgendermaßen beschrieben werden:

- »Alles in Betracht ziehen, was wir darüber wissen, wie Kinder sich entwickeln und lernen, und das mit dem Inhalt und den Strategien verbinden, die in Programmen für die frühe Kindheit geplant werden«;
- »die Kinder als Individuen, nicht als Gruppe betrachten«;
- »die Kinder mit Respekt behandeln, indem man ihre sich verändernden Fähigkeiten anerkennt und sie im Kontext ihrer Familie, ihrer Kultur und Gemeinschaft, ihrer früheren Erfahrungen und Umstände sieht.« (Kostelnik 1993, S. 1)

Die National Association of Young Children (NAEYC) hat in ihrer Positionserklärung eine Reihe von Prinzipien aufgestellt, die die Basis für das Lernen in der frühen Kindheit bilden. Eines der Prinzipien betont die Bedeutung des Spiels. »Das Spiel ist ein wichtiges Mittel zur sozialen, emotionalen und kognitiven Entwicklung der Kinder, ebenso wie die Reflexion ihrer Entwicklung.« (Gestwicki 1999, S. 10) Gestwicki erforschte diese Prinzipien in Bezug auf das Spiel.

- Die physische, soziale, emotionale, sprachliche und kognitive Entwicklung sind eng miteinander verbunden, und die Entwicklung in jedem Bereich wird von den anderen Entwicklungsbereichen beeinflusst.

  Paul stellt ein gutes Beispiel für das oben genannte Prinzip dar, als er die Knete und die Saurier benutzte (➛ Abb. 1.1):
  – Er entwickelte seine Feinmotorik, um die Knete zu formen (physische Entwicklung).
  – Er war imstande, die Materialien auf symbolische Weise zu benutzen, indem er Mehl nahm, um Schnee darzustellen (kognitive Entwicklung).
  – Er variierte sein soziales Spiel und ging vom Einzelspiel zum assoziativen Spiel über, als andere Kinder beschlossen, sich am Spiel zu beteiligen (soziale Entwicklung).
  – Er vertraute auf seine Fähigkeit, eigene Szenarien zu erschaffen und diese weiterzuentwickeln.
  – Er diskutierte seine Ideen mit anderen Kindern und der Erzieherin (sprachliche Entwicklung).

- Die Entwicklung von Fertigkeiten, Fähigkeiten und Wissen erfolgt stufenweise.
  Wie Tabelle 1.2 zeigt, erscheinen spielerische Aktivitäten in einer logischen Reihenfolge und bauen aufeinander auf.

- Entwicklungsfortschritte werden mit unterschiedlicher Geschwindigkeit erreicht und treten in verschiedenen Entwicklungsbereichen bei jedem Kind anders auf.
  Josefine (➛ Abb. 1.2) spielte für sich allein, wobei sie ununterbrochen die

Knete modellierte und formte. Ihr Verhalten ist typisch für ihre Altersgruppe. Kleinkinder hantieren gerne mit Gegenständen und zeigen sowohl paralleles als auch sich wiederholendes Spiel. Als Josefine jedoch später von ihrer Mutter abgeholt wurde, sagte sie: »Ich habe einen Kuchen für dich gemacht und Kerzen hineingesteckt. Puste sie aus.« Die von ihr benutzte Sprache war für ihr Alter fortgeschritten.

- Die frühen Erfahrungen von Kindern sind entscheidend und wirken sich auf die Entwicklung aus.
  Bei jedem bislang vorgestellten Spielszenarium der Kinder kann man leicht erkennen, wie jedes Kind auf bereits vorhandenem Wissen und bereits erlernten Fähigkeiten aufbaute:
  – Paul konnte auf etwas, das er in einem Buch gesehen hatte, zurückgreifen, um sein Dinosaurier-Werk zu erschaffen.
  – Jakob und Ben bezogen sich auf die frühere Erfahrung eines Ausflugs in den Zoo, um ihren Jurassic-Park-Zoo aufzubauen.
  – Alle Kinder konnten vorher entwickelte motorische Fähigkeiten und soziale Kompetenzen einsetzen.

  Es ist aber auch möglich, dass es zu Entwicklungsverzögerungen kommt, die unterschiedliche Ursachen haben können. Spezielle Verzögerungen können durch Krankheit, mangelnde Anregung, Missbrauch oder genetische Defekte entstehen. »Negative Erfahrungen in den frühen Jahren haben lang anhaltende Auswirkungen, die später nur schwer zu überwinden sein können.« (McCain und Mustard 1999, S. 26) Für Kinder, die unter solchen Umständen leben, ist es noch entscheidender, dass man ihnen eine Umgebung mit vielfältigen Möglichkeiten eröffnet, sich neue Fertigkeiten anzueignen, sie zu festigen und zu üben.

- Die Entwicklung ist voraussagbar und verläuft vom Einfachen zum Komplexeren und von konkreten Erfahrungen zum abstrakten Denken.
  Die Art von Spiel, an dem sich die Kinder beteiligten (Abbildungen 1.1 und 1.4), zeigte den Fortschritt von einfachen zu komplexeren Aktivitäten und von konkretem zu abstraktem Denken. Jüngere Kinder wie Josefine beteiligten sich an der wiederholenden Bearbeitung der Materialien, um aufkeimende Fähigkeiten zu üben. Die Vorschulkinder nutzten bereits Symbole, indem sie Mehl verwendeten, um Schnee herzustellen, und Spielzeugsaurier und den Abdruck von Sauriern in ihrem Spiel einsetzten (abstraktes Denken).

- Lernen vollzieht sich in vielen verschiedenen sozialen und kulturellen Kontexten.
  Es ist leicht zu erkennen, dass das Spiel der Kinder von verschiedenen Umgebungen beeinflusst wurde: von den Erfahrungen der einzelnen Kinder im Familienkontext (ein Besuch im Zoo) und von der Auseinandersetzung anderer Kinder mit ihrer direk-

ten Umgebung (Benjamins und Annas Entscheidung, ebenfalls Saurier zu verwenden). Auch der kulturelle Kontext, in dem sich die Kinder bewegen, spielt eine Rolle. Zwei der Kinder, Katja und Mischa, hatten gerade die Feier einer ethnischen Gruppe erlebt und brachten Bilder davon mit. Die Bilder befanden sich in einem Buch, das alle Kinder anschauen konnten. Katja erwähnte, dass ihr Vater Schlagzeug gespielt hatte. Als Katjas Vater sie abholte, scharten sich die Kinder um ihn und baten ihn, auch für sie Schlagzeug zu spielen. Er erfüllte ihnen nicht nur diesen Wunsch, sondern brachte am nächsten Tag auch einige Trommeln für die Kinder mit, damit sie selbst darauf spielen konnten. Diese Aktivität zog sich über viele Wochen hin, begleitet von vielen Besuchen und Demonstrationen von Katjas Vater.

- Kinder sind aktive Lernende. Während ihres Spiels stellen sie ihre Kenntnisse von der Welt, die sie umgibt, unter Beweis.
  Josefine konnte ihre Erfahrungen von einem früheren Geburtstag auf das Backen eines Geburtstagskuchens für ihre Mutter übertragen. Jakob und Ben konnten sich an ihre Erfahrungen aus dem Zoo erinnern, um in der Sandkiste einen Zoo zu bauen. Sie wussten, dass Tiere in Gehegen gehalten werden, dass Menschen Fahrzeuge benutzen oder durch den Zoo laufen und dass es Regeln gibt, die man einhalten muss, wenn man den Zoo besucht.

- Entwicklung vollzieht sich im Wechselspiel zwischen biologischer Reifung und Umwelt.
  »Biologische Reifung ist tatsächlich eine Voraussetzung des Lernens. Aber die Beziehung eines Kindes zu seiner Umgebung bestimmt, welche Art Lernen stattfindet.« (Gestwicki 1999, S. 10) Alle Kinder zeigten mit den beschriebenen spielerischen Aktivitäten, dass sie aktiv ihre Lernprozesse konstruieren, indem sie die Materialien auf eine Weise einsetzten, die ihr individuelles Heranwachsen und ihre Entwicklung unterstützten. Um diesen Prozess zu fördern, wurden entsprechende Materialien zur Verfügung gestellt.

- Kinder brauchen die Chance, ihre Fähigkeiten in einer Umgebung zu üben, die ihnen Möglichkeiten und Herausforderungen bietet.
  Als die Kinder ihre Knete formten und im Sand ihre Settings aufbauten, konnten sie Materialien aus verschiedenen Bereichen des Raums nutzen: Saurier, Pappteller, Steine, Blumen und Zweige von draußen, Schienen und Autos. Das ermutigte jedes Kind, genau die Fähigkeiten zu üben, die jeweils individuell bedeutsam waren: symbolisches Spiel für Anna, Benjamin und Paul, Rollenspiel für Max, Jakob und Ben.

- Kinder zeigen auf verschiedene Weise, was sie wissen.
  Simone, die Erzieherin, hat die Bemühungen der Kinder zu jeder Zeit anerkannt. Sie unterstützte sie in ihrem

Bedürfnis, an die für ihr Spiel notwendigen Materialien zu kommen, z. B. nach draußen zu gehen, um dort Material für den Zoo zu sammeln. Sie ging sensibel auf die Entwicklungsniveaus der einzelnen Kinder ein und versuchte nicht, sie zu einer anderen Art des Spiels zu zwingen. Sie beobachtete die Kinder und unterstützte sie dabei, ihre eigenen Entscheidungen zu treffen.

1.5 Was ist Spiel?

Leonie hatte sich entschieden, einen Spielteig zu machen (➛ Abb. 1.6). Sie fand die Zutaten und das gemalte Rezept, nach dem sie ihren Teig herstellte. Aus der Beobachtung von Leonies Aktivitäten kann man die folgenden Definitionen des Spiels entwickeln:

- Zum Spiel gehören *symbolische Aktivitäten.* Zu einem Zeitpunkt ihrer Beschäftigung sagte Leonie, das, was sie tue, sei wie das Herstellen von Brot. Dann fuhr sie damit fort, den Teig zu kneten.
- Spiel ist *prozessorientiert.* Leonie war an einem Prozess beteiligt, zu dem das Messen der Mengen, das Mixen von Materialien, das Verändern der Konsistenz des Teigs gehörte und nicht zuletzt das Formulieren dessen, wie sie sich dabei fühlte.

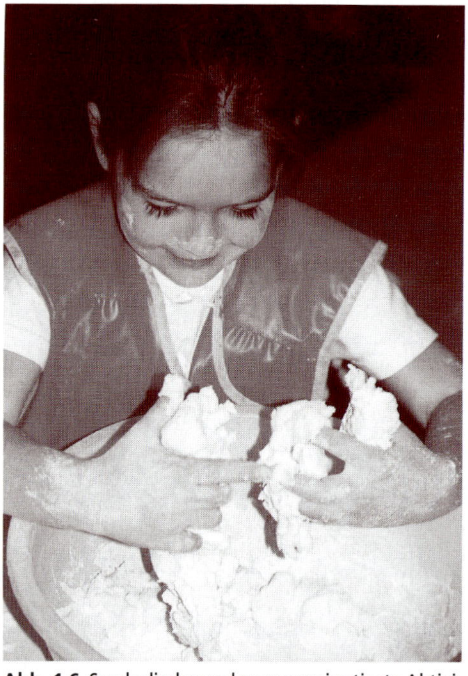

Abb. 1.6 Symbolische und prozessorientierte Aktivität: Leonie stellt aus Spielmaterialien einen Teig her.

Piaget würde Leonies Erfahrungen folgendermaßen beschreiben: 1. Durch den Prozess der *Assimilation* (Nutzen von Informationen, die man schon kennt, ohne sie zu verändern) war Leonie imstande, frühere Erfahrungen beim Backen und Herstellen von Spielteig zu nutzen. Darüber hinaus muss sie aber auch ihr Denken neuen Gegebenheiten anpassen. Wenn der Teig beispielsweise zu klebrig oder zu trocken wird, muss sie darüber nachdenken, was sie tun muss, um die Konsistenz zu verändern. Soll sie mehr Wasser oder mehr Mehl hinzufügen? Diesen Prozess nennt man *Akkomodation* (neue Informationen aufnehmen – mehr Wasser oder mehr Mehl? – und diese Informationen dem vorhandenen Wissen hinzufügen). Auf diese Weise konnte Leonie früheres Wissen mit neuem Wissen verbinden und dabei mehr über die Konsistenz beim Zubereiten von Mixturen lernen.

Vygotsky hingegen würde das Lernen von Leonie als einen Prozess beschreiben, den er als Scaffolding (Gerüstbauen) bezeichnete. Scaffolding ist eine Methode, Kindern dabei zu helfen, ein Ziel zu erreichen, das sie allein möglicherweise nicht verwirklichen könnten. Damit Leonie Teig herstellen konnte, brauchte sie ein Rezept. Dieses Rezept wurde ihr in Form von Bildern mit einfachen, erklärenden Worten zur Verfügung gestellt. Die Erzieherin vereinfachte den Prozess, indem sie:

- visuelle und schriftliche Hinweise zur Herstellung des Teigs gab;
- die Menge einer jeden Zutat begrenzte, um den Erfolg zu garantieren (jedes Gefäß ermöglichte durch seine Größe die Messung unterschiedlicher Materialmengen, begrenzte aber gleichzeitig die Menge, so dass das Kind auch dann zum Erfolg käme, würde es den gesamten Inhalt eines jeden Gefäßes verwenden);
- das Kind ermutigte, wann immer das nötig war.

Durch diese Hilfen konnte Leonie ihre Aktivität aufrechterhalten und lernen, ihren eigenen Teig herzustellen.

Marlene entdeckte bei der Suche nach einem Pinsel Zahnbürsten und benutzte diese, um zu malen. Als andere Kinder Saurier zum Wassertisch brachten, um ihnen etwas zu trinken zu geben, beobachtete Marlene dieses Spiel einige Minuten und holte sich dann eine Zahnbürste. Sie nahm einen der Saurier und begann ihm die Zähne zu putzen (➛ Abb. 1.7). Als sie sauber waren, brachte sie den Saurier zum Sandkasten mit der Erklärung: »Er ist hungrig.« Sie tat so, als ob sie ihn fütterte. Als sie damit fertig war, hielt sie ihn der Erzieherin hin und sagte: »Sieh mal, seine Zähne sind schmutzig. Ich muss sie noch einmal putzen.« Marlene hat in diesem Spielablauf folgende Fähigkeiten entwickelt:

Abb. 1.7 Marlene hat eine Situation kreiert, die es notwendig macht, ihrem Saurier symbolisch die Zähne zu putzen.

- Flexibles Denken: Sie konnte die Zahnbürste für mehr als einen Zweck gebrauchen.

- Divergentes Denken: Denken in unterschiedliche Richtungen. Marlene schuf eine Situation, die von ihr verlangte, in verschiedene Richtungen zu denken. Auf der Grundlage ihres Wissens über das Zähneputzen entwarf sie eine Situation, die das Zähneputzen des Sauriers notwendig machte.
- Kreatives Denken: Sie nutzte Gegenstände ihrer Umgebung auf innovative, erfinderische Art.
- Problemlösung: Sie lernte, Probleme selbst zu lösen. Sie konnte alle Gegenstände finden, die sie brauchte, um ihre Spielmöglichkeit zu erschaffen (nach Stone 1995).

Während dieser Spielepisode war Marlene sehr phantasievoll und zeigte große Kreativität. Ihre Aktivität lockte andere Kinder zum Wasser, und bald fütterten auch sie ihre Saurier, putzten ihnen die Zähne und gaben ihnen zu trinken. Während die Kinder zusammen spielten, unterhielten sie sich darüber, was sie taten und machten Vorschläge zu ihrem Spiel.

MARLENE: »Mein Saurier hat keine Löcher in den Zähnen.«

BENJAMIN: »Meiner schon, sehr viele sogar.«

LEONIE: »Er wird zum Zahnarzt gehen müssen.«

MARLENE: »Es wird nicht wehtun. Er wird eine Spritze bekommen. Dann wird der Zahnarzt sich um die Löcher kümmern.«

JAKOB: »Mein Saurier ist größer als deiner.«

MARLENE: »Meiner ist riesengroß! Er ist gewaltig.« Sie hielt ihren Dinosaurier neben den von Jakob, um beide zu vergleichen, und sagte: »Sie sind gleich groß.«

JAKOB: »Nein, meiner ist größer.«

MARLENE (auf Jakobs Saurier blickend): »Sein Schwanz ist länger.«

Diese spielerische Aktivität in einem sozialen Gefüge bot wunderbare Möglichkeiten, folgende Fähigkeiten zu erweitern und zu verbessern:
- Sprache: Wortschatz erweitern, korrekte Sprachformen lernen (Morrow 1993);
- Verhandlungsgeschick: Rollen entwerfen und aufrechterhalten; Meinungsverschiedenheiten austragen;
- die Fähigkeit, sich zu erinnern und über Erfahrungen zu reden (Newman 1990).

Die Kinder konnten außerdem:
- Konzepte entwickeln, ausprobieren und verändern;
- die eigenen Gefühle und die anderer wahrnehmen und
- den Bewegungsapparat trainieren (Hand-Auge-Koordination und Kontrolle über Körperbewegungen).

Zusammenfassend lässt sich sagen, dass das Spielen den Kindern reiche Lernerfahrungen ermöglicht, die die Entwicklung auf allen Ebenen fördert.

»Spiel:
- befähigt Kinder, ihre Umwelt zu verstehen;
- ermöglicht soziales und kulturelles Verständnis;

- ermöglicht Kindern, ihre Gedanken und Gefühle auszudrücken;
- fördert flexibles und divergierendes Denken;
- bietet die Möglichkeit, realen Problemen zu begegnen und sie zu lösen;
- entwickelt Sprach-, Lese- und Schreibfähigkeiten und -konzepte.«

(Packer Isenberg und Jalongo 2001, S. 59)

1.6 Das sich entwickelnde Curriculum und das Spiel

Tim hat Wasser aus unterschiedlichen Gefäßen in das Wasserrad gegossen (➛ Abb. 1.8). Er begann mit einer großen Schüssel. Als er Wasser in den Trichter gießen wollte, quoll das meiste Wasser über den Rand des Trichters. Die Wasserräder drehten sich nicht. Er sagte: »Oh, nein!« Simone bemerkte, dass Tim Hilfe brauchte.

Abb. 1.8 Tim experimentiert mit dem Verhalten von Wasser, wobei ihn die Erzieherin unterstützt.

Simone: »Ich sehe, du hast ein Problem. Das Wasser fließt über die Oberkante des Trichters!« Tim: »Ja!«

Simone: »Wie könntest du dieses Problem lösen?«

Tim sah sich um. Er nahm einen Eimer, der neben dem Wassertisch stand und goss Wasser in den Trichter. Das Wasser floss über die Seite des Trichters. »Oh, nein!« Tim warf den Eimer ins Wasser.

Simone: »Lass uns sehen, was wir sonst noch zum Gießen finden können.«

Sie ging mit Tim hinüber zum Schrank, der unterschiedliche Gefäße zum Gießen enthielt. Tim sah sich die Gefäße an, nahm eine Gießkanne und einen Messbecher und brachte sie hinüber zum Tisch. Nun benutzte er den Messbecher, um Wasser in den Trichter zu gießen. Das Wasser floss in den Trichter. »Sieh mal, sieh mal!« Tim beobachtete die sich drehenden Räder.

Simone: »Ich sehe schon. Du hast Wasser in den Trichter gegossen. Das Wasser bewegt die Räder.« Tim (mit einem strahlenden Lächeln): »Ja!«

»Ein sich entwickelnder Lehrplan entfaltet sich durch ständigen Dialog und Dokumentation. Das Lernen vollzieht sich in einem Prozess, in dem Kinder Projekte ausarbeiten und sich mit ihnen befassen.« (Essa u. a. 1998, S. 80). Simone, die Erzieherin, beobachtete Tims Beschäftigung am Wassertisch und stellte fest, dass er sich für die Beziehung zwischen Ursache und Wirkung interessierte, für die Beziehung zwischen dem Fluss des Wassers und dem Drehen der Räder. Dieses Interesse ist der Ausgangspunkt dafür, Lernprozesse weiterzuführen; es hilft der Erzieherin auch dabei, zu entscheiden, welche Materialien benötigt werden und welche Erfahrungsmöglichkeiten bereit gestellt werden müssen.

Während ein Kind mit seiner Umgebung und ihren Gegenständen und Materialien, den Erwachsenen und den anderen Kindern interagiert, entfaltet sich der Lehrplan für dieses Kind oder die Gruppe von Kindern. Die Erzieherin muss beobachten und festhalten:

- Welche Gegenstände benutzen die Kinder? – Tim arbeitete mit Gefäßen, um Wasser in das Wasserrad zu gießen.
- Wie werden diese Gegenstände benutzt? – Tim hatte Schwierigkeiten, mit einem Gefäß ohne Tülle zu gießen: er brauchte ein Gefäß mit Tülle.
- Welche Fähigkeiten setzen die Kinder ein? – Tim setzte seine motorischen Fähigkeiten ein, um zu gießen; seine Beobachtungsgabe, um zu sehen, was geschah; und seine kommunikativen Fertigkeiten, um seine Gefühle zu zeigen und Aufmerksamkeit darauf zu lenken, was er beobachtet hatte.
- Wie gehen die Kinder miteinander und mit den Erwachsenen (Erzieherinnen und Familienmitglieder) um? – Tim kommunizierte mit Simone, damit sie ihm half, sein Problem zu lösen und ein geeignetes Gefäß zum Gießen zu finden. Er wollte seine Entdeckung mit ihr teilen und seinen Stolz über seine Leistung zum Ausdruck bringen.

Sobald die Erfahrungen der Kinder dokumentiert worden sind, muss die Erzieherin die folgenden Dinge planen:

- Wie bringt man die anderen Partner ins Spiel (Familienmitglieder und andere Mitglieder der umgebenden Gemeinschaft)?
- Welche zusätzlichen Materialien werden gebraucht?
- Mit welchen Erfahrungen werden die Lernaktivitäten erweitert?
- Welche anderen Fähigkeiten brauchen die Kinder, um auf diesen Erfahrungen aufbauen zu können?
- Wie ist die Umwelt am besten zu organisieren?

Das bekannteste frühpädagogische Programm nach dem Ansatz des sich entwickelnden Lehrplans kommt aus Reggio Emilia, Italien. Der Ansatz umfasst die folgenden Prinzipien (nach Cadwell 1997, S. 4 und Fraser 2000, S. 8):

- **Das Kind ist Protagonist:** Das Kind leitet das Spiel und sorgt dafür, dass Dinge geschehen; das Kind wird als kompetent und erfinderisch betrachtet.

Leonie in ihrem Spiel mit den Dinosauriern und Tim im Spiel mit dem Wasserrad entwickelten ihre eigene Aktivität und entschieden, womit sie spielen wollten, wie sie die Materialien nutzten und wann sie mit ihrem Spiel fertig waren.

- **Das Kind ist Mitarbeiter:** Das Kind arbeitet mit anderen Kindern und mit Erwachsenen innerhalb der Umgebung zusammen.
  Tim und Leonie arbeiteten mit der Erzieherin zusammen, um ihre Ziele zu erreichen. Jedes Kind teilte seinen Erfolg mit seinen Familienmitgliedern. Tim zeigte seinem Vater, was er gemacht hatte, und Leonie packte ihren Teig ein, um ihn mit nach Hause zu nehmen, so dass sie ihn dort weiter verwenden konnte.

- **Das Kind ist kommunizierender Akteur:** Kinder kommunizieren über verschiedene Ausdrucksweisen: über Worte, Aktionen, Zeichnen, Malen, Bauen, das Gestalten von Plastiken, Schattenspiel und Collagen, Theaterspiel und Musik. In den vorausgegangenen Beispielen stellen die Kinder ihre Ideen auf verschiedene Weise dar, über das Erschaffen ihrer Saurierszenen, über das Theaterspiel im Jurassic-Park-Zoo, verbal, als sie das Zähneputzen der Saurier kommentierten, und körperlich, indem sie das Gefäß ins Wasser warfen, um die Frustration über das Wasserrad auszudrücken.

- **Die Umgebung wirkt als dritte Erzieherin:** Der Raum muss so gestaltet werden, dass er die Kinder befähigt, miteinander und mit den Materialien in der Umgebung zu interagieren. »Jede Ecke des Raums hat einen eigenen Charakter und einen Zweck, bietet ein reiches Potenzial, so dass man sich engagieren und kommunizieren kann, jede Ecke wird geschätzt und gepflegt – von den Kindern und den Erwachsenen.« (Cadwell 1997, S. 5)

- **Die Erzieherin ist Partnerin, Betreuerin und Leiterin:** Simone konnte beim Lernen der Kinder eine Partnerin für sie sein, indem sie geeignete Materialien zur Verfügung stellte und so die Entscheidung der Kinder für bestimmte Aktivitäten unterstützte. Sie betreute Tim und leitete ihn an, als sie sah, dass er allmählich frustriert war, indem sie ihm zu anderem Material verhalf, das ihm Erfolgserlebnisse verschaffte.

- **Die Erzieherin ist Forscherin:** Erzieherinnen müssen miteinander und mit den Kindern zusammenarbeiten, damit sie für eine anregungsreiche Umgebung sorgen können, die auf den Interessen der Kinder beruht.

- **Dokumentation ist eine Form der Kommunikation:** Erzieherinnen dokumentieren sorgfältig die Erfahrungen der Kinder, indem sie deren Dialoge und Aktionen aufschreiben und sie bei ihren Aktivitäten fotografieren. Die Fotos werden sorgfältig auf Wandtafeln oder in Büchern zusammengestellt, um die Aktivitäten der Kinder festzuhalten und zu zeigen.

- **Die Familie wird als Partner betrachtet:** Die Partizipation der Familien ist entscheidend. Sie bereichern jedes Programm durch ihre Ideen, Fähigkeiten und den Enthusiasmus für ihre Kinder. Sie wollen und müssen eine aktive Rolle beim Lernen ihrer Kinder spielen.

1.7 Die Rolle der Umgebung beim Lernen und beim Spiel

Kinder lernen am effektivsten, indem sie spielen – und zwar in einer Umwelt, die:

- sie vor körperlichen Verletzungen schützt;
- das Staunen und die Ehrfurcht weckt;
- alle Aktivitäten drinnen und draußen fördert;
- integrative Settings anbietet. Nach Salisbury (1991, S. 146–155) geht es bei Integrationsprogrammen darum, dass alle Kinder denselben Raum in Anspruch nehmen können, auch wenn sie eine Behinderung haben, und dass alle Interessengruppen (Erzieherinnen, Familien, Träger) das Programm und seine Kultur so definieren, dass es Kinder mit verschiedenem ethnischem Hintergrund, verschiedenen Fähigkeiten und unterschiedlichen Chancen zur Beteiligung einschließt;
- die Verwendung von Materialien und Ausstattung auf verschiedene Weise und in einer ganzen Reihe von Settings fördert – Bücher für draußen, um Vögel und Pflanzen zu bestimmen; Bücher im Baubereich, in der Holzwerkstatt und im Sandspielbereich, um Ideen für das Bauen verschiedener Bauwerke zu finden;
- Kinder ermutigt, Entscheidungen zu treffen und Probleme zu lösen;
- Kinder ermutigt, Risiken einzugehen und die schließlich
- Kinder zu aktiver Teilnahme ermutigt.

So wird die Umgebung entscheidender Teil beim Planen von Programmen für Kinder. Dabei muss die Erzieherin folgende Faktoren berücksichtigen:

- die Auswahl von Lernbereichen;
- die Beziehung der Lernbereiche zueinander;
- die Organisation jedes Lernbereichs;
- die Materialien;
- die effektive Nutzung von Stauraum.

1.7.1 Die Lernbereiche

Die Bewertungsskala Early Childhood Environmental Rating Scale (ECERS) (Harms, Clifford und Cryer 1998) eignet sich für die Bestimmung der Lernbereiche, die jedes gute pädagogische Programm für Kinder enthalten sollte. Die Skala bestimmt die Kernbereiche der pädagogischen Arbeit und gibt der Erzieherin ein Instrument an die Hand, um die Effektivität von Umgebung und Programm zu messen. Die genannten Kernbereiche umfassen Bücher und Bilder, Feinmotorik, Kunst, Musik und Bewegung, Bauen, Sand und Wasser, dramatisches Spiel/Rollenspiel, Theaterspiel, Natur/Naturwissenschaft, Mathematik und Zahlen, der Gebrauch von Fernsehen, Video und Computer sowie die Förderung der Akzeptanz von kultureller Vielfalt.

1.7.2 Die Beziehung der Lernbereiche zueinander

Wie oben schon diskutiert, sollten alle Lernbereiche für Kinder und Erwachsene wertvoll sein und einen Zweck erfüllen. Die folgenden in ECERS (Harms, Clifford und Cryer 1998) dargelegten Richtlinien führen zu einer effektiveren Umgebung für verschiedene Lernbereiche:

- Laute und ruhige Bereiche sollten voneinander getrennt sein: Zum Beispiel sollte sich der ruhige Bereich (zum Anschauen und Lesen von Büchern und für andere ruhige Aktivitäten) in räumlicher Distanz von lauteren Bereichen befinden, wie etwa vom Bauen, vom Sandkasten, den kreativen Künsten und dem Wasser.
- Laute oder schmutzanfällige Bereiche sollten geeignete Fußböden haben: Der Spielbereich mit Bausteinen sollte auf einem Teppich angelegt sein, der Geräusche schluckt; die Kunstwerkstatt sollte auf einem gefliesten Fußboden eingerichtet werden, der leicht zu reinigen ist.
- Erreichbarkeit von Wasser: Der Kunst- und der Wasserspielbereich sollten in der Nähe eines Waschbeckens liegen, um einfach und schnell an Wasser zu kommen und um das Saubermachen zu erleichtern.
- Überschaubarkeit aller Bereiche: Es sollte leicht möglich sein, alle Kinder zu jeder Zeit zu beobachten.
- Klar definierte Spiel- und Aktionsbereiche, um möglichst vielen Kindern die aktive Teilnahme zu ermöglichen und Störungen durch das Hindurchlaufen von anderen Kindern oder Erwachsenen zu minimieren: Dies kann durch sorgfältig platzierte niedrige Regale oder Tische erreicht werden.
- Sicherheitsüberlegungen: Folgende Punkte sollten gewährleistet sein: Böden, von denen Spritzer leicht wegzuwischen sind; freie Bereiche rund um Türen und Tore; klar definierte Bereiche durch entsprechend platzierte Möbel (beispielsweise ein Bereich für Holzarbeiten oder ein Bereich zum Fahren); genügend Platz, um sicher spielen zu können (Beispiel: Spiel mit Bausteinen); Schutzvorrichtungen über Ausgängen und Möbeln, die über oder vor elektrischen Leitungen stehen; stabile Möbel/Ausstattung; Ausstattung und Möbel in gutem Zustand; freie Bereiche zum Rennen, Springen, Fahren und Klettern; Schutz vor Sonne und Wind und
- Raum, der für größere Gruppen genutzt werden kann.

Eine weitere Überlegung bei der Platzierung von Lernbereichen ist die Frage nach deren Beziehung zueinander. Die

Abb. 1.9 Nico hat sein Auto im Baubereich gebaut und »fährt« damit zum Laden im Rollenspielbereich.

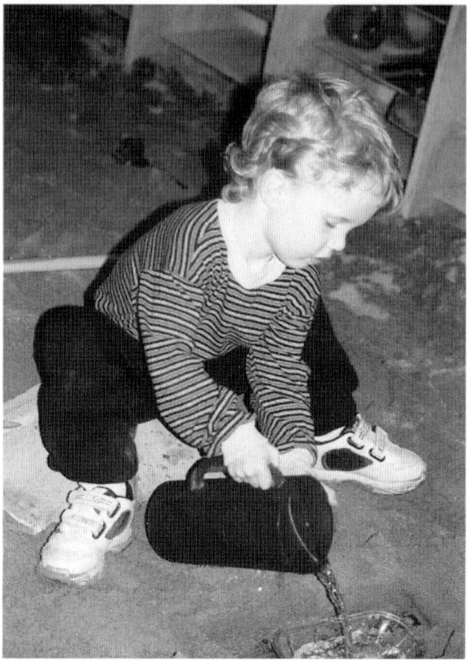

Abb. 1.10 Benjamin braucht für sein Spiel mit Tieren einen Teich.

folgenden Punkte sind als Anregungen und Vorschläge zu verstehen, wenn man Spielbereiche nebeneinander platzieren will:

Abb. 1.11 Die fertigen Holzprodukte werden im Kreativbereich bemalt.

- Dramatisches Spiel/Rollenspiel und Spiel mit Bauelementen: Das könnte die Kinder ermutigen, Requisiten für ihr Theaterspiel zu bauen. Nico hat beispielsweise ein Auto gebaut (➛ Abb. 1.9). Er war an einer Szene beteiligt, in der ein Laden wichtig war und schlug dann vor, mit dem Auto zu dem Laden zu fahren.
- Sand- und Wasserspiel: Zu vielen Aktivitäten der Kinder gehört es, Materialien zu mischen und Mixturen herzustellen. Sie stellen Schlamm her, beobachten, was mit Sand in Wasser geschieht oder worin sich nasser und trockener Sand voneinander unterscheiden; sie errichten natürliche Szenarien in Sand (Seen, Teiche oder Flüsse). Benjamin hat beispielswei-

se einen Teich gebaut (➛ Abb. 1.10), den er für die Tiere des Bauernhofs brauchte, die er dann in den Sandbereich brachte.

- Holzarbeiten und Kunst: Wenn Kinder ihre Holzprojekte abgeschlossen haben, können sie sie zum Schluss dekorieren oder bemalen (➛ Abb. 1.11).
- Mathematik und feinmotorische Materialien: Viele Materialien, die die Feinmotorik schulen, führen auch zu mathematischen Aktivitäten wie Eins-zu-Eins-Zuordnungen, Zählen, Maßnehmen, Paarbildung und Anordnung in Reihen oder Serien. Marlene hat mit kleinen Würfeln eine waagrechte Reihe aufgebaut (➛ Abb. 1.12). Danach platzierte sie kleine Bären auf den Würfeln und achtete sorgfältig darauf, immer nur einen Bären auf einem Stein zu platzieren (Eins-zu-Eins-Zuordnung). Das machte sie so lange, bis alle Bären aufgebraucht waren.

Abb. 1.12 Marlene verbindet feinmotorische mit mathematischen Aktivitäten.

1.7.3 Die Organisation der Lernbereiche

Die erste Überlegung bei der Organisation der Lernbereiche gilt dem Entwicklungsstand des Kindes. Je jünger das Kind ist, umso realistischer sollte das Setting sein. Kleinkinder nehmen die Welt aus ihrer Perspektive wahr und reagieren dementsprechend. Ihnen Spielzeugnahrungsmittel, also keine echten Lebensmittel, im Haushaltsbereich hinzulegen, würde sie sicherlich dazu bringen, diese Lebensmittel zu essen. Eine solche Situation konfrontiert das Kind mit einem schwer zu lösenden Problem: Der Gegenstand sieht aus wie etwas, das man essen kann, also sollte man es auch essen können.

Kleinkinder lassen sich leicht ablenken. Wenn man ihnen zu viele Spielmöglichkeiten anbietet, kann ihr Aktivitätsniveau gestört werden. Sie wechseln dann zum Beispiel schnell von einer Aktivität zur anderen oder gehen nicht mehr richtig mit den Materialien um. Stehen zu viele Materialien in Kästen auf einem Regal, kann das leicht zum Umkippen und Ausschütten verführen. Das hinterlässt nicht nur Unordnung, sondern birgt auch die Gefahr in sich, auf andere Kinder überzugreifen. Da wir wissen, dass Kleinkinder gern alles auskippen, ist es wichtig, ihnen Möglichkeiten dafür zu bieten: z. B. geeignete Kartons, große Schüsseln, Eimer oder Plastikcontainer. Ältere Kinder brauchen jedoch mehr Auswahl und mehr Materialien, um Lernaktivitäten über eine längere Zeit fortzusetzen.

Eine andere Überlegung ist, dass die Materialien für die Kinder gut erreichbar sein müssen, damit die Kinder ermutigt werden, bei der Auswahl ihrer Aktivitäten zunehmend selbstständiger zu werden. Die Gegenstände sollten deshalb gut zu sehen, leicht zu erreichen und mit Bild und Schrift deutlich gekennzeichnet sein.

Einige Lernbereiche, wie das Bauen, brauchen mehr Platz, um die Spielmöglichkeiten ausschöpfen zu können. Shipley (2002, S. 92–95) benennt verschiedene Größen der Spielbereiche: einfache, komplexe und große Einheiten. Die Bezeichnungen orientieren sich an der Komplexität der Aufgabe, mit der das Kind beschäftigt ist. Bei *einfachen Einheiten* geht es um einzelne Aktivitäten wie Malen an der Staffelei oder das Benutzen einer Spielkamera. Kleine Gruppenarbeiten finden meist in *komplexen Einheiten* statt. Bei dieser Art des Spiels kombinieren die Kinder meist Materialien aus verschiedenen einfachen Einheiten: Sie richten eine Arztpraxis ein, indem sie sich ein Telefon, einen Notizblock, Bleistift oder Buntstifte und eine Arztausrüstung beschaffen. Eine *große Einheit* bildet sich dann, wenn mindestens drei Arten von Spielmaterial gleichzeitig verwendet werden. Eine kleine Gruppe von Kindern baute beispielsweise in der Sandkiste einen Garten. Dabei verwendeten sie Material aus dem Wissenschaftsbereich (getrocknete Pflanzen), Material vom Wasserspielplatz (Spritzflaschen und Gießkannen), Werkzeug aus dem Sandbereich (Schaufeln und Harken) und Steine aus dem Baubereich, um Zäune zu bauen.

Um die Größe des Bereichs zu bestimmen, kann folgendes Maß benutzt werden:

- Einfache Einheit: 1 Spielraum
- Komplexe Einheit: 4 Spielräume
- Große Einheit: 8 Spielräume (Shipley 2002, S. 95)

Bau- und Rollenspielbereich sind meist große Einheiten, während Bereiche wie Wasser, Sand, Holz und Musik komplexe Einheiten bilden. Bereiche wie Malen an der Staffelei, Lesen oder das Legen von Puzzles sind meist einfache Einheiten. Manchmal werden einfache Bereiche zu komplexen oder sogar zu großen. Im Kunstbereich können Kinder mit großen Schachteln beginnen, indem sie diese Schachteln mit Spielmaterial und anderem Material dekorieren. Diese Schachteln können dann zu Gebäuden werden, woraus ein Theaterspiel hervorgehen kann.

1.7.4 Die Materialien

Wenn man Lernmaterial oder Ausstattungsgegenstände in einem Bereich platziert, müssen einige Grundprinzipien beachtet werden. Manche Materialien scheinen logischerweise in bestimmte Bereiche zu gehören: Schaufeln, Harken oder Siebe in den Sandbereich oder Musikinstrumente in den Musikbereich. Es gibt jedoch sehr viele Materialien, die sich in mehreren Bereichen platzieren lassen. Autos und Tiere können im Sand, in der Bauecke oder mit feinmotorischen Materialien wie kleinen Steinen und zusammensteckbaren Schienen verwendet werden. Viele von unseren Materialien für Naturwissenschaft und Mathematik, wie etwa Lupen, Waagen und stapelbare Becher, passen genauso gut in den Feinmotorikbereich wie in Sand- und Wasserbereiche. Materialien, die in mehr als einem Bereich verwendet werden können, sollten an zentraleren Orten untergebracht werden, um die Kinder zu ermutigen, sie an verschiedenen Orten und für verschiedene Zwecke einzusetzen. Mit einer Waage kann man zum Beispiel das Gewicht von feinmotorischen Materialien mit dem von Sandgefäßen im Sandbereich oder Wassergefäßen am Wasserspielplatz vergleichen.

Es gibt eine große Zahl von *open-end-Material* (➛ Tab. 1.3), d.h. Material, bei dem das Ergebnis der Aktivität nicht vorher festgelegt ist und das bei vielen Aktivitäten eingesetzt werden kann. Die Kinder sollten Zugang zu diesen Materialien haben und sie nutzen können, wo und wann sie wollen. Tabelle 1.3 enthält eine Liste solcher Materialien und ihrer Anwendungsmöglichkeiten.

Wenn Sie Materialien anschaffen, sollten Sie überlegen, wozu sie nützlich sind und ob sie in mehr als einem Bereich verwendet werden können. Nehmen Sie für Rollenspielaktivitäten keine billigen Plastikimitationen von realen Gegenständen, für den realitätsnahen Gebrauch sind sie oft zu klein. Außer-

Materialien	Verwendungsmöglichkeiten
Pappröhren verschiedener Größe	• Sandbereich: um Röhren zu füllen und zu leeren • Baubereich: für Bauwerke • Feinmotorikbereich: um kleine Bälle oder Autos darin herunterrollen zu lassen • Kunstwerkstatt: um Röhren zu dekorieren oder zu bemalen
Echte Requisiten wie Lenkräder, Autoteile	• Aktivitäten im Bau- und Rollenspielbereich
Zeichnungen/Kopien	• Baubereich, Holzwerkstatt: geben Anregungen zum Bauen
Echte Speisen sowie richtiges Besteck, Töpfe und Pfannen (sind schöner als billige Kunststoffimitationen)	• Hauswirtschaftsbereich: regen zum Kochen und Backen an und fördern das sachgerechte und sorgsame Handhaben der Gegenstände und Geräte

Materialien	Verwendungsmöglichkeiten
Holzplanken, Bretter	• Baubereich: um Gehege abzudecken oder Rampen zu errichten
Schnipsel aus Stoff	• Kunstbereich: zum Zerschneiden oder Zusammenkleben • Ersatz für Sand
Durchsichtige Plastikflaschen	• Eignen sich als Gefäße zum Aufbewahren sowie zum Füllen und Leeren
Große Decken, Laken, Quilts (Steppdecken)	• Decken für große Bauwerke • Für Licht- und Schattenspiele • Als Vorhänge für den Umkleidebereich oder eine Bühne • Zum Einrichten von ruhigen Bereichen zum Zurückziehen und Alleinsein • Geeignet, um auf dem Stoff zu malen oder zu zeichnen und den Stoff dann aufzuhängen und auszustellen
Kissen	• Zum Einrichten eines gemütlichen Bereichs zum Sitzen oder Liegen
Pappkartons verschiedener Größe	• Können als Bausteine genutzt werden • Können bemalt und dekoriert werden, um als Bauwerke oder Fahrzeuge eingesetzt zu werden
Reifen	• Einzusetzen für Hindernisbahnen, um hinein- und hinauszulaufen, zu kriechen und zu springen • Sandbereich: um mit Sand gefüllt zu werden oder Pflanzen hineinzusetzen • Rollen draußen herum
Kleine Baumstämme, Zweige	• Gestalten den Bau- und den Sandspielbereich natürlicher • Im Wasser zu verwenden: Kleine Plastiktiere können auf den Stämmen platziert werden und treiben dann
Große Baumstämme	• Draußen: geeignet zum Balancieren
Plastikröhren verschiedener Größe	• Ideal für Experimente mit dem Fließen von Materialien in Wasser und Sand

Tab. 1.3 Open-end-Zubehör und seine Verwendungsmöglichkeiten

dem lernen die Kinder mit echten Gegenständen viel besser einen sorgsamen Umgang. Solche Gegenstände können billig auf Flohmärkten und bei Hofverkäufen erworben werden.

1.7.5 Die Unterbringung der Materialien

Alle Materialien sollten so untergebracht sein, dass die Kinder zur selbstständigen Nutzung der Gegenstände ermutigt werden. Die Materialien sollten:

- erreichbar sein: die Kinder können sie leicht selbst erreichen;
- sichtbar sein: sie werden in offenen Regalen oder durchsichtigen Behältern aufbewahrt;
- gekennzeichnet sein: durch Bilder und Wort oder Umriss; die Kinder müssen wissen, wo sie die Dinge finden und wohin sie sie zurückbringen.

1.8 Überlegungen aus anderen Ländern

Obwohl es interkulturelle Unterschiede im kindlichen Spiel gibt, findet es sich doch in allen Kulturkreisen (Mead 1975). Die Unterschiede können folgendermaßen zusammengefasst werden:

- Die Arten des nachahmenden Spiels, des »Als-ob-Spiels«, variieren und sind abhängig von dem Zusammenwirkung der Kinder und Betreuerinnen/Betreuer.
- Die Art des Spielmaterials hängt von der Kultur und den ökonomischen Ressourcen ab.
- Das nachahmende Spiel variiert von sozialen Alltagssituationen bis hin zu phantasievollen Spielen rund um Kinderfilme, Kinderbücher und damit verbundene Spielmaterialien.
- In ärmeren Regionen orientiert sich das Spiel mehr an der Arbeit.
- Dem Spiel als Mittel zum Lernen wird unterschiedlich viel Wert beigemessen.
- In einigen Ländern wird verstärkter Druck ausgeübt, um die Kinder auf die jeweils nächste Phase der Bildung vorzubereiten.

1.9 Zusammenfassung

Arten des sozialen Spiels

- Zuschauer: andere beim Spiel beobachten
- Einzelspiel: allein spielen, ohne Interaktionen mit anderen
- Parallelspiel: nebeneinander mit ähnlichen Gegenständen spielen, ähnliche Tätigkeiten, ohne miteinander zu agieren
- Assoziatives Spiel: mit anderen spielen, Materialien und Ideen werden geteilt, aber die eigene Aktivität wird fortgesetzt
- Kooperatives Spiel: auf ein gemeinsames Ziel zuarbeiten, Rollen bestimmen und zuteilen, um das Ziel zu erreichen
- Wettspiel: ein Spiel, das am Ende Gewinner und Verlierer hat.

Arten des kognitiven Spiels

- Funktionelles oder wiederholendes Spiel: wiederholtes Üben von Fähigkeiten durch die Interaktion mit Objekten und Menschen
- Symbolisches Spiel: ein Objekt wird benutzt, um ein anderes Objekt darzustellen
- Konstruktives Spiel: Materialien oder Gegenstände werden benutzt, um andere Dinge herzustellen
- Rollenspiel: Erschaffung imaginärer Rollen, um Situationen zu spielen oder Ereignisse zu kreieren

Entwicklung und Entwicklungsschritte

- Die körperliche, soziale, emotionale, sprachliche und kognitive Entwicklung sind eng miteinander verbunden; die Entwicklung eines dieser Gebiete wird durch die Entwicklung der anderen beeinflusst.
- Spätere Fertigkeiten, Fähigkeiten und Wissen werden stufenweise aufgebaut.
- Entwicklungsfortschritte werden unterschiedlich schnell erreicht; Unterschiede gibt es auch in den einzelnen Entwicklungsgebieten.
- Frühe Erfahrungen von Kindern sind maßgeblich für das weitere Lernen und können die Entwicklung der Kinder auch verzögern.
- Entwicklung ist vorhersagbar und bewegt sich vom Leichten zum Schwierigen und von konkreten Erfahrungen zum abstrakten Denken.

- Lernen findet in allen sozialen und kulturellen Strukturen statt.
- Kinder sind aktive Lernende. Während ihres Spiels zeigen sie ihr Wissen über ihre Umwelt.
- Entwicklung ist ein Wechselspiel zwischen der biologischen Reifung und der Umwelt.
- Kinder brauchen die Chance, ihre Fertigkeiten in einer Umgebung zu üben, die ihnen Möglichkeiten und Herausforderungen bietet.
- Kinder zeigen auf verschiedene Weise, was sie wissen.
- Kinder lernen am besten in einer sicheren Umgebung, in der ihre Versuche geschätzt werden.

Spiel ist:

- angenehm und erfreulich;
- von den Kindern selbst initiiert;
- aktive Teilnahme;
- spontan;
- frei von Führung;
- Einbeziehung von Erfahrungen;
- symbolische Aktivität;
- prozessorientiert.

Spiel fördert:

- das flexible Denken;
- das divergierende Denken, Denken in verschiedene Richtungen;
- den kreativen Umgang mit Material;
- das Lösen von Problemen;
- die Entwicklung von Sprache;
- das Aufbauen und Ausprobieren von Konzepten;
- die Entwicklung sozialer Kompetenz;
- die Entwicklung eines Bewusstsein für Gefühle;
- die Entwicklung motorischer Fähigkeiten.

1.10 Kontrollaufgaben

- Vergleichen Sie die verschiedenen Auffassungen vom Spiel im Verlauf der Geschichte.
- Wie unterstützt das Konzept des Lernens durch Spielen die neuen Forschungsergebnisse über die Entwicklung des Gehirns?
- Beobachten Sie das Spiel von Kindern in einer realen Umgebung und benutzen Sie dabei die folgende Tabelle.

Art des Spiels	Alter des Kindes	Beobachtung
Beobachten eines Spiels		
Einzelspiel		
Parallelspiel		
Assoziatives Spiel		
Kooperatives Spiel		
Wettspiel		
Funktionelles Spiel		
Symbolisches Spiel		
Rollenspiel		

Tab. 1.4 Kontrollaufgabe zur Beobachtung

- Finden Sie für jedes aufgeführte Prinzip des Lernens in der frühen Kindheit ein Beispiel für die praktische Umsetzung in einer Kindertageseinrichtung.
- Ordnen Sie verschiedene spielerische Aktivitäten wie das Baden einer Babypuppe, das Mischen von Sand und Wasser oder das Graben im Sand mit Hilfe der folgenden Tabelle der jeweiligen Art des Spiels zu. Diskutieren Sie und notieren Sie für jedes Spiel, worin der Wert dieser Aktivität für das Kind besteht.

Art des Spiels	Bedeutung der Aktivität

Tab. 1.5 Kontrollaufgabe zur Bedeutung verschiedener Spielformen

- Beschreiben sie den Wert und die Bedeutung des kindlichen Spiels.
- Definieren Sie den Begriff »sich entwickelndes Curriculum«. Inwiefern unterstützt dieses Curriculum die Idee des Lernens durch Spielen?
- Was ist die Aufgabe der Erzieherin beim Initiieren eines sich entwickelnden Curriculums?
- Betrachten Sie Abbildung 1.2 (Josefine beim Spiel mit der Knete) und beschreiben Sie, wie eine Erzieherin über die Interaktion mit Josefine deren Tätigkeiten unterstützen könnte, und was sie tun könnte, um die Beschäftigung über einige Tage auszudehnen. Überlegen Sie sich, wie die Kommunikation verlaufen könnte, welche Materialien angeboten werden könnten und welche Strategien der Interaktion für die Erzieherin möglich sind.
- In diesem Kapitel diskutieren wir die Beziehungen zwischen verschiedenen Lernbereichen. Welche Lernbereiche können eng beieinander platziert werden? Begründen Sie Ihre Meinung.
- Welche Überlegungen müssen angestellt werden, um:
  a) die Lernbereiche zu organisieren?
  b) die Materialien für die Lernbereiche auszuwählen und zu ordnen?

2 DIE LERNUMGEBUNG

2

KAPITELÜBERSICHT

- Einführung
- Einrichten der Lernumgebung
- Beleuchtung
- Farbe
- Geräusche
- Lernbereiche
- Optimale Raumnutzung
- Ästhetische Fragen
- Die Rolle der Erzieherin
- Lernerfahrungen planen
- Kulturelle Aspekte
- Zusammenfassung
- Kontrollaufgaben

LERNZIELE

Nach dem Lesen dieses Kapitels kann der Leser/die Leserin:

- erklären, wie Kinder am besten lernen;
- die Prinzipien effektiver Organisation erörtern;
- Ähnlichkeiten und Unterschiede von Innenräumen und Außenräumen für verschiedene Altersgruppen erkennen;
- einschätzen, wie Außenräume gestaltet sein müssen und welche Materialien sich eignen;
- mögliche Gefahren drinnen und draußen auflisten;
- erklären, wie sich Beleuchtung, unterschiedliche Farbgebungen und Geräusche auf das Lernen der Kinder auswirken;
- unterschiedliche Wege benennen, um Lernräume zu optimieren;
- erklären, welche Bedeutung der Ästhetik in der Lernumgebung zukommt;
- die Rolle der Erzieherin bestimmen;
- die Effektivität unterschiedlicher Arten der Planung einschätzen.

»Jeder Aspekt der Umgebung, von der Anordnung der Möbel und der Ausstattung bis hin zu den feineren Details von Farben und Oberflächen, teilt den Kindern, die diesen Raum benutzen, etwas mit.«

Bowers
in: Puckett & Diffily: »Teaching Young Children: An Introduction to the Early Childhood Profession«

2.1 Einführung

Vor der Auseinandersetzung mit der Lernumgebung ist es wichtig darüber nachzudenken, wie Kinder am besten lernen. »Kinder sind von Natur aus neugierig und verspielt. Sie lernen, wenn sie:

- forschen und spielen;
- ihre Sinne einsetzen;
- sich mit einer großen Bandbreite an Gegenständen auseinandersetzen;
- mit Erwachsenen und Kindern zusammenarbeiten;
- bedeutsame Pläne schmieden und Entscheidungen treffen;
- die Ergebnisse ihrer Aktionen sehen;
- auf bereits vorhandenem Wissen aufbauen.

Kinder lernen am besten, wenn sie sich mit der realen Welt beschäftigen – mit Menschen, mit Naturmaterialien, mit realen Problemen und deren Lösungen, mit ihren eigenen Kreationen.« (Holt, Kamii und Seefeldt 1984, S. 20)

Die meisten Methoden zur Bildung von Klein- und Kindergartenkindern arbeiten nach den oben genannten Prinzipien. Das Curriculum der High/Scope-Vorschule beschreibt Lernen als aktives Lernen: »Aktives Lernen wird als das Lernen definiert, bei dem das Kind ein neues Verständnis entwickelt, indem es mit Gegenständen umgeht und mit Menschen, Ideen und Ereignissen interagiert. Aktives Lernen beinhaltet vier entscheidende Elemente: 1) direkte Beschäftigung mit Gegenständen, 2) Reflektieren der Handlungen, 3) innere Motivation, Erfindungsgabe und die Kraft, etwas zu erschaffen, und 4) das Lösen von Problemen.« (Hohmann und Weikart 1995, S. 17)

Loris Malaguzzi definierte das Lernen der Kinder nach dem Konzept von Reggio Emilia wie folgt: »Was Kinder lernen, ist nicht das automatische Ergebnis dessen, was man sie gelehrt hat. Es liegt vielmehr zu einem großen Teil am eigenen Tun der Kinder – als Folge ihrer Aktivitäten und unserer Ressourcen. (…) Es gibt keinen Kontext, in dem die Kinder sich nicht selbst Fragen stellen und Strategien des Denkens, der Prinzipien und Gefühle entwickeln. Immer und überall übernehmen sie eine aktive Rolle beim Lernen und bei der Aneignung von Wissen. Lernen ist eine befriedigende Erfahrung. Aber Verstehen bedeutet auch, wie der Psychologe Nelson Goodman uns sagt, ›Verlangen, Dramatik und Kampf zu erfahren‹« (Edwards, Gandini und Forman 1998, S. 97).

Das Positionspapier der National Association for Young Children (NAYEC) beschreibt Qualitätsprogramme mit entwicklungsangemessener Praxis. Ein Grundgedanke dieses Leitbilds lautet folgendermaßen: »Kinder in jedem Alter brauchen Zeiten, in denen sie nicht unterbrochen werden, in denen sie sich in etwas vertiefen, forschen, auswählen und bei ihren Aktivitäten bleiben können.« (Bredekamp 1987, S. 7)

Die Canadian Association for Young Children (CAYC) propagiert in ihrem Leitbild das Spiel als Mittel zu lernen, begreift es als natürlich, von grundlegender Bedeutung, fröhlich, mit offenem Ende, kreativ, spontan, komplex und anregend, weder bewertend noch verurteilend. Spiel ist ein Prozess, der Kinder ermutigt, zu wählen, Entscheidungen zu treffen und Fragen zu stellen (CAYC 1996).

Abb. 2.1 Spiel bietet vielerlei Möglichkeiten des Ausdrucks.

Zusammenfassend lässt sich sagen, dass Kinder durch Spielen lernen. Spielen macht Kindern Spaß, es ermöglicht ihnen eine angenehme, positive Erfahrung. Es kann einen sozialen Charakter haben, wird von den beteiligten Kindern bestimmt und bietet ihnen die Möglichkeit, ohne Druck zu lernen. Spielen entwickelt sich aus einer inneren Motivation und ist frei von Regeln, die Erwachsene aufstellen. Es bietet den Kindern die Möglichkeit, sich auf verschiedene Weise auszudrücken (➛ Abb. 2.1). »Die Verwendung vielfältiger Materialien und Medien durch die Kinder ist kein separater Bestandteil des Curriculums, sondern ein integrales Moment des gesamten kognitiven und symbolischen Ausdrucks, der sich innerhalb des Lernprozesses vollzieht.« (Hendrick 1997, S. 21)

2.2 Einrichten der Lernumgebung: Funktionelle Aspekte des Raums

2.2.1 Allgemeine Prinzipien

Um Kinder zu ermutigen, ihre Umgebung effektiv zu nutzen, sind klar definierte Bereiche für die verschiedenen Formen des Spiels wichtig. Diese Bereiche werden meist als Lernbereiche oder Interessenzentren bezeichnet. Sie sollten die Kernelemente der Lernumgebung darstellen.

Lernbereiche werden eingerichtet, um die Kinder dazu anzuregen:

- neugierig zu sein;
- sich für bestimmte Aktivitäten zu entscheiden, an denen sie sich beteiligen wollen;
- allein oder mit anderen zusammenzuarbeiten;

- allein oder gemeinsam mit anderen Probleme zu lösen,
- allein oder mit anderen kreativ zu arbeiten;
- die Zeit zu planen;
- in ihrem eigenen Tempo Fortschritte zu machen;
- soziales Verhalten zu erlernen;
- kommunikative, kognitive und körperliche Fähigkeiten zu erwerben;
- Material und Ausstattung kreativ zu nutzen (➛ Abb. 2.2).

Abb. 2.2 Materialien lassen sich für ganz unterschiedliche Zwecke verwenden.

2.2.2 Innenräume

Jeder Innenraum entspricht den jeweiligen Interessen und Bedürfnissen der Altersgruppe in diesem Bereich. Um die Raumnutzung zu optimieren, »sollte der Weg zwischen Eingang und Ausgängen so gut wie möglich angelegt werden. Am Weg entlang sollte man Tische und Arbeitsflächen aufstellen, belebtere Bereiche also, während die verbleibenden Ecken und Bereiche ruhigeren und betreuten Aktivitäten vorbehalten sind.« (U.S. General Services Administration 1998, S. 7)

Wenn Erwachsene und Kinder miteinander interagieren, passen sie die Umgebung den jeweiligen Interessen und Bedürfnissen an. Daher ist es wichtig, eine Umgebung so einzurichten, dass sie leicht verändert werden kann. Kleineres Mobiliar auf Rädern gibt Kindern die Möglichkeit, beim Einrichten und Verändern ihrer Umgebung mitzuwirken. Größere, schwere Ausstattungsgegenstände, die schwer zu bewegen sind, sollten an der Peripherie des Raums untergebracht werden. Regale und Raumteiler können genutzt werden, um verschiedene Bereiche zu trennen, sie müssen dafür aber fest verankert werden.

Die Umgebung kann vielfältiger werden, indem man folgende Dinge variiert:

- Die Höhe der Decke: Variable Deckenhöhen und die Farbgebung der Wände wirken sich bei Vorschulkindern auf das kooperativere Verhalten aus (Read, Sugawara und Brant 1999). Wenn man die Umgebung zum ersten Mal gestaltet, sollte dies unbedingt beachtet werden. Geeignete Techniken hierfür sind das Drapieren von Stoff (bedenken Sie, dass der Stoff feuerfest sein muss) oder anderer Materialien, die von der Decke herabhängen (beispielsweise Vorrichtungen, um Töpfe und Pfannen im Hauswirtschaftsbereich aufzuhängen, gerahmte Bilder über der Kunstwerkstatt, hängende Pflanzen).

Prinzip	Strategien
Ausstellungsraum: Platz, um eine Auswahl von Arbeiten der Kinder auszustellen	• Glatte Wände, Schwarzes Brett, Rückseite von Regalen • Für dreidimensionale Arbeiten: Tische, Regale
Regelung des »Durchgangsverkehrs« in den Räumlichkeiten, Berücksichtigung von Zirkulationsmustern	• Abgeschirmte Bereiche, für die mehr Ruhe gebraucht wird (stille Bereiche, Lese- und Schreibbereiche) oder die mehr Aufsicht und Betreuung erfordern (Bereich für Holzarbeiten), durch niedrige Regale, niedrige Raumteiler • Ausgänge, die vor fremden Besuchern schützen und verhindern, dass Kinder die Einrichtung verlassen • Auslaufbereiche für Spiele, die viel Platz erfordern • Große, offene Bereiche, in denen größere Gruppen zusammenkommen können • Klar strukturierte Bereiche für Babys und Kleinkinder • Leicht einsehbare Räume für Kinder (das erleichtert es ihnen, ihre Wahl zu treffen) und für Erwachsene (Überschaubarkeit und Beobachtungsmöglichkeit) • Ungehinderter und eindeutiger Zugang zum Notausgang • Eindeutige Wege von einem Bereich zum anderen: vom Rollenspiel- zum Baubereich oder zum Waschraum
Trennung der lauten Bereiche (Baubereich, Holzwerkstatt, Musik, Rollenspielbereich) von den ruhigen Bereichen (zum Lesen und Schreiben, für feinmotorisch anspruchsvolle Aktivitäten oder Spiele, die eine hohe Konzentration verlangen)	• Trennung durch räumlichen Abstand: Lesen in einer Ecke des Raums, Bausteine in der entgegen gesetzten Ecke • Geräuschdämmendes Material: Bausteine auf Teppichen; Hartschaum auf der Tischlerwerkbank, um die Lautstärke, z. B. beim Hämmern, einzudämmen • Geräuschbarrieren absorbieren Lärm: z. B. niedrige, robuste Regale; große Kissen, auf denen man sitzen oder gegen die man sich lehnen kann
Ausdehnung des Spiels über mehr als einen Tag, z. B. Bauspiel, Projekte	• Materialien und Ausstattung bleiben länger als einen Tag am Ort und werden vor dem »Durchgangsverkehr« geschützt
Trennung der Bereiche auf akustischem, visuellem und physischem Weg	• Massive Trennwände oder Trennwände aus Plexiglas (halbhoch oder in voller Höhe), Türen, Schränke, Regale, Konsolen, Geländer, Vorhänge (die feuerfest sein müssen) • Gute Beobachtungsmöglichkeiten für die Erzieherin und gute Sicht der Kinder

Prinzip	Strategien
Einfache Reinigungs- und Ordnungsmöglichkeiten für Bereiche, die für Unordnung und Schmutz anfällig sind (z. B. Bereiche für Wasser, Sand, Holzarbeiten, Kunst)	• Fliesenfußboden • Wasserquelle, die in der Nähe liegt • Einsatz leicht abwaschbarer Planen, die rutschsicher befestigt werden • Das Putzen des Bereichs in das Spiel der Kinder integrieren • Putzmaterial ist leicht verfügbar und zugänglich: Besen in Kindergröße, Abfalleimer, Spritzflaschen, Schwämme, Eimer und Mülleimer werden in jedem Bereich bereitgehalten • Kittel, um die Kleidung der Kinder zu schützen
Sonderbereiche bereitstellen, z. B. Raum für die Aktivitäten von großen Gruppen und Raum zum Alleinsein	• Bereich ohne Ausstattung, nur mit Teppich ausgelegt • Geschützter, ruhiger Bereich: Spielhaus, bemalte große Kartons mit Fenstern und Türen, durchsichtige Vorhänge in einer Ecke des Raums • Schutz vor Störungen: entsprechende Regeln und Schilder
Aufbewahrung: Hierbei geht es darum, wo und wie Materialien und Ausstattung arrangiert werden, um von den Kindern so unabhängig wie möglich genutzt werden zu können	• Durchsichtige Aufbewahrungsgefäße, in denen die Gegenstände gut zu sehen sind • Mobile Aufbewahrungsmöglichkeit für Gegenstände, die in mehr als einem Bereich eingesetzt werden – wie Behälter auf Rädern; kleine Wagen, die man von Ort zu Ort bewegen kann – und die von mehr als einem Ort aus zugänglich sind • Beschriftungssysteme: Bild und Wort, erkennbares Symbol, Umriss der Gegenstände auf den Regalen • Niedrige Regale, die von allen Kindern zu erreichen sind • Unterbringung je nach Art der Gegenstände, um Durcheinander und Auskippen zu verhindern, und damit alles leicht zu finden ist: alle roten, runden Perlen sind in einem Behälter
Überschaubarkeit	• Erzieherinnen können die Kinder gut beobachten; die Kinder können die Bereiche leicht überblicken

Tab. 2.1 Prinzipien effektiver Organisation

- Verschiedene Ebenen zum Spielen: Hochbetten, Stufen, Plattformen, niedrigere, abgesenkte Bereiche. Aus Sicherheitsgründen sind dies meist fest installierte Einrichtungen. Sie können jedoch mobiler gehalten werden, indem man Anker in den Wänden oder im Fußboden befestigt, die es ermöglichen, die Ausstattung zu entfernen oder auszutauschen.
- Die Gestaltung der Wände: Glatte Wände können verändert werden, indem man ihre Oberfläche mit Texturen versieht oder sie mit Hilfe von geschwungenen Raumteilern oder Trennwänden unterteilt. Die Raumteiler und Wände können mit Stoff bedeckt werden (Sackleinen, Filz, Satin, Netzgewebe), um dem Raum einen weicheren Charakter zu verleihen.

Verschiedene Altersgruppen haben unterschiedliche Bedürfnisse, die durch die Gestaltung der Umgebung sichtbar werden sollten. Es ist gut, wenn auch Elemente der häuslichen Umgebung der Kinder integriert werden, indem man beispielsweise leichte Sessel und Sofas in die Möblierung aufnimmt. Die folgenden Ausführungen zeigen, was beim Gestalten der Umgebung in Bezug auf die Altersgruppen zu berücksichtigen ist.

Die Umgebung für Babys

- Pflegebedürfnisse: Windeln und Aufbewahrungsbehälter im Wickelbereich
- Stillbereich: angenehmer, ruhiger Bereich, geeignet für stillende Mütter und Babys, die mit der Flasche gefüttert werden
- Essbereich: Hochstühle, niedrige Tische und Stühle für ältere Kleinkinder
- Schlafbereich: separate Schlafräume mit Kinderbetten
- Spielbereich: offener Raum für Aktivitäten für Babys, die sich bereits fortbewegen; geschützter Bereich für Babys, die sich noch nicht fortbewegen; niedrige Regale (für Babys stabil genug, um sich daran hochzuziehen), damit die Materialien erreichbar sind und an die sich verändernden Entwicklungsstadien der Babys angepasst werden können

Die Umgebung für Kleinkinder

- Pflegebedürfnisse: Wickelbereich, neben dem Kleinkinderbereich, einschließlich Aufbewahrungsbehälter; kleine Toiletten und Waschbecken, persönliche Pflegegegenstände (Zahnbürsten, Waschlappen, Zahncreme, Kämme)
- Stillbereich: angenehmer, ruhiger Bereich, geeignet für stillende Mütter und Babys, die mit der Flasche gefüttert werden
- Essbereich: niedrige Tische und Stühle
- Schlafbereich: leicht erreichbare Kinderbetten, die schnell weggeräumt werden können, um auf die Schlafgewohnheiten der Kleinkinder eingehen zu können
- Spielbereich: offener Raum für Aktivitäten; niedrige, stabile und offene Re-

gale, damit das Material gut erreichbar ist; Theaterbereich, Baubereich, Sand, Wasser, Musik, Werkbereich (Vorstufe für Holzarbeiten), Basteln und andere feinmotorische Aktivitäten), Ruhebereich, Bücher, Kunst, Naturwissenschaft/Mathematik
- Offener, unbeschränkter Bereich: grobmotorische Aktivitäten

Die Umgebung für Vorschulkinder

- Pflegebedürfnisse: neben dem Vorschulbereich; Aufbewahrungsmöglichkeit für die persönlichen Pflegeartikel (Zahnbürsten, Waschlappen, Zahncreme, Kämme), kleine Toiletten und Waschbecken
- Essbereich: niedrige Tische und Stühle, kleine Gruppen von Tischen und Stühlen
- Schlafbereich: leicht erreichbare Kinderbetten, die einfach weggeräumt werden können
- Ruhebereich für die Kinder, die nicht schlafen, und für die, die früh wieder aufstehen
- Spielbereiche: Bereich für offene Aktivitäten; niedrige, offene Regale, damit das Material gut erreichbar ist; Theater- und Rollenspielbereich, Baubereich, Sand, Wasser, Musik, Bereich für Holzarbeiten, Basteln und andere feinmotorische Aktivitäten, Ruhebereich, Bücher, Schreibbereich, Kunstbereich, Naturwissenschaft/Mathematik, bewegliche Aufbewahrungsmöglichkeiten
- offener, unbeschränkter Bereich für Zusammenkünfte

Die Umgebung für Schulkinder

- Pflegebedürfnisse: getrennte Waschräume für Mädchen und Jungen
- Essbereich: Tische und Stühle für kleine Gruppen
- Ruhebereich zum Ausruhen und Entspannen
- Spielbereiche: Bereich für offene Aktivitäten; stabile, offene Regale, damit das Material gut erreichbar ist; Theater- und Rollenspielbereich, Baubereich, Sand, Wasser, Musik, Bereich für Holzarbeiten, Basteln und andere feinmotorische Aktivitäten, Lesen, Schreiben, Kunst, Wissenschaft, Mathematik, Raum für Hausaufgaben
- offener, unbeschränkter Bereich für Zusammenkünfte

Abb. 2.3 Auch draußen kann mit Bauklötzen …

Abb. 2.4 ... und größeren Baumaterialien gespielt werden.

2.2.3 Der Außenbereich

Der Außenbereich zum Spielen sollte eine natürliche Erweiterung des Spielraums im Haus sein und die Kinder ermutigen, ihre Fähigkeiten von der einen Umgebung auf die andere zu übertragen (➛ Abb. 2.3 und 2.4). Alle Aktivitäten sollten daher auch für draußen geplant werden und draußen stattfinden. »Spielgärten oder -höfe sollten als Erweiterungen der Gruppenräume dienen, besonders wenn ein mildes Klima es Kindern und Personal ermöglicht, regelmäßig nach draußen zu gehen. Der Garten sollte so gut wie möglich in die gesamte Gestaltung der Einrichtung integriert werden.« (U.S. General Services Administration 1998, S. 6–3)

Da das Spiel draußen eine Erweiterung des Spiels im Haus sein sollte, müssen alle in den Räumen vorhandenen Materialien und Ausstattungsgegenstände auch draußen griffbereit sein. In Tabelle 2.2 sind die zusätzlichen Materialien und Teile der Ausstattung, die nicht überall benutzt werden, aufgeführt. Lernbereiche wie Basteln und andere feinmotorische Aktivitäten, Kunst, Holzarbeiten, Bauen, Musik, Lesen und Schreiben können mit wenigen Veränderungen nach draußen verlegt werden: Man muss die Kinder nur dazu bringen, all das nach draußen zu tragen, was sie dort für ihr Spiel brauchen (➛ Abb. 2.5). Baumwolltaschen, Tragetaschen, Körbe und Behälter auf Rädern unterstützen das und ermutigen die Kinder, die Dinge, die sie nach

Abb. 2.5 Stifte und Papier lassen sich einfach mit nach draußen nehmen.

draußen mitgenommen haben, auch wieder zurückzuräumen. So entwickeln sie Verantwortungsgefühl für die Gegenstände. Zusätzlich sind draußen geeignete Aufbewahrungsmöglichkeiten notwendig.

Lernbereiche im Freien

Lernbereiche	Fähigkeiten und Tätigkeiten	Zusätzliche Materialien (Alle Materialien, die in den entsprechenden Kapiteln aufgeführt werden, plus ...)
Sand/Boden Wasser	• Entdecken der Ähnlichkeiten und Unterschiede in Farbe, Struktur, Zusammensetzung und Temperatur • Bauen realer Szenarien: Pflanzen eines Blumen- oder Gemüsegartens und Pflege des Gartens • Verbindung von Sand und Wasser, um Mischungen herzustellen • Wasser einsetzen, um wirkliche Landschaften zu kreieren: Mulden, Flüsse, Teiche • Entdecken der Eigenschaften des Wassers in Verbindung mit Sand oder Erdboden: absorbierend, voller Wasser, porös, fließend/strömend, gedämmt	• Gartengeräte: Spaten, Forken, Schaufeln, Schubkarren • Pflanzen (➛ Tab. 2.3 ungiftige Pflanzen) • Essbare Pflanzen: Nutzen Sie verschiedene Pflanzen, um auf unterschiedliche Arten des Wachstums und der Zucht hinzuweisen (unterirdisch, Kletterpflanzen) und den Kindern vertraute Lebensmittel zu zeigen: Tomaten, Schoten, Kürbis, Möhren, Rettiche (und andere, die der jeweiligen Kultur entsprechen) • Schläuche, Planschbecken, Steine, kleine Baumstämme, Gießkannen, Siebe, Regentonne, Gefäße mit Löchern, Plastikflaschen verschiedener Größen, um mit den Eigenschaften von Wasser zu experimentieren • Bieten Sie den Kindern die Möglichkeit, die Außenwelt zu erkunden, wenn es regnet oder schneit sowie nach Regen oder Schneefall • Trinkwasser bereitstellen (kleine Brunnen oder Fontänen)
Dramatisches Spiel/ Rollenspiel	• Nutzung von Materialien aus der alltäglichen Umgebung für das Theater- und Rollenspiel: Pflanzen, Wasser, Spielfahrzeuge • Zusammenarbeiten beim Einpflanzen, Teilen: Fahrzeuge, Wege	• Bühne und geeignete Ausstattung • Natürliche Elemente, die als Requisiten verwendet werden: Bretter, Holz, große Steine, Stämme, Baumstümpfe • Requisiten: Planen, Fahnen, Schilder, Reifen, große Kartons, Spielfahrzeuge

Lernbereiche	Fähigkeiten und Tätigkeiten	Zusätzliche Materialien (Alle Materialien, die in den entsprechenden Kapiteln aufgeführt werden, plus …)
	• Kreatives Denken: Nutzen verschiedener Ebenen des Raums (Fußboden, Ausstattung zum Klettern) als Teil des dramatischen Spiels • Entwickeln der Grobmotorik: Koordination, Gleichgewicht, Hindernislauf • Bewusstsein für verschiedene Räume entwickeln und lernen, wie man diese Räume nutzt • Lösen von Problemen: Wie nutzt man Raum, Materialien, Ausstattung?	• Nutzung der Landschaft: kleine Hügel, schattige Bereiche, Bäume mit niedrig hängenden Zweigen, um zu schwingen; große Betonröhren, um hindurch zu kriechen • Erreichbare Wasserhähne, Schläuche
Ruhebereich	• Aktivitäten, die besondere Konzentration erfordern: Sortieren, passende Dinge zusammenfügen, Dinge in Eins-Zu-Eins-Relation zusammenbringen, Memory-Spiel, Lesen, Schreiben (➛ Abb. 2.5)	• Naturmaterialien für Aktivitäten, die besondere Konzentration erfordern: Steine, Muscheln, Zweige, Blätter • Arbeitsbereich/Entspannungsbereich: Bänke, Decken, Kissen, kleine Tische und Stühle im Schatten, unter einem Baum, unter einem Vordach • Lesen: Büchertaschen, um die Bücher nach draußen zu bringen • Schreiben: Tafeln, kleine Wagen, um Schreibgeräte darin aufzubewahren: Buntstifte, Scheren, Bleistifte, Lineale
Naturwissenschaften und Mathematik	• Beobachtung von Tieren, Insekten, Blattläusen, Vögeln, Reptilien, Amphibien, etc. • Zählen, Vergleichen, Messen, Sammeln, Sortieren, Zueinanderfügen, Kategorisieren	• Kamera, um Fotos zu machen • Lupen, Körbe, Papier, Bleistifte, Tafeln, Buntstifte, Marker, Klebestreifen, Leim, Scheren, Heckenschere/große Schere • Messen: Waagen, Maßbänder, Zollstöcke, Schnur, Holz • Verwendung von Naturmaterialien der Umgebung: Steine, Sand, Zweige, Blätter, Bäume • Ausflüge in Zoos, natürliche Landschaften, Naturschutzgebiete, Parks

Lernbereiche	Fähigkeiten und Tätigkeiten	Zusätzliche Materialien (Alle Materialien, die in den entsprechenden Kapiteln aufgeführt werden, plus ...)
Sport	• Klettern (➛ Abb. 2.6), Fahren, Laufen, Springen, Balancieren, Rutschen und Gleiten • Entwickeln von Kraft, Ausdauer, Koordination und Rhythmusgefühl	• Verschiedene Schwierigkeitsgrade bei den Materialien und der Ausstattung: Geräte zum Fahren (Roller, Fahrräder), Ausstattung zum Klettern (es sollte mehr als einen Weg geben, um nach oben zu gelangen und wieder herunterzukommen), Treppen, Leitern, Strickleitern, Rampen • Verbindung mit der Natur: Wege mit Hindernissen (Baumstämme, Hügel, Baumstümpfe, Bäume, Büsche, Wege) • Große Röhren, um hinein und hindurch zu kriechen • Springen/Balancieren (Reifen, Stämme, niedrige Mauern, Balken)

Tab. 2.2 Lernbereiche im Freien

Abb. 2.6 Baumstämme und anderes Gehölz bieten vielerlei Möglichkeiten für sportliche Aktivitäten.

Aufbewahrungsmöglichkeiten

»Aufbewahrungsmöglichkeiten sollten gut zu sehen sein und ein leicht verständliches Symbol haben, das den Inhalt anzeigt. Aufbewahrungsmöglichkeiten geben den Kindern die Chance, organisatorische Fähigkeiten und Zusammenarbeit zu trainieren. Sie entwickeln Verantwortungsgefühl, indem sie lernen, Spielzeug und Werkzeuge unter Anleitung der Erzieherin an den richtigen Platz zurückzuräumen, wenn sie ihr Spiel beendet haben.« (U.S. General Services Administration 1998, S. 6)

Aufbewahrungsmöglichkeiten im Außenbereich müssen abschließbar sein. Die Schlösser müssen sich außen befinden, um zu vermeiden, dass ein Kind eingeschlossen wird. Die Schränke oder andere Aufbewahrungsmöglichkeiten sollten sich an einem zentralen Ort befinden und leicht zugänglich und gut einsehbar sein.

Sicherheit

»Die folgenden Gegenstände dürfen auf GSA-Spielplätzen nicht benutzt werden, da sie sich als gefährlich beim Gruppenspiel erwiesen haben« (U.S. General Services Administration 1998, S. 6–3):

- Metallrutschbahnen: sie können an heißen Tagen zu Verbrennungen führen;
- geschlossene Tunnelrutschbahnen: sie sind schwer zu beobachten, Kinder können darin stecken bleiben oder andere Kinder verletzen, wenn sie herunterrutschen;
- Wippen: wenn ein Kind herunter springt, gelangt das andere Kind sehr schnell nach unten, andere Kinder, die zu nahe am Gerät sind, könnten verletzt werden;
- gefederte, schaukelnde Spielgeräte: Kinder könnten das Schaukeln übertreiben und hinausgeschleudert werden oder sich an den Federn die Finger einklemmen;
- Untergrund unter Rutschen, Schaukeln, Klettergeräten, der Schnitte oder Hautabschürfungen verursacht.

Es ist wichtig, sich über die örtlich geltenden Richtlinien zu informieren und die entsprechenden Maßnahmen zu ergreifen, um sie einzuhalten. Tabelle 2.3 listet zusätzliche Gefahrenquellen der Canadian Safety Association (CSA 1998) auf, die regelmäßig überprüft werden müssen. Tabelle 2.4 verweist auf giftige Pflanzen.

Gefahrenquelle	Bereiche, die kontrolliert werden müssen
Fehlende, zerbrochene oder lose Teile Abnutzung und Zerfall	Ausstattung mit Sprossen, Stufen, Planken, Griffe, Sitze, Zäune, Bolzen, Metall (auf Rost kontrollieren), Holz (das möglicherweise fault), Fundamente, Geländer, Nägel, Schrauben, Muttern, Klammern, Schutzteile
Abflusssystem	Abflüsse; Gegenstände wie Reifen, die hohl sind oder Hohlräume haben; Bereiche unter Schaukeln und Rutschbahnen
Quietschen und Lärm, blockierte Teile, wackelnde, ausgeleierte Teile	Schaukeln, Tore, Requisiten (Räder), Brücken, Pumpen, Seile, Kabel
Gefährliche Gegenstände	Nadeln, Müll, tierische Exkremente, Nägel, Glas, scharfe Gegenstände, Pfützen

Tab. 2.3 Mögliche Gefahrenquellen

Nichtgiftige Pflanzen		Giftige Pflanzen	
Usambaraveilchen	Hibiskus	Amaryllis	Hyazinthe
Weihnachtskaktus	Geißblatt	Pfeilspitze	Hortensie
Coleus	Springkraut	Azaleen	Iris
Getreidepflanzen	Flieder	Berberitze	Jerusalemkirsche
Krokus	Ringelblume	Schwarzer Lotus	Maiglöckchen
Löwenzahn	Maulbeere	Buchsbaum	Mistel
Hartriegel	Zimmertanne	Caladium	Berglorbeer
Dracaena	Petunie	Castorbohne	Narzisse
Osterlilie	Rose	Chinabeere	Nachtschattengewächse
Farnkraut	Gummibaum	Chinesisches Immergrün	Eicheln
Feuerdornbusch	Grünlilie	Chrysantheme	Pfingstrose
Forsythie	Schwedischer Efeu	Dornenkrone	Philodendron
Fuchsie	Wachsblume	Osterglocke	Giftige Eiche/Efeu
Geranie	Wilde Erdbeere	Dieffenbachie	Giftiger Gerberstrauch
		Englischer Efeu	Essigbaum
		Liguster	Rhododendron
		Pusteblume	Schierling
		Fruchtteile oder -samen	Wysteria
		Gladiole	Eibe
		Stechpalme	

Tab. 2.4 Giftige und nichtgiftige Pflanzen

Anmerkung: Der Saft folgender Pflanzen kann Irritationen hervorrufen: Ficus, Weihnachtsstern, Schefflera und Tulpe. (Übernommen aus U.S. General Services Administration 1998, S. B–1, B–2.)

Die Trennung von Räumen

Der Außenbereich für Babys sollte von dem der älteren Kinder getrennt werden. Idealerweise liegt er in der Nähe des Bereichs für Kleinkinder, so dass visueller Kontakt und Kommunikation zwischen den beiden Altersgruppen und ein einfacherer Übergang der Kinder von der Baby- zur Kleinkindphase möglich sind. Man muss dafür sorgen, dass ein geeigneter Untergrund wie Gras, Sand oder Matten zum Krabbeln und weiche, bequeme Gelegenheiten zum Sitzen vorhanden sind – kleine, würfelförmige Stühle, weiche Schaumstoffstühle, Decken und Kissen. Farben sollten angemessen eingesetzt werden und zur Umgebung passen. Außerdem ist zu berücksichtigen, dass harte, strahlende Farben an hellen, sonnigen Tagen blenden, was unangenehm ist und ablenkt. Farben können auch dafür genutzt werden, die Aufmerksamkeit auf verschiedene Aktivitäten zu lenken. Grüne Bereiche können zum Beispiel für das Krabbeln vorgesehen werden (Rasen, Decken, Matten), braune Bereiche für das Klettern (Klettergeräte) und graue Bereiche für das Schieben und Ziehen (das Spiel mit Schubkarren oder das

Ziehen von Spielzeugen in einem gepflasterten Bereich).

Kleinkinder brauchen Raum, um aktiv ihre Umwelt zu erkunden. Dieser Raum sollte von den langsameren, jüngeren Kindern und den Vorschulkindern, die schon über mehr Fähigkeiten verfügen, getrennt sein. Die ideale Platzierung liegt zwischen den Bereichen der Babys und der Vorschulkinder, sie erleichtert den Kindern den Übergang zur Altersgruppe der Vorschulkinder und die Kommunikation mit beiden Altersgruppen.

Kleinkinder brauchen viel Bewegung, um ihre Sinnesaktivitäten anzuregen. Deshalb sollte der Raum für sie vielgestaltig sein und folgende Elemente enthalten:
- Materialien zum Graben oder Hineinspringen, beispielsweise Sand;
- offene Rasenflächen, um herumzurennen, herumzurollen und zu springen;
- gepflasterte Flächen, um darauf zu fahren und Wagen oder andere Fahrzeuge zu ziehen oder zu schieben;
- hügelige Plätze, um hinauf- und hinunterzuklettern oder herunterzurollen;
- Wege mit Kurven, um Fahrzeuge um die Kurven zu lenken.

Die Umgebung für Vorschulkinder muss multidimensional sein, um ihrem Interesse an Rollenspiel, Bauspiel/schöpferischem Spiel und kreativem Spiel entgegen zu kommen. Vorschulkinder brauchen in ihrem Außenbereich Aktivität und Ruhe gleichermaßen, außerdem eine Vielzahl von Möglichkeiten, ihre natürliche Umgebung zu entdecken: Erfahrungen mit Bäumen, Blumen, Tieren, Insekten, Wetterwechsel und den jahreszeitlichen Veränderungen. Idealerweise liegt der Bereich der Vorschulkinder zwischen denen der Klein- und Schulkinder, zum großen Teil aus denselben Gründen, die für die Trennung der Altersgruppen der Babys und Kleinkinder genannt wurden.

Schulkinder brauchen viel Platz, um ihre schon weiter entwickelten Fähigkeiten zu erproben und zu trainieren. Sie spielen kooperativ und stehen miteinander im Wettbewerb; ihr Bereich muss beiden Bedürfnissen gerecht werden. Es muss die Möglichkeit für Spiele wie Himmel und Hölle (Hopse), Seilspringen und Theater- und Rollenspiel sowie Platz zum Trainieren und Mitmachen bei sportlichen Aktivitäten wie Fußball, Basketball und Turnen geben.

2.3 Beleuchtung

Eine Reihe von Studien hat sich mit der Bedeutung der angemessenen Beleuchtung in der Lernumgebung für Kinder beschäftigt. Es zeigte sich, dass zu wenig Licht und/oder Neonlicht zu Hyperaktivität führen, die Leistungsfähigkeit vermindern und die Gesundheit der Kinder verschlechtern (Harmon 1951; Ott 1976; Liberman 1991). Hathaway (1994) untersuchte in einem Klassenraum die Wirkung von Leuchtstofflampen mit vollem Lichtspektrum (Tageslichtleuchtstofflampen) und ultravioletter Verstärkung (was am ehesten dem Sonnenlicht entspricht) auf Kinder. Er stellte fest, dass die Kinder seltener fehlten, schneller wuchsen und sich besser entwickelten. Lexington (1989) fand heraus, dass die Leistungsfähigkeit von Schülern bei besserer Beleuchtung zunahm.

Hollwich und Dieckhues (1980) stellten fest, dass der Aufenthalt in starkem Licht, das nicht das volle Spektrum umfasst, zu einer Zunahme zweier Stoffwechselhormone führte, die mit Stress verbunden sind. »Da ihre Aktivität unter Stress zunimmt und diese beiden Hormone auch als Wachstumshemmer wirken, kann das die Beobachtung erklären, dass ständiger Stress das Körperwachstum bei Kindern behindert.« (Liberman 1991, S. 60) Als Konsequenz dieser Untersuchungen wurden kalte, weiße Leuchtstofflampen, denen rotes und blau-violettes Licht fehlt, in Krankenhäusern und medizinischen Einrichtungen in Deutschland verboten.

Bei der Krankheit Seasonal Affective Disorder (SAD, Winterdepression) handelt es sich um eine Depression, die im Herbst und Winter auftritt, wenn die Tage kürzer werden. Im Frühling und Sommer verschwindet die Depression dann wieder von selbst. Der Ablauf ist bei Erwachsenen gut dokumentiert, doch erst vor ein paar Jahren haben sich einige Studien mit der Winterdepression bei Kindern beschäftigt. Swedo, Allen und Glod (1997) fanden heraus, dass 28 Kinder, die daran litten, erfolgreich mit Lichttherapie behandelt werden konnten. Es wird geschätzt, dass nicht weniger als eine Million Kinder in den USA unter einer Winterdepression (SAD) leiden; die nicht diagnostizierte Dunkelziffer ist höher (Giedd 1998).

Dass die Beleuchtung in Kindereinrichtungen natürliches Licht erfordert, ist von vielen zuständigen Stellen erkannt worden, es gibt jedoch keine Vorschriften, um die meist nicht optimale Beleuchtung vieler Einrichtungen dementsprechend zu verändern. Die Gesellschaft der Lichttechniker (Illumination Engineering Society, SDPL) empfiehlt, dass ein Fenster wenigstens 20 Prozent der Wand ausmachen sollte (Hawkins und Lilley 1992). Bedenkt man die große Bedeutung, die Licht in Kindereinrichtungen hat, sind die folgenden Vorschläge nur als erste Anregungen zu verstehen.

- Unabhängig vom Wetter sollte wenigstens eine Stunde am Tag im Freien gespielt werden.
- Wenn die Kinder im Haus sind, sollten sie immer wieder in der Nähe eines nicht verhängten, geschlossenen oder offenen Fensters spielen.
- Einzeln ein- und auszuschaltende Glühlampen sollten verwendet werden. (Dieses Licht ist den Leuchtstofflampen vorzuziehen, es fehlt ihm je-

doch ein Anteil Licht vom blauen Ende des Spektrums und es enthält kein ultraviolettes Licht.)

- An den Fenstern gegenüber sollten Spiegel hängen.
- Man sollte Tageslichtleuchtstofflampen verwenden.

2.4 Farbe

»Farbe scheint das Leben selbst zu beschreiben, die innersten Gefühle, Erinnerungen und Reaktionen. Sie hat eine eigene Kraft und eine eigene Sprache, die, wenn sie als Energie kommuniziert wird, aufregen, beruhigen, ins Gleichgewicht bringen, motivieren, inspirieren, das Lernen verbessern und uns sogar dazu bringen kann, Dinge zu kaufen, die wir nicht brauchen.« (Liberman 1991, S. 37) Innenarchitekten haben lange Zeit Farben für viele der von Liberman beschriebenen »Kräfte« eingesetzt. Die Bedeutung von Farben wird in Tabelle 2.5 aufgelistet.

Nach Harrington und Mackie (1993) beeinflusst Farbe alle Individuen auf zwei Ebenen: der Ebene der Verhaltensreaktion und der Ebene der erlernten Reaktion. Eine Verhaltensreaktion ist »automatisch, ererbt und unabhängig von Geschlecht, Alter, Einkommen, Kultur oder Umgebung« (1993, S. 28). Diese Art der Reaktion entsteht von selbst; das Individuum ist sich der Reaktion nicht bewusst. Wird das Zimmer eines Babys mit strahlenden, intensiven Farben wie Rot gestrichen, kann das das Kind beispielsweise daran hindern, gut zu schlafen (Chiazzari 1998, S. 154). Das ist nicht überraschend, da nachgewiesen wurde, dass die Farbe Rot den Blutdruck erhöht (Liberman 1991).

Eine erlernte Reaktion ist genau das Gegenteil. Sie schließt die Anwendung von Kenntnissen ein und ist abhängig von »Geschlecht, Alter, Einkommensniveau, kulturellem Background etc.« (Harrington und Mackie 1993, S. 28). Ein Beispiel dafür kann ebenfalls die Reaktion auf die Farbe Rot sein. In unserer Kultur ist Rot mit dem Signal »Stopp« verbunden. Wenn ein Vorschulkind an einer Straßenecke vor einer roten Ampel stehen bleibt, hat es gelernt, dass Rot »Stopp« bedeutet.

In einer kanadischen Studie untersuchten Wohlfarth und Wohlfarth (1982) in einer Schule für behinderte Kinder die Wirkung der Kombination von Licht des vollen Spektrums und Farben. Die Wände waren in einem warmen, hellen Gelb und einem warmen, hellen Blau gestrichen. Folgende Wirkungen ließen sich bei den Kindern feststellen:

- reduzierter systolischer Blutdruck
- reduzierte Aggressivität
- niedrigere Stressniveaus
- geringere Launenhaftigkeit, eher ausgeglichene Stimmung

Wirkung	Farbe	Erwünschter Effekt
Kurzzeitige Beruhigung	Rosa	Anmut, Süße, Unschuld, hilft bei der Entspannung der Muskulatur
Anregend, Aufregung	Rot	Wunsch nach Berührung, starke Gefühle, zieht Aufmerksamkeit auf sich
Ausgelassenheit, Erfrischung	Orange	Offenbarung von Gefühlen, Assoziation mit Durst
Aufhellung, Aufklärung	Gelb	Stimuliert Gedächtnis, Ausdruck von Gedanken, Antizipationsvermögen, Einsicht, Unterscheidungsfähigkeit, klares Denken, philosophische Einstellung
Entspannend, tröstend, beruhigend	Grün (die Farbe, die für die Augen am leichtesten zu sehen ist)	Fördert Konzentration, Entspannung und Empathie
Kühlend, beruhigend	Türkis	Verbessert die Kommunikationsfähigkeit, Sensibilität, Kreativität
Beruhigend, nicht bedrohlich	Blau	Sinn für Ruhe, Zuverlässigkeit, Langlebigkeit, Beruhigung, Schutz Inspiriert die mentale Kontrolle, Kreativität und Klarheit
Stille, Beruhigung	Purpur, Indigo, Violett	Unterdrücken des inneren Dialogs, Beruhigung bei mentalen und nervösen Störungen
Bindungslosigkeit, gesetzte Stimmung, Macht, Geheimnis, Würde	Schwarz	Wachsende Neugier, Kontrollieren von Situationen und Menschen
Sauberkeit, Reinheit, Unschuld	Weiß	Mildert einen emotionalen Schock, klärt die Gefühle
Sinn für Disziplin	Grau	Planung von Aktionen, Selbstkontrolle, Selbstbewusstsein
Wärme, Trost, Verlässlichkeit	Braun	Pflegend, unterstützend, nachgebend

Tab. 2.5 Wirkung von Farben

- ruhigere Klassenzimmer
- weniger Krankheiten
- gestiegener Lernerfolg
- höhere Intelligenzquotienten

Zusammenfassend kann man sagen, dass Farbe in jeder Lernumgebung wichtig ist. Erzieherinnen und Erzieher für die frühe Kindheit dürfen Entscheidungen nicht auf der Grundlage zufälliger Beobachtungen von Vorlieben oder Abneigungen der Kinder treffen. Strahlende Grundfarben dienen dazu, zu stimulieren und anzuregen. Schwache, warme Farben haben den gegenteiligen Effekt; sie wirken beruhigend und entspannend. Eine Umgebung, in der Kinder betreut werden, braucht beide Komponenten. Zu beachten ist auch, dass die kreativen Arbeiten der Kinder oft sehr farbenfroh sind. Diese in einer Umgebung auszustellen, die in Bezug auf Farben schon stark stimulierend ist, kann einen beunruhigenden und überwältigenden Effekt haben.

2.5 Lärm und Geräusche

In den Spielbereichen von Kindern geht es oft laut zu. Kinder drücken ihre Ausgelassenheit durch aktives Spiel aus, dazu gehören auch der engagierte sprachliche Ausdruck. Leila versuchte beispielsweise, Seifenblasen zu machen. Als sie es geschafft hatte, äußerte sie ihre Freude darüber in einem lauten Ausruf: »Guckt mal, guckt mal! Ich hab's geschafft!« Leilas Aufregung war natürlich und spontan und sollte deshalb nicht unterdrückt werden. Wenn der Geräuschpegel in der Umgebung jedoch zu eskalieren droht, besteht die Gefahr, die andere Kinder in ihrer Konzentration zu stören.

In einer Gruppe von Kindern entwickelte sich ein turbulentes dramatisches Spiel. Die Kinder begannen sich anzuschreien, was einen Effekt auf den ganzen Raum hatte. Um miteinander zu reden, wurden die anderen Kinder ebenfalls lauter. Ein Kind kroch unter einen Tisch und hielt sich die Ohren zu, ein anderes unterbrach sein Spiel und starrte mit weit aufgerissenen Augen in den Raum. Der Geräuschpegel war so stark gestiegen, dass er das Spiel anderer Kinder störte.

In der Forschung wird häufig über Hörstörungen berichtet. Das obige Beispiel fällt aber nicht in diese Kategorie. Diese Gefahr besteht eher in Einrichtungen, die in der Nähe von Flughäfen, Hauptstraßen, Autobahnen oder anderen Geräuschquellen liegen. Es gibt jedoch eine wachsende Sorge über Auswirkungen von Lärm, die nicht das Gehör schädigen, sondern den kognitiven und motivationalen Bereich.

»Wenn Kinder verschiedener Altersstufen ständig Lärm ausgesetzt sind, kann das erwiesenermaßen schädlich für sie sein. Besonders bei jungen Kindern kann dies in der Zeit, in der sich die Sprachfähigkeiten und das Urteilsvermögen entwickeln, negative Auswirkungen haben. Manchmal sind die Hauptquellen für Lärm von Lehrern oder Innenarchitekten nicht zu kontrollieren (...) Manchmal sind sie jedoch auch auf die Gestaltung des Raums zurückzuführen. Innenarchitekten sollten die spätere Verwendung des Raums immer im Kopf behalten. In Einrichtungen für Kinder müssen die Räume es ermöglichen, dass die Kinder Lärm machen können, ohne dass dieser einen Pegel erreicht, der für die Kinder oder andere Menschen in der Einrichtung schmerzhaft ist.« (Maxwell und Evans 2001, S. 3)

In jeder Umgebung gibt es viele Dinge, die getan werden können, um den Geräuschpegel zu senken:

- Benutzen von Geräusch absorbierendem Material: Teppiche unter Bausteinen, Schaumoberflächen auf Werkbänken für Holzarbeiten, Matten in den Sportbereichen;
- Ausstattung mit Geräusch schluckenden Materialien versehen: Teppiche, gepolsterte Möbel, Gras im Außenbereich, gepolsterte Raumteiler;
- Trennung von lauten und ruhigen Bereichen;
- Kinder auffordern, in angemessenem Lautstärke zu sprechen und selbst Vorbild darin sein;
- Einsatz von Musik zur Beruhigung: »Die Musik von Mozart beruhigte die Zuhörer immer, verbesserte die räumliche Wahrnehmung und befähigte sie, sich selbst klarer auszudrücken.« (Campbell 1997, S. 27)

In dem oben genannten Beispiel, in dem der Geräuschpegel auf ein nicht mehr tragbares Niveau anstieg, versuchten ihn die Erzieherinnen mit zwei Techniken zu senken. Die eine Erzieherin legte schnell eine CD mit Musik von Mozart vermischt mit Klängen aus der Natur ein, während die andere Erzieherin zu den lautesten Kindern ging und mit ihnen zu sprechen begann. Mit ruhiger Stimme fragte sie die Kinder, was geschehen sei. Die beruhigenden Klänge der Musik und die Ansprache der Erzieherin brachten den Ton im Raum schnell wieder auf ein normales Niveau.

2.6 Optimale Raumnutzung

Eine wichtige Überlegung ist in jeder Einrichtung für Kinder der räumlichen Gestaltung gewidmet. Es gibt viele Möglichkeiten, Lernbereiche einzurichten, aber meist nur wenig Platz. Eine Art, die Größe eines Raums maximal auszuschöpfen, besteht darin, die Lernbereiche so zu platzieren, dass sie eng miteinander verbunden sind, so dass sowohl der Platz als auch viele Materialien effektiv geteilt werden können. Dieses Prinzip gilt für Innenräume und den Außenbereich gleichermaßen. Mobiler Stauraum hat den zusätzlichen Vorteil, leicht nach draußen gebracht werden zu können, wenn die darin untergebrachten Materialien dort gebraucht werden. Im Folgenden finden Sie einige Vorschläge, wie Lernbereiche miteinander kombiniert werden können.

- **Sandbereich und Wasserbereich:** Das ist eine natürliche, vertraute Kombination. Die Kinder werden zum Ausprobieren angeregt (sie stellen Mischungen her, untersuchen, was mit Sand in Wasser geschieht, wie viel Wasser der Sand aufnimmt, bis er sich voll gesogen hat, wie man die Konsistenz von Sand verändert). Viele Spielgeräte können in beiden Bereichen eingesetzt werden: Gefäße zum Gießen, Eimer und Trichter zum Umfüllen, Messbecher, Waagen, Löffel, Behälter verschiedener Größen. Die Materialien können verglichen werden, indem man Behälter gleicher Größe, aber unterschiedlicher Form benutzt.
- **Holzwerkstatt und Kreativbereich:** Das ist eine ausgezeichnete Kombination, da die Kinder auf diese Weise verschiedene Arten und Materialien kennen lernen, wie man Gegenstände miteinander verbinden kann (Klebstoff, Klebeband, Nägel, Schraubenzieher, Schrauben und Muttern, Heftklammern, Nadel und Faden). Zu den meisten Projekten in der Holzbearbeitung gehört am Ende die dekorative Gestaltung; die Materialien dafür sind dann griffbereit (Farbe, Buntstifte, Marker und dekoratives Material wie Band, Muscheln und Papier).
- **Lese- und Schreibbereich:** Diese Kombination ermutigt Kinder dazu, sich die Sprache auf allen Ebenen anzueignen: vom Schreiben über das Lesen bis zum Drucken.
- **Rollenspiel und Bauspiel:** Bausteine eignen sich zum Theaterspiel (beim Bau von Autos, Häusern, Erweiterungen eines bestehenden Bauwerks, die Möglichkeiten sind grenzenlos). (➛ Abb. 2.7)
- **Naturwissenschafts- und Mathematikbereich:** Diese beiden Bereiche setzen viele gleiche Fähigkeiten voraus (Vergleichen, Messen, Zählen, Sortieren, Zueinanderfügen, Formulieren, Beobachten und bei älteren Kindern auch die Bildung von Mustern und Serien, das Klassifizieren und Anwenden von Operationen und Verfahren).
- **Bereich für feinmotorische Aktivitäten und Baubereich:** Viele Materialien können geteilt werden (kleine und große Steine und Zubehör wie Figuren, Autos, Tiere).
- **Musikbereich und Sportbereich:** Viele grobmotorische Fähigkeiten können durch Musik weiterentwickelt werden (Marschieren, Tanzen, Verwendung von Requisiten, um sich zu Musik zu bewegen).

Die zweite Art, den vorhandenen Platz effektiv auszunutzen, besteht darin, den Versammlungsraum für mehr als nur einen Zweck zu verwenden. Aktivitäten, die viel Platz und Auslauf brauchen, wie

Abb. 2.7 Mit Bauelementen gestalten sich die Kinder die entsprechenden Räumlichkeiten für ihre Rollenspiele.

z. B. das Bauen, sollten in der Nähe des Versammlungsraums stattfinden. Auch der Musik- und Bewegungsbereich sollte dort platziert werden.

Die dritte Art effektiver Raumnutzung besteht darin, mobile Aufbewahrungsmöglichkeiten einzurichten, die die Kinder von einem Bereich zum anderen transportieren können. Beispiele:
- kleine Wagen (Caddys): zum Transport von Schreibmaterial (Papier, Federhalter, Klebstoff, Marker, Buntstifte, Bleistifte, Bleianspitzer, Scheren, Tafeln) und Farbe und Pinsel;
- durchsichtige Plastikboxen: zum Sortieren von Tieren, Figuren, Pflanzen und Fahrzeugen;
- Einkaufskisten bzw. -körbe;
- Nähkästen: zum Aufbewahren von Perlen, Nähzeug, dekorativem Material;
- Werkzeugkästen: zum Aufbewahren von Hämmern, Nägeln, Bleistiften, Klebeband, Maßband, Schraubenziehern, Bohrern, Schraubendrehern;
- Körbe: für den einfachen Transport von benötigten Spielgegenständen und Materialien.

Die Aufbewahrungseinheiten können in einem zentralen Bereich platziert werden, wo sie von den Kindern jederzeit geholt werden können, wenn sie sie brauchen, und wohin sie wieder zurückgebracht werden, wenn das Spiel beendet ist. Hierbei können die Kinder auch lernen, Verantwortung zu übernehmen für das Ersetzen von Gegenständen, die verloren oder kaputt gegangen sind.

Die vierte Idee ist, die Aufbewahrungseinheiten mit Gegenständen, die in mehreren Bereichen gebraucht werden, an einem zentralen Ort unterzubringen. Diese Aufbewahrungsmöglichkeiten können Regale sein, die nach beiden Seiten offen sind. Folgende Materialien können darin untergebracht werden: Papier, Schreibgeräte, Tiere, Figuren, Autos, Dekorationsmaterial (Muscheln, Steine, Federn, Stoffschnipsel, Strohhalme, Knete), Werkzeug zum Zusammenbauen (Klebstoff, Nägel, Muttern und Schrauben, Schraubenzieher, Nadeln und Faden, Schnur), Container, Kostüme, Theaterrequisiten (Lenkräder, Glocken, Handschuhe, Schirme, Schals) und Musikinstrumente.

Die Kinder sollten wissen, wo sich die Materialien befinden, so dass sie in der Lage sind, sie sich selbst zu nehmen. Die Materialien sollten übersichtlich angeordnet sein, so dass Erwachsene und Kinder sie schnell finden und auch schnell wieder aufräumen können.

Schließlich können die Aufbewahrungsmöbel selbst beweglich sein: stapelbare Kommoden auf Rädern, offene, stapelbare Plastikcontainer auf Rädern, Kisten auf Rädern, die gezogen werden können. Die Beweglichkeit befähigt die Kinder, die Kartons oder Möbel dorthin zu bringen, wo sie sie brauchen.

2.7 Ästhetische Aspekte

Wenn man über ästhetische Erfahrungen spricht, bezieht sich das oft auf Kunst. Aber Ästhetik ist viel mehr. Ästhetik ist Wertschätzung und Ausdruck von Schönheit, die wir mit all unseren Sinnen wahrnehmen. Schönheit ist kulturell bestimmt und abhängig »vom Auge des Betrachters«. Kinder müssen lernen, Schönheit zu schätzen und sie auf vielerlei Arten auszudrücken: über Literatur, Musik, Natur, Kunst, im Schreiben und im Formen von Skulpturen.

»Ästhetik bezeichnet die Wertschätzung für Schönheit und das Gefühl des Staunens. Es geht um eine Sensibilität, die die Vorstellungskraft ebenso benutzt wie die fünf Sinne. Das bedeutet, die Schönheit in einem Sonnenuntergang zu sehen, Rhythmen im Fallen der Regentropfen zu hören und den Ausdruck im Gesicht eines Menschen zu lieben. Jeder Mensch hat einen individuellen Sinn dafür, was schön bzw. nicht schön ist.« (Mayesky 1997, S. 26)

Ästhetisches Gefühl ist uns in unserem normalen, alltäglichen Bewusstsein nicht gegenwärtig. »Ästhetisches Gefühl ist etwas Besonderes (...) Wir spüren es, wenn wir dem Gefühl gestatten, unsere ganze Aufmerksamkeit zu ergreifen. Ästhetisches Gefühl verstärkt die Intensität sonstiger Gefühle, es überflutet das Bewusstsein. Es ist ein Gefühl mit ganzer Kraft. Es führt zu keinem praktischen, effizienten oder produktiven Ergebnis, sondern hat seinen eigenen Sinn und Zweck.« (Flannery 1977, S. 22)

Ästhetische Sensibilität entsteht nicht einfach mit zunehmendem Alter oder spontan und unabhängig von der jeweiligen Umgebung (Tauton 1982, S. 104). Wie kann die Erzieherin eine Umwelt schaffen, die das Gefühl für Schönheit bestärkt und ermutigt? Um die ästhetischen Anreize in der Umwelt zu steigern, können folgende Aspekte berücksichtigt werden (Mayesky 1997, S. 30; Feeney und Moravcik 1997, S. 11):

- **Farbe:** Die Betonung sollte auf warmen, hellen Tönen liegen. Die Kinder sollten fühlen, dass sie willkommen sind und von den Farben nicht überwältigt werden.

- **Licht:** So viel natürliches Licht wie möglich! Ersetzen Sie Neonlampen durch Licht mit dem vollen Spektrum.
- **Möblierung:** »Gruppieren Sie ähnliche Möbel dicht beieinander. Halten Sie die Farben natürlich und neutral, um die Aufmerksamkeit der Kinder auf das Lernmaterial auf den Regalen zu lenken. Wenn Sie Möbel auswählen, entscheiden Sie sich eher für Holz als für Metall oder Kunststoff. Wenn die Möbel gestrichen werden müssen, benutzen Sie eine neutrale Farbe für alles, so dass die Möbel auch in andere Räume gestellt werden können. Geben Sie den Kindern in regelmäßigen Abständen Bürsten und warmes Seifenwasser und lassen Sie sie die Möbel abschrubben.« (Mayesky 1997, S. 30)
- **Aufbewahrungsmöglichkeiten:** Die Möbel sollten das Lernmaterial klar und attraktiv präsentieren. Vermeiden Sie ein Durcheinander. Die Kinder sollten von den Materialien angezogen werden, wissen, wo sie sich befinden, und imstande sein, sie an den richtigen Platz zurückzubringen.
- **Dekoration:** Die Kinder müssen spüren, dass das, was sie herstellen und gestalten, geschätzt wird. Ein Weg dazu ist, ihre kreativen Arbeiten auszustellen. Wie in einer Galerie sollten die Bilder gerahmt und aufgehängt werden. Skulpturen sollten auf einem Regal präsentiert werden, so sie von verschiedenen Seiten betrachtet werden können. Andere kreative Arbeiten können als Fotoserie gezeigt werden, die auf Konsolen gestellt oder in Bücher geklebt werden.
- **Bewusstsein und Wertschätzung von Schönheit:** Kinder müssen von Schönheit umgeben sein, um sie schätzen zu lernen. Erwachsene sollten auf Schönes hinweisen, das die Kinder umgibt. Das kann z. B. auf folgende Weise geschehen: »Wenn ich einen Regenbogen sehe, schaue ich ihn mir genau an und beobachte, wie er sich verändert; ich weiß, dass die Intensität der Farben und die Breite der Streifen von der Größe der Regentropfen abhängt. Wenn sich ihre Größe verändert, verändert sich auch der Regenbogen. Der Regenbogen ist eine Geschichte am Himmel, die darauf wartet, gelesen zu werden. Es braucht Zeit, die Geschichte zu lesen und sie zu schätzen.« (Murphy und Doherty 1996, S. 16)
- **Außenbereiche:** »Gestalten oder arrangieren Sie Spielräume als eine Art Erweiterung der Natur, nicht als Eingriff in die Natur. Wenn es möglich ist, verwenden Sie natürliches Material wie Holz und Hanf anstelle von Metall, Plastik oder Glasfasern. Stellen Sie geeignete Aufbewahrungsmöglichkeiten für alle Materialien zur Verfügung. Beteiligen Sie die Kinder, die Eltern und das Personal daran, die Außenbereiche frei von Abfall zu halten. Ergänzen Sie den Außenbereich durch Details wie einen Garten oder einen Steingarten, um zu zeigen, dass auch der Außenbereich Aufmerksamkeit und Pflege verdient.« (Mayesky 1997, S. 30)

Zusammengefasst kann man sagen, dass ästhetische Erfahrungen über eine lange Zeit hin gemacht werden müssen. Sie sind eng mit der Entwicklung der Kinder verbunden. Ein Baby wird beispielsweise seine Freude an sensorischen Erlebnissen wie dem Liegen auf einer Decke mit einer weichen, anschmiegsamen Oberfläche durch Körperbewegungen oder ein Lächeln ausdrücken. Ein Kleinkind wird aktiv die Decke auswählen, die ihm am besten gefällt: das Material, das Muster, die Farbe. Das Vorschulkind wird Ihnen sagen können, warum es gerade diese besondere Decke bevorzugt. Kinder im Schulalter unterscheiden noch genauer und können herausfinden, welche Decke die beste ist, bevor sie sich für eine bestimmte entscheiden.

2.8 Die Rolle der Erzieherin

In einer kanadischen Studie über die Aspekte von Qualität in der Betreuung zeigt Doherty-Derkowski (1995, S. 25–33), dass die Beziehung mit der Betreuerin oder dem Betreuer eine der wesentlichen Komponenten ist, die zu hoher Qualität in der Betreuung führen. Sie benennt folgende Interaktionen als entscheidend:

- Einsatz von Übungen und Spielen, die der Entwicklung angemessen sind: Was kann man von einem Kind erwarten und was ist angemessen in Bezug auf Fähigkeiten, Bedürfnisse, Herkunft und Interessen des Kindes?
- dem Kind antworten: angemessen und unverzüglich reagieren, den Kindern mit Aufmerksamkeit und Respekt zuhören; eine Vielzahl von Aktivitäten anregen, die auf den Fähigkeiten und Interessen der Kinder beruhen; sensibel auf die Stimmungen der Kinder und die jeweilige Situation reagieren;
- positive Wechselbeziehungen mit Erwachsenen: Interesse daran zeigen, was das Kind unternimmt; sich aktiv daran beteiligen, was das Kind tut; die Bemühungen des Kindes unterstützen (➛ Abb. 2.8);
- sich verbal mit dem Kind austauschen: Zwei-Wege-Kommunikation (gegenseitige Kommunikation) zwischen dem Erwachsenen und dem Kind. Beispiel: über ein Bild in einem Buch diskutieren, wenn man dieses Buch liest bzw. vorliest;
- eine Umwelt zur Verfügung stellen, die reich an verschiedenen Dingen ist, die das Kind entdecken kann;
- für eine Atmosphäre sorgen, die das Kind unterstützt und ermutigt.

Elicker und Fortner-Wood erachten darüber hinaus die folgenden Aspekte für das Verhalten der Erzieherin als entscheidend:

- eine enge Beziehung zu jedem Kind;
- eine bestimmte Zeit, die mit jedem einzelnen Kind verbracht wird;
- eine gute Beziehung zu den Familienmitgliedern.

Die meisten gegenwärtig angewandten pädagogischen Methoden erkennen viele der oben dargestellten Forschungsergebnisse an und nutzen sie. Die Erzieherinnen unterstützen die Kinder damit, indem sie:

- eine Umgebung und bestimmte Routinen für das aktive Lernen gestalten,
- ein Klima positiver sozialer Beziehungen erzeugen;
- die angestrebten Aktionen, das Problemlösen und die verbale Reflexion der Kinder unterstützen und verstärken;
- die Aktionen jedes Kindes im Hinblick auf die Entwicklungsprinzipien beobachten und interpretieren;
- Erfahrungen ermöglichen, die auf den Aktionen und Interessen der Kinder aufbauen (Hohmann und Weikart 1995, S. 17).

Die Rolle des Erwachsenen ist es, entsprechend der Leitlinien der NAEYC, »den Kinder Möglichkeiten zu Verfügung zu stellen, aus einer Vielzahl von Aktivitäten, Materialien und Ausstattung auszuwählen, und ihnen Zeit zu geben, etwas durch aktive Erkundung zu entdecken. Die Erwachsenen unterstützen den Umgang der Kinder mit Materialien und erweitern durch ihre Aktivitäten den Lernprozess der Kinder, indem sie anregende Fragen stellen oder Vorschläge machen, die das Denken der Kinder stimulieren.« (Zit. nach: Bredekamp 1987, S. 7)

Die Reggio-Emilia-Methode konzentriert sich auf die Partnerschaft zwischen Kinden, Familien und Erziehern/

Abb 2.8 Es ist wichtig, dass die Erzieherin Interesse an den Aktivitäten der Kinder zeigt.

Erzieherinnen. Nach Malaguzzi heißt es: »Es ist unser Ziel, eine liebenswerte Schule aufzubauen, in der sich Kinder, Erzieher und Familien zu Hause fühlen. Eine solche Einrichtung erfordert ein sorgfältiges Nachdenken über die Verfahren und Handlungsweisen, die Motivationen und Interessen. Dazu gehören folgende Dinge: miteinander klarkommen, die Beziehungen zwischen den zentralen Protagonisten intensivieren, den Problemen der Erziehung und Bildung, der aktivierenden Teilnahme und Forschung volle Aufmerksamkeit widmen.« (Edwards, Gandini und Forman 1998, S. 64–65)

Außerdem muss die Erzieherin wissen, wann sie einschreiten und sich beteiligen soll und wann sie zulässt, dass das

Spiel fortgesetzt wird, ohne dass sie sich einmischt. Bei dieser Entscheidung helfen die folgenden Richtlinien. Die Erzieherin sollte beobachten, ohne sich in das Spiel einzumischen, wenn:

- Kinder erfolgreich und zufrieden beschäftigt sind;
- Kinder miteinander und mit den zur Verfügung stehenden Materialien und der Ausstattung interagieren;
- Kinder ihre Probleme selbst lösen;
- das Spiel sich über eine lange Zeit erstreckt;
- Materialien und Ausstattung angemessen genutzt werden.

Die Erzieherin sollte eingreifen, wenn:

- das Spiel für das Kind selbst oder für andere Kinder destruktiv wird;
- im Spiel die Materialien oder die Ausstattung zerstört werden;
- die Kinder um Hilfe bitten oder es offensichtlich wird, dass sie Hilfe brauchen;
- Streit unter Kinder entsteht;
- der Geräuschpegel zu eskalieren beginnt;
- die Kinder Anzeichen von Stress zeigen: erhobene Stimmen, verkrampfte Körpersprache, Tränen;
- sich Möglichkeiten ergeben, das Spiel zu erweitern;
- Kinder die Kreativität anderer Kinder stören;
- Kinder schnell von einer Aktivität zur nächsten zu wechseln scheinen.

In jedem Programm sollten die Erwachsenen sich darauf konzentrieren, dass Lernen und Lernumgebung zu einer positiven Erfahrung für alle Kinder werden. Die sorgfältige Beobachtung der Interaktionen zwischen den Kindern, der Art der verwendeten Materialien, der Art des Spiels, das entsteht, und der Fähigkeiten, die die Kinder einsetzen, zeigt den Weg, wie das Spiel der Kinder weiterzuentwickeln ist.

2.9 Die Planung von Lernerfahrungen

Viele Lehrbücher, die heute auf dem Markt sind, bieten schnelle Lösungen für pädagogische Planungen an. Sie machen den Erzieherinnen Vorschläge, was man den Kindern anbieten sollte, wie man es anbieten sollte, und oft auch, wie man die Erfahrungen evaluieren soll. Was diese Lehrbücher nicht tun, ist das *einzelne Kind* zu berücksichtigen. Die Planung beruht darauf, was der Erwachsene für interessant hält, anstatt die Kinder zu beobachten und herauszufinden, was bereits gelernt wurde, um dann zu entscheiden, welche neuen Materialien gebraucht werden, welche zusätzlichen Erfahrungen ermöglicht werden sollten, um das Lernen voranzutreiben, und welche Veränderungen und Anpassungen nötig sind.

Die für die Planung verwendete Terminologie ist vielfältig und verwirrend.

Begriffe wie *Aktivitätenplan, Stundenplan, Schwerpunktplan, Themenplan, individueller Plan* und *Projekte* werden allgemein und oft abwechselnd genutzt, um dieselbe Sache zu bezeichnen. Das Konzept jedes Planungsinstruments ist jedoch ganz unterschiedlich.

2.9.1 Die Planung von individuellen Aktivitäten

Die Planung **individueller Aktivitäten** konzentriert sich üblicherweise auf eine Aktivität. Wenn die Aktivität umgesetzt worden ist, ist der Plan erfüllt. Aktivitätenpläne, Stundenpläne und individuelle Pläne fallen in diese Kategorie. Ein solcher Plan ist oft sehr spezifisch: »Zeichne ein Mädchen in einem Garten, das eine Gießkanne hält« (Libby 2000, S. 178). Er kann aber auch sehr allgemein sein: »Fördern Sie das kreative Denken und regen Sie die sich entwickelnden jungen Künstler mit einem Gedicht an, das sie ein paar Mal vortragen.« (Miller 1991, S. 58) Dann werden die benötigten Materialien aufgelistet, der Prozess beschrieben, der nötig ist, um das Ziel zu erreichen, und Strategien wie Frage- und Prozesstechniken vorgestellt. Will man jedoch spezifisch für Kinder planen, sind diese Arten von Plänen nicht geeignet, denn der Schwerpunkt liegt nicht auf dem Kind mit seinen Interessen, Fähigkeiten und seiner Einzigartigkeit.

Einige dieser Aktivitätenpläne sollen das kompensieren, indem sie Entwicklungsnormen hinzufügen: »15 bis 18 Monate: Ihr Kleinkind ist im richtigen Alter, um den Klängen anderer Sprachen zu begegnen.« (Silberg 2000, S. 38) Einige Pläne fügen Informationen hinzu, um den Plan mehr auf die Kinder zu beziehen; meist ist das ein freies Blatt, auf dem vor der eigentlichen Planung Beobachtungen über das Kind festgehalten werden. Das ist ein Versuch, beim Planungsprozess vom Kind auszugehen.

Diese Art des Planens bezieht sich meist auf eine einmalige Aktivität. Weder befasst sie sich mit dem Lernen des Kindes über einen längeren Zeitraum, noch beteiligt sie die Kinder an Entscheidungen, am Lösen von Problemen oder am Auswählen.

2.9.2 Die Planung der gesamten Lernumgebung

Eine andere Art von Planungsinstrumenten, die **Schwerpunkt- oder Themenpläne**, umfassen Planungsprozesse für die Lernumgebung über eine gewissen Zeitraum. Der Zweck kann sehr spezifisch sein (»Wasser fließt«) oder auch sehr allgemein (»Das wunderbare Ich«) (Jackman 2001, S. 42). Diese Herangehensweise verlangt von den Erwachsenen, die Umgebung so einzurichten, dass sie sich auf ein Thema, z.B. »Das wunderbare Ich«, oder für einen bestimmten Bereich bezieht, wie z.B. »Wasser fließt«. Die Absicht dieser Art zu planen ist es, »die Kinder zu Aktivitäten zu führen, die aktive Entdeckungen, aktives Lösen von Problemen und die Aneignung einer spezifischen Fertigkeit erfordern« (Jackman, S. 42). Der Prozess verläuft folgendermaßen:

»Der erste Schritt besteht in der Regel darin, eine Liste von Themen aufzustellen. Auf diese Weise entwickeln Sie Aktivitäten und einen Stundenplan, die in diesen Plan passen. Achten Sie darauf, flexibel zu bleiben und auf die Kinder zu reagieren, sich den verschiedenen Entwicklungsstadien und Erfahrungen in der Gruppe anzupassen. Die Themenplanung sollte Erfahrungen der Kinder und vom Erzieher initiierte Erfahrungen integrieren.« (Jackman, S. 42)

Die Darstellung hat gezeigt, dass bei dieser Planung die treibende Kraft bei Lernprozessen beim Erwachsenen liegt. Er ist verantwortlich für das Planen und die Gestaltung der Lernumgebung, in der die Kinder ihre Wahl treffen, Probleme lösen und zu Entscheidungen kommen sollen. Es wird davon ausgegangen, dass alle Kinder von den Aktivitäten profitieren und daran interessiert sind. Was fehlt, ist die Beteiligung der Kinder am Lernprozess. Sie werden weder befähigt, Teil des Planungsprozesses zu werden, noch wird ihre Einzigartigkeit anerkannt.

Ein großer Teil der auf Themen und Schwerpunkten beruhenden Planung wird in einem **Planungsnetz** entwickelt. Der auf dem Muster eines Netzes beruhende Plan versucht, verschiedene Planteile in die Lernumgebung zu integrieren. Das Entwickeln des Netzes ist ein visueller Prozess, der Erwachsenen wie Kindern ein gewisses Maß an Flexibilität gibt. Neue Ideen und Konzepte können jederzeit hinzugefügt werden. Die Kinder können am Prozess des Brainstormings und des Dokumentierens beteiligt werden. Ein Beispiel dafür gibt die Abbildung 2.9.

Das Problem eines Planungsnetzes besteht darin, dass es nicht die ganze Umgebung berücksichtigt. Entscheidende Lernbereiche werden oft nicht miteinbezogen. In dem Netz, das in Abbildung 2.9 gezeigt wird, ist es zum Beispiel kaum möglich, Sand- und Wasserbereich, Holzwerkstatt, Baubereich und den Bereich Basteln und andere feinmotorische Aktivitäten einzubeziehen, ohne die Vorstellungskraft zu überanstrengen. Das hat zur Folge, dass diese wichtigen Lernbereiche oft ignoriert werden. Die Planung auf der Grundlage des Netzes/Netzwerkplanung ist meist von der Erzieherin initiiert und beruht auf deren Wahrnehmung der Gruppe. Die Einzigartigkeit der einzelnen Kinder wird dabei kaum berücksichtigt.

Die letzte hier diskutierte Methode ist die **Projektmethode**. Diese Methode bezeichnet »einen Weg zu lehren und zu lernen und gleichermaßen die Inhalte, d. h. was gelehrt und gelernt wird. Diese Methode hebt die Rolle der Erzieherin dabei hervor, die Kinder zu ermutigen, mit Menschen, Gegenständen und der Umwelt in einer Weise zu interagieren, die ihnen persönlich etwas bedeutet« (Katz und Chard 1991, S. 3). Ziel dieser Methode ist es, »den Verstand des Kindes zu entwickeln. In seiner vollen Bedeutung umfasst der Begriff Verstand

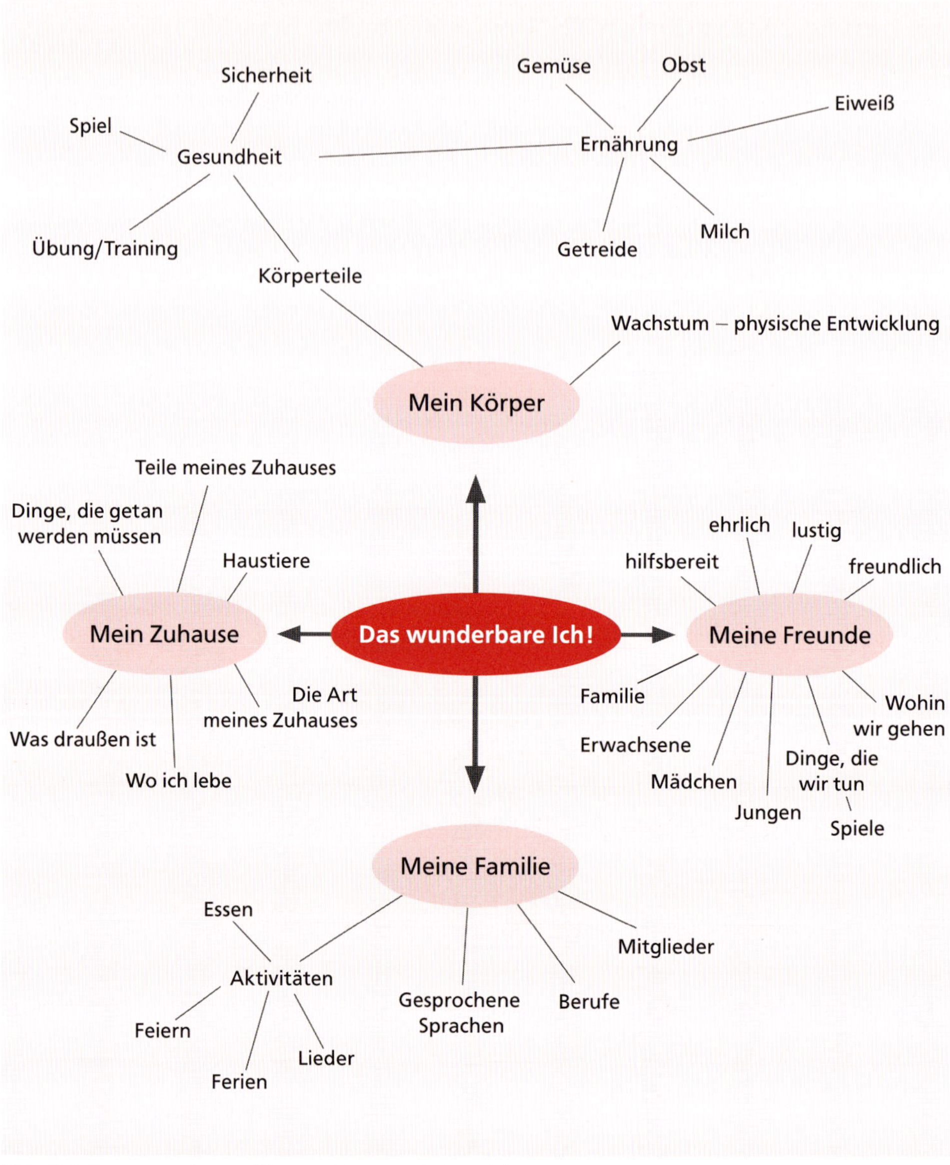

Abb. 2.9 Planungsnetz zum Thema »Das wunderbare Ich«

nicht nur Wissen und Fähigkeiten, sondern auch die emotionale, moralische und ästhetische Sensibilität« (Katz und Chard 1991, S. 3).

Grundlage der Projektmethode sind die Interessen und die Beteiligung der Kinder. Sie sind an der Entscheidung über das Projekt beteiligt, werden zu Experten für dieses Projekt und teilen mit den Erwachsenen die Verantwortung für das Lernen (Katz und Chard). Die Vorteile dieser Methode bestehen darin, dass sie die Kinder aktiv teilnehmen lässt; sie verlangt ständige Aktivität und fördert die Bemühungen um Zusammenarbeit zwischen Kindern und Erwachsenen.

Ein Beispiel für ein solches Projekt ist ein Projekt über einen Löwen, das die Kinder in Reggio Emilia durchgeführt haben. Irgendwann war es so, dass die Kinder anfingen, sich für Löwen zu interessieren. Die Erzieherinnen und Erzieher boten ihnen die Gelegenheit, sich auf ganz verschiedene Weise mit Löwen auseinander zu setzen: mit Skulpturen, Videos, Büchern und Bildern. Die Kinder beteiligten sich an verschiedenen Aktivitäten, die mit Löwen zu tun hatten. Die Entwicklung und Durchführung des Projekts und die Ausstellung der Arbeiten der Kinder zogen sich über viele Wochen hin. Das Video »Das Porträt eines Löwen entsteht« ist eine wunderbare Dokumentation dieses Prozesses.

Zusammenfassend kann man sagen, dass eine Vielzahl von Planungsmöglichkeiten genutzt werden kann. Für jede mögliche Variante sollte man einige Fragen im Kopf behalten:

- Ist der Prozess dem Entwicklungsstand angemessen? Ein auf Themen beruhendes Curriculum zum Beispiel ist für den Entwicklungsstand von Babys und Kleinkindern nicht geeignet.
- Schließt der Prozess alle ein? Sind die Stärken, Bedürfnisse, Interessen und kulturellen Werte aller Kinder und Familien vertreten?
- Beruht die Lernerfahrung auf der Beobachtung der Interessen und Fähigkeiten der Kinder?
- Werden die Kinder ermutigt, Aktivitäten zu initiieren, Material und Ausstattung zu verändern und anzupassen und über eine längere Zeit an Aktivitäten mitzuwirken?
- Ist die Planung mehrdimensional und beteiligt alle Partner: die Familien, die Kinder, die Mitglieder der Gemeinde?
- Unterstützt die Planung die Erweiterung des Spiels, indem sie täglich Möglichkeiten für drinnen und draußen anbietet?
- Ist die Planung flexibel und leicht umzusetzen – beruhend auf den sich verändernden Bedürfnissen und Interessen der Kinder?

2.10 Kulturelle Aspekte

Nach Stoecklin heißt es: »Da überall auf der Welt Kindertagesstätten eingerichtet werden, ist es wichtig, dass wir während der Aufbau- und Gestaltungsphase für die Kinder eine Umgebung erschaffen, die die Werte und Traditionen des Landes oder der Region, in dem sie sich befinden, reflektiert.« (2001, S. 1) Stoecklin nennt weiterhin zwölf Faktoren, die einen direkten Einfluss darauf haben, wie man die Umgebung gestaltet: die Gestik und Sprache, Natur, Geschichte/Erbe, die Praxis der Kinderbetreuung, Familienstrukturen, Territorium, Farben, Material, Formen, der regionale Stil und der Stil der Architektur (S. 2).

In den Tageseinrichtungen für Kinder finden sich in den meisten Ländern die gleichen zentralen Lernbereiche, gleichwohl gibt es Variationen auf der Grundlage der jeweiligen Kultur. In einigen Ländern (beispielsweise in einigen arabischen Gesellschaften) gibt es separate Waschräume für Mädchen und Jungen. Andere Gesellschaften halten es für wichtig, dass die Kinder sich zu bestimmten Zeiten des Tages treffen und miteinander sprechen; in Tokio zum Beispiel hat eine der Einrichtungen ihre Gruppenräume rund um einen großen zentralen Bereich angeordnet. In Schweden besuchen Kinder verschiedener Altersgruppen die Tagesbetreuungseinrichtung zu verschiedenen Zeiten des Tages. Man nimmt an, dass dieses Modell eher der Situation zu Hause entspricht und die Kinder sich daher dort eher zu Hause fühlen. In Finnland halten die Kleinkinder ihre Mittagsruhe das ganze Jahr über draußen.

In multikulturellen Settings ist es wichtig, die Umgebung den verschiedenen Kulturen so weit wie möglich anzupassen. Gedruckte Materialien können in verschiedenen Sprachen zur Verfügung gestellt werden. Die Familien können Bücher in ihren Muttersprachen in die Einrichtungen mitbringen und sie den Kindern vorlesen. Die Zeiten im Waschraum können aufgeteilt werden, um das Bedürfnis, Mädchen und Jungen dort zu trennen, zu befriedigen. Familienbilder können an gut geeigneten Stellen aufgehängt werden, um sowohl die traditionelle Kleidung als auch die Alltagskleider und -bräuche darzustellen. Theater- und Rollenspielbereiche können den Kulturen entsprechende Kleidung und Geräte zur Speisenzubereitung und zum Essen zur Verfügung stellen. Zu den Mahlzeiten kann eine Vielzahl verschiedener Speisen angeboten werden. Die Erwachsenen sollten die verschiedenen Kulturen erkunden, die in der Lernumgebung vertreten sind, und die Familien daran beteiligen, einen kulturell offenen, freundlichen Ort für die Kinder einzurichten.

Kinder lernen am leichtesten, wenn sie

- frei auf Entdeckungsreisen gehen können;
- all ihre Sinne benutzen;
- mit »wirklichen« Gegenständen hantieren;
- mit Kindern und Erwachsenen zusammenarbeiten;
- die Resultate ihrer Aktionen sehen;
- auf vorhandenem Wissen und Erfahrungen aufbauen.

Bei der Gestaltung der Umgebung sollten folgende Faktoren berücksichtigt werden:

- Bereitstellung geeigneter Ausstellungsmöglichkeiten
- für einen reibungslosen »Verkehr« in der Einrichtung sorgen
- Trennung von geräuschvollen und geräuscharmen Bereichen
- Raum schaffen für Aktivitäten, die sich über einen längeren Zeitraum erstrecken
- Trennung der Lernbereiche
- Nähe der miteinander verbundenen Lernbereiche, die spezielle Bedürfnisse befriedigen und spezifische Nutzungsmöglichkeiten ermöglichen
- geeignete Unterbringung der Lernmaterialien

Die Umgebung im Haus sollte

- sich an die sich verändernden Bedürfnisse und Interessen der Kinder anpassen lassen;
- wandlungsfähig und vielfältig sein;
- über getrennte, individuelle Bereiche für Babys, Kleinkinder, Vorschulkinder und Schulkinder verfügen, die an die körperlichen Bedürfnisse und den jeweiligen Entwicklungsstand angepasst sind.

2.9 Zusammenfassung

Der Außenbereich sollte

- die natürliche Erweiterung des Innenraums mit ähnlichen Lernbereichen sein;
- in der Ausstattung die geltenden Sicherheitsstandards einhalten; geeignete, sichere Fußböden haben und die allgemeine Sicherheit der Ausstattung garantieren;
- geeignete Fußböden für viele verschiedene Aktivitäten anbieten;
- die Trennung der Räume für verschiedene Altersgruppen ermöglichen.

Überlegungen bei der Planung der Beleuchtung

- Natürliches Licht (Fenster): wenigstens 20 Prozent der Wände; mindestens eine Stunde am Tag sollten die Kinder unabhängig vom Wetter im Freien sein
- Alternative Lichtquellen (Leuchtröhren mit Tageslichtspektrum) einsetzen, um negative Wirkungen wie Gesundheitsschäden, nachlassende Aktivität und Hyperaktivität zu verringern

Überlegungen beim Einsatz von Farben

- Farben sollten effektiv eingesetzt werden, um zu stimulieren, zu beruhigen, zu ermuntern und eine ausgeglichene Stimmung zu schaffen
- Wirkungen der Farben: Verhaltensreaktion (automatisch) und erlernte Reaktion (abhängig von Erfahrung, Kultur und Geschlecht)

Überlegungen zum Thema Geräusche und Geräuschpegel

- Kenntnisse über die Wirkungen auf das Gehör (Schädigungen des Gehörs)
- Kenntnisse über Wirkungen, die nicht das Gehör betreffen (Störungen der psychischen und kognitiven Funktionen und der Motivation)
- Kenntnisse über Methoden, den Geräuschpegel zu senken, indem absorbierende Materialien und Geräuschbarrieren verwendet werden, indem geräuscharme und laute Räume getrennt werden; Vorbildwirkung

Überlegungen zur optimalen Raumnutzung

- Lernbereiche nahe bei anderen Lernbereichen einrichten, um Materialien und Ausrüstung zu teilen
- Raum von verschiedenen Lernbereichen nutzen
- mobile oder zentrale Aufbewahrungsmöglichkeiten für die Materialien und die Ausstattung, die die Kinder brauchen, verwenden

Ästhetische Überlegungen

- Die Umgebung schön gestalten, um die Wertschätzung des Schönen anzuregen
- Die persönlichen ästhetischen Gefühle erkennen und unterstützen
- Möglichkeiten schaffen, damit ästhetische Erfahrungen mit Farben, Licht, Möbeln und Dekoration gesammelt werden können
- Anerkennen, dass die Wertschätzung des Ästhetischen ein Entwicklungsprozess ist, der Zeit braucht

Die Rolle der Erzieherin

- Sie bietet den Kindern die dem jeweiligen Entwicklungsstand angemessenen Materialien, Ausstattungsgegenstände und Erfahrungsmöglichkeiten an.
- Sie reagiert auf die Kinder.
- Sie interagiert positiv mit den Kindern und deren Familien.
- Sie bietet eine Umgebung, die reich ist an Möglichkeiten für Erkundungen.
- Sie sorgt für eine Atmosphäre, die jedes Kind ermutigt und unterstützt.
- Sie beobachtet und dokumentiert die Interaktionen der Kinder.
- Sie entwickelt und pflegt positive Interaktionen zu den Familien.
- Sie greift bewusst in Situationen ein und ist sich ebenso bewusst, wann sie das Spiel ohne Unterbrechung weitergehen lässt.
- Sie sorgt für eine alle einbeziehende Umgebung.

2.9 Zusammenfassung

Die geeignete Planung

- Konzentriert sich auf die Stärken, Bedürfnisse, Fähigkeiten und Interessen der Kinder
- Ist dem Entwicklungsstand angemessen
- Bezieht das ganze Kind ein
- Bezieht alle Aspekte der Umgebung ein
- Beteiligt die Kinder am Planungsprozess
- Beteiligt die Familien am Planungsprozess
- Ist generell einbeziehend und integrierend
- Bezieht Lernaktivitäten ein, die sich mit der Zeit entwickeln
- Ist flexibel
- Ermöglicht einen leichten Übergang von Aktivitäten im Raum zu denen im Freien

Folgende kulturelle Aspekte sollten berücksichtigt werden:

- Die Systeme der Sprache (gedruckte Sprache, Gestik, Lieder)
- Ausgestaltung des Raums (Farbe, Form der Lernbereiche)
- Architektonische Aspekte
- Besondere Anordnung des Raums
- Praxis der Kindererziehung
- Der kulturelle Background der einzelnen Kinder

- Finden Sie Beispiele dafür, wie das Kind in seiner Umgebung lernt und nutzen Sie dafür die folgende Tabelle.

Das Kind lernt durch:	Dokumentation des Lernens
Erkundung	
Beteiligung der Sinne	
Spiel mit den Händen/Hantieren mit Gegenständen	
Arbeit mit anderen Kindern	
Arbeit mit Erwachsenen	
Ergebnisse von Aktivitäten erkennen	
Aufbauen auf Wissen und Erfahrungen	

Tab. 2.6 Kontrollaufgabe zum Lernen des Kindes

- Vergleichen Sie verschiedene Methoden der Erziehung und beschreiben Sie, was diesen Methoden gemeinsam ist bzw. worin sie sich unterscheiden.
- Besuchen Sie eine Kindertagesstätte. Finden Sie heraus, wie in der Einrichtung die folgenden Eigenschaften und/oder Fähigkeiten bei den Kindern gefördert werden: Neugier, auswählen können, allein spielen, in Gruppen spielen, Probleme lösen, in einer Vielzahl von Lernsituationen kreativ sein.
- Entwickeln Sie einen Grundriss für die Innenräume in einer Tagesstätte für Kinder einer bestimmten Altersgruppe. Nutzen Sie dabei die Prinzipien zum Ausgestalten der Umgebung, die Sie in Tabelle 2.1 kennen gelernt haben, und zeigen Sie, wie Ihr Grundriss alle Kriterien erfüllt.
- Die komplette Ausstattung für den Außenbereich ist entfernt worden, weil sie nicht den aktuellen Richtlinien entspricht. Geblieben sind ein überdachter Sandbereich, eine große Wiese, eine kleine, rechteckige, gepflasterte Fläche und ein außen befindlicher Wasserhahn. Sie haben nur so viel Geld im Budget zur Verfügung, um einen kleinen Bau, einen großen Baum und einen gepflasterten Fahrradweg zu finanzieren. Entwickeln Sie einen Plan

für den Außenbereich. Erklären Sie, was Sie kaufen werden und welche Materialien Sie verwenden könnten.

- Sie sind in einer Vorschuleinrichtung. Die Kinder interessieren sich sehr für die Routineabläufe bei der Betreuung von Babys (Füttern, Baden, Schlafen). Ein großer Teil des Theater- und Rollenspielbereichs ist diesen Aktivitäten gewidmet. Dieses Spiel ist bei den jüngeren Kindern noch sehr beliebt. Sie haben aber eine kleine Gruppe von Kindern, die gerne eine Feuerwache im Raum hätte. Wie könnten Sie die Bedingungen verändern und den Wünschen so anpassen, dass beide Szenarien im Raum Platz finden?
- Welche Methoden könnten Sie für den Einsatz von Farben in der Umgebung wählen, um den Kindern einen Ort zu schaffen, um kreativ zu sein, sich zu entspannen, sich zu konzentrieren und sich zu beruhigen?
- Finden Sie heraus, wie viel es kosten würde, die Beleuchtung in einem Bereich durch Leuchtstoffröhren mit Tageslichtspektrum zu ersetzen. Wie können Sie das Problembewusstsein für dieses Projekt wecken und die Finanzierung sichern, so dass das Projekt umgesetzt werden kann?
- Nutzen Sie die folgende Tabelle, um verschiedene Materialien und Ausstattungsgegenstände aufzuführen, die dafür geeignet sind, den Geräuschpegel in der Einrichtung zu senken.

Geräuschreduzierende Mittel	Mögliche Materialien/Ausstattung
Absorbierende Materialien	
Geräuschbarrieren	
Auswirkungen von Geräuschen	

Tab. 2.7 Kontrollaufgabe zum Thema Geräusche und Lärm

- Sie haben viele muslimische Kinder in der Lernumgebung. Finden Sie heraus, welche Veränderungen nötig sind, damit die Lernumgebung den Bedürfnissen dieser Gruppe entspricht.
- Diskutieren Sie die Rolle der Erzieherin in einer kleinen Gruppe. Entscheiden Sie sich für drei spezifische Aspekte dieser Rolle. Entwickeln Sie spezielle Strategien, wie die Erzieherin die von Ihnen ausgewählten Kriterien erfüllen kann.

- Planen Sie in einer kleinen Gruppe die für den jeweiligen Entwicklungsstand geeignete Umgebung, die ein wichtiges Ereignis in Ihrer Gemeinde reflektiert.
- Untersuchen Sie eine Minderheitengruppe in Ihrer Region. Welche Veränderungen wären nötig, um die Lernumgebung dieser Kultur anzupassen?

3 DAS SANDSPIEL

3

KAPITELÜBERSICHT

- Mit dem Sandspiel das Lernen fördern
- Die Entwicklung Spielens mit Sand
- Die Bedeutung des Spielens mit Sand
- Die Rolle der Erzieherin
- Effektive Aufbewahrungssysteme
- Effektive Beschriftungssysteme
- Überlegungen zum Anlegen eines Sandspielbereichs
- Beobachtungs- und Dokumentationstechniken
- Überlegungen aus anderen Ländern
- Materialien und Spielzeug für das Spiel im Sand
- Stadien des Sandspiels in verschiedenen Altersstufen
- Zusammenfassung
- Kontrollaufgaben

LERNZIELE

Nach dem Lesen dieses Kapitels kann der Leser/die Leserin:

- die verschiedenen Niveaus des Sandspiels erkennen;
- den Wert des Sandspiels erklären;
- die Rolle der Erzieherin beim Sandspiel erläutern;
- verschiedene Aspekte beim Einrichten eines Sandspielbereichs im Raum und im Außenbereich benennen und diskutieren: Platzierung, Unterbringung von Material, Beschriftung;
- erklären, wie man verschiedene Arten des Sandspiels beobachtet und aufzeichnet;
- Strategien für das Sandspiel im Außenbereich benennen;
- alternative Möglichkeiten des Sandspiels im Innenraum und im Außenbereich benennen.

»Sand ist ein vielseitiges Medium für die Entwicklung der kreativen Fähigkeiten, der Vorstellungskraft und der Wertschätzung eines natürlichen Werkstoffs. Die Beschaffenheit von Sand ermutigt zum Erforschen und Experimentieren, woraus Konzepte zum Umgang mit diesem Material entstehen. Sand bietet den Kindern die Möglichkeit zum Rollenspiel, zum Graben, Anlegen von Tunneln, Schöpfen, Modellieren, Füllen, Gießen, Beladen und Transportieren.«

Aus: Hogben & Wasley: Learning in Early Childhood: What Does It Mean in Practice?

3.1 Mit dem Sandspiel das Lernen fördern

Im Frühjahr unternahmen die Kinder einen Ausflug zu einem nahe gelegenen Strand. Kai war vom Sand fasziniert. Er hatte einen Eimer gefunden und schaufelte ihn mit den Händen voll. Er gab sich große Mühe, den Eimer bis zum Rand zu füllen und klopfte den Sand vorsichtig glatt. Dann kippte er den Sand aus, schaute in den leeren Eimer und wiederholte dieses Spiel viele Male. Marlene, ein vierjähriges Mädchen, beobachtete ihn eine Weile und fragte ihn schließlich: »Möchtest du einen Sandturm mit mir bauen?« Kai nickte. Marlene füllte den Eimer sorgfältig mit einem kleinen Plastikgefäß und klopfte den Sand immer wieder glatt. Als der Eimer voll war, suchte sie eine freie Stelle, hockte sich hin und drehte den Eimer schnell um. Eine perfekte Form war entstanden. Kai betrachtete den Sandturm und ein strahlendes Lächeln erschien auf seinem Gesicht. »Willst du das auch versuchen?« Er nickte wieder. Nach einigen Versuchen und mit Unterstützung von Marlene schaffte er es und stellte dann auf diese Weise viele Sandtürme her. Jedes Mal strahlte er vor Freude, bevor er den Eimer umdrehte (➤ Abb. 3.1).

Abb. 3.1 Kai freut sich über seinen Erfolg beim Bauen von Sandtürmen.

Beide Kinder bauten nun Sandtürme, wiesen einander auf deren perfekte Form und die Platzierung hin, verwendeten Worte wie »perfekt«, »super«, »viele«, »in einer Reihe«, »nebeneinander«. Die Anordnung erfolgte weniger nach einem Muster oder einer erkennbaren Struktur, sondern vielmehr danach, ob noch Platz frei war. Kai und Marlene entdeckten offensichtlich viele Lernmöglichkeiten beim Spielen mit Sand. Sandspiel:

- **erzeugt keinen Erwartungsdruck:** Kai und Marlene waren jeweils imstande, das zu erschaffen, was sie wollten. Es gab keine Erwartungen an ein bestimmtes Endprodukt.
- **macht Freude:** Der Gesichtsausdruck und die Körpersprache von Kai zeigten klar seine Freude an dieser Aktivität an.
- **weckt den Entdeckungsdrang:** Kai lernte eine Sandform herzustellen, indem er nassen Sand verwendete. Beide, Kai und Marlene, entdeckten

etwas, indem sie viel Platz dafür nutzten, ihre Sandformen auf den Boden zu setzen.
- **fördert die Entwicklung:** Beide Kinder vertieften sich in physische und soziale Aktivitäten. Zu den physischen Aspekten gehörten das Füllen und Leeren, das Formen und Platzieren des Sandes. Zu den sozialen Aktivitäten gehörten das Einzelspiel (Kai zu Beginn des Spiels), das funktionelle Spiel (beide Kinder) und das assoziative Spiel (beide Kinder). Beide Kinder waren über die Sprache an sozialen Aktivitäten beteiligt.
- **hat einen sinnlichen Charakter:** Kai erkundete den Sand zuerst mit seinen Händen.

Spiele im Sand ermuntern zur freien, offenen Erkundung und fördern alle Bereiche der Entwicklung: den sozialen, emotionalen, kognitiven und körperlichen Bereich sowie die Sprachentwicklung:
- **Soziale Entwicklung:** Kai und Marlene spielen auf verschiedene Weise und engagieren sich in verschiedenen Arten des Spiels; Kai bewegte sich vom Einzel- zum assoziativen Spiel. Beide Kinder zeigten Respekt vor den Schöpfungen des anderen. Sie gaben sich Mühe, ihre Formen so zu platzieren, dass keine früheren Produkte zerstört wurden. Beide eigneten sich Fähigkeiten der Zusammenarbeit an. Marlene leitete Kai im Bauen der Sandform an.
- **Emotionale Entwicklung:** Beide Kinder konnten ihrem Interesse ohne Einmischung von Erwachsenen nachgehen. Kai war stolz, als er seine erste Form hergestellt hatte; Marlene zeigte Aufmerksamkeit für den Spielgefährten und die Bereitschaft, ihm beim Lösen einer Aufgabe zu helfen, und zog Befriedigung aus der erfolgreichen Interaktion. So konnten beide Kinder ihr Selbstbewusstsein stärken.
- **Kognitive Entwicklung:** Sand bietet eine Fülle von Möglichkeiten, Fähigkeiten und Kenntnisse in Mathematik, Kreativität und Naturwissenschaften zu entwickeln. Beide Kinder machten Erfahrungen mit den Zuständen leer/voll, schwer/leicht. Sie waren imstande, ihre Bauwerke zu vergleichen und einige als »perfekt« oder »großartig« zu bewerten. Sie lernten, eine große Fläche effektiv auszunutzen und über die Platzierung ihrer Werke zu diskutieren: »nebeneinander«, »in einer Reihe«. Kai lernte, wie man Sandtürme effektiv baut.
- **Körperliche Entwicklung:** Beide Kinder lernten beim Bauen ihrer Formen verschiedene Fähigkeiten zu koordinieren: das Halten des Eimers; das schnelle Umkippen des Eimers, um das Verstreuen von Sand zu vermeiden; das gleichzeitige Hinhocken, um dicht genug am Boden zu sein.
- **Sprachentwicklung:** Die Kinder sprachen über ihre Aktionen. Marlene konnte Kai sachgerechte Anleitungen geben, die dieser verstand und umsetzen konnte. Beide kommentierten ihre Bauwerke – »perfekt«, »super« usw.

3.2 Die Entwicklung des Spielens mit Sand

3.2.1 Das funktionelle und sensorische Spiel

Max beschäftigte sich im Sandbereich (➛ Abb. 3.2). Er lag auf dem Bauch, rutschte im Sand herum und stoppte seine Bewegung erst, als er sich wohl zu fühlen schien. Er lächelte und begann, mit den Fingern im Sand zu wühlen. Das wiederholte er immer und immer wieder. Wenn er mit den Fingern durch den Sand fuhr, verschwand die Hand. Diana, seine Erzieherin, bemerkte, wie fasziniert Max war, setzte sich zu ihm und beobachtete ihn eine Weile. Als Max' Hand im Sand verschwand, schaute er zu Diana hoch und lächelte. Diana lächelte zurück und sagte: »Deine Hand ist verschwunden! Wo ist sie?« Max lächelte und zog die Hand heraus, um sie Diana zu zeigen. Dann legte er die Hand auf den Sand und häufte mit der anderen Hand Sand darauf. Als die Hand allmählich verschwand, meinte Diana: »Schau mal, dein Mittelfinger verschwindet. Jetzt ist dein Handrücken weg. Oh nein, deine Hand ist schon wieder verschwunden!« Max lächelte, als Diana damit fortfuhr, zu beschreiben, wie seine Hand verschwand. Jedes Mal zog er sie heraus, um Diana zu zeigen, dass die Hand immer noch da war, und dann begrub er sie wieder.

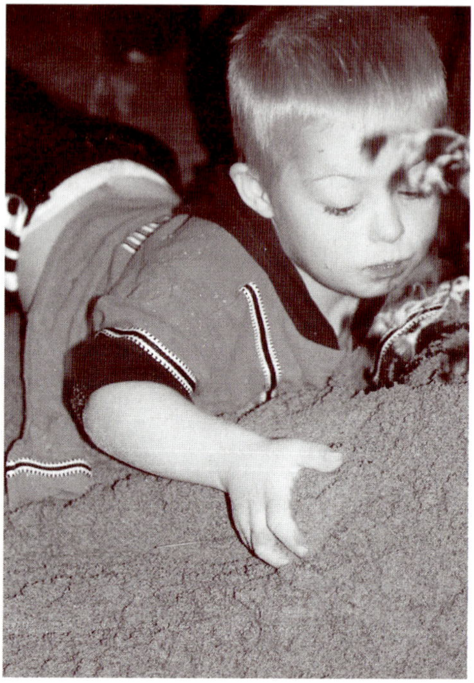

Abb. 3.2 Sensorisches Spiel: Max lässt immer wieder seine Hände im Sand verschwinden.

Max war in ein funktionelles, sensorisches und sich wiederholendes Einzelspiel vertieft. Es handelte sich um ein funktionelles Spiel, weil Max dabei kein spezielles Ziel verfolgte. Er lernte etwas über die Eigenschaften von Sand, die Zusammensetzung, die Trockenheit, und darüber, wie Sand bearbeitet werden kann. Der sensorische Charakter des Spiel bestand darin, dass er den Sand mit seinen Fingern, seinen Händen und dem ganzen Körper erforschte, den Sand berührte, befühlte und damit hantierte. Und er hörte der Erzieherin zu, als sie die Wirkung seiner Handlungen beschrieb. Beim Entdecken der verschiedenen Eigenschaften von Sand wiederholte er seine Handlungen beständig. In diesem sich wiederholenden Spiel trainierte er eine ganze Reihe von Fähigkeiten. Er lernte etwas über Ursache und Wirkung: Wenn ich meine

Hand mit Sand bedecke, verschwindet sie. Über verschiedene Aktionen entdeckte er unterschiedliche Eigenschaften von Sand und machte neue Interaktionserfahrungen.

- Als er Sand über seine Hand streute, machte er die Erfahrung, dass Sand fließt.
- Er entdeckte, dass Sand sehr gut formbar und beweglich ist, als er seine Hände und Finger unter den Sand schob.
- Als er seinen Körper in den Sand schob, um eine Mulde zu formen, verschaffte er seinem Körper eine bequeme Lage.
- Als er Diana zuhörte, die seine Aktionen beschrieb, und auf ihre Worte reagierte, entstand mit seiner Erzieherin eine sehr angenehme intime Interaktion.

Das Spiel von Max und Diana im Sandkasten zog auch andere Kinder an. Benjamin und Felix kamen zum Sandkasten herüber und sahen Max ein paar Minuten lang zu. Als Max den Bereich verließ, kletterten die beiden sofort in den Sandkasten. Sie legten sich auf den Bauch und gruben ihre Hände in den Sand (➛ Abb. 3.3), wobei sie kein Wort miteinander wechselten, sondern nur daran arbeiteten, den Sand vor sich zu ebnen. Die Jungen waren in ein sensorisches, paralleles, funktionelles Spiel vertieft. Irgendwann nahmen sie wahr, was mit den Händen des jeweils anderen Jungen passierte, und sie begannen, über ihr Spiel zu reden. Ab diesem Moment wurde das Spiel zu einem assoziativen Spiel.

Abb. 3.3 Benjamin und Felix sind in ein sensorisches, paralleles und funktionelles Spiel vertieft.

BENJAMIN: »Meine Hand ist weg. Jetzt habe ich nur noch eine Hand!«

FELIX: »Meine Hände sind *beide* weg! Ich kann sie verschwinden lassen!«

BENJAMIN: »Ich auch!«

Beim funktionellen Spiel lernen die Kinder viele Eigenschaften von Sand kennen (➛ Tab. 3.1). Werkzeuge sind in diesem Stadium des Spiels nicht unbedingt nötig, da die Kinder bei ihren Erkundungen vorwiegend ihre Sinne einsetzen: den Tastsinn, den Geruchssinn, das Gehör und die Beobachtung. Diese erste Stufe des Sandspiels taucht im weiteren Verlauf der Entwicklung immer wieder auf. Wenn Kinder eine entspannende, beruhigende Aktivität brauchen, kehren sie oft zu dieser sinnlichen Art des Erforschens und Erkundens zurück.

Auch Erwachsene finden Gefallen am sensorischen und funktionellen Spiel mit Sand. An jedem Strand kann man Erwachsene beobachten, die sich mit ei-

Eigenschaft	Mögliche Aktivitäten
Bietet aufgrund seiner Beschaffenheit verschiedene Erfahrungsmöglichkeiten	• Hände und Finger benutzen, um den Sand zu sieben • Sand durch die Finger rieseln lassen • Die Oberfläche des Sands klopfen und glätten, indem Hände/Finger über den Sand bewegt werden • Graben mit den Händen/Fingern • Finger in den Sand stecken • Formen herstellen, indem man nassen Sand mit Händen und Fingern formt • Im Sand liegen, um die Sandmulde am Körper zu spüren
Sand im trockenen Zustand	• Den Sand mit den Händen schaufeln, ihn durch die Finger rinnen lassen • Körperteile mit Sand bedecken • Hände/Finger in den Sand schieben • Den Sand bewegen, indem man Hände oder Finger bewegt und den Sand schiebt und/oder anhäuft • Hügel aus Sand anhäufen, indem man den Sand an einen Fleck schaufelt und dort fallen lässt • Finger durch den Sand bewegen, um Linien und geometrische Formen wie Kreise und Quadrate zu zeichnen
Sand im nassen Zustand	• Beide Hände einsetzen, um den Sand zu Kugeln zu formen; Sand in der Hand pressen, um die Form der geschlossenen Hand zu erhalten • Sand formen, indem man Strukturen kreiert: Hügel, Mauern, Reihen • Die Finger durch den Sand laufen lassen, um Linien und geometrische Formen wie Kreise und Quadrate zu zeichnen • Mit den Fingern Löcher in den Sand bohren • Den Sand bewegen, indem man ihn mit Händen und Fingern schiebt • Den Sand glätten, indem man ihn klopft oder streicht
Kann auf unterschiedliche Weise bearbeitet und erforscht werden	• Feinmotorische Kontrolle durch das Sieben des Sandes durch die Finger, das Glätten mit den Händen, das Hinüberreichen von einer Hand in die andere, Vergraben von Körperteilen, Formen von Sand • Erforschen der Zusammenhänge von Ursache und Wirkung bei nassem und trockenem Sand (Form, Gewicht, Beschaffenheit, Temperatur)
Bietet sinnliche Erfahrungsmöglichkeiten	• Beruhigendes Material • Endlose Möglichkeiten für das Kind, den Sand in vielen Varianten zu spüren • Angenehmes Gefühl, wenn der Sand durch die Finger läuft, wenn nasser Sand geformt wird

Eigenschaft	Mögliche Aktivitäten
Fördert die Sprachentwicklung	• Einführung von Begriffen durch die Erzieherin: glatt, nass, trocken, weich, auftauchen, verschwinden, rieseln, die Hand kitzeln
Fördert die Beobachtungsgabe	• Das Ergebnis der Aktion ist direkt zu sehen, Gegenstände verschwinden beispielsweise und tauchen wieder auf • Vergleichen der verschiedenen Aktivitäten: Unterschiede zwischen den Eigenschaften von trockenem und nassem Sand

Tab. 3.1 Eigenschaften von Sand

nem Sandspiel beschäftigen. Einmal sah ich einen erwachsenen Mann, der allein im Sand saß und etwas trank. Regelmäßig schöpfte er Sand mit einer Hand und ließ ihn langsam wieder herausrieseln. Er ließ den Sand über seine hochgezogenen Knie und seinen Körper rieseln. Diese Aktion wiederholte er, bis sein Glas leer war; das Ganze dauerte etwa 20 Minuten.

3.2.2 Funktionelles Spiel mit Werkzeug

Josefine kam jeden Tag zum Sandkasten. Sie verwendete gern große und kleine Schaufeln, um Gefäße unterschiedlicher Größe zu füllen und zu leeren. Für ihr Spiel holte sie sich alle möglichen Gegenstände aus dem Sandspielregal und mindestens noch ein zusätzliches Gefäß. Josefine mochte es, mitten im Sand zu sein (➛ Abb. 3.4).

Abb. 3.4 Josefine ist in ein funktionelles Einzelspiel mit Sand vertieft.

Als die Erzieherin Franziska in der Nähe bemerkte, rief sie sie heran: »Guck mal, was ich mache, Franziska!« Franziska kam und sagte: »Ich habe gemerkt, dass der Sand über den Rand von dem Eimer läuft. Er läuft über.« Josefine leerte den Eimer und füllte ihn wieder bis zum Überlaufen. Sie fügte noch eine Schaufel Sand hinzu und sagte: »Schau mal, er läuft über.«

Josefine war in ein funktionelles, sich wiederholendes Einzelspiel vertieft, in dem sie eine Anzahl verschiedener Werkzeuge einsetzte (➛ Tab. 3.2). Sie hatte kein spezielles Ziel, sondern übte kontinuierlich, Gefäße zu füllen und zu leeren. Dabei setze sie verschiedene Werkzeuge ein und lernte dabei mit der Zeit, eine Verbindung zwischen dem Werkzeug und dem effektiven Füllen des Gefäßes herzustellen. Als Josefine Franziskas Äußerungen zu ihrem Tun hörte, lernte sie ein neues Wort und konnte es korrekt auf die Situation anwenden. Josefine machte auch die Erfahrung, dass trockener Sand anders reagiert als nasser.

Joscha und Heiko füllten einen Zementlaster und einen Kipplader und verwendeten dafür Schaufeln (➛ Abb. 3.5). Als die Laster voll waren, kippte jeder der beiden Jungen den Sand wieder aus.

Abb. 3.5 Joscha und Heiko beladen mit Schaufeln Fahrzeuge – ein Beispiel für funktionelles, paralleles Spiel mit Werkzeugen.

Dieses Spiel wiederholten sie mehrere Male. Das ist ein Beispiel für funktionelles, paralleles Spiel mit Geräten.

Marlene und Alicia (➛ Abb. 3.6) kippten mehrere Male trockenen, gefärbten Sand in das Sandrad und versuchten ihn aufzufangen, wenn er auslief. Jede ver-

Eigenschaft	Mögliche Aktivitäten
Eignet sich als Material zum Füllen und Leeren	• Verwendung von Werkzeugen wie Löffeln, Schaufeln oder Schöpfkellen, um Gefäße zu leeren oder zu füllen • Leeren von Behältern, indem man Sand auskippt, ausschüttet oder mit Hilfe von Werkzeug (Sandspielzeug) abträgt • Graben, um Gefäße zu füllen
Sand in trockenem Zustand	• Sand mit Werkzeug schaufeln; Sand langsam auslaufen lassen, indem man das Gefäß langsam kippt • Sandhaufen anlegen, indem man Sand aus Containern kippt oder Sand mit Hilfe von Werkzeug schaufelt und Gefäße auf einen Sandhaufen entleert • Sand mit Hilfe von Werkzeug bewegen, indem man ihn zusammenschiebt oder anhäuft • Werkzeug durch den Sand bewegen, um Linien und geometrische Formen wie Kreise und Quadrate zu zeichnen

Eigenschaft	Mögliche Aktivitäten
Sand in nassem Zustand	• Gefäße verwenden, um Sandformen herzustellen • Sand mit Gegenständen formen, indem man Bauwerke und Landschaften im Sand errichtet: Hügel, Mauern, Reihen • Werkzeug durch den Sand bewegen, um Linien und geometrische Formen wie Kreise und Quadrate zu zeichnen • Sand mit einem Werkzeug aufnehmen und wieder fallenlassen • Mit einer Vielzahl von Gegenständen Löcher in den Sand bohren, etwa mit Stöcken, den Griffen von Sandspielzeugen oder anderen Gegenständen • Sand bewegen, indem man ihn mit Hilfe von Werkzeug zusammenschiebt • Sand glätten, indem man ihn mit Hilfe von Werkzeugen wie Kellen, Schaufeln und Spachteln glatt klopft oder reibt
Kann geformt werden	• Feinmotorische Kontrolle in der Nutzung verschiedener Werkzeuge beim Schaufeln oder Graben • Erforschen der Zusammenhänge von Ursache und Wirkung bei nassem und trockenem Sand (Form, Gewicht, Beschaffenheit, Temperatur), Sieben von Sand durch verschiedene Geräte • Grobmotorische Aktivitäten beim Umgang mit Sand
Fördert die Sprachentwicklung	• Einführung von Begriffen durch die Erzieherin: leer, voll, langsam, schnell, schwer, leicht, glatt, überlaufen
Fördert die Entwicklung der Beobachtungsgabe	• Unmittelbares Sehen des Ergebnisses der Aktion, beispielsweise bei der Beobachtung, ob ein Gefäß voll oder leer ist • Vergleichen der unternommenen Aktivitäten. Beispiel: Unterschiede zwischen den Eigenschaften von trockenem und nassem Sand • Bemerken, wie schnell ein Gefäß gefüllt werden kann, wenn verschiedene Werkzeuge verwendet werden

Tab. 3.2 Eigenschaften von Sand beim Verwenden von verschiedenen Werkzeugen

wendete dafür ihr eigenes Material, um den Sand in das Rad zu schaufeln und zu versuchen, den Sand aufzufangen, wenn er auslief. Sie redeten darüber, wie viel Sand sie gefangen hatten und wie schnell das Rad sich drehte. Die Mädchen waren in ein assoziatives, funktionelles Spiel mit Geräten vertieft.

Abb. 3.6 Marlene und Alicia sprechen über Aktivitäten beim Spiel mit dem Sandrad – Beispiel für assoziatives, funktionelles Spiel mit Geräten.

3.2.3 Symbolisches Sandspiel

Michael lag mit einem Lego-Auto im Sandkasten (➛ Abb. 3.7). Eine Weile fuhr er das Auto durch den Sand, was er mit einem »Brumm, brrrumm« begleitete. Als er bemerkte, dass auf seiner anderen Hand Sand war, stoppte er die Fahrt seines kleinen Autos und begann, seine andere Hand durch den Sand zu bewegen. Schließlich formte er seine Finger zu einer Schaufel, mit der er den Sand wegschaufelte; dabei rief er ebenfalls »Brumm, Brumm!« Diesen Vorgang wiederholte er immer wieder. Als Benjamin ihn fragte, was er mache, antwortete er: »Bagger.«

Bei Michaels Spiel handelt es sich um ein sensorisches, symbolisches und sich wiederholendes Einzelspiel. Es ist ein sensorisches Spiel, weil er seine Hand einsetzt, um Sand zu graben und zu schaufeln. Es ist ein symbolisches Spiel, weil er mit seiner Hand ein reales Objekt darstellt, einen Bagger. Kinder begleiten ein symbolisches Spiel oft auch mit entsprechenden Geräuschen, um das Dargestellte noch deutlicher zu machen.

Irgendwann gesellte sich Benjamin zu Michael. Er ergriff ein Stück rosa Schaumstoff und begann damit, den Sand vor sich zu ebnen (➛ Abb. 3.8). »Ich ebne den Sand mit einer Planierraupe. Guck mal her!« Michael versuchte, das Stück Schaumstoff zu greifen. Benjamin rief: »Nein! Da ist noch mehr rosa Zeug auf dem Regal.« Michael holte sich auch ein Stück Schaumstoff und die beiden Jungen glätteten den Sand. Jeder erzeugte dabei ein maschinenartiges Geräusch. Gelegentlich sprachen sie miteinander darüber, was sie gerade

Abb. 3.7 Michaels Hand wird zur Baggerschaufel – ein Beispiel für symbolisches Spiel.

taten: »Mein Sand ist sehr glatt.« »Meiner auch.«

Als Benjamin sich entschloss mitzuspielen, entwickelte sich aus dem symbolischen Einzelspiel ein assoziatives, symbolisches Spiel mit Werkzeugen. Die Jungen teilten ihre Ideen miteinander und schauten sich die Aktionen und Ergebnisse des anderen an. Jeder von ihnen setzte jedoch sein eigenes Spiel fort und benutzte dabei seinen eigenen Raum und sein eigenes Stück Schaumstoff.

Abb. 3.8 Benjamin lässt sich vom Spiel der anderen Jungen anregen und bringt eigene Ideen ein.

Torsten hatte im Sandkasten Formen gebaut. Als er auf das Spiel von Benjamin und Michael aufmerksam wurde, nahm er sich eine Maurerkelle und begann, den Sand zu glätten. Dabei produzierte er maschinenähnliche Geräusche (➛ Abb. 3.9). Er spielte im selben Bereich wie Michael und Benjamin und unternahm ähnliche Aktionen, ohne mit den beiden Kontakt aufzunehmen. Hierbei handelt es sich um ein symbolisches, paralleles Spiel auf der senso-

Abb. 3.9 Torsten ist in ein paralleles Spiel vertieft.

rischen Ebene unter Verwendung von Sandwerkzeug.

Während und vor diesem Stadium des Spiels ist es wichtig, den Kindern viele Erfahrungen in ihrer realen Umwelt zu ermöglichen, die sie später in symbolischer Weise darstellen können. Zu solchen Erfahrungen sollten gehören:

- Exkursionen, um Fahrzeuge und Maschinen in Betrieb beobachten zu können, z. B. auf Baustellen, im Straßenbau, auf Bauernhöfen während der Erntezeit, in Kiesgruben und Transportdepots;
- Anschauen kurzer Videos, die Baumaschinen in Betrieb zeigen;
- Anschauen von Büchern und Bildern über Baufahrzeuge;
- Anschauen von Fotos von Baufahrzeugen, die die Kinder beobachtet ha-

ben; Fotos, die im Sandbereich angebracht werden.

Symbolisches Sandspiel ist wichtig, da es dem Kind hilft:

- Mentale Vorstellungen aufzubauen: Nach Piaget formen Kinder mentale Bilder von Ereignissen, die sie gesehen oder erlebt haben. Michael und Benjamin stellten beispielsweise frühere Erfahrungen dar: Michael, indem er seine Hand als Bagger einsetzte; beide Jungen, indem sie den rosafarbenen Schaumstoff als Planierraupe verwendeten.
- Erinnerungsmuster aufzubauen: Indem die Kinder mentale Abbilder formen und diese später im Spiel darstellen, entwickeln sie Gedächtnisfähigkeiten, nicht nur über das Abrufen bekannter Erfahrungen, sondern auch über direkte Erfahrung. Dies unterstützt die Aufnahme neuer Informationen. Michael und Benjamin wussten, was eine Planiermaschine ist und welchem Zweck sie dient. Indem sie den Schaumstoff verwendeten, entdeckten sie, dass Planieren, in diesem Falle das Einebnen von Sand, mit Hilfe von verschiedenen Methoden erreicht werden kann.
- Ursache und Wirkung zu beobachten: Beim Glätten und Baggern konnten die Jungen direkt das Ergebnis ihrer Aktionen sehen: Der Sand wurde glatt.
- Eigenschaften von trockenem und nassem Sand zu erfahren (wie in den Tabellen 3.1 und 3.2 aufgeführt).
- frühere Erfahrungen darzustellen.

3.2.4 Gegenständliches Sandspiel

Miako spielte in einem künstlich angelegten Strandpark in Brisbane in Australien (➛ Abb. 3.10). Ihr Bauwerk bezeichnete sie als ein »großes Haus«. Mehrmals ging sie zum Wasser, um mit den Händen nassen Sand zu holen, den sie auf die Spitze ihres Bauwerks fallen ließ und glättete dann dessen Wände mit den Händen.

Bei dieser Art von Sandspiel handelt es sich um ein gegenständliches Spiel, denn auf dieser Entwicklungsstufe formt das Kind Strukturen, die reale Objekte repräsentieren und benennt die hergestellten Bauwerke. Im Fall von Miako zeigt sich, dass sie bereits frühere Erfahrungen mit Sand gemacht ha-

Abb. 3.10 Miako nutzt im gegenständlichen Spiel sämtliche Erfahrungen mit Sand für das Errichten ihres Bauwerks.

Abb. 3.11 Durch sich entwickelnde Fähigkeiten und zunehmende Erfahrung werden die Bauwerke immer komplexer.

Abb. 3.13 Auch Chiara nutzt ihren ganzen Erfahrungsschatz, um einen schönen Garten zu gestalten.

ben muss, denn sie wusste, dass nasser Sand leichter als trockener Sand zu formen ist. Sie wusste auch, wie man Sand

Abb. 3.12 Jasmina legt im Sand einen Blumengarten an – ein Beispiel für gegenständliches Spiel.

effektiv formt und glättet. Mit steigendem Alter werden solche Bauwerke, die sich entwickelnden Fähigkeiten sowie die Erfahrungen immer komplexer (➛ Abb. 3.11).

Jasmina und Chiara nutzten den Sandkasten, um einen Garten anzulegen (➛ Abb. 3.12. und 3.13). Die beiden verwendeten ähnliches Material auf ähnliche Art und Weise, jede kreierte jedoch ihren eigenen Garten, es gab nicht viel Austausch. Jedes Mädchen sagte seiner Erzieherin, dass es einen Garten angelegt habe. Jasmina bezeichnete ihren Garten als großen Garten mit Blumen, Chiara den ihren als Blumengarten. Chiara kannte die Namen einiger Blumen, die sie verwendet hatte, und fragte nach den Namen der anderen. Die Erzieherin brachte ein Buch über Blumen. Nun suchte auch Jasmina nach ihren Blumen und bat die Erzieherin darum, ihr die Namen vorzulesen. Die

Mädchen waren in ein paralleles, gegenständliches Sandspiel vertieft.

Ruth und Colin erstellten mit Plastikeimern Sandformen (➛ Abb. 3.14 und 3.15). Als sie einen Sandkuchen bauten, sprachen sie über dessen Größe und Form. Sie teilten sich das Material und beiden machte es Spaß, die eigenen Formen zu zerstören, was sie sich schließlich auch gegenseitig erlaubten. Bei diesem Spiel handelte es sich um ein gegenständliches, assoziatives Spiel.

Während eines Ausflugs an den Strand beschlossen Danika, Michelle und Stephanie, einen großen Marienkäfer zu bauen. Dazu entwarfen zuerst einen Plan, entschieden, wie groß der Marienkäfer sein sollte und diskutierten darüber, welche Materialien sie für Beine, Augen und Punkte verwenden könnten. Danika entwarf schließlich den Umriss des Marienkäfers, Michelle sammelte Steine, Muscheln und Zweige für die Augen, Beine und Punkte, Stephanie holte alle großen und kleinen Schaufeln und Eimer, die gebraucht wurden. Alle drei Mädchen arbeiteten zusammen, um den Marienkäfer zu bauen und zu verzieren. Sie spielten ein kooperatives, gegenständliches Sandspiel. Wie in den Beispielen oben dargestellt, fördert das gegenständliche Spiel im Sand die Entwicklung vieler Fähigkeiten:

- **Vorstellungskraft und Kreativität:** Der Bau des Marienkäfers erforderte von den Mädchen, passende Gegenstände zu finden, um Punkte, Beine und Augen zu kreieren. Sie besorgten sie sich aus ihrer unmittelbaren Umgebung.

Abb. 3.14 Konzentriert backt Ruth einen Kuchen aus Sand.

Abb. 3.15 Auch Colin hat Spaß am gegenständlichen Formen.

- **Das Gestalten von Sand:** Miako formte ihr Haus aus nassem Sand und glättete den Bau nach jedem Hinzufügen von neuem Sand mit ihren Händen.

Abb. 3.16 Viele Aktivitäten mit Sand lassen sich auch mit Schnee durchführen.

Abb. 3.17 Am Sandstrand sind die Erfahrungsmöglichkeiten vielfältiger als im Buddelkasten.

- **Lösen von Problemen:** Benjamin setzte den rosafarbenen Schaumstoff ein, um den Sand zu glätten. Jasmina und Chiara lösten das Problem, wie man Blumen aufrecht in den Sand stellt.
- **Experimentieren, um Gleichgewicht zu erreichen:** Jasmina und Chiara mussten ihre Blumen in Balance bringen, damit sie aufrecht stehen konnten. Sie lösten das Problem, indem sie Wasser in den Sand gossen, um die Blumen leichter in den Sand stecken zu können, und einen Sandhügel um den Stiel jeder Blume anhäuften.
- **Gedächtnis:** Um den Marienkäfer zu bauen, mussten sich die Mädchen daran erinnern, wie ein Marienkäfer aussieht, welches seine besonderen Merkmale sind.
- **Sprache:** Jasmina und Chiara lernten neue Vokabeln, als sie ihre Blumengärten anlegten. Chiara forschte in ihrem Buch zuerst auf der Bildebene und bat dann die Erzieherin, ihr die Namen der Blumen vorzulesen.

Aktivitäten mit Sand machen Kindern sowohl in Innenräumen als auch im Außenbereich Spaß. Der Winter kann wunderbare Möglichkeiten bieten, ähnliche Techniken wie mit Sand einzusetzen (➛ Abb. 3.16). Auch Schnee lässt sich in Baufahrzeuge hinein- und hinauszuschaufeln, umgraben und befördern. Auf diese Weise kann man Wissen von einer Situation auf eine andere übertragen.

Ausflüge an Sandstrände ermöglichen den Kindern, den Raum kreativ zu nutzen. Wenn die Kinder die Möglichkeit haben, zu forschen, wenn sie also nicht vom Raum begrenzt werden, können sie Dinge besser erkunden, als das in Innenräumen möglich ist. Christopher grub ein Loch, das so groß war war, dass er selbst hinein passte (➛ Abb. 3.17). Auch der Marienkäfer wurde in einem viel größeren Maßstab gebaut, was länger dauerte und gemeinsame Anstrengungen erforderte.

3.3 Die Bedeutung des Spielens mit Sand

Das Spielen mit Sand ermutigt die Kinder, viele verschiedene Fähigkeiten einzusetzen und bietet vielfältige Erfahrungen. Es wirkt beruhigend, am Ende muss nicht immer ein Produkt stehen und es ermöglicht sinnliche Erfahrungen. Das Spiel im Sand ermöglicht folgende Lernerfahrungen:

- **Ausführen einfacher Experimente:** Benjamin hatte in der Sandkiste einen Magneten gefunden, der unten schmutzig war. Er versuchte, den »Schmutz« abzuwischen, aber das ging nur sehr schwer. Deshalb brachte er den Magneten zu Thomas, seinem Erzieher, und sagte: »Ich kriege den Schmutz nicht ab.« Anna hörte das und versuchte, den Schmutz mit einem anderen Magneten abzureiben (➛ Abb. 3.18).
  Im Gespräch mit Thomas lernten die Kinder, dass es bestimmte Bestandteile im Sand gibt, die an einem Magneten haften bleiben. Die Kinder sammelten diese Teilchen mit Magneten, entdeckten, dass man sie mit den Händen abwischen kann, und beschlossen, die Sandpartikel in einem durchsichtigen Gefäß zu sammeln. Dieses Spiel brachte Thomas dazu, einige Teile aus Metall im Sand zu verstecken. Die Kinder fanden es sehr aufregend, als sie beim Hantieren mit den Magneten plötzlich Gegenstände im Sand fanden. Es wurde schnell zu einem beliebten Spiel, verschiedene Gegenstände im Sand zu verstecken und zu versuchen, sie mit einem Magneten wieder zu finden.

Abb. 3.18 Anna versucht, von einem Magneten Schmutz zu entfernen.

Kinder können auch herausfinden, dass man trockenen Sand nehmen kann, um ein Rad unterschiedlich schnell zu drehen, abhängig von der Menge des Sandes (➛ Abb. 3.19; nach Jackman 2001, S. 194).

- **Erfassen von Größe, Gewicht und Menge:** Kinder wenden verschiedene Techniken an, um Größe, Gewicht oder Mengen zu messen. Auf einem Ausflug im Frühling zu einem nahen Strand baute Marlene einen »Schneemann« aus Sand (➛ Abb. 3.20). Sie legte die Hände um den Ball, den sie geformt hatte, und sagte: »Der muss so viel größer sein!« Kinder können das Gewicht von zwei Eimern mit und ohne Sand vergleichen, wenn sie sie tragen. Man kann sie auch dazu ermuntern, den Sand zu wiegen, wenn Waagen griffbereit sind. Wenn man Gefäße unterschiedlicher Größe zur Verfügung stellt, ermöglicht man differenziertere Gewichtserfahrungen. Das Füllen dieser Gefäße kann zum Messen der Menge durch Zählen führen. Max zählte beispielsweise, wie viele Schaufeln voller Sand er brauchte, um zwei Eimer zu füllen. Er konnte erkennen, dass der eine Eimer mehr fasste als der andere, indem er die Anzahl der Schaufeln voller Sand zählte, die er brauchte, um jeden Eimer zu füllen.

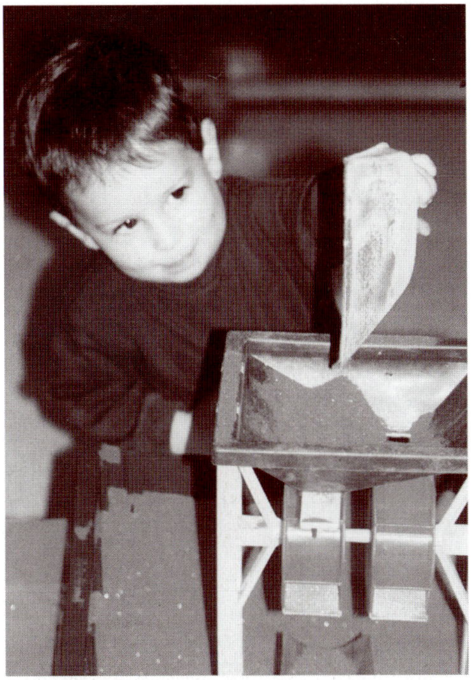

Abb. 3.19 Je nachdem, wieviel Sand man nimmt, dreht sich das Rad unterschiedlich schnell.

Abb. 3.20 Kinder wenden verschiedene Techniken an, um Größe, Gewicht oder Mengen zu messen.

- **Vergleichen:** Als Miranda im Winter die Chance bekam (➛ Abb. 3.21), einen Eimer mit Schnee zu füllen und zu leeren, wirkte sie überrascht. Jennifer, die Erzieherin, fragte sie: »Du

Abb. 3.21 Erfahrungen mit Sand lassen sich auf Schnee übertragen.

siehst so verblüfft aus. Wie kann ich dir helfen?« Miranda meinte: »Das ist so leicht!« Jennifer antwortete: »Du meinst, das ist leichter als der Sand, mit dem du im Haus gespielt hast?« Miranda nickte und fuhr damit fort, ihren Eimer zu füllen und zu leeren. Als sie versuchte, den Schnee auszuschütten, sagte sie: »Der ist klebrig. Er kommt nicht raus!«

- **Lösen von Problemen:** Verschiedene Materialien ermutigen Kinder dazu, interessante Probleme zu lösen. Johanna hatte am Wasserbecken Plastikkannen gefüllt und geleert. Ann, die Erzieherin entschied sich dafür, auch im Sandkasten solche Kannen bereitzustellen. Als Johanna die Kannen dort bemerkte, versuchte sie, eine Kanne mit Hilfe einer Schaufel zu füllen. Das gestaltete sich schwierig, da der Sand immer wieder daneben rieselte. Ann bemerkte Johannas Problem und fragte sie, wie sie sich die Aufgabe leichter machen könne. Johanna dachte einen Moment nach und meinte, sie könne einen Löffel

Abb. 3.22 Fürs Einfüllen gibt es unterschiedlich effektive Techniken.

benutzen, den sie sich auch gleich aus der Küche holte. Auf diese Weise ließ sich die Kanne weitaus besser füllen. Nach einer Weile hörte sie auf und sah sich im Raum um. Sie stand auf, ging zum Baubereich und holte sich dort verschiedene große Plastikkegel, die sie ausprobierte, bis sie einen fand, der auf den Hals der Kanne passte. Nun füllte sie den Sand wie durch eine Art Trichter in die Kanne (➛ Abb. 3.22).

- **Kreatives Spielen:** In den Aktivitäten der Kinder finden sich viele Beispiele für kreatives Spiel – Marlene mit den Sauriern (➛ Kap. 1.5), Chiara und Jasmina mit ihren Blumengärten.
- **Erweiterung des Wortschatzes:** Als Chiara und Jasmina ihre Blumengärten bauten, lernte jede von ihnen neue Worte, die mit den Blumen zu tun hatten, die sie pflanzen wollten. Neue Begriffe können eingeführt werden, wenn die Erzieherin großes Interesse an bestimmten Aktivitäten beobachtet oder wenn die Kinder nach Informationen über ihr Spiel fragen oder die Namen von Gegenständen, die sie gerade benutzen, wissen wollen. Zum möglichen Vokabular, das eingeführt werden kann, gehören Begriffe wie: einen Tunnel anlegen, halb voll, völlig leer, trennen, sieben, gießen, abdichten, formen usw.
- Erwerb neuer Konzepte: etwa das Konzept, dass trockener Sand gegossen werden kann; dass nasser Sand in die Form eines Eimers gepresst werden kann.

3.4 Die Rolle der Erzieherin

Die Erzieherin oder der Erzieher gestaltet die Umgebung für ein effektives Spiel im Sand. Dabei sollte sie folgende Aufgaben wahrnehmen:

- die Kinder beobachten: Ann beobachtete, dass Johanna Schwierigkeiten hatte, den Sand in die Kanne zu füllen. Sie ging sofort zu ihr und half ihr, das Problem zu lösen. So verhinderte sie nicht nur eine frustrierende Erfahrung für Johanna, sondern ermöglichte ihr auch, das Problem selbst zu lösen.
- den Sandspielbereich gestalten: Die Erzieherin muss dafür sorgen, dass der Spielbereich den Kindern die Möglichkeit sowohl zu herausfordernden als auch zu einfachen Aktivitäten bietet. Ausgangspunkt sollten immer die Interessen und Fähigkeiten der Kinder sein. Als Ann beobachtete, wie Johanna Wasser in verschiedene Gefäße goss, wurde ihr klar, dass diese Lernmöglichkeit auch im Sandbereich geschaffen werden kann.
- Materialien zur Verfügung stellen: Spielgeräte und Materialien im Sandbereich sollten die Kinder zu einer Vielzahl von Tätigkeiten ermuntern – zum Bauen von Tunneln, Graben, Ausleeren, Glätten, Kreieren von Neuem, Rollenspielen, Formen, Befördern und zur Bewegung. Die Materialien sollten auch vielfältig sein, um Kinder mit unterschiedlichen Fähigkeiten zum Spiel zu ermutigen. Thomas setzte Magneten als Spielgerät im Sandbereich ein, um neue Spiele anzuregen.
- Dinge und Gefühle benennen, Fragen stellen und Unklarheiten klären: Jennifer bemerkte, dass Miranda irritiert wirkte. Sie fasste Mirandas Gefühlsausdruck in Worte »Du siehst so ver-

blüfft aus« und bat sie mit einer offenen Frage darum, ihr Problem zu schildern: »Wie kann ich dir helfen?« Das half Miranda, ihre Verwunderung darüber zu erklären, dass Schnee leichter ist als Sand.
- Anregungen von den Kindern aufnehmen: Die Erzieherin stellte fest, dass die Kinder in den Räumen mit vielen verschiedenen Spielen beschäftigt waren, in denen sie verschiedene Dinge formten und gestalteten. Deshalb wurde ein Ausflug zu einem nahe gelegenen Strand unternommen, so dass die Kinder diese Fähigkeiten auch draußen, in einer natürlichen Umgebung, trainieren konnten.
- Die Bedeutung des Sandbereichs deutlich machen: Die Erzieherin bzw. der Erzieher muss mit den Kindern im Sandbereich in eine interaktive Beziehung treten, ihren bzw. seinen Enthusiasmus zeigen und fähig sein, an den Entdeckungen der Kinder Anteil zu nehmen. Diana konnte beispielsweise die Aufregung von Max teilen, als er seine Hand im Sand vergrub.
- Sich als Vorbild selbst angemessen verhalten: Wenn Sand auf dem Fußboden liegt, sollte die Erzieherin den Kindern das Ausfegen demonstrieren, so dass sie mit der Zeit selbst diese Aufgabe übernehmen.

3.5 Effektive Aufbewahrungssysteme

Ob das Spielen im Sandbereich erfolgreich ist, hängt entscheidend auch davon ab, wie die Materialien untergebracht sind. Zu oft werden die Spielsachen und Geräte im Sandkasten selbst aufbewahrt, und nach dem Spiel lassen die Kinder sie einfach dort liegen. Das kann folgende Probleme hervorrufen:

- Es fehlt der Platz, um etwas zu erschaffen: Das schränkt die Kreativität der Kinder ein und begrenzt Anzahl derer, die sich am Spiel beteiligen können.
- Spielideen vermischen sich: Es ist schwer, einen klaren Plan zu entwickeln, etwa das Vergleichen des Gewichts verschiedener Gefäße, wenn der Bereich voller anderer Geräte ist, die sich zum Graben, Gießen, Wiegen, Bauen oder Formen eignen.
- Unordnung: Der Sandbereich wird unattraktiv oder er wird gemieden, weil er zu voll und deshalb nicht mehr überschaubar ist.
- Bei den Kindern kommen ungewollte Botschaften an: zum Beispiel die Botschaft, dass man nichts wegräumen muss.
- Sandspielzeug und -geräte können verloren gehen oder zerstört werden: Kleinere Gegenstände werden leicht im Sand vergraben und gehen verloren, wenn der Sand ausgetauscht wird, schwerere Gegenstände können kleinere Gegenstände zerbrechen.

- Gefährliche Situationen können entstehen: Zerbrochene Gegenstände können Verletzungen hervorrufen, Unordnung ermuntert zum Herumwerfen und Fallenlassen von Gegenständen.

Es gibt viele Möglichkeiten, wie man Sandspielzeug und andere Ausrüstungen für den Sandbereich verstauen kann, gleichwohl hängen sie vom zur Verfügung stehenden Platz sowie von den Erfahrungen ab, die die Kinder machen sollen. Wichtig ist, dass das System für alle (Erwachsene und Kinder) klar verständlich und leicht zu benutzen ist. Es muss einfach sein, die Materialien zu finden. Einige typische Organisationsformen werden in Tabelle 3.3 aufgeführt.

Organisationsprinzip	Mögliche Gegenstände
Geräte zum Graben	Kellen, Schaufeln, Löffel, Zungenspatel, Stöcke
Geräte zum Formen	Formen (Meer, Burg, Baustein, Tier), Eimer, Naturmaterialien wie Muscheln, Becher, Plastikgefäße verschiedener Größe
Geräte zum Glätten	Maurerkellen, schwere Papprollen, harter Schaumstoff, Spachtel, Streichmesser, schwere Pappteile, harte Plastikteile
Geräte zum Bauen	Pappkartons, Plastiksteine, Bauplatten, Plastikkegel, Legosteine, Duplosteine, Zäune, Stöcke, Baumstämme, Muscheln, Kiefernzapfen, Schüsseln/Gefäße
Gartenmaterial	Künstliche Blumen, echte Pflanzen/Blumen (von den Kindern auf einem Ausflug gesammelt), Harken, Spaten, Gießkannen, Kiefernzapfen, Zweige, Steine, Sachbücher
Gefäße zum Gießen	Messbecher; Gefäße verschiedener Größe und mit verschiedenem Volumen, die oben weit geöffnet sind; Gefäße mit unterschiedlichem Volumen und schmalen Öffnungen; Gefäße mit unterschiedlichen Formen, die aber das gleiche Volumen fassen (das heißt, eine Flasche und ein Becher, die jeweils 750 ml fassen)
Gefäße zum Füllen und Leeren	Scheuereimer, Plastikgefäße, durchsichtige Behälter unterschiedlicher Größe; Plastiktassen und -becher; flache Schalen

Organisationsprinzip	Mögliche Gegenstände
Gegenstände, die sich für den variablen Einsatz, zum Lösen von Problemen eignen (um den Kindern dabei zu helfen, Probleme beim Gießen, Stabilisieren und Bauen zu bewältigen)	Trichter verschiedener Größe, Röhren (schwere Papp- und Plastikröhren verschiedener Dicke und Länge), Plastik- und Pappspulen
Siebe	Siebe, Plastikkörbe, schwere Drahtsiebe mit überklebten Ecken, Küchensiebe
Fahrzeuge	Große Baufahrzeuge, auf denen die Kinder sitzen können (Zementmischer, Bagger, Planiermaschinen, Kräne, Kipper), kleine Baufahrzeuge, wie oben beschrieben, eine Auswahl kleiner Autos, landwirtschaftliche Maschinen (Traktoren, Mähmaschinen, Bagger, Erntemaschinen)
Materialien zum Vergraben	Plastikkostbarkeiten, Steine verschiedener Form und Größe, große Schmuckstücke (überprüfen Sie, dass die Schmuckstücke keine Nadeln oder scharfen Kanten haben); Steine, die mit Gold- und Silberfarben bemalt sind; große Münzen, von Sand und Wasser geschliffene Glasstücke, kleine Stücke Treibholz, Fossilien, farbige Steine, Muscheln
Zubehör	Auswahl kleiner Figuren, die Gelenke haben und daher sitzen und stehen können (um verschiedene Kulturen, Vielfalt, Berufe repräsentieren zu können); Tiere (Zootiere, Tiere vom Bauernhof, wilde Tiere, Haustiere), Insekten (aus der Region), Reptilien (aus der Region: Frösche, Schlangen, Schildkröten), Fische, Saurier

Tab. 3.3 Organisation von Sandspielzeug und -material

3.5.1 Aufbewahrungsvorschläge für kleine Räume

- Hängekörbe, die es ermöglichen, die Dinge je nach ihrer Art zu sortieren (zum Beispiel Geräte zum Umgraben, kleine Fahrzeuge, Tiere): Der Vorteil besteht darin, dass Gegenstände für die älteren Kinder in Körben untergebracht werden können, die höher hängen; auf diese Weise wird der vertikale Raum genutzt. Nachteil ist, dass die Körbe fest verankert werden müssen; man stößt leicht dagegen, sie sind schwierig zu putzen, der Fußboden darunter muss regelmäßig saubergemacht werden, es kann für die Kinder schwierig werden, ein spezielles Teil zu finden.

- Durchsichtige Plastikbox in einer Karre: Dies ermöglicht das Aufräumen je nach Art der Gegenstände (eine Kategorie von Gegenständen in einem Behälter), außerdem ist die Karre mobil verwendbar.
- Regal oder kleiner Tisch: Die Umrisse der Gegenstände werden jeweils auf dem Regal oder Tisch aufgezeichnet, um ihren Platz möglichst schnell zu finden.
- »Parkplätze«: Große Baufahrzeuge werden auf ihren Parkplatz abgestellt, wenn das Spiel im Sand beendet worden ist. Sie können unter einem Regal oder unter einem Tisch platziert werden.
- Durchsichtige Schuhbeutel, die an der Wand hängen: In ihnen sind die Gegenstände leicht zu erkennen.

3.5.2 Weitere Ideen zur Aufbewahrung von Spielzeug und Material

- Eine Reihe fester Haken, um alle Utensilien zum Umgraben aufzuhängen
- Mit Haken versehen Hartfaserplatten, die an die Wand gehängt werden; die Gegenstände sind je nach Kategorie leicht daran aufzuhängen
- Regale, die breit genug sind, um große Fahrzeuge darauf abzustellen; man kann abnehmbare Rampen anbringen, um die Fahrzeuge auf den richtigen Platz zu fahren
- Regal mit vielen Fächern, das erlaubt, Dinge, die nach Kategorien sortiert werden, unterzubringen

3.6 Effektive Beschriftungssysteme

Die Beschriftung von Materialien im Aufbewahrungssystem sollte für alle leicht identifizierbar sein. Sinnvoll ist die Beschriftung in Wort und Bild, die Zeichnungen oder Fotos sollten klar erkennbar sein. Die Beschriftung im Sandbereich ist schwieriger als in anderen Bereichen. Sand ist körnig, dadurch werden die angebrachten Schilder leicht zerkratzt. Schilder auf die Oberfläche zu kleben ist nicht sehr effektiv; der Sand klebt leicht am Klebeband und zerstört es allmählich. In Tabelle 3.4 finden Sie Vorschläge für die Etikettierung und Beschriftung.

Problem	Mögliche Lösungen
Zerkratzen	Bereiten Sie die Schilder ganz normal vor. Nehmen Sie ein schweres Stück durchsichtigen Kunststoffs, schneiden Sie die Größe zurecht und bringen Sie den Kunststoff auf den Schildern an. Diese Methode eignet sich gut für Regale, Tische und Fußböden. Es ist leicht, die Schilder unter dem Kunststoff auszutauschen oder den Kunststoff zu erneuern.
Wechselnde Aufbewahrungsorte (Rotation)	Stellen Sie durchsichtige Taschen her, in die die Schilder gesteckt werden können. Es ist einfach, die Schilder in den Taschen auszutauschen oder die Taschen an einem neuen Platz anzubringen. Die Taschen können an der Wand hängen oder an jeder glatten Oberfläche angebracht werden.
Darstellung	Machen Sie Fotos von allen Gegenständen. Heben Sie die Originale auf und kopieren oder scannen Sie sie. Auf diese Weise können Sie die Schilder ohne großen Aufwand immer wieder ersetzen. Schneiden Sie geeignete Bilder aus Katalogen, Werbeschriften und Zeitungen aus. Schicken Sie eine Liste zu den Kindern nach Hause, damit die Familien sich daran beteiligen können, Abbildungen von Gegenständen zu sammeln.

Tab. 3.4 Beschriftungsvorschläge

3.7 Überlegungen zum Einrichten des Sandspielbereichs

3.7.1 Sicherheitsaspekte

- Verwenden Sie nur keimfreien Sand.
- Wechseln Sie den Sand regelmäßig aus.
- Reinigen Sie den Sand täglich, nachdem die Kinder dort gespielt haben. Die Kinder können dabei helfen, den Sand durchzusieben und Dinge, die nicht hineingehören, herauszunehmen.
- Trockener Sand hat zur Folge, dass Staubteilchen durch die Luft fliegen. Halten Sie eine Sprühflasche mit Wasser bereit und sprühen Sie Wasser in die Luft, um die Sandpartikel anzufeuchten und zurück auf den Boden zu bringen; besprühen Sie regelmäßig die Oberfläche des Sandes.
- Decken Sie Sandkisten im Freien ab, wenn sie nicht benutzt werden, um zu verhindern, dass Tierexkremente hineingeraten; kontrollieren Sie den Sand regelmäßig.
- Sorgen Sie dafür, dass die Sandkästen im Freien im Schatten liegen.
- Halten Sie Besen, Müllschaufel und Abfalltonne im Sandbereich bereit. Die Kinder helfen gern beim Putzen der Fußböden, diese Aktivität könnte Teil der täglichen Routine werden.

3.7.2 Platzierung des Bereichs

Der Sandspielbereich drinnen wird schnell schmutzig und sollte deshalb auf einem gefliesten Fußboden angelegt werden. Der Bereich ist auch leichter sauber zu halten, wenn er von zwei Wänden oder Raumteilern geschützt wird; so wird der Sand auch nicht in alle Richtungen verstreut. Da es beim Spiel im Sand oft laut und lebhaft zugeht, muss der Bereich von ruhigen Spielbereichen getrennt werden, ansonsten ist der Ablenkungsfaktor zu hoch.

Sandspiele im Freien sollten an einem schattigen Ort stattfinden. Der ideale Sandkasten hat rundum eine bankähnliche Barriere, die den Sand im vorgesehen Bereich hält, den Kindern die Möglichkeit zum Hinsetzen und Zuschauen bietet sowie das Abdecken des Sandkastens erleichtert. Ob drinnen oder draußen – der Sandkasten sollte möglichst nahe an einer Wasserquelle eingerichtet werden.

3.7.3 Verschiedene Arten von Sandspielbereichen

Der Sandbereich kann auf den erhöhten Standardsandkasten im Raum beschränkt werden; Nachteil dabei ist, dass die Kinder dadurch nicht in den Genuss der vollen sinnlichen Erfahrung kommen und auch nicht ihren ganzen Körper einsetzen können. Diese Sandkästen grenzen das Spiel der Kinder auch auf den Raum direkt vor ihnen ein. Kurze Arme erreichen nicht den ganzen Sandkasten.

Der Sand kann sich auch in einer Ecke auf dem Fußboden befinden – entweder auf einer Plane, die sicher am Boden befestigt sein muss oder in einem kleinen Planschbecken aus Plastik. Um die Plane oder das Becken platzieren Sie kleine Bänke, niedrige Regale oder kleine Tische an einer Seite, um eine ruhig, natürliche Umgebung anzubieten, in der die Kinder die volle Sinneserfahrung erleben können.

Wichtig ist auch die Überlegung, welche Lernbereiche in der Nähe des Sandes eingerichtet werden sollen. U. a. eignen sich die folgenden Bereiche:

- **Wasserbereich:** Sand und Wasser bilden eine natürliche Kombination, die Kindern vertraut ist und die zusammen interessante Erfahrungen ermöglichen:
  - Was passiert mit dem Sand, wenn man ihn ins Wasser wirft?
  - Wie lange braucht Sand, um an einem heißen Tag zu trocknen?
  - Wie bekommt man Wasser aus einem Sand-Wasser-Gemisch heraus? Oder aus einer Pfütze nach dem Regen?
  - Was geschieht mit dem Wasser in einem Eimer, wenn man Sand hinzu gibt?
- **Baubereich:** Sand hilft Kindern dabei, etwas über verschiedene Möglichkeiten zu lernen, stabile Bauten zu errichten. Julius und Josefine haben ein Bauwerk im Sand errichtet (→ Abb. 3.23). Um alles zu stabilisieren, graben sie zuerst Löcher in den Sand, legen die Grundbausteine hi-

Abb. 3.23 Im Sand lässt sich auch mit anderen Materialien bauen.

nein und bedecken dann die Löcher. Auch das ist wieder ein vertrautes Szenarium für Kinder. Auf vielen Baustellen wird Sand benutzt; das macht das Spiel realistischer.

- **Bereich bildende Kunst:** Sand wird in vielen Kulturen eingesetzt, um wunderbare Bilder zu gestalten. Bilder von den Sandgemälden der Navajo-Indianer oder Beispiele von Tonskulpturen können Kinder anregen, Sand auf ungewohnte Weise einzusetzen, besonders wenn der Sandbereich nahe am Kunstbereich platziert wird.

3.7.4 Richtlinien für den Umgang mit Sand

Die Kinder sollten ein paar Richtlinien an die Hand bekommen, die sich auf die Sicherheit beziehen. Der Sand bleibt im Sandkasten und wenn er verstreut wird, muss man ihn zusammenfegen und in den Mülleimer werfen. Auch die Anzahl der Kinder kann geregelt werden. Wenn eine Gruppe von Kindern gut zusammenspielt, ist es allerdings kontraproduktiv, ein Kind zu bitten, die Gruppe zu verlassen.

Wenn es ein Problem gibt – Streit um ein Spielzeug, Kinder, die einander schubsen, um mehr Platz zu bekommen –, ist es angemessen, wenn die Erzieherin die Kinder darin unterstützt, ihr Problem selbst zu lösen.

Drei Kinder waren beispielsweise damit beschäftigt, miteinander verbundene Sandbauten herzustellen, als sich ein viertes Kind dazugesellte. Es waren jedoch nur drei Formen vorhanden. Simone, die Erzieherin, sagte zu den Kindern: »Wir haben offenbar ein Problem.« Benjamin meinte: »Ich will auch hier spielen, aber sie lassen mich nicht.« Anna antwortete: »Es sind nur drei Formen da. Wir haben nicht genug Formen.« Simone erwiderte: »Also ich verstehe euer Problem. Ihr habt nur drei Formen, aber ihr braucht vier. Was meint ihr, was können wir da machen?« André dachte, sie könnten vielleicht im Schrank (im Aufbewahrungsraum) nach weiteren Formen suchen. Alle Kinder stimmten zu und gingen mit Simone los, um weitere Formen zu holen. Sie konnten keine Formen mehr finden, dafür aber Eimer verschiedener Größe und Form, die sie nehmen konnten. Alle vier Kinder bauten dann weiter an einem System von Sandbauten.

In diesem Szenarium lösten die Kinder ihr Problem selbst. Ihr Spiel erweiterte sich tatsächlich sogar, als sie neues Spielzeug fanden, ihre Bauten wurden dadurch innovativer. Als sie ihr Spiel beendet hatten, baten sie Simone, ihr Bauwerk zu fotografieren. Das Ergebnis ihrer Bemühungen fassten sie in einem Wort zusammen: »Cool!«

3.7.5 Alternativen zum Sand

- Zerkleinertes Papier: Viele Druckereien geben geschreddertes Papier kostenlos ab.
- Kleine Papierschnipsel, die beim Lochen von Papier entstehen: Druckereien oder andere Unternehmen könnten diese Schnipsel für Kindertageseinrichtungen sammeln.
- Schnipsel aus Stoff, in kleine Stücke geschnitten.
- Getrocknete, zerkleinerte Eierschalen: Die Eierschalen müssen gekocht werden, bevor man sie verwendet; die innere Membran muss entfernt, die Schalen können gefärbt werden.
- Kleine Garn- oder Bandstücke.

3.7.6 Motivationsmaterial

Kinder spielen sehr gerne mit Sand, besonders wenn der Sandspielbereich gut eingerichtet ist, deshalb ist es nicht noch wichtig, zusätzliches Motivationsmaterial bereitzustellen. Die beste Motivation ergibt sich aus der Dokumentation der Arbeiten der Kinder in einer Ausstellung mit Fotografien. Die Präsentation thematisch dazugehörender Bücher – etwa über Blumen oder Baumaschinen – kann die Kinder dazu ermuntern, neue Informationen aufzunehmen und neue Ideen zu entwickeln.

3.8 Beobachtungs- und Dokumentationstechniken

3.8.1 Zur Bedeutung von Beobachtung

Es ist wichtig, die verschiedenen Arten des Sandspiels zu beobachten, in die sich die Kinder vertiefen. Beobachtung ist Voraussetzung für folgende pädagogischen Interventionen:

- Anknüpfen an die Interessen der Kinder: Der Erzieher Thomas versteckte Magneten im Sand, nachdem er bemerkt hatte, dass die Kinder die magnetischen Sandpartikelchen mit einem Magneten aus dem Sand herausholten.
- Zur-Verfügung-stellen von geeigneten Materialien, damit das Spiel erweitert werden kann: Als die Erzieherin feststellte, dass die Kinder verschiedene Gefäße benutzten, um Wasser ein- und auszugießen, stellte sie ihnen auch im Sandkasten Plastikkannen zur Verfügung.
- Erkennen des jeweiligen Entwick-

lungsniveaus der Kinder: Den unterschiedlichen Koordinationsfähigkeiten von Kleinkindern und älteren Vorschulkindern entsprechend wurden im Schrank für die Sandspielzeuge große und kleine Gefäße und Schaufeln bereitgestellt, um alle zum Füllen und Leeren von Gefäßen anzuregen.

- Veränderung von Umgebungsfaktoren: Wenn einige Kinder Sand in Gefäße ein- und aus Gefäßen ausgießen wollen (trockenen Sand), andere sich aber dafür interessieren, Sand zu formen (nassen Sand), sollten die beiden Bereiche z. B. mit einer Latte getrennt werden. Diese Strategie kann auch im Freien genutzt werden.
- Erkennen der sich allmählich entwickelnden und sichtbar werdenden Fähigkeiten der Kinder: Max' Bemühungen, die Menge des Sandes in den beiden Gefäßen durch Zählen miteinander zu vergleichen, wurden von der Erzieherin erkannt. In einem Diagramm stellte sie dar, wie viele Schaufeln voller Sand in jedes Gefäß geschüttet wurden.
- Teilen der Erfolge der Kinder mit den Familien und anderen Pädagogen: Beispielsweise wurden Fotos, die die Kinder beim Spiel zeigten, vergrößert und mit Beschreibungen der jeweiligen Aktivität im Eingangsbereich der Einrichtung aufgehängt; Familien und Kinder verbrachten einige Zeit damit, sich die Ausstellung anzuschauen, wenn sie in die Einrichtung kamen.

Das Sandspiel wurde durch Fotos einzelner Kinder und der Beschreibungen dessen, was sie gerade taten, dokumentiert. Diese Ausstellungen wurden entweder von der Erzieherin alleine oder zusammen mit dem Kind gemacht. Als Chiara ihren Blumengarten fertig hatte (➛ Abb. 3.13), wurde ein Foto ihres Gartens in der Ausstellung mit folgendem Text, den sie diktiert hatte, gezeigt: »Das ist mein Garten. Ich habe Rosen und Gänseblümchen und andere Blumen gepflanzt. Die Namen habe ich in einem Buch gefunden. Mohnblumen, das sind die roten Blumen. Ich habe meinen Garten gegossen.«

Eine Sandspielmappe wurde entwickelt, die die verschiedenen Niveaus des Spiels festhielt, die die Kinder erreicht hatten. Diese Mappe enthielt Fotos aller Kinder, Beschreibungen der jeweiligen Aktivität und eine Erklärung der Bedeutung dieses Spiels in unterschiedlichen Bereichen: im sozialen, emotionalen, sprachlichen, kognitiven und körperlichen Bereich.

Die Kinder konnten dieses Buch mit nach Hause nehmen, um es ihren Eltern zu zeigen. Außerdem verwendeten die Kinder das Buch, um einige der Bauwerke aus kleinen Steinen für eine Schauvitrine in der Eingangshalle nachzubauen.

Die folgenden Abschnitte beschreiben einige formalere Methoden der beobachtenden Dokumentation.

3.8.2 Checklisten

Checklisten für die Beobachtung des Sandspiels können auf verschiedene Art und Weise eingesetzt werden. Sie sind nützlich, um allgemeine Interessen beim Sandspiel sowie besondere Interessen an bestimmten Aktivitäten, Niveaus der Fähigkeiten und Entwicklungsstadien zu erkennen. Sie sind einfach zu benutzen und man braucht nicht viel Zeit, um sie zu auszufüllen. Die Tabellen 3.5 bis 3.8 zeigen Beispiele für Checklisten, anschließend werden Vorschläge gemacht, wie die gesammelten Informationen interpretiert und genutzt werden können.

Stadien des Sandspiels

Name: *Max*

Niveau	Datum	Art des Spiels	Beobachtung
Funktionelles Spiel	*10.5.*	*Sensorisch, Einzelspiel*	*Spielt allein, wiederholt ausgeführt, versteckte die Hände im Sand*
Funktionelles Spiel	*11.5.*	*Sensorisch, parallel*	*Neben Jamie, versteckte ein Auto, schaufelte mit den Händen mehrere Male Sand auf das Auto*

Tab. 3.5 Checkliste: Stadien des Sandspiels

Wie die Informationen pädagogisch zu nutzen sind:

- Bieten Sie weitere Materialien an, um das Lernen zu fördern (Schaufeln, Schippen, kleine Spielzeuge).
- Machen Sie die Kinder auf andere Kinder aufmerksam – weisen Sie auf Jamies Aktionen hin, wenn Sie mit Max sprechen und umgekehrt: »Schau mal, Max, Jamies Auto ist verschwunden.«
- Bieten Sie andere Erfahrungen an: Stellen Sie einen großen Eimer mit Stoffstücken hin, in dem Dinge versteckt sind.
- Fördern Sie die Entwicklung des Wortschatzes: verschwinden, wieder auftauchen, untergehen, erscheinen.

Symbolisches Spiel

Name	Einzelspiel	Parallelspiel	Assoziatives Spiel
Michael	*11.5.: Bagger (Hände)*		*11.5. Benjamin: Bagger (Hände) und Planiermaschine (rosafarbener Schaumstoff)*
Benjamin			*11.5. Michael: Planiermaschine (rosafarbener Schaumstoff) und Bagger (Hände)*
Torsten		*11.5. Benjamin/ Michael: Planiermaschine (Maurerkelle)*	

Tab. 3.6 Checkliste: Symbolisches Spiel

Wie die Informationen pädagogisch zu nutzen sind:

- Fördern Sie den Aufbau des Wortschatzes: glatt, glatter, Ebene, eben, gerade, ungerade.
- Bieten Sie alternatives Material an: Spachtel, fahrbare Planiermaschinen, feste Kartons, Frontscheibenkratzer, Maurerkellen, Hacken, Harken.
- Weisen Sie die Kinder auf die Aktivitäten anderer Kinder hin: auf Benjamins Aktionen aufmerksam machen, wenn man mit Michael und Torsten spricht und umgekehrt. »Schaut mal, wie breit Benjamins Fahrbahn ist, Torsten und Michael!«
- Erweitern Sie das Spiel im Buddelkasten im Winter um Aktivitäten im Schnee.

Die Checkliste in Tabelle 3.7 gibt eine Übersicht über alle Kinder und über die verschiedenen Arten des Sandspiels, an dem die Kinder beteiligt sind.

Stadien des Sandspiels				
Name	**Funktionelles Spiel, sensorisches Spiel**	**Funktionelles Spiel, Spiel mit Werkzeugen**	**Symbolisches Spiel**	**Gegenständliches Spiel**
Kai		*X*		
Benjamin	*X*		*X*	
Chiara				*X*

Tab. 3.7 Checkliste: Niveau des Sandspiels. Daten: 11.5. und 13.5.

Wie die Informationen pädagogisch zu nutzen sind:

- Ermöglichen Sie Erfahrungen, die dem jeweiligen Entwicklungsstand, den Interessen und Fähigkeiten entsprechen.
- Halten Sie dem Entwicklungsstand entsprechende Materialien für viele Interessen und Fähigkeiten bereit.

Angewandte Fähigkeiten		
Name	**Fähigkeit**	**Beobachtung/Daten**
Kai	*Formen mit einem Eimer kreieren*	*10.5.: Am Strand baute er 15 Formen mit Hilfe eines Eimers*
Max	*Körperteile mit Sand bedecken und wieder freilegen*	*15.4.: Hörte im Sandkasten Diana zu, die seine Aktionen, die Hand zu verstecken, beschrieb, und reagierte auf ihre Worte, indem er die Hand versteckte oder wieder auftauchen ließ*

Tab. 3.8 Checkliste: Die eingesetzten Fähigkeiten

Wie die Informationen pädagogisch zu nutzen sind:

- Stellen Sie eine Vielfalt von Formen zur Verfügung.
- Bieten Sie im Innenraum Möglichkeiten, zu bauen und zu formen: im Sandkasten, in der Küche (aus Spielteig Kuchen und Kekse kneten).
- Entwickeln Sie das Versteckspiel weiter: kleines Spielzeug im Sand oder unter Sandersatz verstecken, etwa in einem Eimer voller Stoffschnipsel.

Die auf diese Weise gesammelten Informationen können auch für die Einschätzung der Entwicklung in verschiedenen Bereichen genutzt werden können. Einige Fähigkeiten können auch in anderen Lernbereichen angewendet werden. Das eröffnet den Kindern die Möglichkeit, einmal angeeignete Fähigkeiten aus einem Bereich in einen anderen zu übertragen.

3.9 Überlegungen aus anderen Ländern

Sand gibt es fast überall auf der Welt. In Gegenden, in denen Sand reichlich vorhanden ist oder Ersatz wie Schnee genutzt werden kann, entwickeln sich verschiedene Aktivitäten. Das Gestalten von Sandskulpturen wird international praktiziert. Einige Kulturen erschaffen auch wunderbare Sandbilder.

Kinder in vielen afrikanischen Ländern nutzen Sand seit langem als erstes Material für kreative Kunst (Onyefulu 1994). Die Kinder der Navajo erleben von früh an eine lange Tradition von Sandbildern. Die Sandgemälde entstehen aus pulverisiertem Stein und natürlichen Pigmenten. Die Farben Weiß, Gelb, Rot und Schwarz existieren ganz natürlich in der Umwelt; andere Farben wie Rosa, Blau und Braun erhält man, wenn man die Grundfarben mischt. Die Sandgemälde entstehen, indem man den gefärbten Sand vorsichtig auf den Boden streut. Sandbilder sind Teil der spirituellen Zeremonie, zu der das Malen mit Sand und der Gesang gehören (Furst und Furst 1982). Kinder, die in dieser Tradition aufwachsen, lernen sehr früh, wie man aus vorhandenem Material farbigen Sand herstellt, wie man Sand formt, wenn er pulverisiert ist und wie Sandbilder gemalt werden. Viele Jahre Praxis und Lernen sind nötig, um die aufwändige Sandkunst zu kreieren.

Kinder, die in der Wüste leben, lernen Spuren im Sand zu lesen. In Alice Springs, Australien, wird diese Technik in einem natürlichen Park, dem Wüstenpark, eingesetzt. Den Kindern wird gezeigt, wie man die Spuren im Sand lesen kann und aufgefordert, ihre eigenen Spuren zu legen. Dieses Spiel braucht Hände und Finger, um die Spuren zu legen (➤ Abb. 3.24 und 3.25).

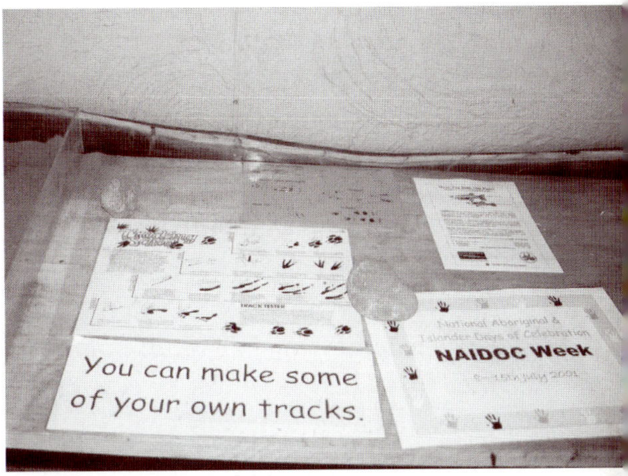

Abb. 3.24 Mit Schautafeln wird Kindern die Technik des Spurenlesens gezeigt.

Anleitung und Zeichnung

1. Balle die Hand zur Faust, wie es in der Zeichnung gezeigt wird, und presse sie dann in den Sand.

2. Nutze deinen Daumen für den Abdruck des großen Zehs und die Spitze jedes Fingers für den Abdruck der anderen Zehen.

3. Wiederhole den Vorgang für den anderen Fuß.

In Mali (Erlbach & Holm 1997, S. 40–41) spielen die Kinder ein Spiel, das »Sey« heißt. Ziel des Spiels ist es, ein

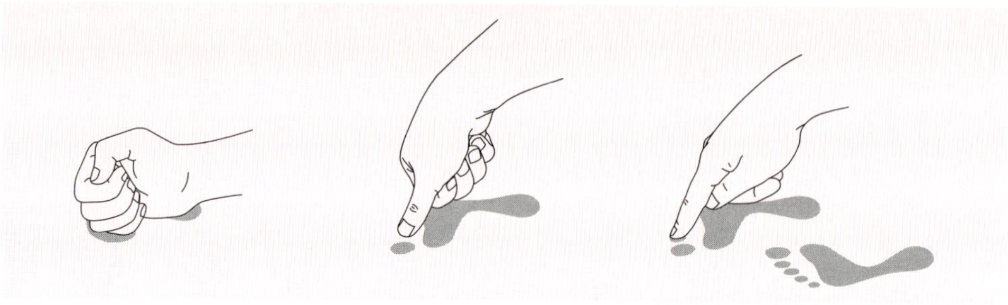

Abb. 3.25 Auf diese Weise kann man mit den Händen Fußspuren anlegen. Quelle: Desert Park 2001

kleines Kieselsteinchen zu finden, das »Tibi« genannt wird. Zwei Kreise werden in den Sand gezeichnet. Der größere hat etwa 51 Zentimeter Durchmesser. Der innere Kreis hat einen Durchmesser von etwa 46 Zentimetern. Jeder Spieler bohrt drei Löcher in den Außenkreis (➛ Abb. 3.26). Der erste Spieler versteckt seinen »Tibi« in einem dieser drei Löcher. Spieler zwei versucht zu erraten, in welchem Loch der »Tibi« versteckt ist. Wenn er es erraten hat, darf er den »Tibi« in einem seiner drei Löcher verstecken. Rät er nicht richtig, bohrt Spieler eins ein Loch neben denen, die er zuvor gebohrt hat. Das kann sich so fortsetzen, bis die Löcher sich ganz und gar rund um den Kreis herumziehen. Dieses Spiel kann leicht so verändert werden, dass es für verschiedene Altersgruppen und unterschiedlich viele Kinder geeignet ist.

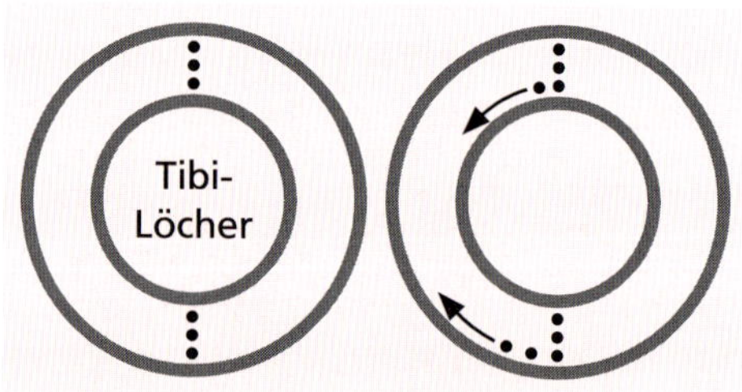

Abb. 3.26 Diagramm der Tibi-Löcher. Quelle: Erlbach, Holm 1997, S. 40–41

3.10 Stadien des Sandspiels in verschiedenen Altersstufen

Die Stadien des Sandspiels stehen mit den Entwicklungsstadien des Kindes in Zusammenhang. Es ist wichtig, zu wissen, was das Kind in verschiedenen Altersstufen ausführen kann, um für eine sichere und gesunde Umgebung zu sorgen, die aktive Erkundungen der Umwelt fördert.

Stadien	Alter/ Niveau	Anmerkungen	Verhalten
Funktionell, sensorisch	Zwölf Monate und älter	• Sitzen im Sand • Großer Bereich, um freie Bewegung zu erlauben • Sichere, ungefährliche Materialien bereitstellen, um Verletzungen zu vermeiden; mit zunehmendem Alter stellen Sie den Kindern sowohl offene Sandkästen als auch Sandspieltische zur Verfügung, damit sie dort Erfahrungen sammeln	• Wackelt mit den Füßen im Sand; bewegt die Hände durch den Sand; nimmt Sand in den Mund* • Nimmt Gegenstände und steckt sie in den Mund; siebt Sand durch die Finger; bedeckt Hände und Füße mit Sand • Kinder aller Altersgruppen mögen es, Sand mit den Fingern zu sieben, eigene Körperteile im Sand einzugraben, Dinge zu vergraben und wieder zu finden; das Spiel wird zu einer beruhigenden Aktivität
Funktionelles Spiel mit Werkzeugen	Zwölf Monate und älter	• Jüngere Kinder sollten sich direkt im Sand befinden; das Spiel ist von Geräten und Gegenständen abhängig • Ältere Kinder brauchen sowohl offene Sandkästen als auch Sandspieltische, um dort Erfahrungen zu sammeln	• Graben, bohren, tragen, füllen, leeren, wiederholen von Aktionen, vergraben, finden, glatt klopfen, gießen, nachahmen • Dieselben Verhaltensweisen wie oben beschrieben; Anlegen von Tunneln, glätten, experimentieren, vergleichen
Symbolisches Spiel	18 Monate und älter	• Jüngere Kinder brauchen Erfahrungen, die das symbolische Spiel unterstützen: Besuche auf Baustellen, beim	• Aktionen, um Gegenstände, Menschen, Ereignisse darzustellen, gleichzeitig angemessene Verbalisierung.

* **Beachten Sie:** Das Spiel im Sand bietet Babys und Kleinkindern viele Möglichkeiten für sinnliche Erfahrungen, da sie aber dazu neigen, den Sand zu essen, wird das eine Frage aufwerfen, die Familien und Erzieherinnen für die frühe Kindheit diskutieren sollten. Die Erzieherin muss die Risiken und Vorteile abwägen und individuell entscheiden, was sie für richtig hält. Der nächste Schritt ist, die Familien einzubeziehen, um einen Konsens in der Frage herzustellen.

Stadien	Alter/ Niveau	Anmerkungen	Verhalten
Symbolisches Spiel (Forts.)		Straßenbau, auf Bauernhöfen, in Gärten • Ältere Kinder brauchen Anregungen, damit ihr Spiel gefördert wird, z. B. Bücher	Die Kinder beginnen, einen Gegenstand zu nutzen, um einen anderen darzustellen (Darstellen von Maschinen zum Graben, Hacken, Bauen) • Die Kinder werden zunehmend anspruchsvoller im symbolischen Spiel, sie sind weniger abhängig von vorhandenen Requisiten, sie sind erfindungsreich beim Nutzen anderer Gegenstände
Gegenständliches/repräsentatives Spiel	Ältere Vorschulkinder und Schulkinder	• Planung, Organisation und Kreation von Rollen gehören dazu • Verwendung von Karten, Plänen, Texten und geschriebenem Dialog	• Kreieren, Bauen, Spielen von Ereignissen, symbolische Aktionen, erkennbare Strukturen, Herstellen von Karten, Manuskripten, Landkarten

Tab. 3.9 Altersstufen und Stadien des Sandspiels

Spielen im Sand

- macht keine Angst
- macht Spaß
- ermöglicht Erkundungen
- ist der Entwicklung angemessen
- ist sinnlich
- unterstützt alle Arten von Entwicklung: die soziale, emotionale, kognitive, körperliche und sprachliche Entwicklung.

Niveaus des Sandspiels

- Funktionell-sensorisches Spiel: Kinder erkunden die Eigenschaften von Sand, ohne ein Endergebnis anzustreben: wiederholte Aktionen; Einsetzen von Händen, Fingern, Füßen und Zehen.
- Funktionelles Spiel mit Werkzeugen: Kinder erkunden die Eigenschaften von Sand, ohne ein Endergebnis anzustreben; wiederholte Aktionen; Einsetzen von Werkzeug, Schaufeln, Stöcken, Brettern, Schaumstoff.
- Symbolisches Spiel: Kinder verwenden einen Gegenstand, um einen anderen Gegenstand darzustellen; sie begleiten das oft mit den Geräuschen, die die Gegenstände machen (Beispiel: eine Hand oder Schaufel wird zum Bagger, wenn das Kind »brumm« macht).
- Gegenständliches/repräsentatives Spiel: Das Spiel hat einen klar definierten Zweck, festgelegte Eigenschaften; die Strukturen sind erkennbar und werden benannt.

Eigenschaften von Sand

- Ist nass/trocken
- Hat eine bestimmte Beschaffenheit
- Kann geformt werden
- Bietet sinnliche Erfahrungen
- Fördert alle Arten von Entwicklung: die sprachliche, soziale, körperliche, emotionale, kognitive
- Fördert die Beobachtungsgabe

3.11 Zusammenfassung

Bedeutung des Sandspiels

- Ist eine beruhigende Aktivität
- Einfache Experimente werden durchgeführt
- Fördert mathematische und naturwissenschaftliche Fähigkeiten wie Messen, Vergleichen und das Lösen von Problemen
- Die Kinder spielen kreativ
- Sie lernen neues Vokabular
- Sie entwickeln neue Konzepte

Die Rolle der Erzieherin

- Beobachtet und dokumentiert das Spiel und das Lernen der Kinder
- Richtet sowohl im Haus als auch draußen einen Sandspielbereich ein
- Stellt altersgemäß geeignete Materialien zur Verfügung: natürliche, kommerziell hergestellte und recycelte
- Ermöglicht der Entwicklung der Kinder entsprechende Erfahrungen: z. B. Ausflüge
- Fördert die eigenständige Problemlösung
- Nimmt Anregungen von den Kindern auf
- Verleiht dem Sandbereich Bedeutung, indem sie die Bemühungen der Kinder selbst aktiv unterstützt
- Zeigt selbst angemessenes Verhalten

Organisation

- Aufbewahrung in Behältern, die je nach Art der Aktivitäten geordnet sind
- Verwendung von Hängekörben, durchsichtigen Gefäßen, Parkplätzen für Baufahrzeuge, durchsichtigen Schuhbeuteln, Haken, Stecktafeln und multifunktionalen Regalen

Beschriftung

- In Bild und Wort
- Berücksichtigen, dass Sand Schilder zerkratzen kann
- Rotationssystem entwickeln
- Verwendete Symbole müssen für alle klar verständlich sein

Sicherheit

- Geeignete Oberflächen, die leicht zu reinigen sind
- Sterilisierter Sand, tägliche Reinigung des Sandes, um Dinge, die nicht hineingehören, zu entfernen
- Regelmäßiges Wechseln des Sandes
- Sprühflasche mit Wasser bereithalten, um trockenen Sand zu besprühen; Staub ist gefährlich für Kinder mit Asthma
- Sand im Freien abgedeckt halten, Sandbereich im Freien an einem schattigen Platz einrichten
- Besen, Handfeger und Mülleimer in der Nähe des Sandbereichs aufbewahren, um Sand vom Boden fegen zu können

Geeigneter Platz

- Leicht zu reinigende Oberfläche
- Sandbereich in einer Ecke einrichten, um den Bereich geschützt zu halten
- Sandbereich nicht in einem Bereich einrichten, indem viele Kinder hin- und herlaufen
- Sandbereich im Freien vor Spielfahrzeugen schützen

3.12 Kontrollaufgaben

- Welche Aktivitäten eignen sich für das sensorische, funktionelle Stadium des Sandspiels, um Erkundungen mittels der Sinne zu fördern? Bedenken Sie die Möglichkeiten im Haus und im Außenbereich. Berücksichtigen Sie, dass Sinneserfahrungen so viele Sinne wie möglich einbeziehen sollten.
- Felix sitzt im Buddelkasten. Er hält eine Harke in der Hand. Er zieht den Sand zu sich hin und zeichnet dabei eine gerade Linie. Dann führt er die Harke neben die Linie und zieht die nächste Linie. Dabei macht er folgende Geräusche: »Tschack, tschack, tschack, rmm, rmm, rmm.« Um welche Stufe des Sandspiels handelt es sich hierbei? Erläutern Sie Ihre Antwort. Wie könnten Sie Felix' Spiel erweitern? Welche anderen Materialien könnten Sie dafür nutzen?
- Stellen Sie eine Liste mit Begriffen auf, die man nutzen könnte, um die Kenntnisse der Kinder über Sand zu erweitern.
- Diskutieren Sie wenigstens fünf verschiedene Fähigkeiten, die Kinder durch das Spiel im Sand entwickeln können. Erklären Sie, warum jede Fähigkeit von Bedeutung ist.
- Die Bedeutung des Sandspiels liegt auch darin, dass es eine beruhigende Aktivität ist. Erklären Sie, was das bedeutet. Wie können Sie einen Sandbereich einrichten, dass er die Kinder anregt, den Sand in diesem Sinne zu nutzen? Wie können Sie dafür sorgen, dass andere Kinder ihr eigenes Spiel ungestört fortsetzen können?
- In einem Raum steht ein Sandspieltisch. Er hat die geeignete Größe und enthält genügend Gegenstände für vier Kinder. Sechs Kinder sind am Sandtisch und spielen »Bäckerei«, sie stellen Sandkuchen und Kekse her. Welche Rolle hat die Erzieherin in diesem Spiel?
- Beschreiben Sie, wie Sie die Gegenstände für Kinder, die sich im gegenständlichen/repräsentativen Stadium des Spiels befinden, aufbewahren können. Die Kinder sind besonders an Bauspielen im Sand interessiert.
- Nutzen Sie eine der Beobachtungschecklisten der Kinder. Analysieren Sie Ihre Ergebnisse. Wie könnten Sie die Informationen weiter verwenden? Welche Veränderungen würden Sie vornehmen?
- Entwickeln Sie eine eigene Mappe für das Sandspiel. Sie sollten in Erwägung ziehen, verschiedene Abschnitte aufzunehmen: Fähigkeiten, die die Kinder erwerben; interessante Aktivitäten im Sand; Sandprojekte; Sandspiel in verschiedener Umgebung im Außenbereich usw.

- Wie können Sie Spuren im Sand anlegen? Welche Materialien könnten Sie verwenden? Finden Sie heraus, welche Spuren in Ihrer Umgebung vorkommen. Versuchen Sie, diese Spuren zu reproduzieren.

4 DAS SPIEL MIT WASSER

4

KAPITELÜBERSICHT

- Mit dem Wasserspiel das Lernen fördern
- Die Entwicklung Spielens mit Wasser
- Die Bedeutung des Spielens mit Wasser
- Die Rolle der Erzieherin
- Effektive Aufbewahrungssysteme
- Effektive Beschriftungssysteme
- Überlegungen zum Einrichten eines Wasserbereichs
- Beobachtungs- und Dokumentationstechniken
- Überlegungen aus anderen Ländern
- Materialien und Spielzeug für das Wasserspiel
- Entwicklungsstadien des Spiels mit Wasser in verschiedenen Altersstufen
- Zusammenfassung
- Kontrollaufgaben

LERNZIELE

Nach dem Lesen dieses Kapitels kann der Leser/die Leserin:

- die verschiedenen Niveaus des Wasserspiels benennen;
- die Bedeutung des Wasserspiels erklären;
- die Rolle der Erzieherin beim Wasserspiel erläutern;
- verschiedene Aspekte beim Einrichten eines Wasserspielbereichs im Raum und im Außenbereich diskutieren: die Platzierung des Bereichs, die Unterbringung von Material, die Beschriftung;
- erklären, wie man verschiedene Arten des Wasserspiels beobachtet und aufzeichnet;
- erläutern, wie man das Spiel mit Wasser im Freien in den verschiedenen Jahreszeiten fördert.

»Wasser übt auf Kinder und Erwachsene gleichermaßen eine Anziehung aus. Es bietet nicht nur vielfältige Möglichkeiten, die Problemlösefähigkeiten und kritisches Denken zu entwickeln; es dient auch der emotionalen Entspannung. Wasser wirkt erholsam, tröstend, besänftigend, erfreulich, rhythmisch und beruhigend.«

ELIASON & JENKINS
A Practical Guide to Early Childhood Curriculum

4.1 Mit dem Wasserspiel das Lernen fördern

Leila hatte einen schlechten Tag: Das Puzzle, für das sie sich entschieden hatte, war zu schwierig. Ihre Freundin Chiara hatte beschlossen, mit einem anderen Kind zu spielen, und als sie ihr Lieblingsbuch lesen wollte, war das schon in den Händen eines anderen Kindes. Sie lief durch den Raum, ihre Unterlippe zitterte und sie kämpfte mit den Tränen. Als sie am Wasserbereich vorbeikam, sah sie, wie Nico gerade eine Seifenblase in die Luft blies (➛ Abb. 4.1). Ganz still neben ihm stand Chiara. Sie hatte ihre Hände ausgestreckt, um die Seifenblase aufzufangen, doch sie zersprang, als sie landete. Nico machte eine weitere. Die Seifenblase zersprang wieder. Endlich, nach zwei

Abb. 4.1 Nico macht Seifenblasen.

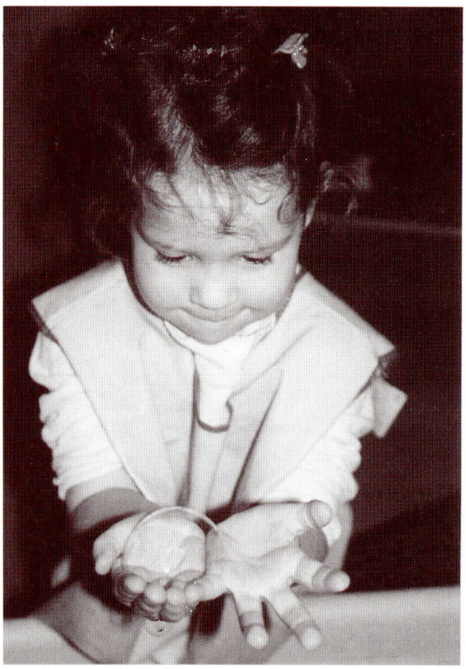

Abb. 4.2 Chiara versucht die Seifenblase aufzufangen.

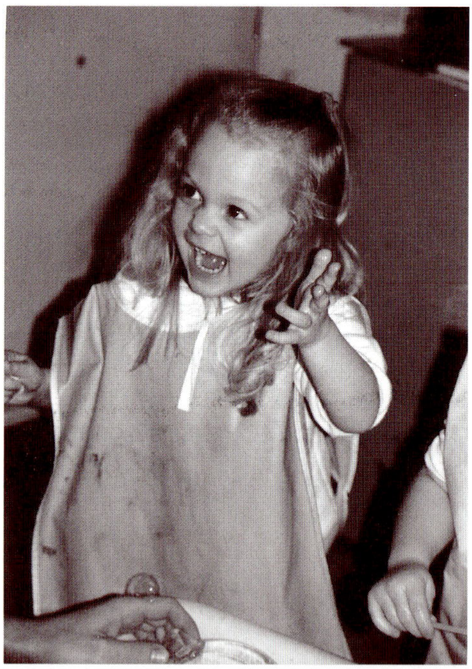

Abb. 4.3 Leila freut sich an dem Spiel mit den Seifenblasen.

weiteren Versuchen, landete die Seifenblase unversehrt auf Chiaras Händen (➛ Abb. 4.2). Leila applaudierte spontan. Ihr Gesicht hellte sich auf, als sie rief: »Lass mal eine auf meiner Hand landen, bitte!« (➛ Abb. 4.3)

Seit Jahrhunderten verwendet man Wasser, um sich zu beruhigen, sich zu entspannen, es zu genießen, sich zu stärken und bei Kräften zu halten. Mit Wasser zu spielen ist wunderbar für Kinder. Wasser ist ihnen vertraut, denn sie kommen jeden Tag damit in Berührung. Sie trinken es, frieren es ein, waschen sich darin, spielen und kochen damit. Wasser wird in vielen verschiedenen Gestalten erlebt: als Tränen, an nebligen und regnerischen Tagen, an Tagen mit Schnee, als Regenbogen, als Eis, Dampf, in Flüssen, Seen, Teichen und als Tau.

4.2 Die Entwicklung des Spielens mit Wasser (nach Panikkar & Quinn 1989)

4.2.1 Phase 1: Freie Erkundung

Klara entdeckte, dass sie Seifenblasen herstellen konnte, wenn sie sich die Hände wusch. Eine Zeitlang lief sie, wenn sie gebeten wurde, sich die Hände zu waschen, zum Waschbecken, drehte den Wasserhahn auf und ließ sich das Wasser nur über ihre Finger laufen. Um Klara dazu zu bringen, Seife zu benutzen und sich die Hände gründlicher zu waschen, hatte man einen Seifenspender neben den Wasserhahn gestellt. Als Klara versuchte, Seife aus dem Seifenspender auf ihre Hände zu pumpen, landete diese jedoch im Waschbecken. Sofort bildeten sich Seifenblasen. Klara fing die Seifenblasen in ihren Händen auf (➛ Abb. 4.4). Dann hielt sie ihre Hände unter den Wasserstrahl und beobachtete, wie die Seifenblasen im Abfluss verschwanden. »Alle weg!«, kommentierte sie. Simone, ihre Erzieherin, antwortete: »Ja, die Seifenblasen sind alle weg. Sie sind verschwunden. Wie hast du die Seifenblasen gemacht?« Simone pumpte sofort mehr Seife ins Waschbecken. Klara lächelte, als sie sah, wie sich die Seifenblasen bildeten.

Abb. 4.4 Klara macht eine Entdeckung beim Händewaschen.

Klara war in eine sinnliche Erkundung vertieft. Sie genoss das Gefühl, wie das Wasser über ihre Hände lief. Es machte ihr Spaß, die Seifenblasen zu fangen, sie verschwinden zu lassen und wieder neue zu bilden. Während des Spiels lernte sie auch, dass Seifenblasen aus fließendem Wasser und Seife entstehen und dass darüber laufendes Wasser sie zerstören kann.

Alicia (➛ Abb. 4.5) machte ebenfalls eine sinnliche Entdeckung: Das Wasser um ihre Gummistiefel schlug Wellen, wenn sie durchs Wasser lief. Sie wiederholte diesen Vorgang mehrere Male und beobachtete aufmerksam ihre Gummistiefel. Schließlich begann sie, vorsichtig zu stampfen. Als die Wellen rund um ihre Stiefel größer wurden, lächelte sie.

Boris hatte Alicia zugeschaut und war ebenfalls von den Pfützen fasziniert. Als er von Alicias Spritzern getroffen wurde, trat er ein wenig zurück; als sie wegging, schob er seine Lok ins Wasser. Er selbst blieb am Rand der Pfütze stehen und bewegte die Lok nur so weit hinein, wie seine Arme reichen konnten (➛ Abb. 4.6). Dann lief er um die Pfütze herum, schob die Lok zurück und beobachtete, wie die Räder Stück für Stück im Wasser verschwanden. Boris machte folgende Entdeckungen: Wenn man Gegenstände durchs Wasser schiebt, verschwinden sie zum Teil darin, und er lernte, wie man einen Gegenstand durchs Wasser bringt, ohne selbst nass zu werden.

Die Kinder in diesen Beispielen waren aktiv als Zuschauer und spielten allein.

Abb. 4.5 Alicia entdeckt, dass sie mit ihren Gummistiefeln kleine Wellen verursachen kann.

Boris musste sich erst mit dem Wasserspiel vertraut machen, bevor er daran teilnahm. Jedes Kind setzte seine Erkundung des Wassers auf eigene Weise fort. In Tabelle 4.1 finden sich weitere Beispiele für mögliche Erkundungen.

Abb. 4.6 Boris bewegt seine Lok durch die Pfütze, ohne selbst nass zu werden.

Gegenstand der Erkundung/ Konzept	Verhaltensweisen	Mögliche Materialien/ Szenarien
Temperatur (warm, kalt, kühl)	• Hände, Finger: spritzen, rühren im Wasser, berühren es (➛ Abb. 4.7) • Füße: stampfen, laufen, rennen • Der ganze Körper: im Wasser sitzen, hineinspringen, hindurch laufen, hineinrutschen (➛ Kap. 4.8), durch Regen oder Schnee laufen (➛ Abb. 4.9)	• Wassertisch, kleine Behälter, Pfützen, Waschbecken • Plastikschwimmbecken, Pfützen, Planschbecken, während des Regens, am Strand, Wassersprenger, Wasserschlauch
Klares, schlammiges, schäumendes, gefärbtes Wasser	• Gegenstände fallen lassen/ Gegenstände ins Wasser werfen (➛ Abb. 4.10) • Seifenblasen herstellen (➛ Abb. 4.11), Wasser schlagen, damit Blasen entstehen; Gegenstände in dunklem, schlammigem, schäumendem Wasser finden • Gegenstände ins/durchs Wasser schieben; durch das Wasser waten (➛ Abb. 4.12)	• Steine, Zweige, Blätter am Fluss, an Pfützen, Seen • Wassertisch/großer Behälter (Färben mit Lebensmittelfarbe) • Gegenstände: Kunststoff-Fische, Muscheln, farbige Steine, Plastikschmuck • Spielzeug zum Schieben, Spielfahrzeuge • Seifiges Wasser in kleinen Gefäßen oder Wassertisch mit Seifenwasser (Seifenblasenstab, Handquirl, Schneebesen, Hände, Fliegenklatsche, kleine Zweige)
Nass, seifig	• Hände, Finger, Füße ins Wasser, in Pfützen halten • Unter Wassersprengern hindurch laufen, unter Wasser hindurch laufen • In Schwimmbecken, am Strand schwimmen	• Sprechen Sie mit den Kindern über das, was sie spüren: nass, glatt, seifig, glitschig (➛ Abb. 4.13) • Beobachten Sie mit den Kindern das Perlen von Wasser, die Bewegung der Wassertropfen, die am Körper herunter laufen, Regentropfen an Fensterscheibe, Regenmantel, Schirm

Tab. 4.1 Mögliche Erkundungen mit Wasser

Abb. 4.7 Die Hände im Wasser zu bewegen, ist eine sinnliche Angelegenheit.

Abb. 4.8 Eine Rutschpartie ins Wasser macht Spaß.

Abb. 4.9 Auch in Schnee hinein lässt sich rutschen.

Abb. 4.10 Wenn Gegenstände ins Wasser geworfen werden, verschwinden sie.

Abb. 4.11 Kinder können sich stundenlang mit dem Herstellen von Seifenblasen beschäftigen.

Abb. 4.12 Beim Waten durchs Wasser entdeckt man immer wieder etwas Neues.

Abb. 4.13 Wasser kann sich ganz unterschiedlich anfühlen.

4.2.2 Phase 2: Experimentieren

Shanleigh hatte gesehen, dass die Kinder Seifenblasen herstellten. Daraufhin holte sie einen Handquirl aus dem Regal und wies Nico darauf hin, sie könne auch Seifenblasen machen (➛ Abb. 4.14). Nico hielt inne und kicherte, worauf Shanleigh meinte: »Ich kann viele Seifenblasen machen. Du kannst nur eine machen.« Sie hatte herausgefunden, dass verschiedene Techniken bei der Seifenblasherstellung unterschiedliche Ergebnisse hervorrufen, wusste, dass sich eine große Anzahl von Seifenblasen effektiver produzieren lässt, wenn man ein besonderes Instrument nutzt, in diesem Fall einen Handquirl.

Als Shanleigh ihren Quirl schneller drehte, stellte sie fest, dass sie dadurch mehr Seifenblasen bekam. Sie wurde ganz aufgeregt, als die Blasen begannen, vom Boden des Waschtischs aufzusteigen. Bald stand eine Gruppe von Kindern um Shanleigh herum und versuchte, mit verschiedenen Werkzeugen – mit Schneebesen, Handquirlen und Händen – viele Seifenblasen herzustellen.

In diesem Stadium stellten die Kinder die Verbindung zwischen ihren Aktionen (Bewegen des Wassers durch Schlagen, Spritzen, Quirlen) und den Resultaten (große Mengen von Blasen erzeugen) her. Sie entdeckten auch, dass die Geschwindigkeit, mit der sie ihre Werkzeuge benutzten, die Anzahl der entstehenden Blasen erhöhte. Sie teilten ihre Entdeckungen miteinander – ent-

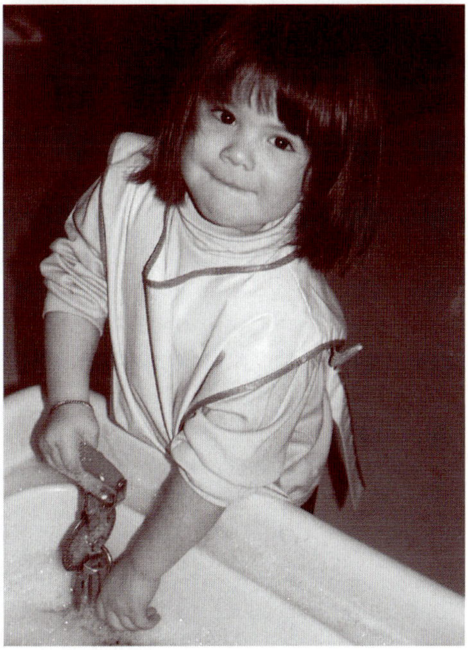

Abb. 4.14 Shanleigh stellt mit einem Handquirl Seifenblasen her.

weder, indem sie darüber redeten wie Shanleigh oder indem sie den anderen die Vorgehensweise zeigten. Nico führte Leila vor, wie er eine Blase machte, die auf Chiaras Hand landete. Im weiteren Verlauf des Spiels tauschten die Kinder ihre Werkzeuge aus. Shanleigh gab Nico ihren Quirl, und dieser ihr seinen Seifenblasenstab.

Lisa goss Wasser aus einem Gefäß in ein anderes, was sie zuvor schon mit unterschiedlich großen Gefäßen getan hatte. Schließlich entdeckte sie, dass der Krug und der Messbecher annähernd genauso viel Wasser aufnehmen konnten (➛ Abb. 4.15). Sie verstand den Zusammenhang zwischen der Größe des Gefäßes und der Menge Wasser, die jedes Gefäß aufnehmen kann.

Abb. 4.15 Lisas Erkenntnis: Je nach ihrer Größe können Gefäße unterschiedlich viel Wasser aufnehmen.

Gegenstand der Erkundung/ Konzept	Verhaltensweisen	Mögliche Materialien/ Szenarien
Ursache und Wirkung	• Mit Wasser Blasen entstehen lassen • Puppen waschen (➛ Abb. 4.16), Puppenkleider waschen (➛ Abb. 4.17) • Mixturen herstellen: Kochen, Herstellen von Spielteig (➛ Abb. 4.18), Mahlzeiten für die Puppen (➛ Abb. 4.19)	• Hände, Quirle, Schneebesen, Gabeln am Wassertisch, Rollenspiel in der Küche (Mehl, Wasser, Salz, Reis, Makkaroni) • Außenbereich, Wasser, Sand, Erde • Gefäße verschiedener Größe, Schüsseln, Eimer • Löffel, Schaufeln, Stöcke
Vergleichen von Mengen	• Gießen, Wasser aus einem Becher in den anderen umfüllen, Füllen und Leeren von Gefäßen (➛ Abb. 4.20)	• Alle Gefäße im Wasserbereich und in der Küche
Bewegungen hervorrufen	• Wasser gießen, Wasser spritzen, um Dinge vorwärts zu bewegen (➛ Abb. 4.21)	• Spritzflaschen, Paddel, Wasserrohre, Wasserräder, Gefäße mit Abflüssen

Tab. 4.1 (Fortsetzung) Mögliche Erkundungen

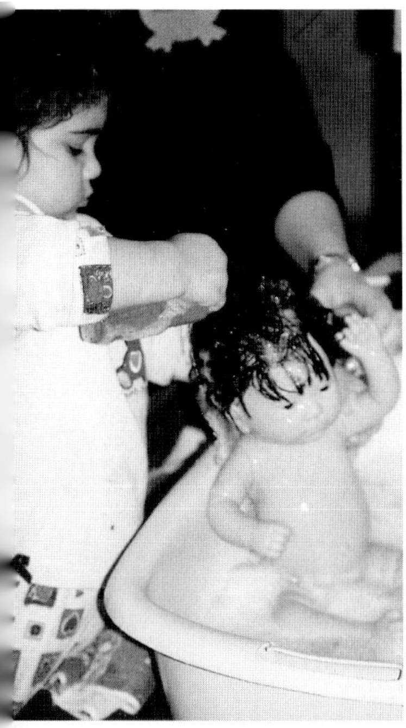
Abb. 4.16 Zum Spiel mit Wasser gehört das Baden von Puppen und...

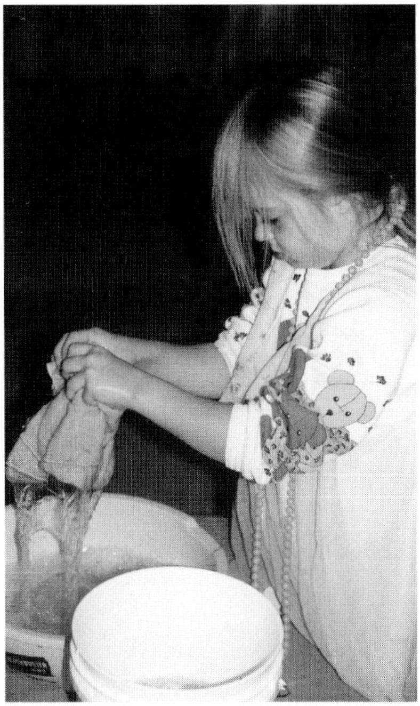
Abb. 4.17 ... Waschen von Puppenkleidern.

Abb. 4.18 Zum Herstellen von Spielteig brauchen die Kinder Wasser.

Abb. 4.19 Die Puppe wird mit (Wasser-)Suppe gefüttert.

Abb. 4.20 Verschieden große Gefäße eignen sich zum Ein- und Umfüllen.

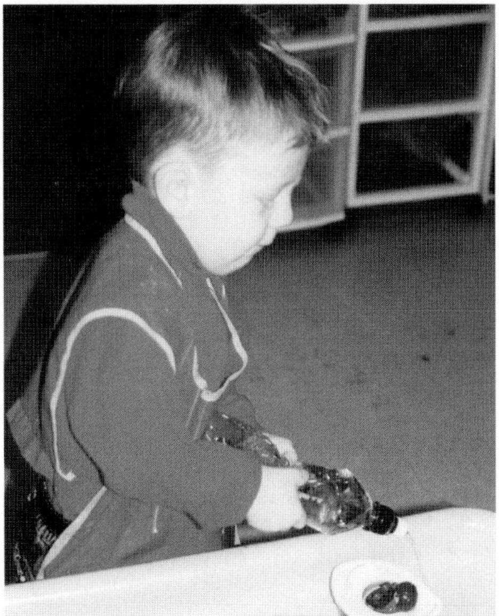
Abb. 4.21 Mit Wasser kann man Dinge in Bewegung bringen.

4.2.3 Phase 3: Erweiterung des Wissens

Marlene und Dörte beschlossen, am Strand einen See anzulegen. Als erstes gruben sie ein Loch, klopften sorgfältig die Ränder glatt, »damit kein Wasser wegsickern kann«. Dann füllten sie das Loch mit Wasser (➛ Abb. 4.22). Danika kam dazu, um ihnen zu helfen. Die Mädchen entschieden, den See länger und breiter anzulegen. Am Rand des Sees bauten sie einen Damm, »um das Wasser drin zu halten«, stellten aber fest, dass es noch immer »auslief«. Danika schlug den anderen vor, sie sollten, »den Boden und die Seiten des Sees auslegen«. Eine lebhafte Diskussion kam darüber in Gang, ob sie Steine, Holzstücke oder Muscheln verwenden sollten. Danika meinte, dass sich diese Dinge nicht dicht genug nebeneinander legen ließen und sich deshalb nicht eignen würden. Marlene fiel ein, dass die Nachspeise, die sie an den Strand mitgebracht hatten, in Folie eingewickelt war. »Großartig«, rief Danika. Sie baten die Erzieherin um die Folie und legten den See damit aus. Als sie diesmal das Wasser hineingossen, blieb es im See. »Wir haben einen künstlichen See gebaut«, meinte Marlene.

Auf dieser Entwicklungsstufe waren die Kinder in der Lage, Probleme zu lösen, in diesem Fall, wie man Wasser halten kann. Die Kinder traten miteinander und mit Erwachsenen in Interaktion, um Herausforderungen zu bewältigen. Marlene, Dörte und Danika stimmten ihre Aktivitäten aufeinander ab: gra-

Abb. 4.22 Am Strand wird ein See angelegt, der Wissenstand aller beteiligten Kinder fließt in dieses Vorhaben ein.

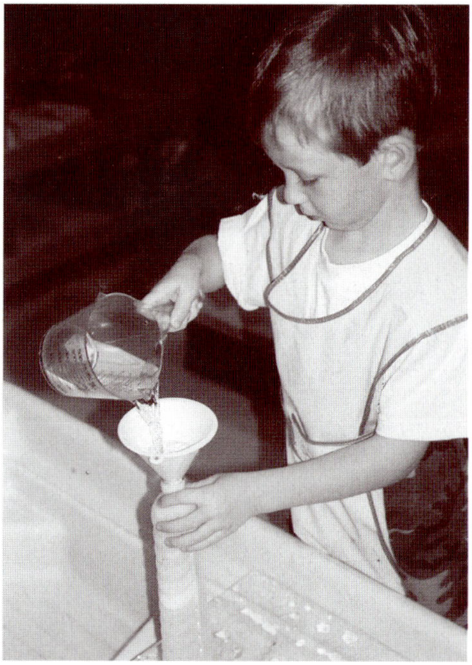

Abb. 4.23 Gereon misst, wie viel Wasser verschiedene Flaschen enthalten.

ben, Wasser holen und den See auslegen, und sie bezogen die Erzieherin ein, baten sie um ein bestimmtes Material, die Folie. Sie verstanden die Begriffe, die sie benutzten – versickern, künstlicher See – und waren imstande, ihre Pläne zu verändern: Welches Material könnte das Versickern des Wassers verhindern? Danika ist älter als die beiden anderen Mädchen. Sie konnte klären, warum die zuerst in Erwägung gezogenen Materialien nicht funktionieren würden.

Gereon versuchte, herauszufinden, wie viel Wasser die verschiedenen Flaschen im Wasserbereich enthalten (➤ Abb. 4.23). Er nahm sich einen Messbecher, der zwei Tassen Wasser fasste, sah sich die erste Flasche an, die er füllen wollte, und begriff, dass ihre Öffnung zu klein war. »Es wird Wasser danebenlaufen. Das geht so nicht«, sagte er. Er nahm einen Trichter, um die Flasche zu

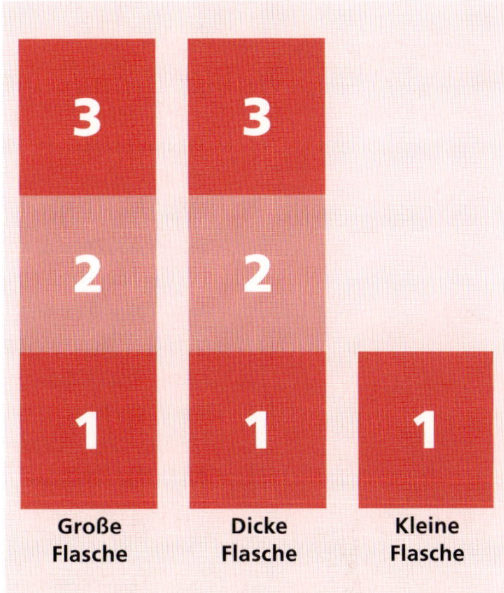

Abb. 4.24 Gereons Zeichnung: Wie viele Tassen Wasser passen in eine Flasche?

Abb. 4.25 Die Kinder lernen, passende Hilfsmittel zur Umsetzung ihrer Projekte zu finden.

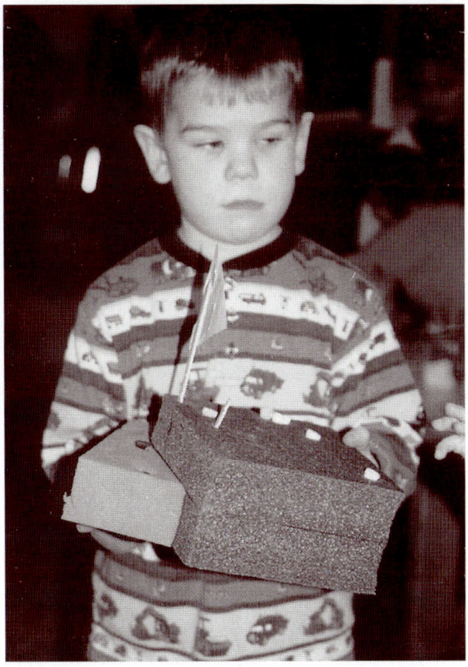

Abb. 4.26 Colin stellt fest, dass das Segel seines Bootes zu klein ist.

Gegenstand der Erkundung/ Konzept	Verhaltensweisen	Mögliche Materialien
Lösen von Problemen	• Sarah wollte erreichen, dass das Wasser direkt auf das Wasserrad fiel. Sie suchte nach Material, das geeignet wäre und fand eine Plastikröhre, konnte aber kein Wasser hineingießen. Michael fragte sie, was sie nehmen könne, um sich das Eingießen von Wasser in die Röhre einfacher zu machen. Sie antwortete: »Ich weiß, einen Trichter.« Sie testete verschiedene Trichter, bis sie einen gefunden hatte, der in die Röhre passte (➛ Abb. 4.25).	• Röhren, Trichter, Wasserräder, Messbecher, Plastikröhren, Gefäße mit Löchern, Siebe, Pumpen, Marker, Karteikarten, Scheren, Holz, Stoff
Projekte	• Colin hatte in der Holzwerkstatt ein Boot gebaut. Es dauerte einige Tage, bis das Projekt abgeschlossen war (➛ Abb. 4.26). Dann versuchte er, sein Boot auf dem Wasser im Wasserspielbereich segeln zu lassen – es schwamm aber nicht. • Colin versuchte, sein Boot über das Wasser zu pusten und meinte dann, dass das Segel zu klein sei. Er stellte ein neues, größeres Segel aus Stoff und Pflöcken her. Er war ganz aufgeregt, als er sah, dass die zweite Testfahrt positiv verlief.	• Eine unendliche Menge von Material kann genutzt werden! • Welches Material man nimmt, hängt vom jeweiligen Projekt ab, an dem die Kinder arbeiten. Sie sollten beim Sammeln des Materials helfen. • Colins Materialien: Schaumstoffteile zum Verpacken (verschiedene Größen), Klebstoff, Holzpflöcke, Papier, Klebeband, lange Nägel, Klammern, Säge, Hammer

Tab. 4.1 (Fortsetzung) Mögliche Erkundungen

füllen. Auf diese Weise konnte er herausfinden, wie viele Messbecher voller Wasser er brauchte, um die Flasche zu füllen. Simone half Gereon dabei, seine Ergebnisse in einer Skizze darzustellen (➛ Abb. 4.24). Am Ende seiner Bemühungen konnte er benennen, welche Flaschen dieselbe Menge Wasser aufnehmen können und welche mehr. Gereon zog die Schlussfolgerung, dass Flaschen dieselbe Menge enthalten können, auch wenn sie unterschiedliche Formen haben. Er hatte gelernt, in seiner Sprache Vergleiche zu verwenden – genauso viel, mehr, weniger.

4.3 Die Bedeutung des Spielens mit Wasser

Wasser ist ein mächtiges Medium, das viele Fähigkeiten fördert und in den meisten Lernbereichen für Kinder eingesetzt werden kann, im dramatischen Spiel, in der Holzwerkstatt, im Sandbereich, in der Kunstwerkstatt, in der Musik, im Bastel- und feinmotorischen Bereich, in Mathematik und Naturwissenschaften. Außerdem bietet es den Kindern die Möglichkeit zu entspannenden und beruhigenden Aktivitäten. Wasser vermag die Aufmerksamkeit und das Interesse von Kindern länger als jedes andere Medium zu halten (Eliason & Jenkins 1999, S. 282). Die Bedeutung von Wasser liegt in folgenden Bereichen:

- Wasser wirkt beruhigend: Leila (➛ Abb. 4.3) wurde vom Spiel mit den Seifenblasen sofort beruhigt. »Wasser ist ein beruhigendes Element. Kinder können ganz im sinnlichen Vergnügen daran aufgehen.« (Shipley 2002, S. 367).
- Wasser steckt voller verschiedener Möglichkeiten, neue Vorstellungen zu entwickeln: Man kann Vergleiche anstellen (klares Wasser, sprudelndes Wasser), Durchlässigkeit von verschiedenen Materialien erproben (die Kinder bauen einen kleinen See am Strand und beobachten, wie das Wasser wegsickert); sich mit seinen Erscheinungsformen in der Natur auseinandersetzen (Regen, Schnee); feststellen, dass einige Gegenstände sinken, andere schwimmen (Steine ins Wasser werfen, ein Boot schwimmen lassen); feststellen, dass Wasser mit anderen Stoffen gemischt werden kann (beim Kochen, beim Zubereiten von Spielteig).
- Der Umgang mit Wasser ermutigt zu offenen Erkundungen und Experimenten: Boris schiebt seine Lok durch schlammiges Wasser.
- Im Spiel mit Wasser werden fein- und grobmotorische Fähigkeiten gefördert: gießen, einfüllen, messen.
- Der Umgang mit Wasser fördert die emotionale Entwicklung: Simone verbindet die Plastikröhre mit dem Trichter und gießt dann Wasser hinein, worauf sie sehr stolz ist.
- Die sprachliche Entwicklung wird gefördert: neues Vokabular wie »künstlich«, »rauschen«, »spritzen« wird erworben.
- Der Umgang mit Wasser fördert die Kreativität: Colin baut ein Boot, dessen Schwimmfähigkeit er testen konnte.
- Der Umgang mit Wasser fördert die soziale Entwicklung: Parallelspiel (Spielteig zubereiten), assoziatives Spiel (Seifenblasen herstellen), kooperatives Spiel (einen See bauen).

- Der Umgang mit Wasser fördert die kognitive Entwicklung: Lösen von Problemen (welche Materialien verwendet man, um das Wasser im künstlichen See zu halten); Messen und Zählen (um zu sehen, welches Gefäß mehr Wasser aufnimmt).
- Wasser lässt sich mit alltäglichen Lebenssituationen verbinden: Baden des Babys, Waschen von Kleidung.

4.4 Die Rolle der Erzieherin

»Der Schlüssel zum effektiven Wasserspiel ist die sorgsame Auswahl der Materialien, die spezielle Arten des Lernens fördern. Erzieherinnen und Erzieher unterstützen das Spiel, indem sie sich den Charakter des Lernprozesses der Kinder am Wasserspieltisch klarmachen.« (Shipley 2002, S. 368)

Um die geeigneten Materialien zur Verfügung zu stellen, muss die Erzieherin:
- sorgfältig die Fähigkeiten und Entwicklungsschritte der Kinder beobachten: Billy brauchte Hilfe, um sich die Anzahl der Tassen mit Wasser zu merken, die in jeder Flasche Platz hatten. Simone bot Billy eine einfache Methode an, um das Problem selbst zu lösen, indem sie ihm eine einfache Zeichnung zur Verfügung stellte; Billy konnte dann selbstklebende Quadrate aufkleben, eines für jede Tasse, die er in die Flasche leerte (➛ Abb. 4.24).
- die verschiedenen Konzepte kennen, die durch den Umgang mit Wasser erworben werden können: Gewicht, Löslichkeit, verschiedene Zustände von Wasser (flüssig, fest, dampfförmig), Eigenschaften und Verwendungsmöglichkeiten von Wasser; Bewusstsein dafür haben, welche Arten von Material zur Verfügung gestellt werden können, die zur Entwicklung eines Plans und zu neuen Experimenten motivieren.

Um die Erfahrungsmöglichkeiten und das ergebnisoffene Spiel mit Wasser aufrechtzuerhalten, muss die Erzieherin folgende Aspekte beachten. Sie sollte:
- wissen, wann sie eingreifen muss oder wann sie zulassen soll, dass das Spiel ohne Unterbrechung weitergeht: Als die Kinder am Strand ihren See bauten, brauchten sie Folie und baten die Erzieherin darum. Als Simone ihnen die Folie gegeben hatte, ließ sie sie wieder allein, eine Einmischung in das Spiel war nicht nötig.
- Vorschläge machen, um das Spiel zu erweitern oder fortzusetzen: Als Melanie versuchte, den Fluss des Wassers direkt auf das Wasserrad zu leiten, wurde sie dazu ermutigt, das Problem selbst zu lösen. Die Erzieherin schlug ihr einfach vor, darüber nachzudenken, was sie tun könnte, um das Problem zu bewältigen.
- die sprachlichen Möglichkeiten der Kinder erweitern: Simone sprach mit

Klara darüber, was mit ihren Seifenblasen passierte (sie verschwanden). Durch den Dialog wurde das Spiel über längere Zeit ausgedehnt.

- das Spiel mit Wasser in anderen Bereichen unterstützen: Babys baden, Spielteig herstellen, Ausflüge unternehmen (zum Strand, an einen Bach, in die Tischlerwerkstatt, wo Boote gebaut werden). Diese Erfahrungen ermöglichen es den Kindern, Zusammenhänge zu verstehen. Lisa goss am Wassertisch Wasser aus einer Kanne in die andere (➛ Kap. 4.15). Später fragte sie, ob sie auch beim Essen Wasser einschenken könne. Das gelang ihr, ohne Wasser zu verschütten.
- Materialien zur Verfügung stellen, mit denen die Kinder das, was sie sich vornehmen, auch schaffen: Als Lisa das Wasser am Esstisch einschenkte, gab ihr die Erzieherin einen kleinen Krug zum Gießen.
- Materialien zur Verfügung stellen, die die Kinder ermutigen, Probleme selbst zu lösen: Röhren, die in der Größe zu den Trichtern passen; Flaschen in derselben Größe, aber in unterschiedlicher Form; eine Auswahl von Kunststoffröhren, die auf verschiedene Weise zusammenpassen; Spritzflaschen.
- mit den Kindern die Natur beobachten: Spaziergänge im Regen oder Schnee, Ausflüge zu fließendem Wasser, Spiel an Pfützen, beobachten, wie sich Regen auf unterschiedlichen Oberflächen verhält.
- das Lernen fördern und erweitern: Als Shanleigh und Nico Seifenblasen machten, lenkte die Erzieherin die Aufmerksamkeit der Kinder auf die verschiedenen Arten zur Herstellung von Seifenblasen: Durch das Blasen entstanden größere Seifenblasen, mit einem Quirl kleinere und aneinander hängende.

4.5 Effektive Aufbewahrungssysteme

Wie beim Sandspiel ist auch beim Wasserspiel die Unterbringung der Materialien entscheidend. Wenn Spielzeug im Wasserbereich liegen bleibt, hat das folgende Auswirkungen:

- Es schränkt die Anzahl der Kinder ein, die im Wasserbereich spielen können.
- Es begrenzt die Art der verschiedenen Spiele, die sich entwickeln können.
- Die Kinder erhalten Botschaften, die sie in Konflikte bringen: Ich muss nicht aufräumen.
- Zu viele Spielmöglichkeiten verringern die Aufmerksamkeit der Kinder und lenken sie ab.
- Der Bereich wirkt ästhetisch weniger ansprechend, wodurch die Kinder davon abgehalten werden könnten, dort zu spielen.

Die Aufbewahrung von Wasserspielzeug ist schwieriger als die von anderem Spielzeug, weil die Dinge, mit denen im Wasser gespielt wurde, nass sind. Die

Feuchtigkeit kann dazu führen, dass Holzregale angegriffen werden und sich verziehen; Feuchtigkeit kann sich in Wasserlachen sammeln, das Wasser kann auf den Fußboden tropfen, so dass Rutschgefahr entsteht. Welches System man auch für die Aufbewahrung wählt, die erste Überlegung sollte der Erreichbarkeit und Sichtbarkeit gelten sowie der Möglichkeit, Gegenstände zu trocknen. Einige Vorschläge:

- Bedecken Sie die Regale mit einer Plastikdecke und darüber mit einem Material, das Wasser gut aufsaugt (etwa alte Handtücher oder Schaumstoff).
- Verwenden Sie einen kleinen Tisch und Geschirrständer, um nasses Spielzeug abzulegen.
- Hängen Sie Plastikkörbe über einem Scheuereimer auf, um die Tropfen aufzufangen.
- Verwenden Sie offene Besteckkörbe und legen sie darunter Wasser aufsaugendes Material.
- Nehmen Sie schwere Krüge, um Besteck darin aufzubewahren.
- Hängen Sie Wasserspielzeug an einer gelochten Hartfaserplatte mit Haken auf, mit einer Mulde darunter, um Tropfen aufzufangen.
- Stellen Sie Plastikkörbe auf einem Regal, Tisch oder auf dem Fußboden mit schützendem Kunststoffmaterial und Wasser aufsaugendem Material darunter ab.

Die Aufbewahrung muss gewährleisten, dass die Kinder die Gegenstände ihrer Wahl leicht finden. Wenn Sie Plastikbehälter verwenden, verstauen Sie gleiche Dinge immer zusammen, d. h. Eimer in einem Behälter, Messbecher in einem anderen, Schläuche zusammengerollt und an Haken aufgehängt. Es sollten nicht zu viele Gegenstände in jedem Behälter untergebracht werden, sonst ist die Unordnung vorprogrammiert, wenn Kinder etwas suchen. In jedem Regal sollten sich unterschiedliche Dinge befinden: Flaschen auf einem Bord, Messbecher auf einem anderen und Krüge auf einem dritten. Geschirrständer können nach Art des Geschirrs sortiert werden: Flaschen in einem, Schüsseln in einem anderen.

Das System, das schließlich verwendet wird, muss für Kinder und Erwachsene sinnvoll, leicht zu benutzen und leicht zu reinigen sein. Wenn die Kinder Probleme haben, sich darin zurechtzufinden, ist das ein deutliches Signal, dass etwas verändert werden muss.

Zusätzlicher Stauraum ist notwendig, um die Kittel für das Wasserspiel, die die Kleidung der Kinder vor Wasser schützen, aufzuhängen. Kittel hängt man am einfachsten an Haken im Wasserspielbereich auf. Außerdem gehören auch Schrubber und Eimer in diesen Bereich, um verschüttetes Wasser schnell aufwischen zu können. Die Kinder sollten sich daran beteiligen. Schrubber und Scheuereimer in Kindergröße müssen zur Verfügung stehen.

4.6 Effektive Beschriftungssysteme

Die Beschriftung kann im Wasserbereich schwierig werden. Wenn die Schilder nicht gut versiegelt sind, werden sie vom Wasser aufgeweicht. Am besten ist es, die Schilder zu laminieren. Für die Beschriftung und Anfertigung von Skizzen eignen sich wasserfeste Marker. Die Schilder können an den Seiten oder an der Vorderseite der Regale angebracht werden, wenn deren Größe das erlaubt, oder aber auch an der Oberseite der Geräte, allerdings nur, wenn Schutzschichten unter den Schildern sind.

Da die Materialien regelmäßig ausgewechselt werden müssen, sollten die Schilder rechtzeitig vorbereitet werden. Die Schilder können Symbole, Umrisse, Bilder oder Fotos zeigen; wichtig ist, dass sie von allen verstanden werden. Wenn Bild, Skizze oder Zeichnung nicht klar verständlich sind, wird das Schild nicht genutzt und Zeit und Mühe zur Herstellung sind verschwendet. Das geschriebene Wort sollte immer hinzugefügt werden.

4.7 Überlegungen zum Einrichten eines Wasserbereichs

4.7.1 Sicherheitsaspekte

- Wechseln Sie das Wasser täglich.
- Desinfizieren Sie den Wassertisch und das Spielzeug regelmäßig.
- Wischen Sie Wasser, das auf den Boden gespritzt wurde, weg, damit die Kinder nicht ausrutschen. Perforierte Gummimatten rund um den Wassertisch mindern die Rutschgefahr.
- Sorgen Sie dafür, dass die Kinder für das Wasserspiel im Außenbereich richtig angezogen sind: barfuß oder in Gummistiefeln, in Badeanzug und Badehosen oder mit Regenmantel und Schirm ausgestattet.
- Wichtig ist der Schutz vor der Sonne.
- Legen Sie Handtücher zum Abtrocknen bereit (Kinder frieren schnell).
- Für das Spiel in Schnee und Eis ist eine geeignete Wintergarderobe erforderlich.
- Der Wasserspielbereich sollte von den Wegen für Spielfahrzeuge und von Klettergerüsten getrennt sein, um Unfälle zu vermeiden.
- Richten Sie den Wasserbereich draußen auf einer Wiese oder im Sand ein; für den Fall, dass ein Kind ausrutscht oder hinfällt, sind diese Oberflächen nicht so rau und hart.
- Kontrollieren Sie, ob zerbrochene Teile im Wasserspielbereich liegen.
- Sorgen Sie dafür, dass der Spielbereich die richtige Höhe hat. Die Kinder sollten den Boden und die Mitte des Wasserbeckens leicht erreichen können.

4.7.2 Platzierung

Das Spiel mit Wasser im Innenbereich sollte auf einem gefliesten Fußboden stattfinden. Genügend Platz ist notwendig, damit sich die Kinder frei bewegen können. Die Wände rund um den Wasserspielbereich sollten gegen Spritzwasser geschützt sein. Ausstellungsstücke, die in diesem Bereich präsentiert werden, brauchen eine Schutzhülle (Laminierungen funktionieren meistens gut). Da Kinder Wasser aktiv und lebhaft erforschen, muss dieser Bereich von ruhigeren Bereichen getrennt werden.

4.7.3 Verschiedene Arten von Wasserspielbereichen

Im Innenbereich können die Kinder mit Wasser in großen Schüsseln spielen. Schüsseln oder Waschbecken, die durchsichtig sind, haben den zusätzlichen Vorteil, dass sie sehen können, wie Dinge ins Wasser fallen und sich am Boden bewegen. Die Größe und Einrichtung des Tischs hängt vom verfügbaren Platz ab. Folgende Aspekte sollten berücksichtigt werden, wenn ein Wasserspielbereich in Innenräumen eingerichtet wird.

- Sicherheit: Der Fußboden sollte sich leicht reinigen lassen. Es sollte für die Kinder gefahrlos sein, ins Wasser oder in die Mitte des Gefäßes zu greifen.
- Bewusstsein über die Fähigkeiten, die gefördert werden sollen und die dazu notwendigen Voraussetzungen: Gießen ist z.B. eine Aktivität, die schnell mehr Raum braucht.
- Bewusstsein über die verschiedenen Denkkonzepte, die im Umgang mit Wasser erworben werden können und das Schaffen geeigneter Voraussetzungen. Sinken und Schwimmen von Gegenständen sollte z.B. in durchsichtigen Gefäßen ausprobiert werden, damit die Kinder beobachten können, was mit den Gegenständen geschieht, wenn sie sie fallen lassen.
- Soziale Aspekte: Gemeinsame Aktivitäten haben mehr Aussicht auf Erfolg, wenn sie an einem Wassertisch stattfinden, an dem mehrere Kinder spielen können.
- Der Spielbereich sollte dicht an einem Wasserhahn liegen; dann ist es einfacher, Gefäße zu füllen und zu leeren.

Wenn man einen Wassertisch kauft, sollte man sich einige Dinge überlegen: Die Tische sollten stabil sein; damit das Wassergefäß leicht zu reinigen ist, sollte es leicht aus seinem Rahmen zu nehmen sein. Der Abfluss sollte ersetzbar sein, da er leicht zerbricht oder undicht wird. Als weitere Gefäße eignen sich Eimer, z.B. auch aus durchsichtigem Kunststoff; sie sind bequem zu handhaben und können auch zum Verstauen von Gegenständen genutzt werden.

Der Wasserbereich wird am günstigsten neben dem Sandbereich platziert. Andere Bereiche, die für das Wasserspiel genutzt werden können, werden – zusammen mit geeigneten Materialien – in Tabelle 4.2 aufgelistet.

Art	Ort/Einrichtung	Materialien
Babybad	• Gehört zum Rollenspiel Vater-Mutter-Kind; Wickeltisch, Babybadewanne, Kinderbetten (Wiegen), Kommode für Kleidung	• Puppen verschiedener ethnischer Zugehörigkeit und beiderlei Geschlechts; sie sollten abwaschbar sein • Badezubehör: Shampoo, Seife, Puder (wird durch Getreidestärke ersetzt), Waschlappen, Handtuch, Kämme, Bürsten
Kochen	• Küchenbereich: Waschbecken, Frühstückstheke, Küchenschrank und Schubfächer für Utensilien, Herd, Kühlschrank[1]	• Mixgeräte: Schneebesen, Quirle, Löffel, Gabeln, Schüsseln • Trockenzutaten: Mehl, Salz, Trinkkristalle zum Anrühren von Getränken, Spaghetti, Nudeln, Erbsen, Bohnen[2] • Wasser • Backen/Kochen: Töpfe und Pfannen, Kasserollen, Backformen • Servieren/Essen: Teller, Messer, Gabeln, Löffel, Platten, Tassen, Becher, Untertassen[3]
Utensilien zum Waschen und Putzen	• In allen Bereichen beim Putzen helfen, z. B. von Staffeleien, Tischen, Fußboden und Geschirr, Waschen von Puppenkleidern	• Eimer in Kindergröße, Schwämme, Schrubber, Spritzflaschen, Seife, Lappen, Papierhandtücher
Spiel im Matsch	• Im Freien	• Wasser, Erde, Gegenstände, die in der Natur gesammelt wurden, Loch in die Erde oder in den Sandkasten graben, Matsch in Gefäßen anrühren
Pflanzen	• Draußen: Blumen- und Gemüsebeet • Drinnen: Übertöpfe, durchsichtige Gefäße	• Gemüse, Blumen, Büsche, Bohnen, Gras – schnell wachsend

Tab. 4.2 Verschiedene Wasserspielbereiche

Anmerkungen:

1. Es ist günstig, eine komplette Kücheneinheit anstelle von kleineren Einzelteilen bauen zu lassen (➛ Abb. 4.27). Die Umgebung wird damit realistischer und schöner. Geschirr und Besteck werden dann so aufbewahrt, wie es auch zu Hause geschieht.
2. Echte Lebensmittel ermöglichen es den Kindern besser, ihre Fähigkeiten zu üben, sind ihnen vertrauter und können für wirkliche Arbeiten genutzt werden, beispielsweise zum Herstellen von Spielteig oder von eigenen Snacks.
3. Mit echtem Geschirr kann eine realistische Umgebung eingerichtet werden, die die Kinder dazu bringt, die Dinge mit Respekt zu behandeln. Die Gegenstände können bei privaten Verkäufen oder auf Flohmärkten meist günstig erworben werden.

4.7.4 Richtlinien für die Verwendung von Wasser

Die Richtlinien für den Einsatz von Wasser sind denen für den Einsatz von Sand sehr ähnlich. Besonders wichtig ist die Sicherheit. Klara zum Beispiel, die neu in der Vorschulgruppe ist, beobachtete die Kinder im Wasserspielbereich und zog daraufhin ihre Gummistiefel an. Als die Kinder den Bereich verließen, kletterte sie schnell auf den Wassertisch und begann, mit den Füßen zu spritzen. Kinder tun das Unerwartete – als Betreuerinnen und Betreuer müssen wir aufmerksam sein und auf das Unerwartete unmittelbar reagieren.

Ein anderer sicherheitsrelevanter Punkt ist Wasser auf dem Fußboden, was die Rutschgefahr erhöht. Bei entsprechender Anleitung lernen die Kinder sehr schnell, Spritzwasser wegzuwischen.

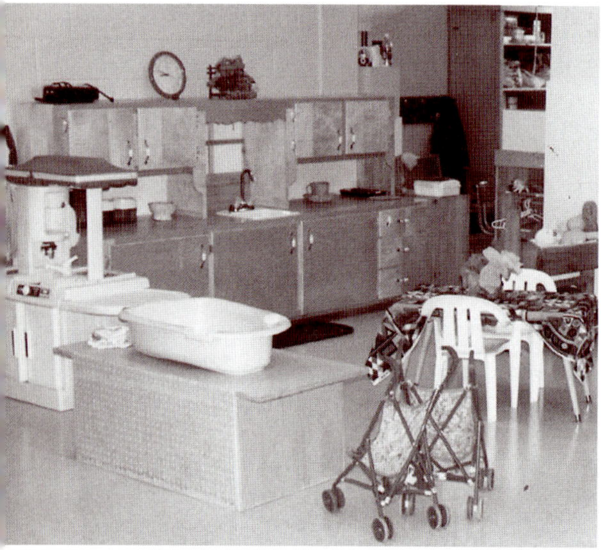

Abb. 4.27 Eine komplette Kücheneinheit in der Einrichtung fördert die realitätsnahe Auseinandersetzung.

Um größere Mengen Spritzwasser kümmern sich die Erwachsenen. Den Kindern zu sagen, dass das Wasser auf dem Wassertisch bleiben muss, hilft nur, wenn die Erzieherinnen das richtige Gerät zur Verfügung stellen, um dieses Verhalten zu fördern. Gibt es eine Unterlage für das Gefäß, wenn Wasser hineingegossen wird? Haben die Gefäße die richtige Größe für kleine Hände? Haben die Gefäße Tüllen, mit denen das Ausgießen leichter ist?

4.7.5 Motivationsmaterial

Kinder bringen in der Regel eine innere Motivation mit, sich mit Wasser zu beschäftigen. Anregungen zum Thema »Wasserspiel« sollten sich deshalb auf die Dokumentation der Arbeiten der Kinder konzentrieren, am besten eignen sich Videos und/oder Fotos. Ideen für verschiedene Wasserspiele liefern Bücher in einem benachbarten Bücherbereich. Bücher mit Anregungen für Wasserspiele gibt es mit wasserfesten Plastikeinbänden. Sie können auch extra für den Wasserbereich präpariert werden, indem man das Buch auseinander nimmt, die einzelnen Seiten laminiert und dann in einem Hefter wieder zusammenfügt.

4.8 Beobachtungs- und Dokumentationstechniken

4.8.1 Bedeutung von Beobachtung

Es ist wichtig zu beobachten, welche Art des Wasserspiels die Kinder gerade praktizieren. Dies eröffnet folgende Möglichkeiten der pädagogischen Intervention:

- Aufbau auf den Interessen der Kinder: Als das Spiel mit Seifenblasen in den Außenbereich verlagert wurde, konnte Colin das Boot, das er gebaut hatte, im Wasserbereich ausprobieren.
- Aufbau auf den Fähigkeiten und dem Wissen der Kinder: Shanleigh wusste, wie man Seifenblasen auf verschiedene Weise herstellt; es ist also wichtig, das Materialangebot immer wieder zu variieren (Schneebesen, Quirle, Zweige).
- Zur-Verfügung-stellen von geeignetem Material, um das Spiel zu erweitern: Schläuche und Trichter, die in der Größe zu den Schläuchen passen, regen zu Experimenten an.
- Erkennen der und Eingehen auf die Entwicklungsniveaus der Kinder: Der Wassertisch sollte eine Größe haben, so dass alle Kinder ihn erreichen können; ein durchsichtiges Regal auf Rollen am Wassertisch ermutigt die Kinder zum selbstständigen Ein- und Ausgießen; Gefäße mit Tüllen und Griffen erleichtern das Ein- und Ausgießen.
- Erkennen der sich entwickelnden Fähigkeiten der Kinder: Billy begann damit, ein Konzept von Mengen- und Größenverhältnissen aufzubauen: In eine große Flasche passen drei Tassen Wasser, in eine kleine eine Tasse.
- Teilen der Erfahrungen der Kinder mit den Familien und anderen Pädagogen: Colins Bemühung, ein Boot zu bauen, wurde fotografiert, seine Aktionen und Kommentare auch schriftlich festgehalten. Eine Videoaufnahme dokumentierte seine Versuche, sein Boot segeln zu lassen. Die Kinder genossen es sehr, das Experiment auf Video anzuschauen. Für die Eltern wurde der Bootsbau am schwarzen Brett dokumentiert.

Die Dokumentation des Wasserspiels gelingt am besten durch Fotos und Beschreibungen des Dialogs und aller Umstände, die sich während des Spiels am Wasser ergeben. Eine Mappe über das Wasserspiel wurde erarbeitet, um den Wert des Spiels am und mit Wasser und die Entwicklungsstadien festzuhalten. Das ist außerordentlich nützlich, um die Erlebnisse mit den Familien zu teilen. Viele Familien mögen zuerst den Eindruck haben, dass das Wasserspiel keine sinnvolle Sache ist, weil es chaotisch ist und die Kinder nass werden. Wenn sie sich aber das Büchlein anschauen und sehen, wie ihre Kinder in das Spiel mit Wasser vertieft sind, können sie das Wasserspiel als Lernfeld entdecken und stehen ihm offener als bisher gegenüber.

4.8.2 Beobachtungsinstrumente

Checklisten

Beispiele für Checklisten finden sich in den Tabellen 4.3 bis 4.5.

Phasen beim Spielen mit Wasser			
Name: *Marlene*			
Phase	**Datum**	**Fähigkeiten/Konzept**	**Beobachtung**
Freie Erkundung	*10.9.*	*Sensorisch*	*Machte Seifenblasen im Waschbecken, während sie sich die Hände wusch; stellte fest, dass das »Blasenwasser« seifig und glitschig war und sich an ihren Händen gut anfühlte*
Entdeckung	*15.9.*	*Stellt Seifenblasen verschiedener Größe her*	*Stellte Seifenblasen her, indem sie durch einen Strohhalm pustete; machte Seifenblasen mit Hilfe eines Seifenblasenstabs und indem sie eine Seilschlaufe im Freien durch die Luft bewegte; bezeichnete die Blasen als klein, mittelgroß und groß*
Erweiterung des Wissens	*20.9.*	*Stellt Seifenblasen auf Gegenständen her*	*Benutzte einen Strohhalm, um Seifenblasen herzustellen und kleine Gummitiere damit zu bedecken*

Tab. 4.3 Checkliste: Phasen des Wasserspiels

Wie die Informationen pädagogisch zu nutzen sind:

- Dehnen Sie das Händewaschen aus, um die Kinder zu anderen Aktivitäten anzuregen, die mit dem Waschen zu tun haben: Waschen von Puppenkleidern, Reinigen von Tischplatten, Staffeleien.
- Übertragen Sie das Spiel mit den Seifenblasen auf andere Bereiche: grobmotorische Aktivitäten im Freien, um Seifenblasen herzustellen und zu fangen.
- Nutzen Sie die verschiedenen Techniken, Seifenblasen zu machen, in anderen Bereichen: Musik und Bewegung (fliegen wie Seifenblasen, zerspringen wie eine Blase, Seifenblasenlieder erfinden); Kunstwerkstatt (Blasen malen).
- Vokabular erweitern: »empfindlich«, »zerbrechlich«, »schimmernd«, »schillernd«.

Fähigkeit und Konzept			
Name: *Billy*			
Datum	**Fähigkeit**	**Verwendetes Material**	**Art des Spiels**
9.10.	*Aufbewahrung Mengen- und Größenverhältnisse*	*Messbecher, Flaschen gleicher Größe, aber verschiedener Form; Zeichenblatt, auf dem selbstklebende Quadrate aufgeklebt werden können, um die Anzahl der Messbecher pro Flasche zu zählen*	*Einzelspiel*

Tab. 4.4 Checkliste Fähigkeit/Konzept

Wie die Informationen pädagogisch zu nutzen sind:

- Bieten Sie andere Mechanismen zum Erkennen der gleichen Größe an – Waagen, Messbecher verschiedener Größe.
- Bieten Sie mehr Gefäße verschiedener Form, aber gleicher Größe an.
- Bieten Sie Aufbewahrungsmöglichkeiten im Sand an.

Eingesetzte Fähigkeiten			
Name	**Datum**	**Fähigkeit**	**Beobachtung**
Colin	*16.5.*	*Erkennen, welche Gegenstände schwimmen*	*Legt das Boot, das er gebaut hat, ins Wasser, um zu sehen, ob es schwimmt*
		Lösen des Problems	*Versucht, in das Segel zu blasen, um das Boot zu bewegen – sagte, es sei zu klein, baute ein größeres Segel*

Tab. 4.5 Checkliste: Eingesetzte Fähigkeiten

Wie die Informationen pädagogisch zu nutzen sind:

- Erweitern Sie das Wissen darüber, welche Gegenstände/Materialien im Wasser schwimmen: Man kann die Kinder anregen, Boote aus unterschiedlichen Materialien zu bauen (Papier, Plastik, Holz).
- Bieten Sie Materialien an und geben Inputs, die das Wissensspektrum erweitern: Boote können Ladungen befördern; verschiedene Materialien können auf Boote geladen werden (Steine, Zweige, Flaschenverschlüsse, Tierfiguren aus Gummi, Spielfiguren); Beladen von Booten, um zu sehen, wie viel Gewicht sie tragen können.
- Projekte entwickeln, in denen die Kinder lernen können, wie man bewegliche Boote baut (andere Materialien für die Segel, einfache Motoren).

4.9 Überlegungen aus anderen Ländern

In vielen Teilen der Welt ist Wasser ein kostbares Gut, besonders in Regionen mit trockenem Klima und überall dort, wo Wasservorräte von Umweltverschmutzung betroffen sind. In diesen Gegenden kommt das Spiel mit Wasser im traditionellen Sinn nicht vor. Stattdessen lernen die Kinder dort sehr früh, wie man Wasser schützt und angemessen verwendet, da dies überlebenswichtig ist.

Im Hochland von Guatemala entwickeln die Kinder Spiele oft aus Aktivitäten, die eigentlich Arbeit sind. Die Mädchen helfen zum Beispiel ihren Müttern beim Waschen von Kleidung, aus dieser Arbeit entsteht ein Spiel mit Spritzen und Kichern; es wird schon mal ein Stück Seife auf die Mitspieler geworfen (Johnson, Christie und Yawkey 1999).

Ein Spiel, das als »Story Knifing« (Geschichten mit dem Messer ausschneiden) bekannt ist, ist bei den Inuitmädchen in Alaska beliebt. »Die Nachmittagssonne erwärmt die schlammigen Ufer des Kuskowimflusses. Fünf junge Yup'ik-Eskimomädchen sitzen – ruhig schwatzend – dort. Sie bohren ihre dunklen, flachen Messer langsam in den Schlamm vor sich. Sorgfältig stellen sie Schlammpaletten her, die zum Geschichtenerzählen verwendet werden. Als die Paletten fertig sind, beginnen die Mädchen, Geschichten zu erzählen. Jede Erzählerin illustriert ihre Geschichte, indem sie Symbole in den Schlamm malt, die gelöscht und durch neue Symbole ersetzt werden, je nachdem, wie sich die Geschichte entfaltet. Wenn eine Erzählerin ihre Geschichte beendet, fängt die nächste an. Das geht so lange, bis sie des Spiels müde werden oder es Zeit ist, zum Abendessen nach Hause zu gehen.« (Bennett de Marrais, Nelson und Baker 1994, S. 179)

Es ist sehr wichtig, sich der kulturell unterschiedlichen Haltungen gegenüber Wasser bewusst zu sein, die die Familien in verschiedenen Kulturen einnehmen. Außerdem sollten die Familien am Planen und an der Gestaltung der Lernumgebung beteiligt werden.

4.10 Materialien und Spielzeug für das Wasserspiel

Tabelle 4.6 listet verschiedene Konzepte für das Wasserspiel sowie mögliche Materialien dafür auf. Diese können für die offene Erkundung angeboten werden. Einige Aktivitäten – etwa das Kochen – sind nicht geeignet, um von Kindern allein ausprobiert zu werden; in diesem Fall brauchen die Kinder eine Anleitung.

Die Art des Spiels hängt vom Alter der Kinder ab. Vorschulkinder können Prozesse wie die Verdampfung im Freien mit Spritzflaschen oder Wasserfarben erkunden. Schulkinder würden wohl eher damit beginnen, die Geschwindigkeit des Verdampfens zu messen oder den Zeitpunkt der Verdampfung zu bestimmen.

Konzept	Materialien/Aktivitäten	Dazugehöriges Vokabular
Eigenschaften des Wassers: Gewicht, Farbe, Zustand (flüssig, Wasserdampf, fest), Temperatur (gefroren, kalt, warm, heiß, kochend)	• Gefäße verschiedener Größe mit Griffen, um das Gewicht zu vergleichen (Eimer, Gießkannen, Plastikgefäße mit Griffen) • Spritzflaschen oder Wasserfarben an heißen Tagen	• Gefrieren, kalt, kühl, lauwarm, warm, heiß, kochend • Rauch, Dampf, Nebel, Dunst, Tau • Regen, Graupel, Hagel, Schnee, Frost • Schwer, leicht, schwerer, leichter

Konzept	Materialien/Aktivitäten	Dazugehöriges Vokabular
	• Eiswürfel oder Eisformen am Wassertisch, gefrorenes Wasser in verschiedenen Gefäßen (im Freien, im Winter) und Bauen mit dem Eis, Thermometer • Erfahrungen beim Kochen, unter Anleitung • Spaziergänge, um die wechselnden Wetterbedingungen zu beobachten	
In Wasser lassen sich Stoffe lösen	• Zucker, Trinkkristalle, Erde, Papier, Stoffschnipsel	• Auflösen, Farbe, matschig, trüb, undurchsichtig, klar, hängend
Verwendung des Wassers	• Babybad, Waschen, Saubermachen, Pflanzen (➛ Tab. 4.1)	• Schrubben, waschen, ausspülen, putzen, polieren, sterilisieren • Trinken, erhitzen, kochen • Shampoo • Spritzen, bewässern, einweichen
Erholung	• Schwimmen • Boot fahren – verschiedene Boote im Wasserspielzentrum im Freien • Beobachtung von Wassersport – Wasserski, Surfen, Wellenreiten • Fischfang – Fischen mit Magneten/Angelruten, Netze, Eimer	• Geschwindigkeit: schnell, langsam • Gischt, Blasen, Sog • Umkippen, sinken, schwimmen • Fangen, freigeben, Netz, Angelhaken, Köder
Füllen und Leeren	• Löffel, Kellen, Suppenkellen • Messbecher, Messzylinder • Kleine Krüge, Gießkannen • Filmdosen und Lebensmittelverpackungen • Spritz- und Sprühflaschen • Medizinfläschchen mit Tropfverschluss (Sandspielzeug kann auch im Wasser verwendet werden) • Milchkartons	• Gießen, füllen, leer, halbvoll, halbleer, schwer, leicht, schmaler Bach, breiter Fluss, überlaufen, dasselbe, unterschiedlich, mehr, weniger, Tropfen für Tropfen, sprühen, spritzen, platschen

Konzept	Materialien/Aktivitäten	Dazugehöriges Vokabular
Rollenspiel	• Feuerwehrmann (Schlauch, Stiefel, Regenmantel) • Bauer (bewässern, Schlauch, Gießkannen, Schaufeln) • Reinigungskraft (Eimer, Schrubber, Seife, Rolle Bürsten, Gummihandschuhe, Flaschenbürsten, Sprühflaschen, Schürzen) • Klempner (Verbindungsrohre aus Kunststoff, Stöpsel, Kniestücke, Schraubenschlüssel	• Spray, spritzen, Schlauch, Wasser • bewässern, füllen • Saubermachen, wischen, schrubben, polieren, sterilisieren • Passen, anbringen, befestigen
Sinken und Schwimmen	• Eisstiele oder -stäbchen, Spulen, Korken, Styroportabletts; Matrosenfiguren, Holzreste, Deckel, Murmeln und Knöpfe (für ältere Kinder), Bälle aus Folie, Federn, Tennis- und Golfbälle, Steine, Plastikeimer, Spielzeugboote	• Schwer, leicht, sinken, schwimmen, schweben, untergehen, auf dem Grund, an der Oberfläche, in der Mitte, unter, auf, beladen, sinkend
Fließen des Wassers	• Alle Gefäße und Utensilien, die bisher aufgelistet wurden, wenn sie sich zum Gießen eignen • Wasserräder, Halbröhren, Kannen, in die Löcher gebohrt wurden • Abflussrohre, Pumpen	• Spritzen, fließen, schnell, langsam, Fontäne/Springbrunnen
Absorption	• Schwämme, Schaumstoff, Stoff, Papier, Medizinfläschchen, Lebensmittelfarbe, Papierhandtücher	• Ausdrücken, tropfen, spritzen, trocken, nass, voll, tropfend, feucht, saugen, vollgesogen

Tab. 4.6 Konzepte und mögliche Materialien

4.11 Stadien des Wasserspiels in verschiedenen Altersstufen

Kenntnisse über das Alter der Kinder und die Stadien des Wasserspiels vermitteln der Erzieherin Informationen darüber, was geeignete Lernerfahrungen sind, welche Materialien und Ausstattungsstücke man verwenden sollte und welches Niveau die Fähigkeiten der Kinder erreicht haben (➛ Tab. 4.7).

Phase	Alter	Verhaltensweisen
Freie Erkundung	Babys	• Baden: Spritzen mit Händen und Füßen • Baden, Wasserbecken: sitzen im Wasser, greifen Wasserspielzeug, das sie erreichen können, stecken es in den Mund • Wasserbecken, Schlauch, Sprenger: werfen Gegenstände ins Wasser, nehmen sie wieder heraus; krabbeln, kriechen unter den Sprenger, klettern ins Wasserbecken • Einzelspiel oder paralleles Spiel • Sensorisches, funktionelles Spiel
Freie Erkundung	Kleinkinder	• Laufen und rennen durch Pfützen, rennen unter Sprengern hindurch, springen ins Wasser, spritzen häufig • Wassertisch: lassen Dinge hineinfallen, lassen Gegenstände schwimmen, gießen Wasser in Gefäße, schütten Wasser aus • Machen Seifenblasen, jagen den Seifenblasen hinterher, wiederholen das Spiel • Baden »Babys«, entwickeln Routine in der selbständigen Körperpflege: Händewaschen, Zähneputzen • Spülen das Geschirr • Einzelspiel oder paralleles Spiel, funktionelles Spiel mit Spielzeug • Symbolische Handlungen
Experimentieren, um Zusammenhänge herzustellen	Vorschulkinder Drei bis fünf Jahre alt	• Einzelspiel, paralleles, assoziatives Spiel • Sprechen darüber, was geschieht; teilen die Entdeckungen Erwachsenen und Gleichaltrigen mit; freuen sich an neuen Entdeckungen • Lassen Dinge ins Wasser und in Gefäße mit Wasser fallen • Gießen, spritzen, leeren, füllen – sich beständig wiederholende Aktivitäten • Waschen Puppen, Kleidung, wischen Tische ab, reinigen den Fußboden mit einem Schrubber, reinigen Staffeleien

Phase	Alter	Verhaltensweisen
		• Besprühen den Sand, kreieren draußen Wasserbilder mit einem Spray • Stellen Mixturen her – Sandkuchen, Spielteig • Kochen – Suppe, Kuchen, Kekse (wirkliche Speisen und im Spiel) • Rollenspiel – Feuerwehrmann, Koch, die Rollen verschiedener Familienmitglieder • Entdecken die Welt draußen – im Regen, Nebel und Schnee, sind neugierig auf verschiedenes Wetter
Erweitern ihr Wissen, um Probleme zu lösen	Ältere Vorschulkinder und Schulkinder	• Messen die Menge des Regens • Legen Flüsse, Teiche, Seen an • Kreieren wechselnde Aggregatzustände: zu Eis gefrieren, schmelzen, verdampfen • Entwickeln Methoden, um eine Vielzahl von Materialien, die unterschiedlich schwer sind, zu transportieren • Entwickeln verschiedene Methoden, um Wasser fließen zu lassen • Arbeiten daran, verschiedene Arten von Lösungen herzustellen (gesättigte, übersättigte Lösungen), um neue Dinge zu erschaffen (Kristalle)

Tab. 4.7 Das Alter der Kinder und die Stadien des Wasserspiels

Entwicklungsstadien des Wasserspiels

- Phase 1: Freie Erkundung: Nutzen von Händen, Fingern und des ganzen Körpers sowie von Materialien, um verschiedene Eigenschaften von Wasser herauszufinden.
- Phase 2: Experimentieren: Nutzen von Wasser und Material, um Zusammenhänge zwischen den eigenen Handlungen und dem Ergebnis herzustellen.
- Phase 3: Erweiterung des Wissens: Nutzen von Grundwissen, um Probleme zu lösen und Herausforderungen zu bewältigen.

Die Bedeutung des Wasserspiels

- Fördert Fähigkeiten, die sich auf die meisten anderen Lernbereiche erstrecken
- Fördert die Kreativität
- Entwickelt die Fein- und Grobmotorik
- Fördert die soziale, emotionale und kognitive Entwicklung
- Ist beruhigend
- Bietet viele Möglichkeiten, neue Konzepte zu entwickeln
- Ist geeignet zur Erforschung und für Experimente mit offenem Ende
- Lässt sich an Situationen im realen Leben anpassen

Die Rolle der Erzieherin

- Beobachtet die Fähigkeiten, Interessen und das Entwicklungsniveau der Kinder
- Wählt Material aus, das den Erfolg sichert und die Kinder zum Lösen von Problemen ermutigt
- Ist sich der möglichen Konzepte und Vorstellungen bewusst, die entwickelt werden können
- Weiß, wann sie sich einmischen muss, und wann sie nur beobachtet
- Unterbreitet Vorschläge, um das Spiel/das Lernen auszudehnen und zu erweitern
- Organisiert Gelegenheiten, Wasser in der Natur zu beobachten
- Trägt dazu bei, dass sich die Sprache der Kinder weiter entwickelt

4.12 Zusammenfassung

Aufbewahrung

- Offene Regale
- Behälter: Geschirrständer, Hängekörbe, Besteckkästen
- Gelochte Hartfaserplatten mit Haken

Beschriftung

- Schilder vor Wasser schützen
- Ersatzschilder, um die Schilder leicht auswechseln zu können
- Fotos, Symbole, Umrisse, Bilder und Worte
- Überlegungen beim Einrichten des Bereichs
- Sicherheit: Ausstattung/Spielzeug desinfizieren, Wasser täglich wechseln, Spritzwasser wegwischen, geeignete Höhe des Wassertischs
- Platzierung: auf Fliesen oder Gras, in der Nähe eines Wasserhahns, außerhalb des Bereichs, in dem viele Kinder herumlaufen
- Verschiedene Bereiche: Babybad, Kochbereich, Putzbereich, Platz für das Spiel im Schlamm, Pflanzbereich

Beobachtung

- Beobachtung der Fähigkeiten, Interessen, Entwicklungsniveaus: Checklisten, auf denen die Fähigkeiten festgehalten werden, ebenso die Entwicklungsstadien, Konzepte, Interessen
- Auswahl von Material, das den Erfolg sichert und das Lösen von Problemen anregt

- Jennifer befindet sich am Wassertisch und beobachtet die Kinder, die dort spielen. Sie lächelt, als Timmy Wasser durch die Gummiröhre auf das Wasserrad gießt und es sich dreht. Was würden Sie in dieser Situation tun? Wie würden Sie Jennifer einbeziehen, ohne das Spiel der anderen Kinder zu unterbrechen?
- Nutzen Sie eines der Konzepte, die in Tabelle 4.1 genannt wurden. Stellen Sie eine Liste mit Material auf, das Sie verwenden würden. Welches damit verknüpfte Vokabular könnten Sie den Kindern vermitteln?
- Ein Aspekt der experimentellen Phase ist, dass die Kinder Zusammenhänge erkennen zwischen dem, was sie tun, und dem, was geschieht. Welche Art von Material würden Sie bereitstellen, damit die Kinder das Sinken, Untertauchen und Schwimmen erkunden können? Welches Aufbewahrungs- und Beschriftungssystem würden Sie entwickeln, um die Aktivität zu fördern?
- Beschreiben Sie, wie Sie ein Bad für Babys einrichten und welche Materialien Sie dafür verwenden würden, wenn der Bereich die Kinder zu folgendem Verhalten anregen soll:
  - die Babys angemessen und freundlich zu behandeln;
  - die Babys zu baden,
  - die Babys anzuziehen und das Spiel fortzusetzen, indem es in die weitere Betreuung der Babys übergeht: füttern, schlafen legen, spazieren gehen?
- Wie können Sie die Kreativität im Wasserspielbereich auf verschiedene Weise fördern? Überlegen Sie sich eine Kombination mit anderen Kernbereichen im Raum.
- Sie haben beobachtet, wie Benjamin im Wasserbereich Wasser ein- und ausgießt. Er brauchte beide Hände, um seinen Krug zu füllen, und goss das Wasser dann zurück in die Schüssel. Bei dieser Aktivität blieb er etwa zwei Minuten lang, worauf er den Bereich verließ.
  - Welches zusätzliche Material könnte Benjamin gut gebrauchen?
  - Welche Veränderungen sollte man vornehmen?
- Beobachten Sie das Wasserspiel in einer Tageseinrichtung. Erklären Sie, welche Strategie die Erzieherinnen anwenden. Welche anderen Interaktionen wären noch möglich und warum?

4.13 Kontrollaufgaben

- Nutzen Sie das Instrument der Beobachtung, um die Entwicklungsniveaus der Kinder festzustellen. Beobachten Sie die Kinder in einer Tageseinrichtung. Haben Sie alle Entwicklungsniveaus feststellen können? Warum war das möglich bzw. warum nicht?
- Beobachten Sie die Fähigkeiten der Kinder in einer Tageseinrichtung. Erklären Sie, wie Sie die gesammelten Informationen nutzen können, um das Lernen der Kinder zu fördern.

5 MUSIK

5

KAPITELÜBERSICHT

- Mit Musik das Lernen fördern
- Entwicklungsstadien im Bereich Musik
- Die Bedeutung der Musik
- Die Rolle der Erzieherin
- Effektive Aufbewahrungssysteme
- Effektive Beschriftungssysteme
- Überlegungen zum Einrichten eines Musikbereichs
- Beobachtungs- und Dokumentationstechniken
- Überlegungen aus anderen Ländern
- Musikinstrumente und -materialien
- Entwicklungsstadien und Alterstufen
- Zusammenfassung
- Kontrollaufgaben

LERNZIELE

Nach dem Lesen dieses Kapitels kann der Leser/die Leserin:

- die verschiedenen Entwicklungsstadien im musikalischen Bereich erkennen;
- die Bedeutung der Musik erklären;
- die Rolle der Erzieherin bei musikalischen Spielen und Aktivitäten erläutern;
- verschiedene Aspekte beim Einrichten eines Musikbereichs drinnen und draußen benennen und diskutieren: Platzierung, Unterbringung von Materialien und Instrumenten, Beschriftung;
- verschiedene Arten von musikalischen Aktivitäten beobachten und dokumentieren.

»Überall auf der Welt lieben Kinder Musik. Sprachbarrieren, kulturelle Grenzen und Entwicklungsunterschiede werden niedergerissen, wenn Kinder Tönen lauschen, Lieder singen, Rhythmen und musikalische Muster in der Natur entdecken, Instrumente bauen und der Musik zuhören. Musik bewertet und urteilt nicht. In der Musik gibt es kein Richtig oder Falsch. Sie ist, was sie ist. Jeder kann Musik machen.«

SILBERG
The I Can't Sing Book: For Grownups Who Can't Carry a Tune in a Paper Bag … But Want to Do Music with Young Children

5.1 Mit Musik das Lernen fördern

Es war ein besonders nasser Herbst. Die Kinder waren im Regen spazieren gegangen, hatten in Pfützen herumgespritzt und beobachtet, wie die Regentropfen an ihren Regenmänteln, Schirmen und an den Fensterscheiben herunter gelaufen waren. Sie beschlossen, im Haus eine Regenwelt zu bauen (➛ Kap. 9.2). Dabei entstand ein einfaches Regenlied, das

- eine einfache Melodie hatte;
- das Fallen des Regens simulierte;
- einen gleichmäßigen Takt hatte;
- einen einfachen Text hatte, der sich mehrmals wiederholte;
- dazu anregte, sich zu bewegen und zu tanzen (➛ Abb. 5.1);

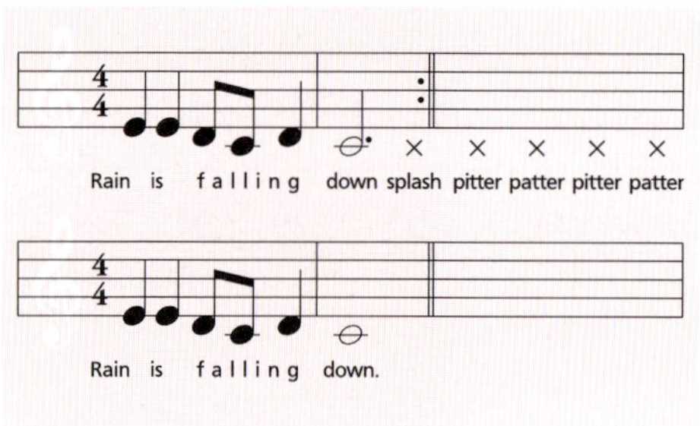

Abb. 5.1 Das Lied »Der Regen fällt ...« mit Notation.

Über einen längeren Zeitraum hinweg war dieses Lied ausgesprochen beliebt und wurde jeden Morgen mindestens fünf- oder sechsmal gesungen – meist auf Initiative der Kinder. Die älteren Kinder sangen und führten die Bewegungen aus, die zum Lied gehörten, oder schlugen mit den Rhythmusinstrumenten den Takt (➛ Abb. 5.2), während die jüngeren Kinder meist alles beob-

Abb. 5.2 Die Kinder begleiten das Lied mit Rhythmusinstrumenten.

achteten und nur bei den einfachen Bewegungen mitmachten.

Bei diesen Aktivitäten lernten die Kinder etwas über Klänge, Melodien und darüber, wie man den Körper im Raum bewegt, den Takt einer einfachen Melodie hält, sich rhythmisch bewegt und mittels Musik kommuniziert. »Wenn ein Kind lernt, zum Takt der Musik zu klatschen, wenn es einen Triangel, Klanghölzer oder Schlegel benutzt, um den Rhythmus zu schlagen, wenn es zu verschiedenen Kadenzen marschiert, entwickeln sich seine Körperkoordination, sein Zeitgefühl und sein Denken. (...) Es wird auch sein Gedächtnis trainieren, wenn es lernt, verschiedene Lieder mit unterschiedlichen Rhythmen zu singen. Die auditiven Fähigkeiten, die Fähigkeit zuzuhören entwickeln sich, wenn es den verschiedenen Tonlagen, dem Rhythmus und der Harmonie vielfältiger Lieder und verschiedener Musikstücke lauscht.« (Habermeyer 1999, S.43)

Musik ist einer der grundlegenden Lernbereiche, der in das pädagogische Programm jeder Kindertageseinrichtung gehören sollte. Musik ist eine beruhigende Aktivität, die Ausgeglichenheit und Schönheit in jede Umgebung bringen kann.

5.2 Die Entwicklungsstadien im Bereich Musik

In Anlehnung an die grundlegenden Entwicklungsfortschritte in der frühen Kindheit haben Jalongo und Collins (1985), Henniger (1999), Haines und Gerber (2000) und Pica (2000) Entwicklungsstadien für den Bereich Musik beschrieben. Obgleich sich diese Entwicklung in einer bestimmten Ordnung vollzieht, die Themen und Aktivitäten der einzelnen Stadien halten sich über die gesamte Altersspanne hinweg. Auch Erwachsene hören einfach nur der Musik zu, ahmen Musik nach oder experimentieren mit ihr – nur auf einem anderen Niveau. Wenn wir ein neues Musikstück erlernen, ahmen wir oft andere nach. Als ich beispielsweise einmal an einer Trommelsession von nordamerikanischen Ureinwohnern teilnahm, beobachtete ich zunächst auch aufmerksam, wie der Leiter der Gruppe die Trommel hielt und die Trommelstöcke benutzte, nahm den Rhythmus auf, bevor ich mich selbst daran beteiligte. Jede Band oder Rockgruppe durchläuft ein experimentelles Stadium. Sie probiert verschiedene Kombinationen aus, bis sie sich mit einer zufrieden gibt. Wir entdecken jedes Mal neue Konzepte, wenn wir ein Instrument hören, das uns neu ist: neue Klänge, neue Arten, die Klänge zu produzieren. Das höchste Stadium, die Anwendung erreichen wir, wenn wir ein Lied singen oder ein Stück auf einem Musikinstrument spielen.

5.2.1 Das pränatale Stadium

Verschiedene Untersuchungen beschäftigten sich mit den Auswirkungen der frühen Stimulierung des Fötus', durch Sprechen, Vorlesen, Singen, Summen und das Spielen von Musik (Begly 1996; Hepper 1991; Hoffman 1999; Shelter 1990). »Obwohl die Forschung zur musikalischen Stimulanz von noch ungeborenen Kindern noch nicht abgeschlossen sind, legen erste Ergebnisse den Gedanken nahe, dass Eltern dem ungeborenen Kind einen beachtlichen Vorteil für die frühe Entwicklung von Sprache, Gedächtnis und Musik verschaffen können, wenn sie für das noch Ungeborene singen, sprechen und ihm vorlesen.« (Habermeyer 1999, S. 36)

Die Ohren sind die ersten Organe, die sich entwickeln (Campbell 1995, S. 20).

Bereits in der vierten Schwangerschaftswoche beginnen sie sich auszubilden; das Gehör funktioniert im dritten oder vierten Monat. Der Fötus reagiert dann auf Geräusche außerhalb des Mutterleibs, wie durch Veränderungen des Herzschlags gezeigt wurde.

Wenn der Fötus Geräuschen wie bestimmten Musikstücken und den Stimmen der Eltern ausgesetzt wird, kann er ein Gedächtnis für diese Klänge und Vorlieben dafür entwickeln. Nach der Geburt können diese Töne erinnert werden. In dem Video »What Every Baby Knows« (»Was jedes Baby weiß«, Brazelton 1984) wird dies ganz deutlich demonstriert. Ein neugeborenes Baby zeigt keine Reaktion, als der Versuchsleiter es anspricht. Dann fordert er die Mutter auf, zu ihrem Kind zu sprechen. Das Neugeborene dreht den Kopf sofort zur Quelle der Töne. Ebenso wendet es sich der Stimme des Vaters zu.

5.2.2 Das Stadium des Zuhörens

Birgit hielt im Schaukelstuhl den müden Lukas in den Armen, schaukelte leicht und sang: »Schlaf, Kindlein schlaf«. Lukas beobachtete aufmerksam ihr Gesicht (➛ Abb. 5.3). Birgit schaute hinunter auf das Kind und sang weiter. Langsam schlossen sich Lukas' Augen und öffneten sich nach einer Weile noch einmal, um Birgit anzusehen. Als Birgit wieder sang, entspannte sich Lukas' Körper und seine Augen schlossen sich wieder. Bald danach schlief er. Birgit stand auf und legte das Baby vor-

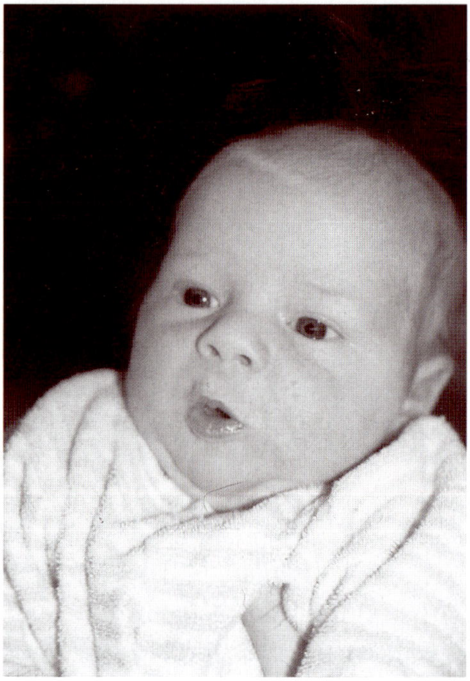

Abb. 5.3 Lukas lauscht dem Gesang seiner Erzieherin.

sichtig in sein Bettchen. Sie ließ eine CD mit Musik laufen, auf der auch der Klang des Herzschlags zu hören war (Walker 2000).

Lukas ließ sich von der engen Berührung mit Birgit, vom Klang ihrer Stimme und dem Lied, das sie sang, beruhigen. Auch die Musik in Kombination mit dem Herzschlag trug mit zu einer für ihn entspannten und entspannenden Umgebung bei.

5.2.3 Das Stadium des Nachahmens

Die Kinder interessierten sich ganz besonders für das elektronische Keyboard. Manchmal nahm Suzette, die Erzieherin der Kleinkinder, diese mit zu den

Vorschulkindern und spielte für sie, was sie sich wünschten (➛ Abb. 5.4). Die Kleinkinder schauten zu und lauschten. Laura beobachtete, dass einige der Vorschulkinder Instrumente einsetzten, um den Takt zu schlagen, und dass andere mitsangen. Sie wurde sehr lebhaft, bewegte Arme und Beine und begann, laut zu summen. Mit der Hand schlug sie gegen das am Bettchen befestigte Spielzeug, was ein Geräusch hervorrief, ergriff daraufhin das Spielzeug und begann es zu schütteln, während sie summte (➛ Abb. 5.5). Sie beendete diese Aktivitäten, als die Musik aufhörte.

Laura zeigte ihre Freude an dem Spiel. Sie beteiligte sich, indem sie »mitsang« und ihr Spielzeug bewegte. Sie registrierte deutlich, wann die Musik aufhörte, denn zum selben Zeitpunkt hielt auch sie mit ihren Aktivitäten inne. Sie entdeckte, dass sie mit ihrem Spielzeug ebenfalls »Musik« machen konnte, indem sie es schüttelte.

Abb. 5.4 Die Erzieherin beim Wunschkonzert für die Kinder.

Abb. 5.5 Die kleine Laura beteiligt sich aktiv am musikalischen Spiel.

Der zehn Monate alte Derrick beobachtete still die größeren Kinder. Eines hatte sich das Lied »Ich kenne einen Cowboy« gewünscht. Als ein paar Kinder das Lied begleiteten, indem sie in die Hände klatschten, breitete sich auf Derricks Gesicht ein Lächeln aus und er begann mitzuklatschen (➛ Abb. 5.6). Als die Strophe zu Ende war, hörten die Kinder auf zu klatschen – ebenso Derrick.

Derrick genoss die Musik; er lauschte und schaute zu. Als er eine ihm schon vertraute Aktion erkannte, nämlich das

Abb. 5.6 Derrick ahmt das Händeklatschen der anderen Kinder nach.

Abb. 5.7 Sebastian entdeckt, dass man mit einer Rassel Musik machen kann.

Klatschen, machte er mit. Als die älteren Kinder nicht mehr klatschten, hörte er ebenfalls damit auf. Er ahmte die Aktionen der anderen nach.

Die gemeinsame Aktivität der Klein- und Vorschulkinder zeigt deutlich die Vorteile der Altersmischung. Die Vorschulkinder freuten sich, als die Babys dazukamen. Die Babys waren in der Lage, einiges vom Verhalten der Vorschulkinder zu beobachten und nachzuahmen. Die Vorschulkinder wiederum beobachteten die Babys und halfen ihnen beim Lernen.

Sebastian liebte Musik. Wenn er Musik hörte, zappelte er mit den Armen und Beinen, sein ganzer Körper war in Bewegung. Frank, der Erzieher, beobachtete Sebastians Aktionen. Aus dem Musikregal holte er zwei Rasseln und gab eine davon Sebastian. Dieser nahm die Rassel in die Hand und begann wieder herumzuzappeln. Er hielt inne, schaute auf die Rassel und schüttelte dann seine Hand. Ein Lächeln erschien auf seinem Gesicht. Sebastian schüttelte die Rassel immer wieder (➛ Abb. 5.7). Frank lächelte und schüttelte ebenfalls seine Rassel. Daraufhin hörte Sebastian auf und beobachtete Frank. Als Frank anhielt, begann Sebastian wieder.

Der Erzieher hatte Sebastian aufmerksam beobachtet und reagierte auf dessen Aktivität. Er sah, dass es Sebastian Spaß machte, sich zur Musik zu bewegen und gab ihm ein Instrument, das gut für ihn geeignet war. Sebastian hatte dieses Instrument vorher nicht gekannt,

Abb. 5.8 Carolin lernt ein Rhythmusinstrument kennen.

lernte aber schnell, wie man damit umgeht. Frank und Sebastian beobachteten und imitierten einander.

Wenn Carolin das Lied »Wenn sich die Igel küssen« hörte, unterbrach sie jede Tätigkeit, in die sie gerade vertieft war, und kam sofort zum Musikbereich. Sie sang einige Worte mit und verwendete ein Rhythmusinstrument, den Tonblock, um den Takt zur Musik zu schlagen (➛ Abb. 5.8), was sie auch schaffte, wenn die Musik langsam genug war. War das Lied zu Ende, verlangte sie es noch einmal, manchmal sogar sechs oder sieben Mal.

Mit der Zeit erkannte Carolin die Tonlagen und konnte das Lied korrekt singen. Außerdem entwickelte sie ein Interesse an bestimmten Klängen – an Regenrasseln, Schlagstöcken, Klanghölzern – oder Liedern und lernte, den richtigen Takt zu schlagen.

5.2.4 Das Stadium des Experimentierens

Florian war im Theaterspielbereich und half dort, eine Feuerwehr einzurichten. Dieses Spiel brach er plötzlich ab und sang stattdessen mit den Kindern im Musikbereich ein Lied (➛ Abb. 5.9), die Bewegungen dazu führte er nicht aus. Er hörte mit dem Singen auf, lachte und fing wieder damit an, allerdings mit einem etwas veränderten Text, der sich auf sein Feuerwehrspiel bezog. Simone, die Erzieherin, hörte ihn und sagte: »Du hast dir ein neues Lied aus-

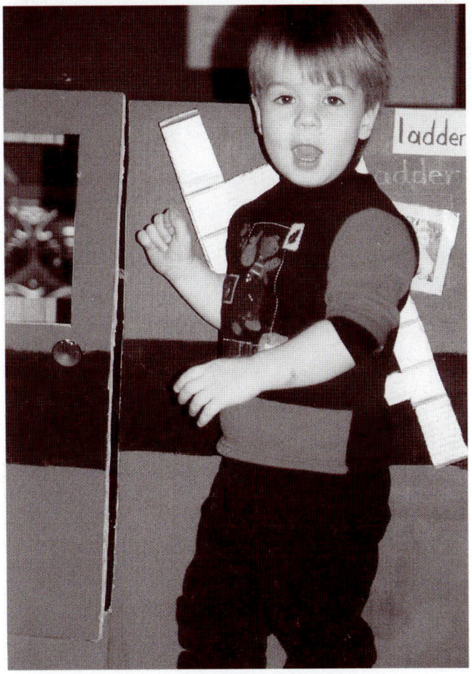

Abb. 5.9 Florian erfindet ein neues Lied.

gedacht! Willst du es nicht noch mal singen?« Florian lächelte und schüttelte den Kopf.

In diesem Stadium lernen Kinder nicht nur die Texte der Lieder, sondern kreieren auch neue Lieder. Die Lieder, die sie sich ausdenken, konzentrieren sich normalerweise auf das, was die Kinder gerade tun. Es ist interessant, dass Florian eigentlich in ein Rollenspiel involviert war, in dem er völlig aufzugehen schien. Aber offensichtlich nahm er die Musik doch auf, die eine starke Anziehungskraft auf ihn auszuüben schien. Kinder müssen sich nicht immer direkt im Musikbereich aufhalten, um an einer musikalischen Aktivität teilzunehmen. Florian nahm aus der Distanz am musikalischen Geschehen teil.

Bruno hörte ebenfalls das Regenlied, als er im Kunstbereich spielte, und ging direkt in den Musikbereich. Er sang nicht, sondern beteiligte sich lieber an der körperlichen Aktivität (➤ Abb. 5.10). Er sprang auf die ausgelegten Papierpfützen und versuchte, jeweils einen Hüpfer zu jedem gesungenen Wort zu machen. Simone beobachtete sein schwieriges Vorhaben und sagte: »Komm, versuchen wir das noch einmal, aber diesmal singen wir etwas langsamer!« Diesmal schaffte es Bruno, zu den meisten Schlägen der Musik zu hüpfen.

Bruno ist ein Kleinkind, das sich eher auf körperliche Weise an der Musik beteiligte. Er experimentierte damit, dem Takt mit seinem ganzen Körper zu folgen. Diese Aufgabe konnte er weitaus besser lösen, nachdem die Musik an seine Fähigkeiten angepasst worden war. Die anderen Kinder lernten dadurch, dass ein Lied auf verschiedene Weise gesungen werden kann, schnell oder langsam.

Abb. 5.10 Bruno experimentiert damit, Musik in Bewegung umzusetzen.

5.2.5 Das Stadium des Entdeckens

Yasmine tanzte gerne zu Musik, am liebsten mit Requisiten. Am liebsten nahm sie einen Schal, mit dem sie sich auf der Stelle drehte (➤ Abb. 5.11). Sie schaffte es, dabei dem Tempo der Musik zu folgen, schnell und langsam.

Yasmine verbindet ihr Interesse für Musik mit ihrer Vorliebe für aktive Beteili-

Abb. 5.11 Yasmine bewegt einen Schal zur Musik und entdeckt dabei grundlegende musikalische Konzepte.

Abb. 5.12 Die beiden Kinder begleiten zunächst ein Lied und erfinden dann einen neuen Text.

gung. Sie entwickelte Kreativität, indem sie den Schal im Rhythmus der Musik fliegen ließ, und sie schien auch den Melodiefluss der Musik aufzunehmen, denn sie bewegte den Schal nach oben und ließ ihn hinunterflattern, je nachdem, wie sich die Tonhöhe der Musik veränderte. Damit hat sie grundlegende Konzepte der Musik erfasst, etwa Tempo und Tonhöhe.

Leila und Christina waren oft zusammen im Musikbereich. Beide sangen gern und beide dachten sich gern eigene Lieder aus. Oft begannen sie mit einem bekannten und beliebten Lied, dessen Text und Melodie sie beide kannten. Sie hörten sich die CD an, sangen und spielten mit Musikinstrumenten mit (➤ Abb. 5.12). Oft verwendeten sie danach die Melodie des Liedes, das sie gerade gehört hatten, und erfanden dazu einen neuen Text.

Auf diesem Entwicklungsniveau lieben Kinder auch Nonsenslieder, die ihren Sinn für Humor ansprechen und sie ermuntern, ihren eigenen Humor zu entwickeln.

5.2.6 Das Stadium des Anwendens

Gereon experimentierte besonders gern mit dem Rhythmus (➤ Abb. 5.13). Zuerst erfand er einen Rhythmus, den seine Erzieherin Simone nachspielen sollte.

Abb. 5.13 Gereon erfindet neue Rhythmen.

Dann musste Simone einen Rhythmus erfinden, den er nachzuspielen versuchte. Die Rhythmen variierten in Lautstärke, Geschwindigkeit und Anzahl der Schläge. Ein typischer Rhythmus ging zum Beispiel so: lang, lang, kurz, kurz, lang, leise, leise, leise, laut. Gereon hatte gelernt, rhythmische Muster in Bezug auf Lautstärke und Geschwindigkeit anzuwenden und zu reproduzieren.

Immer wieder initiierten die Kinder spontane musikalische Aktivitäten. Marlene und Yasmine beschlossen eine Band gründen. Sie gingen durch den Raum und luden andere Kinder und Erwachsene ein, mitzumachen. Die Band wählte oft beliebte Lieder aus, die sie dann sangen und/oder vom CD-Player abspielten (➛ Abb. 5.14). Marlene und Yasmine kannten den ganzen Text, sangen und schlugen auch den Takt zum Lied.

Kinder in diesem Entwicklungsstadium singen gern in der Gruppe. Sie haben bereits klare Musikvorlieben und können Melodien wiedergeben.

Stephanie und Marlene hatten die Idee, aus der »sitzenden Band« eine »marschierende Band« zu machen. Die beiden Mädchen marschierten im Takt der Musik durch den Raum, was ihnen aber bald zu einfach war. Deshalb bauten sie einen Hindernisparcours auf (➛ Kap. 5.15). Dann suchten sie sich eine CD mit afrikanischer Trommelmusik aus und marschierten über den Parcours.

Die Aktion verweist auf die Fähigkeiten der Mädchen, mehr als eine Sache gleichzeitig zu koordinieren – marschieren, den Takt halten, innerhalb und außerhalb des Hindernisparcours' herumlaufen.

Abb. 5.14 Eine Gruppe von Kindern hat eine Band gegründet.

Max bemerkte, dass das kleine Xylophon farbige Tasten hatte, die den Farben der Noten auf dem Notenblatt entsprachen. Das faszinierte ihn. Er versuchte, die Noten zu spielen und schaffte es. Dann beschloss er, dieselbe Musik auf dem elektronischen Keyboard zu spielen, und stellte fest, dass das nicht funktionierte. Er bat seine Erzieherin Petra, ihm zu helfen. Sie fragte ihn, was sie für ihn tun könne. Er antwortete: »Wir müssen die Tasten auf dem Keyboard bemalen.« Sie holten das Xylophon und verglichen es mit dem Keyboard. Max meinte, er könnte farbige Papierstückchen auf das Keyboard kleben, die mit den Farben des Xylophons übereinstimmten. Petra zeigte ihm das mittlere C und schlug dieses als Ausgangspunkt vor. Dann legten sie farbige Streifen auf die Tasten. Max versuchte, sein Stück zu spielen (➛ Abb. 5.16) und war begeistert, als er es schaffte. Er rief andere Kinder herbei, spielte ihnen sein Stück vor und fragte sie nach dem Namen des Liedes. Sie konnten richtig antworten: »Row, Row, Row, Your Boat.«

Abb. 5.15 Die Kinder marschieren mit ihrer Band über einen Parcours.

Abb. 5.16 Max hat mit seiner Erzieherin ein System entwickelt, auf dem Keyboard nach Noten zu spielen.

Max begann, Melodien auf verschiedene Weise wiederzugeben. Er konnte Noten auf zwei verschiedenen Keyboards lesen, erkennen, dass die Noten auf den Keyboards verschiedene Positionen haben, und er konnte dem Muster der farbigen Noten folgen und eine richtige Melodie spielen.

5.3 Die Bedeutung der Musik

Musik ist für Kinder nicht nur wichtig, sondern von grundlegender Bedeutung. »Musik erfüllt alle Kriterien, um als eine intellektuelle Angelegenheit gelten zu können. Aber es geht um weit mehr als um intellektuelle Qualitäten. Musik beinhaltet auch Gefühle und Gedanken. Nur wenige Kinder werden später einmal Konzertmeister oder Geiger; aber allen Kindern ist die große Gabe gegeben, dass sie die Musik dafür nutzen können, um sich zu entspannen, Probleme zu lösen und Gefühle auszudrücken. Musik kann der Schlüssel zu Kreativität und zum Lernen der Kinder sein.« (Black 1998, S. 42) Verschiedene Autoren haben die verschiedenen Bedeutungen der Musik herausgearbeitet, die im Folgenden vorgestellt werden:

Nach Isenberg und Jalongo 2001, S. 163–167:

- Psychomotorische Fähigkeiten: Verwendung kleiner und großer Muskeln, um die kinästhetische/Körperintelligenz zu entwickeln
  Hannah und Bruno sprangen in die Pfützen, Laura schüttelte das Spielzeug am Bettchen, Derrick klatschte in die Hände, Sebastian schüttelte die Rassel, Carolin spielte den »Tonblock«, Yasmine wirbelte den Schal herum, Leila schlug die Trommel, Gereon klopfte einen Takt auf der Bambustrommel, Max spielte Keyboard.
- Wahrnehmungsfähigkeiten: Erkennen von Klängen und Liedern, Reagieren auf Musik
  Lukas lauschte dem Wiegenlied; die Kinder baten Suzette darum, bestimmte Lieder zu spielen; Laura summte und schüttelte ihr Spielzeug am Bett; Colin sang aus der Entfernung das Lied mit; Bruno brach sein Spiel ab, um sich am Regenlied zu beteiligen; Gereon erfand einen Rhythmus und folgte diesem Rhythmus; Max spielte ein Lied auf dem Keyboard.
- Emotionale Fähigkeiten: emotionale Reaktionen entwickeln
  Das beruhigende Wiegenlied brachte Lukas zum Schlafen; Florian freute sich von ganzem Herzen, als er das Regenlied sang; Gereon war stolz, als er einen Rhythmus nachahmen konnte; Max war ganz aufgeregt, als er ein Lied nach Noten spielen konnte.
- Soziale Fähigkeiten
  Soziale Aktivitäten entstanden durch die Beteiligung der Gruppe am Regenlied, Suzettes Keyboardspiel, die Bildung der Band und der Marschkapelle; Max' Bitte an die Gruppe, seinem Lied zuzuhören oder als Leila und Christina gemeinsam Musik erfanden.
- Kognitive Fähigkeiten: sich an Liedtexte erinnern, Klang und Rhythmus der Melodie hervorbringen, Symbole interpretieren, das Kind »kann alle höheren Denkfähigkeiten der Anwendung, Analyse, Synthese und Bewertung entwickeln« (S. 166).

Hannah konnte dem Text des Liedes zuhören und gleichzeitig hüpfen, Derrick ahmte das Händeklatschen der anderen Kinder nach, Florian konnte den vollständigen Text des Liedes singen und neue Textzeilen erfinden, die zur Melodie passten; Yasmine erkannte, dass die Musik auf- und absteigende Noten hatte, und zeigte das, indem sie ihren Schal nach oben und unten bewegte; Leila und Florian erfanden neue Lieder, Max stellte eine Verbindung zwischen dem Xylophon und dem Keyboard her, Gereon komponierte Rhythmusmuster.

- Interkulturelle Kompetenzen
  Katjas Vater spielte für die Kinder auf einer traditionellen Trommel und stellte ihnen solche Trommeln zur Verfügung (➛ Kap. 1.4), Verwendung von Instrumenten aus verschiedenen Kulturen (zum Beispiel Bambustrommeln), Marschieren zum Schlag der afrikanischen Trommel.

Nach Pica 2000, S. 28–30:

- Motivation zur Kommunikation
  Max wollte der ganzen Gruppe sein Lied vorstellen; Florian teilte mit, dass der Regen auf sein Feuerwehrauto fiel; Yasmine drückte ihr musikalisches Empfinden aus, indem sie den Schal zur Musik bewegte.
- Erste Begegnung mit der eigenen Kultur
  Vertraute Lieder und Musik – Schlaflieder und Kinderreime; Vielfalt an Musik – klassische Musik, Popmusik, Kinderlieder; Präsentation der Musik aus den jeweiligen in der Tageseinrichtung vertretenen Sprachgruppen.
- Zunahme der Aufmerksamkeitsspanne
  Das Regenlied wurde wiederholt; eine Band und schließlich eine Marschkapelle wurden gegründet.
- Die Fähigkeit zuzuhören entwickelt sich
  Lukas lauschte dem Schlaflied; die Kindergruppe hörte Max' Lied zu; Yasmine lauschte der Musik und reagierte auf ihre Gefühle, die durch die Musik ausgelöst wurden.
- Stimmung und Atmosphäre werden erzeugt
  Yasmine wählte einen ruhigen, langsamen Song; die Band einen kräftigen Rhythmus, um dazu zu marschieren.

Nach Rauscher 1996:

- Wachsen der räumlichen Intelligenz
  Frühe musikalische Aktivitäten führen später zu besseren Leistungen in Mathematik und Naturwissenschaften.

Nach Coulter 1995, S. 22:

- Neurologische Wirkungen
  Die Verbindung von rhythmischer Bewegung mit Liedern und Sprache hilft den Kindern, ihr Denken zu entwickeln, fördert die soziale und sprachliche Entwicklung sowie Selbstbeherrschung und -steuerung

Nach Honig 1995, S. 2:

- Ästhetische Entwicklung
  Musikalische Aktivitäten entwickeln die Sensibilität für Gefühle und für die Metaphorik der Musik.

Nach Wendell 2000, S. 100:

- Heilende Kräfte

  »Die heilenden Kräfte des musikalischen Spiels in der Vorschule können dafür genutzt werden, Kinder mit speziellem Förderbedarf in ihrer Entwicklung in der frühen Kindheit zu unterstützen. Die Verbindung zwischen Musik und Gefühl kann diesen Kindern helfen, Gefühle mitzuteilen und Verständnis für die sie umgebende Welt zu entwickeln. Lieder und Musik, die vertraute Ereignisse zum Thema haben, und musikalisches Spiel ohne vorgegebenes Endergebnis (open end) können den Kindern symbolisches Material dafür liefern, sich in verschiedenen Rollen auszuagieren, was einen therapeutischen Effekt haben kann.« (S. 100)

5.4 Die Rolle der Erzieherin

- Sie bietet Material und Erfahrungsmöglichkeiten an, um die Kinder zu motivieren, sich zu beteiligen: Keyboard, CDs mit verschiedener Musik, Regenlieder für draußen, wenn es regnet. Sie fördert grobmotorische Aktivitäten, um Bewegung zu Musik anzuregen. Katjas Vater führte den Kindern traditionelle Trommelmusik vor (➛ Kap. 1.4).
- Sie ist Modell und Vorbild: Suzette spielte Lieder, die die Kinder gern hören wollten. Birgit sang Lukas etwas vor, Michael wirkte in der Band und in der Marschkapelle mit (➛ Abb. 5.15).
- Sie schafft eine Atmosphäre, die zu musikalischen Aktivitäten anregt (➛ Abb. 5.17).
- Sie regt zum Singen an: Das Regenlied wurde draußen vorgestellt, als die Kinder durch den Regen liefen und in Pfützen sprangen.
- Sie regt zu rhythmischer Bewegung an: zum Springen in Pfützen, Klatschen zum Rhythmus des Regens.
- Sie regt die Kreativität an: sorgt dafür, dass musikalisch ausgebildete Kolleginnen den Kindern Anregungen

Abb. 5.17 Es ist wichtig, eine Atmosphäre zu erzeugen, die Kinder zu musikalischen Aktivitäten anregt.

geben und auf ihre Bedürfnisse eingehen können, stellt Noten und Notenblätter zur Verfügung, notiert die Lieder der Kinder (Beispiel: Max entwarf sein eigenes Farbsystem, um ein Lied zu spielen).

- Sie sorgt dafür, dass die Kinder der Erzieherin beim Singen und Spielen ausgewählter Lieder bzw. Musikstücke in Ruhe zuhören können.
- Sie benutzt einfache Instrumente: Keyboards, Trommeln, Klanghölzer.
- Sie spricht mit den Kindern über die Musik und ihre Eigenschaften; darüber, wie sich die Kinder beim Hören von Musik fühlen und warum sie ein bestimmtes Stück besonders mögen.
- Sie beobachtet die Kinder und geht auf ihre Interessen ein: Die aktive Beteiligung der Kinder am Regenlied im Freien führte die Erzieherin dazu, die gleichen Aktivitäten auch im Raum anzuregen. Als Gereon eigene Rhythmen erfand, begann sie, mit ihm Rhythmusspiele zu spielen.
- Sie passt den Musikbereich den jeweiligen Situationen an, erweitert und verbessert ihn: Sie bietet zusätzliche Musik zu den Aktivitäten der Kinder an, stellt beispielsweise einen CD-Player mit Wiegenliedern im Badebereich und im Schlafraum der Kleinkinder auf.
- Sie bringt ihr eigenes musikalisches Interesse zum Ausdruck: singt Lieder, die ihr etwas bedeuten, zeigt ihre Freude über die musikalischen Versuche der Kinder, nutzt die Musik spontan in einer Vielzahl von Aktivitäten.
- Sie stellt einfache Instrumente zur Verfügung, die die Kinder benutzen können: Gereon probiert die Trommel aus, Carolin verwendet den »Tonblock«.
- Sie sorgt dafür, dass sich die kulturelle Vielfalt im Programm widerspiegelt – Trommeln der Ureinwohner, französische Chansons.
- Sie stellt eine Balance zwischen den Aktivitäten von Einzelnen, kleinen Gruppen und der großen Gruppe her.
- Sie fördert musikalische Aktivitäten sowohl im Haus als auch im Außenbereich.

5.5 Effektive Aufbewahrungssysteme

Kinder sollten lernen, mit Musikinstrumenten achtsam und aufmerksam umzugehen. Daher ist es entscheidend, ein geeignetes Aufbewahrungssystem einzurichten. Ein offenes Regal kann für größere Instrumente wie Trommeln und Xylophone genutzt werden. Klanghölzer können in ansprechenden durchsichtigen Plastikbehältern aufbewahrt werden.

Einige Instrumente wie Tamburins können an Haken aufgehängt werden. Einzelne Küchenschubladen können dafür verwendet werden, »Tonblöcke« und die dazu gehörenden Stöcke darin aufzubewahren. Kleinere Instrumente wie Glocken und kleine Rasseln lassen sich in kleinen Körben oder Plastikbehältern unterbringen, sie sollten flach und groß genug sein, um jedem Instrument einen eigenen Platz zu geben.

Um Durcheinander zu vermeiden, sollten die Instrumente je nach Art sortiert werden – alle Trommeln zusammen, alle Klanghölzer zusammen. Die Kinder sollten dazu aufgefordert werden, die Instrumente an den jeweiligen Platz zurückzubringen, wenn sie ihr Spiel beendet haben. Es bietet sich an, die Regale mit Stoff auszulegen (Filz oder Frotteehandtücher eignen sich dafür), damit die Instrumente nicht so leicht herausrutschen.

Musikinstrumente sollten regelmäßig ausgetauscht werden. Achten Sie darauf, dass dies den Interessen der Kinder entspricht. Wenn die Kinder an einem bestimmten Instrument länger Interesse zeigen und es dauernd benutzen, sollte es nicht entfernt werden. In diesem Fall ist es besser, das Angebot durch andere Instrumente zu ergänzen. Beispielsweise mochte Carolin den »Tonblock« sehr, deshalb blieb er im Bestand; hölzerne Löffel, »Musiklöffel« und Klanghölzer wurden hinzugefügt.

5.6 Effektive Beschriftungssysteme

Wie die Materialien in anderen Bereichen sollten auch die Instrumente im Musikbereich eine klare Beschriftung – in Bild und Wort – haben, damit alle Kinder und Erwachsenen die Gegenstände dahin zurückbringen können, wohin sie gehören. Größere Instrumente sollten mit ihren Umrissen auf dem Regalbrett gekennzeichnet sein, um ihren Platz genau zu bestimmen. Auf einzelnen Kästen sollten Schilder all die Instrumente, die hineingehören, in Bild und Wort zeigen – z. B. Glocken, Zymbel und Kastagnetten.

5.7 Überlegungen zum Einrichten eines Musikbereichs

Der Musikbereich braucht viel Platz, damit die Kinder ihre musikalischen Aktivitäten erweitern und Rollenspiele und Bewegung einbeziehen können. Er muss von ruhigeren Spielen getrennt werden, denn das Spielen von Instru-

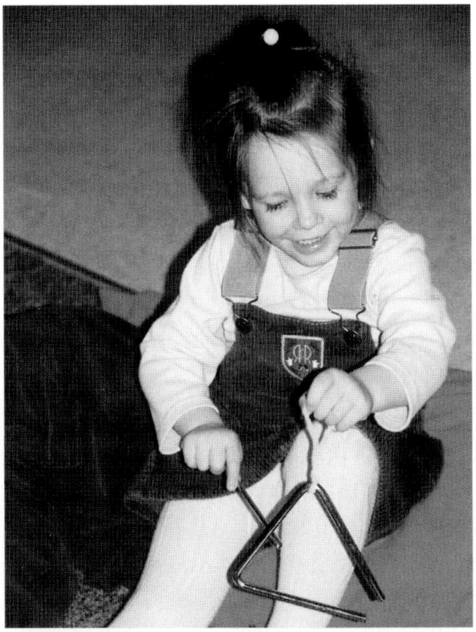
Abb. 5.18 Kinder haben es gerne bequem, wenn sie sich musikalischen Aktivitäten hingeben.

menten kann laut werden. Kinder sollen die Möglichkeit bekommen, ohne Hemmungen gerade auch mit der Lautstärke der Musik zu experimentieren. Da sie sich zum Musizieren oder Singen gerne hinsetzen, empfiehlt es sich, den Bereich mit Teppichboden auszulegen. Das Schaffen von weichen, bequemen Plätzen mit Kissen oder Decken fördert ausdauerndes Zuhören und Musizieren der Kinder (➛ Abb. 5.18).

Im Musikbereich sollte sich regelmäßig ein Erwachsener befinden, der sich an den Spielen beteiligen kann, auf einem einfache Instrument etwas vorspielt oder den Kindern etwas vorsingt. Kinder brauchen Vorbilder im Umgang mit Musik und sie sollten erleben, dass Erwachsene ihre musikalischen Erfahrungen schätzen (➛ Abb. 5.19).

Ich erinnere mich an ein eindrückliches Erlebnis. In einem offenen Grundschulbereich betreute ich Kinder zwischen fünf und zehn Jahren. Der Vormittag war besonders unruhig und hektisch, deshalb legte ich mir zur Mittagszeit eine meiner Lieblingsschallplatten auf, eine Aufnahme des Bielefelder Kinderchors, und setzte mich in eine Ecke des Raums. Ich war ganz vertieft in die Musik, als ich auf einmal bemerkte, dass ich nicht mehr allein war. Ungefähr 30 Kinder hatten die Musik in ihrem Speiseraum gehört, waren leise hereingekommen und hörten mit mir die Musik. Kein Kind sprach. Als die Musik zu Ende war, gingen die Kinder leise wieder weg.

Neben Musikinstrumenten sollte man Kindern eine Auswahl von CDs und Liederbüchern zur Verfügung stellen. Liederbücher regen nicht nur zum Singen, sondern auch zum Lesen an. Es ist wichtig, dass die Kinder lernen, CD-Player und CDs selbst zu bedienen, um eine größere Unabhängigkeit zu erlan-

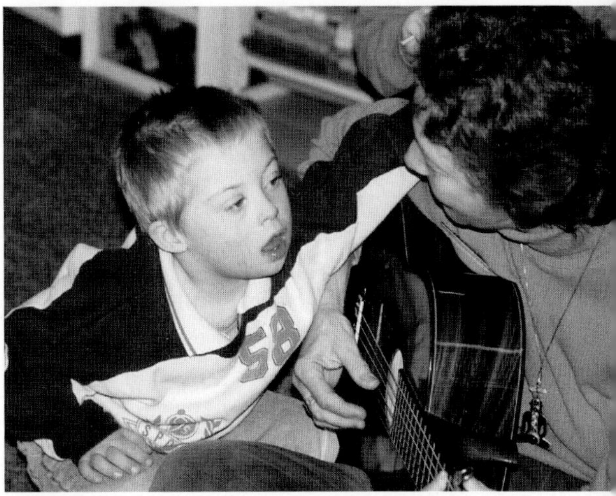
Abb. 5.19 Kinder brauchen musikalische Vorbilder.

gen. Bereits kleinere Kinder können mit diesen Geräten umgehen, wenn sie dazu ermutigt werden. Die Bedienknöpfe des CD-Players lassen sich beispielsweise mit grünem und rotem Band bekleben, um den Kindern eine visuelle Orientierung für das An- und Abschalten zu geben.

Auch sollte die Möglichkeit geschaffen werden, mit Kindern Musikvideos anzuschauen. Videos wie *Cats* und *Fantasia* vermitteln Kindern eine Vorstellung davon, wie andere Menschen Musik interpretieren und darauf tanzen. Es ist nicht notwendig, den Kindern das ganze Video zu zeigen; es geht eher darum, einen kleinen Ausschnitt zu finden, der ihre Vorstellungskraft fesselt. Das Video *Stomp* ist ein wunderbares Beispiel dafür, wie man Musik – besonders Takt und Rhythmus – mit fast allen Materialien kreieren kann. Auch hier reicht es, kurze Ausschnitte zu zeigen, die Kinder und Erwachsene dazu anregen, natürliche Materialien aus ihrer Umgebung zu nutzen.

Der Musikbereich sollte schön gestaltet sein. Als die Kinder sich beispielsweise mit dem Regenlied beschäftigten, wurde ein großer Regenschirm mit einem Kissen darunter in einer Ecke des Bereichs platziert. Liederbücher lagen unter dem Schirm. Schillernde Regentropfen wurden ausgeschnitten und an einer Schnur an der Decke als Girlande aufgehängt. Die Kinder bastelten Pfützen und legten sie unter die hängenden »Regentropfen«.

5.8 Beobachtungs- und Dokumentationstechniken

5.8.1 Die Bedeutung von Beobachtung

Die Aktivitäten der Kinder zu beobachten und zu dokumentieren ist außerordentlich wichtig. Die Dokumentation informiert die Erzieherin:

- über die Arten von Musik, die die Kinder lieben;
- darüber, wie die Kinder auf Musik, Lieder und Bewegung reagieren;
- welche Arten von Aktivitäten die Kinder zum spontanen Singen anregen;
- welche Instrumente eingesetzt werden;
- welche Fähigkeiten die Kinder erworben haben;
- welche kulturellen Interessen sich bei den Kindern ausdrücken.

Folgende Fähigkeiten und Verständnis für die folgenden musikalischen Elemente können beobachtet werden:

- **Zuhören:** verschiedene Klänge unterscheiden, den Rhythmus eines Liedes oder einer Phrase wiedergeben, ein einfaches Lied oder den Teil eines Liedes singen
- **Tempo:** die Geschwindigkeit der Musik (schnell und langsam)

- **Tonhöhe/Tonlage:** höhere und tiefere Töne der Musik
- **Lautstärke:** laute oder leise Musik, Variationen in der Lautstärke eines Musikstücks
- **Stimmung:** »eine Kombination musikalischer Elemente, die eine emotionale oder affektive Reaktion bei den Zuhörern oder den Musizierenden hervorruft« (Haines und Gerber 2000, S. 14)
- **Legato:** leichtes Fließen ohne Unterbrechungen (die meisten Wiegenlieder)
- **Staccato:** punktierte, abgehackte, unterbrochene Musik
- **Melodie:** Töne, die in einer Sequenz zusammengefügt werden
- **Phrasen:** ein Lied oder ein Musikstück in einzelne Teile teilen, um musikalische Ideen vorzustellen
- **Rhythmus:** Klänge, Pausen und Muster zusammenstellen und gruppieren
- **Timbre:** einzigartige Qualität einer Stimme oder eines Instruments
- **Harmonie:** »eine Abfolge aus einem oder mehreren wechselnden oder wiederholten Tönen, die der dominierenden Melodielinie hinzugefügt werden, um sie zu bereichern oder zu erweitern« (Haines und Gerber 2000, S. 15)
- **Dynamik:** Betonung von Tönen und Wechsel in der Lautstärke, sowohl allmählich als auch plötzlich
- **Form**

5.8.2 Checklisten zur Beobachtung

Die Tabellen 5.1, 5.2 und 5.3 zeigen Checklisten, die dafür geeignet sind, die musikalischen Aktivitäten der Kinder zu dokumentieren.

Checkliste zur Beobachtung der Interessen der Kinder

Name	Datum	Interesse	Beobachtung
Bruno	*14.2.* *15.2.*	*Dinge allein tun*	*Nahm eine CD aus der Verpackung, konnte sie zunächst nicht in den CD-Player legen* *Öffnete den CD-Player, legte die CD hinein, drückte den Startknopf*
Josh	*5.2.*	*Rhythmusinstrumente*	*Benutzte Klanghölzer – schlug die Hölzer aneinander, während er herum lief.*

Tab. 5.1 Checkliste zur Beobachtung der Interessen der Kinder

Wie die Informationen pädagogisch zu nutzen sind:

- Passen Sie die Aktivitäten an die Bedürfnisse der Kinder an: Die Erzieherin klebte einen gelben Sticker auf den Knopf, mit dem man den CD-Player öffnen kann, einen grünen Sticker auf den Startknopf und einen roten Aufkleber auf den Stoppschalter. Sie erklärte den Kindern einzeln, wie man mit dem Gerät umgeht. Bruno konnte daraufhin den CD-Player selbst bedienen.
- Stellen Sie zusätzliche Materialien zur Verfügung, damit sich die Aktivitäten weiterentwickeln: Die Erzieherin gab den Kindern im Musikbereich zusätzlich »Tonblöcke« und kleine Trommeln.
- Beziehen Sie die Aktivitäten in die täglichen Abläufe ein: Klatschen zu einem Spiel, in das die Kinder vertieft sind, Klatschen zu jeder Silbe: wir ge-hen, wir ge-hen, wir ge-hen nach drau-ßen.

Liste der Lieblingslieder und -spiele der Kinder

Lieblingslieder/ Lieblingsmusikstücke	Kind/Aktivität
Ich kenne einen Cowboy	*Marlene: beschäftigte sich mit dem Lied.* *Josefine: hörte dem Erwachsenen beim Singen zu und schaute mit ihm das Buch an.*
He ho, spann den Wagen an	*Yasmine: bewegte den Schal, während sie der Musik lauschte.*

Tab. 5.2 Liste der Lieblingslieder und -spiele der Kinder

Wie die Informationen pädagogisch zu nutzen sind:

- Erzählen Sie den Familien, was ihre Kinder lieben: Dadurch entstehen gute Ideen für Geburtstags- und Feiertagsgeschenke, zugleich werden musikalische Aktivitäten zu Hause unterstützt.
- Suchen Sie alternative Stücke, die vertraute Elemente enthalten.
- Stellen Sie geeignete Instrumente zur Verfügung.
- Stellen Sie geeignete Requisiten für das Spiel mit Musik zur Verfügung.

Checkliste zu Fähigkeiten

Name: *Gereon*

Datum	Fähigkeit	Beobachtung
22.4.	*Gleichmäßigen Takt halten*	*Verwendete die Klanghölzer, um den Takt von »Die Affen rasen durch den Wald« zu schlagen*
24.4.	*Marschieren und Takt einhalten*	*CD mit afrikanischen Trommeln – hielt den Takt auf der Trommel und konnte dazu marschieren*
25.4.	*Rhythmusmuster kreieren*	*Schuf einen eigenen Rhythmus auf der Bambustrommel, bat die Erzieherin, zuzuhören und den Rhythmus zu wiederholen*
	Rhythmusmuster wiederholen	*Lauschte und wiederholte das Rhythmusmuster: langsam, langsam, schnell, schnell, langsam*

Tab. 5.3 Checkliste: Fähigkeiten

Wie die Informationen pädagogisch zu nutzen sind:

- Machen Sie sich die angewendeten Fähigkeiten bewusst, um den nächsten weiterführenden Schritt zu planen.
- Spielen Sie mit den Kindern Rhythmusspiele.

5.8.3 Die Aufmerksamkeitsspanne

Die Aufmerksamkeitsspanne wird am besten gemessen, indem man feststellt,

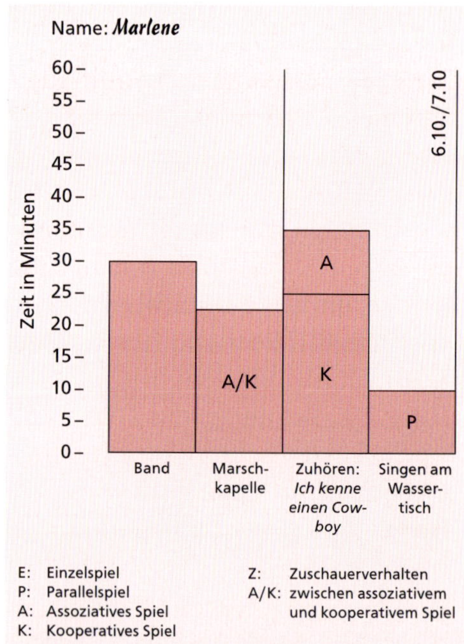

Abb. 5.20 Aufmerksamkeitsspanne

wie lange ein Kind bei einer bestimmten Aktivität bleibt. Eine Graphik dafür anzufertigen ist die einfachste Methode (➛ Abb. 5.20). Die y-Achse der Graphik erfasst die Zeit in Minuten. Die x-Achse erfasst das spezifische Verhalten/dieAktivität, das/die beobachtet wurde. Es ist zu empfehlen, das Verhalten sofort zu notieren, wenn man es beobachtet. Außerdem können Sie die Art des Spiels im Balken der Graphik festhalten. Dadurch bekommen Sie weitere Informationen: Wenn Sie beispielsweise Marlenes Verhalten betrachten, als sie »Ich kenne einen Cowboy« lauschte, werden Sie zwei Balken übereinander bemerken, die deutlich machen, dass sie zuerst allein 25 Minuten lang zugehört hat und dann für eine zweite Zeitspanne wieder auf diese Aktivität zurückkam und in einer kleinen Gruppe von Kindern zehn Minuten lang zuhörte. Wenn Sie die Beobachtungen von einem Tag abschließen, ziehen Sie einfach eine vertikale Linie und datieren Sie diese Linie. So können Sie die Graphik über längere Zeit verwenden.

Wie die Informationen pädagogisch zu nutzen sind:

- Dehnen Sie die Aktivitäten über längere Zeit aus.
- Wählen Sie längere Musikstücke und Lieder.

5.9 Überlegungen aus anderen Ländern

Musik bietet uns die seltene Möglichkeit, alle Aspekte kultureller Vielfalt einzubeziehen. In irgendeiner Form existiert Musik in allen Kulturen der Welt. Musik gibt Kindern die Möglichkeit, etwas über unterschiedliche Kulturen, Vorstellungen und Werte zu lernen. »Die Natur jüngerer Kinder macht sie besonders offen für die Entwicklung von Toleranz und Verständnis. Möglichkeiten, diese Fähigkeiten auszubilden, findet man in der Musik; Musik ist Teil der Weltkultur und ein universelles Mittel der Kommunikation zwischen Menschen.« (Haines und Gerber 2000, S. 26)

Die Association for Prenatal and Perinatal Psychology and Health (AYRAM) (Vereinigung für pränatale und perinatale Psychologie und Gesundheit) unterstützt pränatale Förderprogramme für Familien, die ein Kind erwarten. Seit sechs Jahren gibt es ein solches Programm in Mexiko. Das Programm bietet Stimulierung über Musik an. Dieser Art von Anregung wird ein lang anhaltender Nutzen zugeschrieben. »Das AYRAM-Programm zur pränatalen Förderung läuft seit sechs Jahren. Die Kinder, die 1994 geboren wurden und jetzt in der Vorschule sind (vier und fünf Jahre alt), unterscheiden sich von anderen Kindern in folgenden Bereichen: Sie kommen leichter mit anderen Kindern in Kontakt und verstehen einige Fächer besser, sie lernten ohne Schwierigkeiten Lesen und Schreiben, ihr Auffassungsvermögen ist gut. Ihr Wortschatz ist groß, sie sprechen mit deutlicher Artikulation, sie können sich flüssig ausdrücken.« (De Leon 2000, S. 80)

Ureinwohner im australischen Alice-Springs-Gebiet nutzen ein Rhythmusspiel, um die Koordination und die Reaktionsgeschwindigkeit ihrer Kinder zu verbessern. Das Musikstück erfordert, dass die Teilnehmer einen gleichmäßigen Takt mit beiden Händen auf die Knie schlagen. Wenn ein gleichmäßiger Takt etabliert ist, wird das Wort »Saba« gerufen. Das bedeutet, dass sich der Takt jetzt verändert und zwar folgendermaßen:

- gleichmäßiger Takt von drei Schlägen auf die Knie mit beiden Händen;
- Bewegung beider Hände nach rechts in einem Schlag;
- zurück zu einem gleichmäßigen Takt von drei Schlägen auf die Knie mit beiden Händen;
- Bewegung beider Hände nach links in einem Schlag;
- gleichmäßiger Takt von drei Schlägen auf die Knie mit beiden Händen;
- zurück zu einer Bewegung der Hände in die Mitte;
- gleichmäßiger Takt von drei Schlägen auf die Knie mit beiden Händen;
- Bewegung beider Hände nach oben;
- gleichmäßiger Takt von drei Schlägen auf die Knie mit beiden Händen;
- dreimal Klatschen zu einem gleichmäßigen Takt;
- zurück zu einem gleichmäßigen Schlag auf die Knie.

Beim nächsten Saba-Ruf wechselt der Takt zu einem schnelleren Takt mit demselben Rhythmus.

In der afroamerikanischen Musik spielen Takt und Rhythmus ebenfalls eine wichtige Rolle. »Ein ausgeprägter Sinn für Takt und Rhythmus, Synkopen und wechselseitiges Singen (Frage und Antwort) und Arbeiterlieder sind charakteristisch für die afroamerikanische Musik, die für die musikalische Bildung und Erziehung von Kindern geeignet ist.« (Haines und Gerber 2000, S. 26) Diese Musik ist geeignet, weil sie rhythmisch ist und viele Wiederholungen erfordert.

5.10 Musikinstrumente und -materialien

Tabelle 5.4 zeigt, welche musikalischen Fähigkeiten Kinder im Zusammenspiel mit geeigneter Musik und Instrumenten erwerben können.

Fähigkeiten	Mögliche Musikinstrumente/geeignete Musik
Zuhören, Timbre	• Babys: Entspannen und Beruhigen mit Wiegenliedern; Stimulieren mit Liedern aus aller Welt • Kleinkinder: Singen von Kinderreimen und einfachen Liedern über die Alltagsabläufe. Zuhören, wenn Erwachsene einfache Musikstücke spielen; Kinder hören dem Spiel einzelner Instrumente zu (Gitarre, Flöte, Klavier, Saxophon, Balalaika, Zither, Trommeln) • Vorschulkinder: alles, was oben aufgeführt ist; Musikbücher und Musik nach Wahl • Schulkinder: Musik nach Wahl, Bekanntmachen mit den unterschiedlichen Musikstilen (Oper, Ballett, Orchestermusik, Popmusik, Jazz, Rap, Countrymusik)
Tonhöhe, Melodie, Harmonie, Form	• Xylophon, Klavier, Keyboards, Glocken, »Tonblock«, Zither, Recorder, Glockenspiel, Vielfalt an Liedern – einfache Lieder für jüngere Kinder, zunehmend komplexere Lieder für ältere Kinder; Schulkinder singen gemeinsam, im Kreis
Tempo, Legato, Staccato	• Trommeln, Rasseln, Triangel, Tamburin, Zymbel, Handgelenkglöckchen, Klanghölzer, Kastagnetten, »Tonblock«, »Sandblock«, Regenrasseln, verschiedene Arten von Musik, Instrumentalmusik und Lieder, die Tempo, Legato und Staccato demonstrieren
Lautstärke, Dynamik, Stimmung	• Alle Instrumente und alle Arten von Musik, die oben schon genannt wurden; Beethoven, Pastorale, Fantasia, Peter und der Wolf

Tab. 5.4 Instrumente und Musik zur Förderung bestimmter Fähigkeiten

5.11 Entwicklungsstadien und Altersstufen

In Tabelle 5.5 werden die Entwicklungsstadien so vorgestellt, wie sie im Laufe der Entwicklung zu beobachten sind. Alle Stadien sind jedoch während der gesamten Entwicklung des Kindes präsent. Die Aufstellung ist übernommen von Pica (2000, S. 33–34) und Haines und Gerber (2000, S. 5–8).

Stadium	Alter	Mögliches Verhalten
Pränatales Stadium	Vor der Geburt	• Spürbare Bewegungen: treten, boxen, entspannen
Stadium des Zuhörens	Babys	• Lassen sich von Musik trösten • Haben eine Vorliebe für melodische Klänge • Mögen beruhigende Musik, um dabei einzuschlafen • Hören gerne Lieder bei alltäglichen Tätigkeiten wie Wickeln, Füttern, Baden • Empfinden gleichmäßige Rhythmen wie den Herzschlag oder die Uhr als beruhigend • Drehen die Augen oder den Kopf zu Klängen oder Geräuschen • Drehen den Körper zu Klängen, winken mit den Händen, bewegen die Füße
Stadium der Nachahmung	Babys/ Kleinkinder	• Initiieren oder imitieren Bewegungen, um auf Musik zu reagieren • Initiieren oder imitieren Stimmen, um zu antworten: summen einzelne Worte, Sätze, einfache Lieder • Reagieren auf rhythmische Bewegungen, die sie selbst oder Erwachsene initiiert haben: hüpfen, klatschen • Imitieren Rhythmen • Haben Lieblingslieder, bitten um viele Wiederholungen dieser Lieder • Können diese Lieder von anderen unterscheiden • Erzeugen gern mit Musikinstrumenten oder anderen Gegenständen aus ihrer Umgebung Klänge

Stadium	Alter	Mögliches Verhalten
Experimentelles Stadium	Kleinkinder/ Vorschulkinder	• Experimentieren gern mit Klängen: mit Instrumenten und Gegenständen, die Klänge hervorrufen • Wenden regelmäßigen Takt an • Singen vertraute Lieder: allein oder in Gruppen, nicht immer in derselben Tonlage • Kreieren eigene Texte zu Liedern oder eigenen Melodien • Bewegen den ganzen Körper zur Musik: springen, rennen, laufen auf Zehenspitzen, gehen • Dramatisieren Lieder
Stadium der Entdeckungen	Vorschulkinder/ Schulkinder	• Reproduzieren Klänge, Töne, Rhythmen • Setzen ihren größeren Stimmumfang ein • Erfinden neue Texte zu bekannten Liedern • Zeigen beim Singen und beim Spielen von Instrumenten, dass sie Tempo, Lautstärke und Tonlage verstehen • Bevorzugen die aktive Teilnahme • Lieben alberne Lieder oder Nonsens-Lieder • Wiederholen Melodien • Spielen korrekt Musikinstrumente • Schreiben und lesen Noten • Lieben eine größere Bandbreite von Liedern: Chorlieder, Frage-Antwort-Lieder, Nonsens-Lieder • Haben eine klare musikalische Vorliebe • Koordinieren gleichzeitig zwei Bewegungen: Laufen und Einhalten des Takts auf einem Instrument
Stadium der Anwendung	Schulkinder	• Lesen Noten und Text • Lieben einfache Tänze • Verstehen Harmonien: Rundgesänge, Kanons, einfache Harmonie in zwei Teilen • Spielen ein Instrument • Wünschen sich, tanzen zu lernen oder ein Instrument zu erlernen • Vergleichen mehr als zwei Klänge

Tab. 5.5 Alter des Kindes und Stadien der Musikentwicklung

5.12 Zusammenfassung

Stadien der musikalischen Entwicklung

- Zuhörend: Die Kinder reagieren über Augenkontakt und Körpersprache
- Imitierend: beteiligen sich, indem sie Klänge, Rhythmen, einfache Lieder und Aktionen zu Liedern und Musik imitieren
- Experimentierend: verwenden Instrumente, um verschiedene Rhythmen hervorzubringen, setzen den ganzen Körper ein, um auf Rhythmen zu reagieren, probieren neue Worte, Klänge und Rhythmen aus
- Entdeckend: nutzen gelernte Konzepte auf neue Weise, lernen neue Konzepte kennen (Beispiel: den Humor in der Musik)
- Anwendung: nutzen die gelernten Konzepte, um selbst Musik zu erfinden, spielen Instrumente, lesen Noten, setzen die Konzepte für bestimmte Wirkungen ein, singen harmonisch

Die Bedeutung der Musik

- Regt die Entwicklung psychomotorischer/kinästhetische Fähigkeiten sowie der Wahrnehmung an
- Motiviert die Kinder, zu kommunizieren
- Weckt emotionale Fähigkeiten
- Fördert die ganzheitliche Entwicklung des Kindes: sozial, kognitiv, emotional, sprachlich, körperlich
- Stabilisiert die Stimmung
- Fördert die räumliche Intelligenz
- Verbessert die Konzentrationsfähigkeit und die Fähigkeit zuzuhören
- Entwickelt ästhetisches Verständnis
- Wirkt beruhigend

Die Rolle der Erzieherin

- Bietet Erfahrungen und Materialien an
- Wirkt als Vorbild: beim Singen, beim respektvollen Umgang mit anderen, beim Spielen von Instrumenten, beim Zuhören
- Sorgt für eine Atmosphäre, die musikalische Aktivitäten fördert

- Macht die aktive Teilnahme der Kinder möglich: am Singen, an Bewegung und Tanz, an kreativen Aktivitäten
- Spricht mit den Kindern über die Eigenschaften der Musik
- Beobachtet und dokumentiert die Interessen und Fähigkeiten der Kinder
- Gestaltet den Musikbereich und erweitert ihn je nach Bedarf
- Ist selbst begeistert
- Sorgt für eine Balance zwischen individuellen Erkundungen und Erkundungen in der Gruppe
- Sichert, dass die kulturelle Vielfalt vertreten ist
- Sorgt dafür, dass musikalische Aktivitäten sowohl im Raum als auch im Freien stattfinden

Aufbewahrung von Musikinstrumenten

- Sorgsamer Umgang mit den Instrumenten
- Ästhetisch ansprechende Aufbewahrung der Instrumente und Materialien
- Das Aufbewahrungssystem entspricht der Art der Instrumente: alle Rhythmusinstrumente werden beispielsweise zusammen verstaut
- Die Instrumente werden so untergebracht, dass sie nicht aus dem Regal fallen können

Beschriftung

- Deutlich erkennbare Schilder: Bilder, Fotos, geschriebenes Wort

Überlegungen zum Einrichten eines Musikbereichs

- Viel Raum wird gebraucht, um die musikalischen Aktivitäten der Kinder erweitern zu können
- Trennung des Musikbereichs von ruhigeren Bereichen
- Kriterium ist die Förderung der Unabhängigkeit der Kinder
- Möglichkeiten zum Anschauen von Videos werden geschaffen
- Der Musikbereich ist ästhetisch ansprechend eingerichtet

5.12 Zusammenfassung

Beobachtungstechniken

- Dokumentation, um die musikalischen Vorlieben der Kinder zu erkennen, ihre Reaktionen, Aktivitäten, welche Instrumente sie nutzen und wie sie sie nutzen, die angeeigneten Fähigkeiten und kulturellen Interessen
- Tabellen, Checklisten, Listen über die Dauer von Aktivitäten
- Fähigkeiten, die beobachtet werden: Zuhören; Wahrnehmen von Tempo, Tonlage, Lautstärke, Stimmung, Legato, Staccato, Melodie, Rhythmus, Timbre, Harmonie, Dynamik und Form

- Beobachten Sie eine Betreuerin und ein Baby, das jünger als vier Monate ist, bei einer gemeinsamen musikalischen Aktivität. Beschreiben Sie die Verhaltensweisen der Betreuerin und die Reaktionen des Kindes darauf.
- Welche Anzeichen sprechen dafür, dass ein Kind der Musik zuhört? Beschreiben Sie ein Kind, das noch nicht sprechen kann, und ein Kind, das schon sprechen kann.
- Wie könnten Sie ein imitierendes Spiel mit Instrumenten oder Singen anregen?
- Lukas sitzt in der Küche auf dem Fußboden. Er beobachtet seine Mutter beim Kochen. Sie zerkleinert Kartoffeln in einer Metallschüssel. Lukas krabbelt zum Schrank. Er holt eine Pfanne heraus. Er fängt an, die Pfanne auf den Fußboden zu schlagen. Seine Mutter nimmt ihm die Pfanne schnell weg und sagt ihm, dass das zu laut sei. Lukas fängt an zu weinen. Wie könnten Sie anders mit dieser Situation umgehen? Welche Strategien und Materialien würden Sie anwenden?
- Die Kinder spielen im Freien. Judy nimmt sich einen Stock und beginnt, gegen den Zaun zu schlagen. Jonathan bemerkt das. Er nimmt einen anderen Stock und macht mit. Während die Kinder spielen, stellen sie fest, dass sie verschiedene Geräusche erzeugen, wenn sie gegen verschiedene Teile des Zauns schlagen. Um welches Stadium der musikalischen Entwicklung handelt es sich? Begründen Sie Ihre Antwort. Welche Materialien oder Erfahrungen könnten Sie anbieten, um die Kinder zu ermutigen, mit dieser Aktivität fortzufahren?
- Welche Aktivitäten könnten Sie anregen, damit Kinder verschiedene Arten von Musik schätzen lernen? Konzentrieren Sie sich in Ihrer Antwort auf kulturelle Aspekte, klassische Musik und Gesang.
- Wählen Sie drei musikalische Aktivitäten aus, die in diesem Kapitel genannt wurden. Beschreiben Sie, wie Sie die Umgebung gestalten könnten, um Kinder im Entwicklungsstadium der Anwendung musikalischer Fähigkeiten zu fördern. Diskutieren Sie die Fragen der Einrichtung des Musikbereichs, der Materialien, der Unterbringung und Beschriftung.
- Beobachten Sie Kinder dreier verschiedener Altersstufen, die sich mit ähnlichen musikalischen Aktivitäten beschäftigen. Messen Sie die Dauer der Aktivitäten und vergleichen Sie die Aufmerksamkeitsspanne. Ist

die Aufmerksamkeitsspanne bei den Kindern so, wie Sie sie erwartet haben? Warum bzw. warum nicht?

- Beobachten Sie eine Gruppe von Vorschulkindern während einer musikalischen Aktivität. Welche musikalischen Fähigkeiten beobachten Sie? Was meinen Sie: Warum konnten Sie diese Fähigkeiten beobachten? Welche Fähigkeiten können in der beobachteten Aktivität noch eingesetzt werden?

6 DAS BAUSPIEL

6

KAPITELÜBERSICHT

- Mit dem Bauspiel das Lernen fördern
- Die Entwicklung des Bauspiels
- Die Bedeutung des Bauspiels
- Die Rolle der Erzieherin
- Effektive Aufbewahrungssysteme
- Effektive Beschriftungssysteme
- Überlegungen zum Einrichten eines Baubereichs
- Beobachtungs- und Dokumentationstechniken
- Überlegungen aus anderen Ländern
- Das Baumaterial
- Die Entwicklungsstadien des Bauspiels und das Alter des Kindes
- Zusammenfassung
- Kontrollaufgaben

LERNZIELE

Nach dem Lesen dieses Kapitels kann der Leser/die Leserin:

- die verschiedenen Stadien des Bauspiels erkennen;
- die Bedeutung des Bauspiels erklären;
- die Rolle der Erzieherin bei der Unterstützung des Bauspiels erläutern;
- verschiedene Aspekte beim Einrichten eines Bauspielbereichs im Raum und im Freien benennen und diskutieren: Platzierung, Unterbringung, Beschriftung;
- verschiedene Arten des Bauspiels beobachten und aufzeichnen;
- das Bauspiel im Freien fördern.

»Seit Jahrhunderten gehören Bausteine zu den besten Lernmaterialien für Kinder. Die vielfältigen Formen, Farben und Materialien der Bausteine eignen sich wunderbar für Kinder, da sie am besten mit all ihren Sinnen lernen.«

STEPHENS (1991)
Block Adventures Build Creativity and Concepts through Block Play

6.1 Mit dem Bauspiel das Lernen fördern

Felix baute mit Bausteinen einen Dinosaurierpark. »Ich mag Bausteine, weil ich viel damit machen kann. Ich kann einen Dinosaurierpark damit bauen. Die Mauern baue ich wirklich richtig, richtig hoch, damit die Saurier nicht raus können. Saurier könnten uns fressen.« (➛ Abb. 6.1)

Abb. 6.1 Felix baut einen Dinosaurierpark.

Während Felix baute, gesellten sich bald andere begeisterte Kinder zu ihm und boten ihm ihre Hilfe an. Der Park wuchs und veränderte sich. Die Kinder bauten die Mauern noch höher, »damit sie nicht rauskommen und uns fressen«. Im Park fügten sie Berge und Plateaus hinzu, »damit die Saurier was zu tun haben«, und bauten Verstecke für die kleineren Saurier, »damit sie sich vor dem Tyrannosaurus Rex verstecken können« (➛ Abb. 6.2).

Abb. 6.2 Die Kinder setzen Bauideen um, die alle einen bestimmten Zweck verfolgen.

Bausteine sind ein gutes Mittel, um folgende Fähigkeiten zu entwickeln:

- Soziale Fähigkeiten: Felix' Spiel wechselte vom Einzelspiel zum gemeinsamen Spiel.
- Sprachliche Fähigkeiten: Die Kinder lernten räumliche Begriffe – auf, auf der Spitze von – und beschrieben Aktionen und Ereignisse.
- Vorläuferfähigkeiten in Bezug auf das Messen: Die Kinder setzten sich z. B. mit Höhenverhältnissen auseinander, eine hohe Mauer für einen großen Saurier, niedriger angelegte Verstecke für kleine Saurier.
- Fähigkeiten im symbolisches Spiel: Die Kinder waren in ein schöpferisches Spiel vertieft, als sie den Park bauten, und in ein dramatisches Spiel, als sie die Rollen der Tiere spielten.

Mit Bausteinen lässt sich wunderbar experimentieren, um etwas zu erschaffen:

- Muster: Bausteine aneinanderfügen, um die unterschiedlichsten Muster zu bekommen
- Phantasie-Umgebungen: z. B. das Bauen eines Saurierparks
- Strukturen, in denen verschiedene Arten von Bauteilen verwendet werden: Blockbausteine, Pappziegel, Bretter, Kartons
- Bauen bzw. Nachbauen realer Objekte: Nachbau von Mauern und Zäunen, Gebäuden
- Ausbalancierte Bauwerke: Türme, Mauern, Gebäude, Berge, für die zusätzlich auch Steine und andere Materialien verwendet werden

Bausteine bieten folgende Möglichkeiten:

- Das Bauen von Bauwerken, die stabil im Gleichgewicht stehen, kann geübt werden.
- Die Zusammenarbeit der Kinder miteinander wird gefördert.
- Das Rollenspiel wird gefördert, indem unterschiedlichste Szenarien entwickelt werden.
- Die Kinder sehen die Ergebnisse ihrer Aktionen, z.B. den Saurierpark vor sich.
- Sie beobachten die Beziehung von Ursache und Wirkung. Einige Kinder bauten ein Bauwerk, das einstürzte. Das weckte das Verständnis dafür, was beim Bau eines stabileren Bauwerks berücksichtigt werden muss: Wenn Bausteine direkt übereinander platziert werden, kann man ein höheres und stabileres Bauwerk errichten, als wenn man sie zufällig übereinander türmt.

6.2 Die Entwicklung des Bauspiels

Kinder, die bauen, durchlaufen verschiedene Entwicklungsstadien, die offenbar mit der Entwicklung des räumlichen Verständnisses zu tun haben (Reifel 1984). »Mit zunehmender Reife nutzen die Kinder eine größere Vielfalt räumlicher Formen, um ihre räumlichen Vorstellungen zum Ausdruck zu bringen.« (Ebd., S. 62) Die Entwicklungsstadien scheinen für verschiedene Altersstufen repräsentativ zu sein, allerdings werden die grundlegenden Aktivitäten jedes Stadiums auch später noch öfter eingesetzt, um die Kompetenzen zu verfeinern und um Probleme zu lösen.

6.2.1 Stadium 1: Tragen und Stapeln

Bevor Kinder damit beginnen, mit Bausteinen zu bauen, tragen sie sie zunächst mit sich herum (➛ Abb. 6.3). Das machen bereits Kinder, die noch keine zwei Jahre alt sind. Dabei lernen sie etwas über die Beschaffenheit der Steine, über ihr Gewicht, darüber, wie vie-

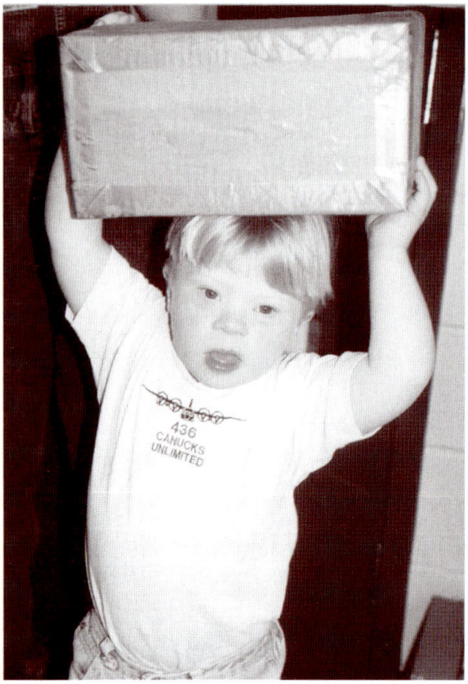

Abb. 6.3 Den jüngeren Kindern macht es zunächst Spaß, Bausteine einfach herumzutragen.

Abb. 6.4 Mit der Zeit lernen die Kinder, wie man Bausteine effektiv transportieren kann.

Abb. 6.5 Mehrere Bausteine zu tragen, erfordert viel Geschicklichkeit.

le Steine sie gleichzeitig tragen können und wie sie sie am besten tragen können (➛ Kap. 6.4 und 6.5).

6.2.2 Stadium 2: Reihen und Türme

In diesem Stadium der Entwicklung beginnen die Kinder damit, entweder Bausteine vertikal zu stapeln oder horizontal Reihen zu bauen. Ein besonderer Reiz des Stapelns besteht darin, die entstandenen Türme wieder umzuwerfen, um sie dann von Neuem aufzubauen. Das Kind hat offenbar Spaß daran, diese Aktion immer wieder zu wiederholen. Räumliche Begriffe, die bei diesem Spiel gelernt werden, sind »auf«, »oben« und »auf der Spitze«. Das Kind

Abb. 6.6 Sowohl das Bauen als auch das Umschmeißen von Türmen macht Kindern Freude.

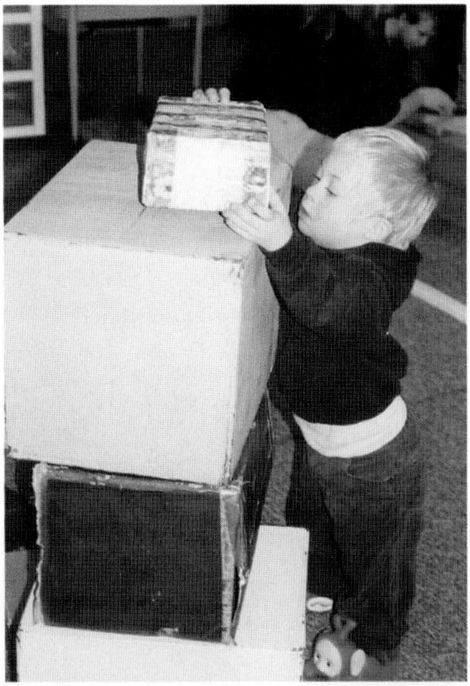

Abb. 6.7 In diesem Stadium lernen die Kinder, welche Steine welcher Größe gut aufeinander passen.

lernt auch, die Steine präziser zu platzieren, damit die Gebilde nicht zusammenstürzen, und welche Größe ein Stein haben muss, damit er gut in ein Bauwerk passt (➛ Abb. 6.6 und 6.7).

Horizontale Reihen werden in langen, geraden Reihen oder in vielfältigen Linien errichtet. Dabei werden folgende räumliche Begriffe erworben: »neben«, »direkt«, »daneben« und »bei«. Das Kind lernt auch, die Bausteine genau zu setzen, so dass sie an den Enden oder an den Seiten zueinander passen und ein schönes Muster ergeben (➛ Abb. 6.8).

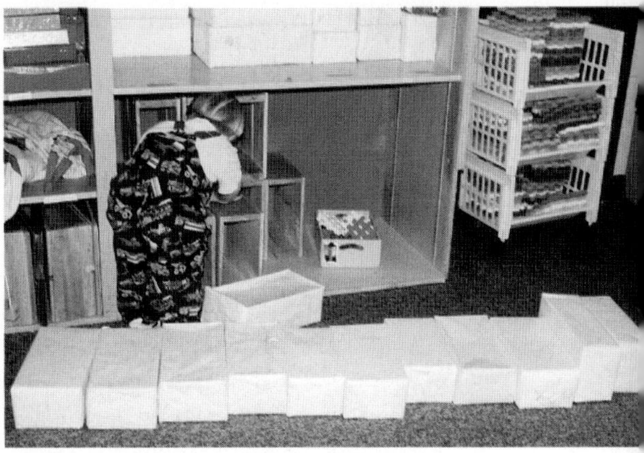

Abb. 6.8 Die Bausteine wurden fast perfekt aneinander gereiht.

Je mehr Fortschritte die Kinder machen, desto vollkommener werden die Bauwerke und umso komplexer die Problemlösungstechniken (➛ Abb. 6.9).

Der vertikale Bau, der auf Abbildung 6.9 zu sehen ist, entstand in mehreren Stufen. Zuerst entschieden die Kinder, einen Tisch zu verwenden, um für ihren

Abb. 6.9 Um dieses Gebilde zu bauen, mussten die Kinder verschiedene Probleme bewältigen.

Bau eine bestimmte Höhe zu gewinnen. Da der Tisch zu glatt war, mussten sie ihn abdecken. Dann begannen sie, verschiedene Steine auf den Tisch zu legen, bis sie die Spitze nicht mehr erreichen konnten. Die Kinder diskutierten verschiedene Ideen zur Problemlösung. Zunächst beschlossen sie, sich auf die Bauelemente zu stellen und zwar auf die größten, die aus bemalten Pappkartons bestanden. Einer der Erwachsenen fragte die Kinder, was wohl das Problem sein könne, wenn sie diese Kartons benutzen würden. Ein Kind erkannte, dass sie zusammenbrechen könnten, weil sie »zu dünn und schwach« seien. Endlich beschlossen die Kinder, die hohlen Plastikbausteine zu nehmen und auf diese zu steigen, um nach oben gelangen zu können. An diesem Punkt lockte das Spiel noch weitere Kinder an. Der Vorschlag kam auf, eine Treppe zu bauen, damit die Spitze erreicht werden konnte. Die Kinder bauten weiter. Als der Bau noch weiter in die Höhe wuchs, mussten sie klären, wie ihre Treppe besser stabilisiert werden könnte. Sie beschlossen, eine breitere Basis zu errichten. Als die Kinder die Spitze des Bauwerks wiederum nicht mehr erreichen konnten, fragten sie, ob sie eine Leiter bekommen könnten. Weitere Erwachsene mussten einbezogen werden, um zu helfen. Ein Erwachsener beaufsichtigte das jeweilige Kind auf der Leiter, ein anderer reichte ihm den gewünschten Baustein.

Da die Kinder in dieser Gruppe den Raum täglich mit einer anderen Gruppe teilten, konnte das Bauwerk nicht stehen bleiben. Daher baten die Kinder, ein Foto davon zu machen, so dass sie es am nächsten Tag wieder errichten konnten. Das Spiel erstreckte sich über mehrere Tage.

Wenn Ergebnisse des Bauspiels über eine bestimmte Zeit stehen bleiben, ermöglicht das den Kindern:

- weiter an den Bauwerken zu arbeiten;
- die Bauten zu verändern;
- das Spiel über eine lange Zeit auszudehnen;
- ein Projekt zu entwickeln;
- die Arbeiten anderer Kinder zu respektieren;
- sich am Rollenspiel zu beteiligen.

Bevor die Kinder sich an dieser Art Spiel beteiligen konnten, brauchten sie

Erfahrungen beim Bau von Reihen und Türmen. Sie mussten lernen:
- wie man stabile Strukturen errichtet;
- dass sie die Unterstützung von Erwachsenen brauchen, wenn sie höhere Bauwerke errichten wollen;
- dass es gefährlich ist, höhere Bauwerke umzuwerfen, und dass das nicht erlaubt ist;
- welche Art von Bauteilen am sichersten sind, um höhere Bauwerke zu errichten;
- wie man miteinander kooperiert.

Abb. 6.10 Anna gelingt ein anspruchsvolles Bauvorhaben.

Kinder experimentieren mit einer Vielzahl von Bautechniken, wenn die Materialien dafür zur Verfügung stehen und es ihnen gestattet ist, sie frei zu benutzen. In einer solchen Umgebung werden Türme auf verschiedenen Oberflächen gebaut, auch auf schmalem Raum, innerhalb von anderen Bauten und mit verschiedenen Gegenständen. Anna versuchte, einen Marker auf ihren Turm aus Bausteinen zu platzieren, was sie schließlich auch schaffte (➤ Abb. 6.10). Sie lernte, wie man auf begrenztem Raum baut, wie man ein Bauwerk ins Gleichgewicht bringt und wie man auch Gegenstände ins Gleichgewicht bringt, bei denen das schwierig ist. Anna stärkte auf diese Weise ihr Selbstvertrauen, ihr Selbstbewusstsein wuchs.

Abb. 6.11 Flora baut gleichzeitig zwei Türme.

Flora errichtete gleichzeitig mit beiden Händen zwei vertikale Türme. Dieses Spiel wiederholte sie viele Male. Jedes Mal versuchte sie, die Stapel höher zu bauen. Der Lerneffekt dieser Art des Bauens besteht darin, zwei Hand-

Abb. 6.12 Kinder bauen mit allen möglichen Materialien Türme.

Abb. 6.13 Auch mit großen Pappröhren können Balance-Tests gemacht werden.

Abb. 6.14 Aus Bauklötzen lässt sich auch ein Hindernisparcours errichten.

lungen gleichzeitig zu koordinieren (➛ Abb. 6.11). Floras Turm wurde mit jedem Versuch ein wenig höher.

Stapeln ist nicht auf Bausteine begrenzt. Die Kinder experimentieren auch mit anderen Gegenständen beim Stapeln (➛ Abb. 6.12) und Balancieren (➛ Abb. 6.13). Die Kinder erweitern das Bauspiel auch, indem sie Reihen und niedrige Türme bauen und für einen Hindernisparcours einsetzen (➛ Abb. 6.14).

Mit der Zeit beginnen die Kinder Bauwerke zu errichten, bei denen sie verschiedene Bauteile aufeinander ausbalancieren. Der soziale Kontakt spielt dabei oft eine wichtige Rolle. Die beiden Mädchen auf der Abbildung 6.15 sind in ein assoziatives Spiel vertieft, sie

Abb. 6.15 Das Ausbalancieren von Baumaterial ist eine spannende Angelegenheit.

Abb. 6.16 Hier wird mit verschiedenen Baumaterialien eine große Mauer errichtet.

Abb. 6.17 Dieser Toreingang wurde aus großen Pappkartons errichtet.

Abb. 6.18 Beim Bauen können Materialien miteinander kombiniert werden.

teilen Ideen und Materialien miteinander, jedes Mädchen setzt beim Bauen aber auch immer wieder die eigene Ideen um.

6.2.3 Stadium 3: Mauern und Brücken

In diesem Stadium beginnen die Kinder damit, Bauten nachzubauen, die sie gesehen haben. Das können Brücken, Straßen, Mauern oder Toreingänge sein. Andere Gegenstände wie Autos, mit denen man über die gebauten Straßen und unter Brücken hindurch fährt, können eingesetzt (➛ Abb. 6.16) und verschiedene Materialien zum Bauen verwendet werden (➛ Kap. 6.17). Mit zunehmender Übung verfeinern sich die Arbeitstechniken. Viele verschiedene Materialien können verwendet werden, um Brücken zu bauen (➛ Abb. 6.18).

6.2.4 Stadium 4: Umfriedungen und Muster

Umfriedungen haben klar definierte Formen und werden oft als Teil eines Rollenspiels genutzt. Die Kinder können kleine Umfriedungen für einen bestimmten Zweck anlegen, etwa als abgegrenztes Gebiet für sich selbst, oder um das Spielzeug, mit dem sie sich gerade beschäftigen, in einem bestimmten Bereich zu behalten. Mit zunehmender Übung werden die Kinder immer geschickter darin, stabile Strukturen zu errichten (➛ Abb. 6.19).

Abb. 6.19 Die beiden Kinder haben sich einen abgegrenzten Spielbereich geschaffen.

Abb. 6.20 Gereon misst per Abschreiten die Länge seines Gefängnisses aus.

Abb. 6.21 Verschiedene Variationen von Gefängnissen entstehen.

6.2.5 Stadium 5: Darstellungen der Realität und Reproduktionen

In diesem Stadium setzen die Kinder all ihre Fähigkeiten und Erfahrungen früherer Entwicklungsstadien ein, um etwas Wirklichkeitsgetreues zu bauen. Sie benennen die von ihnen geschaffenen Bauwerke.

Gereon hatte ein Gefängnis gebaut und die Erzieherin gebeten, dessen Struktur auf einem Plan festzuhalten. Am folgenden Tag baute er das Gefängnis nach dem Plan wieder auf. Er bat die Erwachsenen, ihm dabei zu helfen, dass das Gefängnis groß genug würde. »Es muss länger werden als du.« Als sich ein Erwachsener neben den Bau auf den Fußboden gelegt hatte, ging Gereon konzentriert um ihn herum, um das Gefängnis auch lang genug zu machen. Damit zeigte er eine Vorläuferfähigkeit in Bezug auf das Messen (➤ Abb. 6.20).

Irgendwann ging das Spiel in ein dramatisches Spiel über. Er kroch in das Gefängnis hinein und bat darum, die Vorderseite mit zwei Pappkartons zu schließen. Dann spielte er einen Ausbruch aus dem Gefängnis. Dieses Spiel setzte sich einige Tage lang fort. Das Bauwerk wurde verbessert, weitere Kinder beteiligten sich an dem Spiel – sowohl am Bauen als auch am Ausbruch aus dem Gefängnis. Manche der errichteten Gefängnisse waren für mehrere Kinder zu eng und stürzten zusammen, wenn sie versuchten auszubrechen. Dabei wurden die Kinder immer ausgelassener und sie bauten weitere Gefängnisse (➛ Abb. 6.21).

Wenn die Kinder Bauwerke errichten, die etwas aus der Realität darstellen, tun sie das oft in einer großen Gruppe. Dabei lernen sie, zusammenzuarbeiten, den Ideen und Meinungen anderer zuzuhören, die reale Welt symbolisch, oft klar erkennbar darzustellen (➛ Abb. 6.22) und mit den Bauten bestimmte Situationen zu spielen. Zu Beginn werden die Bauten meist als etwas ganz Bestimmtes definiert, werden aber im Verlauf des Spiels zu etwas anderem.

Abb. 6.22 Dieses Gebäude ist eindeutig als Kirche identifizierbar.

Tilli und Alexandra beschlossen, gemeinsam etwas zu bauen. Sie halfen einander dabei, das Material zusammenzutragen und entschieden sich für lange, rechteckige Bauelemente. Sie stellten fest, dass diese schwer waren. Wenn sie mehr als ein Bauelement tragen wollten, mussten sie das zu zweit tun (➛ Abb. 6.23). Sie entdeckten, dass die Bauelemente auf die Holzböcke passten. Als sie immer aufgeregter über diese Entdeckung redeten, wurden andere Kinder darauf aufmerksam und kamen hinzu. Die Mädchen bauten eine Plattform, auf der sie sitzen konnten (➛ Abb. 6.24).

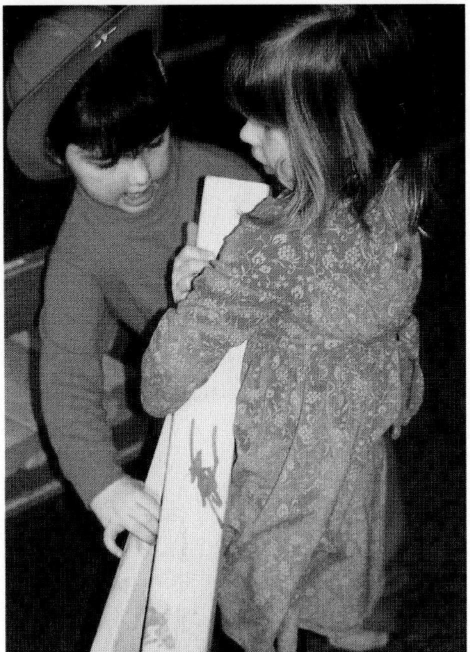

Abb. 6.23 Diese Bauelemente können nur zu zweit getragen werden.

Als sie mit dem Bauwerk fertig waren, entschieden sie, dass es ein Bus sei. Die

Abb. 6.24 Die Mädchen bauen eine Plattform.

meisten Kinder waren zu diesem Zeitpunkt schon an dem Spiel beteiligt. Alle wollten in den Bus steigen und zu McDonald's fahren, um einen »Great Big Mac« zu kaufen (➛ Abb. 6.25).

Abb. 6.25 Das Bauvorhaben hat sich zu einem Autobus entwickelt.

Für dieses Spiel brauchten die Kinder keine weiteren Anregungen und Materialien, sondern stellten alles, was sie brauchten, durch Gesten und Geräusche dar (➛ Abb. 6.26).

Abb. 6.26 Für das Rollenspiel »Fahrt zu McDonald's« sind keine weiteren Requisiten oder Materialien notwendig.

Den Kindern zusätzliche Requisiten und Material zur Verfügung zu stellen, kann andere Aktivitäten anregen und sie herausfordern. Das Angebot von Garn und Faden brachte eine Kindergruppe darauf, ein Spinnennetz um die Holzböcke anzulegen (➛ Abb. 6.27). Ein einfacher Karton und eine Bauarbeiterhelm regte ein anderes Kind dazu an, den Karton als LKW zu nutzen, es ahmte die Bewegungen und Fahrgeräusche eines LKWs nach (➛ Abb. 6.28). Reifen und größere Bretter im Bauspielbereich motivierten ein weiteres Kind dazu, mit dem Gleichgewicht der beiden Reifen und dann des Balkens auf den Reifen zu experimentieren (➛ Abb. 6.29). Der Junge war bei seinem Versuch erfolgreich.

Bausteine können auch in anderen Bereichen verwendet werden. So bauten einige Kinder beispielsweise auf einem Tisch eine Murmelbahn. Als das Bauwerk in die Höhe wuchs, wurde es für die meisten Kinder schwieriger, dessen Spitze noch zu erreichen. Die Kinder wurden aufgefordert, dieses Problem zu lösen. Es kam der Vorschlag, einen Erwachsenen zu bitten, für die Kinder die Murmel in die Murmelbahn zu werfen oder die Kinder hochzuheben, damit sie

Abb. 6.27 Um die kleinen Holzböcke entsteht ein Spinnennetz.

Abb. 6.28 Aus einem Karton wird ein LKW.

Abb. 6.29 Der Kombination von Materialien zum Experimentieren mit Gleichgewicht sind keine Grenzen gesetzt.

Abb. 6.30 Die Kinder bauen den Zugang zu ihrer Murmelbahn immer weiter aus.

die oberste Ebene erreichen könnten. Beide Lösungen befriedigten die Kinder aber nicht lange. Ein Kind schlug vor, sie könnten sich auf einen Stuhl stellen; ein anderes meinte, sie könnten Bausteine benutzen. Daraufhin bauten sie gemeinsam Stufen aus den Hohlbausteinen, so dass sie die oberste Ebene der Bahn erreichen konnten. Die kunstvolle Plattform wurde immer weiter ausgebaut und reichte schließlich vom Regal mit den Bausteinen bis zur Murmelbahn (➛ Abb. 6.30).

6.3 Die Bedeutung des Bauspiels

Das Bauspiel ermöglicht den Kindern viele verschiedene Erfahrungen:

- Die Kinder lernen, Probleme zu lösen: Tilli und Alexandra fanden heraus, dass die Bausteine zum Tragen zu schwer waren; sie lösten das Problem, indem sie die Steine gemeinsam trugen.
- Sie entwickeln ein Bewusstsein für räumliche Terminologie und die Wahrnehmung des Raums: unter, über, auf, auf der Spitze, neben, in.
- Sie entwickeln Verständnis für Größenverhältnisse: groß, klein, lang, kurz, schmal.
- Sie sortieren Dinge nach Größe, Form, Farbe, Gewicht und Art.
- Sie lernen, eine Sprache, die mit dem Bauen verknüpft ist, zu verwenden: Als die Kinder den Saurierzoo bauten, verwendeten sie Begriffe wie Mauern, Zäune, Plattformen und Berge.
- Sie lernen, in Kontakt mit Peers zu kommen: Beim »Ausbruch aus dem Gefängnis« fesselte Gereon die Aufmerksamkeit der anderen Kinder, indem er erzählte, was er gerade tat, und seinen Ausbruch ausführte.
- Sie lernen, mit Gleichaltrigen zusammenzuarbeiten: Als die Kinder den Bus bauten, verwendeten sie gemeinsam Materialien und Ideen, halfen einander und beteiligten sich am Rollenspiel, dem Ausflug zu MacDonald's.

Die Kinder üben außerdem folgende Fähigkeiten:

- Sie lernen Gleichgewicht herzustellen und zu stabilisieren: Sie brachten die Plattform im Bus ins Gleichgewicht,

so dass sie darauf sitzen konnten; sie sorgten für Gleichgewicht auf der Treppe, damit sie hinaufsteigen konnten, um ihr Bauwerk höher bauen zu können.
- Sie schulen ihr Erinnerungsvermögen, um das jeweilige Bauwerk erneut errichten zu können: z. B. den Saurierpark, das Gefängnis, den Bus.

Kinder beteiligen sich am symbolischen Spiel, indem sie:
- mit vorhandenen Materialien bauen und reale Bauten errichten: z. B. das Gefängnis, den Bus, den Park;
- Gegenstände verwenden, um andere Dinge damit darzustellen: Matthias verwendete die Pappstufen als Tor für das Gefängnis.

6.4 Die Rolle der Erzieherin

Eine wichtige Aufgabe der Erzieherin ist es, herauszufinden, wann sie in das Spiel der Kinder einschreiten soll und wann nicht. Im Folgenden werden einige Richtlinien dargestellt, die der Erzieherin bei dieser Entscheidung helfen können. Sie sollte die Kinder beobachten und immer dann eingreifen, wenn:
- das Spiel eines Kindes für das Kind selbst oder für andere Kinder gefährlich wird;
- die Gefahr besteht, dass das Spiel destruktiv wird;
- die Kinder um Hilfe bitten oder wenn deutlich wird, dass sie Hilfe brauchen. Als die Kinder den obersten Punkt ihres Bauwerks nicht mehr erreichen konnten, half ihnen ein Erwachsener, dieses Problem zu lösen, indem er vorschlug, eine Leiter zu nehmen, und darauf achtete, dass die Kinder auf der Leiter vorsichtig waren. Ein zweiter Erwachsener kümmerte sich ebenfalls um die Sicherheit der Kinder.
- sich die Kinder im Argumentieren verzetteln und es zu Streit kommt;
- der Geräuschpegel zu hoch ansteigt;
- die Kinder Anzeichen von Stress zeigen;
- sich Möglichkeiten ergeben, das Spiel zu erweitern;
- Kinder die Kreativität anderer Kinder stören;
- Kinder schnell von einer Aktivität zur nächsten wechseln.

Die Erzieherin sollte sich nicht einzumischen, wenn:
- die Kinder konzentriert und erfolgreich beschäftigt sind: etwa beim Bau des Saurierparks und der Plattform;
- die Kinder miteinander, mit den vorhandenen Materialien und der Ausrüstung spielen: z. B. die Zusammenarbeit von Tilli und Alexandra beim Transportieren der Bausteine und Bauen der Plattform;
- die Kinder ihre Probleme selbst lösen: wie etwa Flora, die mit beiden Händen gebaut hat; Anna, die kleine Bausteine vertikal stapelt;

- das Spiel sich über eine längere Zeit hinzieht: wie der »Ausbruch aus dem Gefängnis«;
- Material und Ausstattung in geeigneter Weise eingesetzt werden: wie beim Saurierpark und beim Stapeln von Bausteinen.

Die Erzieherinnen sollten sich darauf konzentrieren, die Lernerfahrungen und die Umgebung für alle Kinder positiv und angenehm zu gestalten. Aufmerksame Beobachtung und sorgfältige Dokumentation der Interaktionen der Kinder, der Arten des verwendeten Materials, der Spiele und Fähigkeiten, die die Kinder einsetzen, helfen der Erzieherin, das Spiel der Kinder zu fördern und zu erweitern. Folgende Aufgaben fallen für die Erzieherin im Baubereich an.

Offene Fragen stellen

Als die Kinder ihre Murmelbahn so hoch bauten, dass sie die Spitze schließlich nicht mehr erreichen konnten, bemerkte Christopher, der Erzieher, das Problem und leitete die Kinder an, indem er ihnen einige Fragen stellte:

CHRISTOPHER: »Ich stelle fest, dass ihr ein Problem habt.«

KONRAD: »Hmm, ich kann nicht hoch genug hinauf reichen.«

CHRISTOPHER: »Was könnte ich tun, um dir zu helfen, die Spitze zu erreichen?«

KONRAD: »Du könntest für mich die Murmel in die Murmelbahn fallenlassen.«

Christopher willigte ein. Konrad wollte, dass sein Vorschlag ein paar Mal umgesetzt wurde, stellte dann aber fest, dass er so nicht sehen konnte, wie die Murmel die Bahn hinunterrollte. Hannah fragte, ob der Erzieher Konrad hochheben könne, damit er die Murmel beobachten könne. Auch diese Methode wurde ausprobiert. Benjamin kam hinzu und meinte, er könne sich auf einen Stuhl stellen, um die Spitze der Bahn zu erreichen. Das erwies sich als nutzlos, da der Stuhl nicht hoch genug war. Jonathan schlug vor, einen großen Baustein zu nehmen und hinaufzuklettern. Jedes Kind holte einen Hohlbaustein. Sie platzierten die Steine in einer Reihe vor dem Tisch. Aber auch diese Strategie half ihnen nicht weiter. Christopher fragte: »Wie könntet ihr diesen Bau höher kriegen, so dass ihr die Spitze der Murmelbahn erreichen könnt?« Ein Kind schlug vor: »Wir könnten die Steine übereinander stapeln.« Die Kinder stapelten die drei großen Bausteine übereinander und ein neues Problem kam auf: Die Kinder stellten fest, dass sie nicht auf die übereinander gestapelten Steine klettern konnten, da die Steine zu hoch waren, um hinauf zu gelangen. Jeremy kam zu der Gruppe und sagte: »Wir könnten Stufen bauen.« Alle vier Kinder bauten Stufen. Diese Methode funktionierte. Die Kinder konnten auf die Stufen klettern und die Spitze der Murmelbahn erreichen, so dass sie ihre Murmeln in die Bahn legen konnten.

Die Aktionen der Kinder verbalisieren, um das räumliche Bewusstsein zu fördern

Bausteine sind das natürliche Mittel, um den Raum zu erkunden. Erzieher müssen wissen, was die Kinder tun – so können sie ihnen dabei helfen, sich des Raums bewusst zu werden und räumliche Vorstellungen zu entwickeln. Als eine Methode dafür eignet sich der Dialog, in dem die Erzieherin die Aktionen des Kindes, die hergestellten Bauwerke und deren Veränderungen, die Arten der eingesetzten Materialien und die sich entwickelnden Fähigkeiten des Kindes beschreibt.

Colin nahm beispielsweise zwei Reifen und einen Balken zum Bauen und versuchte, eine Balance zwischen den beiden Reifen herzustellen. Als er noch mit dem Gewicht der Reifen kämpfte, bot die Erzieherin Simone ihm ihre Hilfe an: »Der Reifen ist wohl sehr schwer. Brauchst du Hilfe?« Colin lehnte ab. Simone beobachtete ihn weiter, kommentierte, was Colin unternahm und machte ihn dabei mit neuem Vokabular bekannt. »Du hast den einen Reifen in den anderen hineingestellt. Der Reifen steht jetzt, er hält die Balance, er fällt nicht um.« Als Colin versuchte, den Reifen, der in dem anderen Reifen stand, zu bewegen, sagte sie: »Der Reifen steht ganz stabil. Es ist gar nicht so einfach, ihn umzukippen.« Als nächstes versuchte Colin, den Balken auf dem Reifen zu platzieren. Diese Aufgabe war schon schwieriger und verlangte mehrere Versuche. Als Colin es geschafft hatte, kommentierte Simone: »Der Balken ist jetzt genau in der Mitte platziert. Das eine Ende ist jetzt genauso lang wie das andere.« Colin ging um die Reifen herum und schaute sich das Ganze von jeder Seite an. Schließlich nickte er zufrieden.

Wachsendes Verständnis für Größenverhältnisse entwickeln

Als die Kinder Stufen bauten, um die Spitze der Murmelbahn erreichen zu können, entwickelten sie Verständnis für Größenverhältnisse. Sie redeten in Begriffen wie »zu hoch«, »zu niedrig«, »nicht hoch genug«, »nicht breit genug«. Christopher gab ihnen ein Beispiel für die korrekte Verwendung der Begriffe und half ihnen, die Bedeutung zu verstehen. Eines der Kinder versuchte zum Beispiel, einem anderen Kind mitzuteilen, dass die Stufen breiter sein müssten. Es wiederholte immer wieder: »Nein, nein, wir müssen es so machen!« Dabei streckte er seine Arme aus, um die Breite anzudeuten. Christopher fragte das Mädchen, ob es meine, dass die Stufen breiter sein müssten. Sie nickte.

Materialien zum Sortieren zur Verfügung stellen

Als Josh einen horizontalen Bau errichten wollte, suchte er sein Material sorgfältig aus. Er nahm nur Schuhkartons, die weiß waren. Aus einem Berg von Kartons wählte er nur diese eine Sorte aus, die anderen ließ er liegen. Als er nicht mehr an alle Kartons, die er haben wollte, herankam, benutzte er einen großen Holzblock.

Simone und Jessica suchten so lange in den Steinen, bis sie vier passende Bögen fanden. Sie hielten die Bögen nebeneinander, um zu sehen, ob sie auch wirklich passten. Dann bauten sie das Gehege für ihre Saurier.

Die geeignete Sprache vermitteln

Als Katharina mit ihrer Erzieherin Babette eine Umfriedung baute, die groß genug für sie beide sein sollte, benutzte Babette Begriffe wie »aufrecht«, »an der Seite«, »nebeneinander«, »obenauf«. Schließlich waren die Wände so hoch, dass Katharina darin stehen konnte und nicht mehr zu sehen war. Daraufhin verwendete Babette Sätze wie »Du bist verschwunden«, »Die Mauer ist höher als du, du bist kleiner als die Mauer«.

Möglichkeiten für Sozialkontakte herstellen

Die Erzieherin Simone stellte fest, dass Felix allein dasaß – ein für ihn eher unübliches Verhalten. Sie ging zu ihm hin und lächelte ihm zu. Felix lächelte zurück und bat Simone, ihm beim Bau eines Saurierparks zu helfen. Die Erzieherin unterstützte Felix, indem sie seiner Anleitung folgte. Als der Saurierpark Gestalt annahm, beteiligten sich auch andere Kinder an dem Spiel. Simone zog sich zurück und beobachtete, wie sich das gemeinsame Spiel entwickelte.

Die Zusammenarbeit mit anderen Kindern anregen

Alexandria und Tilli bauten eine Plattform, die ein Bus werden sollte. Die Mädchen arbeiteten gemeinsam an der Lösung folgender Probleme:

- Länge: Welche Bauelemente sind lang genug, um auf das Spielzeugpferd zu passen?
- Dicke: Wie dick soll die Plattform werden?
- Stabilität: Wie wird die Plattform so stabil, dass man darauf sitzen kann?
- Wachsen der Plattform: Wie machen wir die Plattform länger, so dass mehr Kinder darauf Platz finden?

Simone beobachtete das Spiel und unterstützte verbal die konstruktive Zusammenarbeit der beiden Mädchen.

Vorschläge machen, um Lernprozesse zu fördern

Nachdem Gereon mehr als eine Stunde für das Bauen seines Gefängnisses gebraucht hatte, war er traurig, dass er es vor dem Nachhausegehen wegräumen musste. Simone fragte Gereon, was man tun könne, um ihm zu helfen, seinen Bau nicht zu vergessen. Er dachte darüber nach und antwortete: »Du könntest mir einen Plan zeichnen wie für Jasminas Blumengarten im Sand. Dann kann ich den Plan nehmen und nächste Woche mein Gefängnis wieder aufbauen.« Simone bat Gereon, die nötigen Dinge zu holen, die sie brauchte, um den Plan zu zeichnen. Während sie zeichnete, zählte Gereon die Bausteine, so dass sie den Plan ganz exakt machen konnte, und gab auch die jeweilige Farbe an, damit er sich noch besser an die Steine erinnern würde, die er verwendet hatte. Als Gereon in der folgenden Woche wiederkam, bat er um seinen Plan und baute nach diesem sein Gefängnis noch einmal auf.

Die Erzieherin hat Gereon dazu angeregt, seine Bauweise zu reflektieren, zu notieren und nach einem abstrakten Plan zu arbeiten. Auf diese Weise wird ein sehr komplexer Lernprozess angeregt.

Verschiedene Materialien zur Verfügung stellen

Die Kreativität entwickelt sich weiter, wenn die Kinder mit verschiedenen Materialien experimentieren können. Bausteine müssen nicht immer aus Holz sein. Die langen Röhren von Tapetenrollen können als Schornsteine, Teleskope oder Tunnel für Autos benutzt werden. Pappkartons verschiedener Größe können als Bausteine verwendet oder zum Fahrzeug umgestaltet werden. Decken und Laken eignen sich dafür, als Raumdecken oder rutschfeste Fußbodenbeläge genutzt zu werden. Wenn man den Kindern verschiedene Materialien zum Bauen zur Verfügung stellt, entspricht das ihrem Wunsch zu bauen, sie lernen, kreativ mit verschiedenen Materialien umzugehen, sowohl Mädchen als auch Jungen spielen dann aktiv im Baubereich, werden kreativer und lernen, ihre Probleme gemeinsam zu lösen.

Dafür sorgen, dass die Kinder die Bedeutung des Bauens erkennen

Simone bot den Kindern viele Möglichkeiten, zu erkennen, welchen Wert das hat, was sie tun. Sie erreichte das, indem sie:

- in verschiedenen Stadien des Spiels ihre Anerkennung für die Arbeiten der Kinder zeigt: Simone beschrieb Colins Bemühungen und vermittelte ihm, dass er sein Problem selbst lösen kann.
- Möglichkeiten schafft, dass die Kinder ihre Erfahrungen miteinander teilen können: Tilli und Alexandra brauchten mehr Platz im Baubereich, um ihren Bus zu bauen und mehr Kinder aufnehmen zu können. Simone schob schnell einige der kleinen Tische zur Seite, um für mehr Platz zu sorgen.
- die verschiedenen Stadien des Spiels fotografiert.
- Ausstellungen über die Arbeiten der Kinder veranstaltet: Fotos und Kopien werden in Augenhöhe der Kinder im Baubereich aufgehängt.
- den Prozess, nicht das Ergebnis unterstützt.
- Hilfe und Unterstützung anbietet, wenn sie gebraucht werden. Simone stellte fest, dass Felix Aufmerksamkeit brauchte.
- Möglichkeiten schafft, um das Lernen zu fördern.
- weiß, wann sie sich einmischen und wann sie die Kinder in Ruhe lassen sollte: Sie baute mit Felix, bis andere Kinder hinzukamen, dann zog sie sich zurück.

- die Freude der Kinder an ihrem Erfolg teilt und die Bemühungen benennt: z. B. Colins Anstrengungen, die Reifen in Balance zu bringen.

6.5 Effektive Aufbewahrungssysteme

- **Entwickeln Sie transparente Ordnungssysteme.**
  Sortieren nach der gleichen Größe, Form und Farbe; zum Beispiel alle roten rechteckigen Steine in einer Kiste. Das ist die einfachste Ordnung für eine Gruppe von Kindern, die auf unterschiedlichem Entwicklungsniveau stehen. Dadurch können sie schnell den bestimmten Stein finden, den sie als nächsten brauchen und sich stärker auf den eigentlichen Bauprozess konzentrieren. Das Aufräumen fördert die Fähigkeiten, Teile zu sortieren und passende Teile zueinander zu bringen. Diese Art des Ordnungssystems motiviert Kinder auch stärker dazu, bestimmte Muster zu gestalten.
- **Fördern Sie die Entwicklung der visuellen Fähigkeit, Figur-Grund-Beziehungen zu erkennen.**
  »Die Figur-Grund-Beziehung ist das Prinzip, nachdem wir das Wahrnehmungsfeld strukturieren in Reize, die sich von der Oberfläche erheben (Figur), und Reize, die übrig bleiben (Grund).« (Santrock 1994, S. 25) Wenn man Bausteine in geeigneter Weise arrangiert, ermöglicht man damit dem Kind, verschiedene Komponenten des Wahrnehmungsfeldes zu unterscheiden, die relevanten Reize herauszugreifen – Farbe, Größe oder Form. Das Ordnen der Steine nach der Form befähigt das Kind zum Beispiel, genau die Form (Figur), die es sucht, aus einer Reihe anderer Formen (Grund) herauszufinden. Die Steine nach Farbe zu sortieren, ermöglicht es dem Kind, den roten Stein (Figur) aus einer Vielzahl von Steinen in anderen Farben (Grund) herauszufinden.
- **Unterstützen Sie die Kinder darin, Ähnlichkeiten und Unterschiede zu erkennen.**
  Kinder sortieren Dinge und ordnen sie einander zu, indem sie unverwechselbare Eigenschaften suchen. Unverwechselbare Eigenschaften sind »charakteristische Eigenschaften einer Gruppe vertrauter Dinge (…), die diese Gruppe von anderen Gruppen unterscheiden« (Schickedanz et al. 1993, S. 356). Zu den Unterscheidungsmerkmalen von Bausteinen gehören die folgenden Eigenschaften: Sie sind rund oder eckig, sie haben gerade Linien (diagonal, horizontal, vertikal), gekrümmte Linien, offene und geschlossene Bögen, sie sind flach, etc. »Kategorien von Dingen zu bilden, die einander ähnlich sind, erfordert einen langen Lernprozess. Wir kommen

mit einer Welt voller vereinzelter und nicht miteinander verbundener Dinge nicht zurecht. Indem wir ähnliche Dinge zusammenbringen und sie als Gruppe ansehen, wird die Welt für uns leichter handhabbar.« (Schickedanz et al. 1993, S. 357)
Wenn wir Bausteine nach ähnlichen Merkmalen sortieren, helfen wir den Kindern, Verbindungen zwischen ihnen herzustellen, die Dinge einander zuzuordnen und Gruppen zu bilden.

- **Ermuntern Sie die Kinder, sich verschiedene Arten vorzustellen, wie man Informationen ordnen kann.**
  Bausteine können auf verschiedene Weise aufbewahrt werden:
  – nach Größe und Form: beispielsweise auf Regalen; alle langen rechteckigen Steine können zusammen gestapelt werden;
  – nach Gewicht und Form: alle rechteckigen hohlen Steine können zusammen gestapelt werden;
  – nach Farbe: alle roten rechteckigen Pappbauteile können beispielsweise zusammen aufbewahrt werden;
  – nach der Art: alle zylindrischen Steine in einer Kiste.
  Das ermöglicht es den Kindern, verschiedene Systeme kennen zu lernen, wie man Informationen organisieren kann.

- **Bieten Sie den Kindern die Möglichkeit, ihre Gedanken zu ordnen.**
  Wenn die Kinder unterschiedliche Ordnungsvarianten für Bausteine kennen lernen und nutzen, können sie leichter mentale Vorstellungen von den Bausteinen entwickeln. Das heißt, dass ein Kind allein durch seine Vorstellungskraft weiß, wie es einen bestimmten Baustein einsetzen kann. Mit Hilfe dieser Informationen kann es Bauwerke errichten, ohne mit den vorhandenen Materialien experimentieren zu müssen. Gut strukturierte Aufbewahrungssysteme erleichtern Kindern die Entwicklung solcher mentaler Vorstellungen.

- **Fördern Sie die Fähigkeit der Kinder, Dinge zu sortieren und zuzuordnen.**
  Das Sortieren und Zuordnen von Dingen führt zu der Fähigkeit, Gegenstände zu klassifizieren. Zum Zuordnen gehört die Fähigkeit zu erkennen, dass ein Gegenstand zu einem anderen passt, weil er gleich ist. Im frühen Entwicklungsstadium des Bauens lernen die Kinder zunächst, dass sich gleiche Bausteine leichter stapeln oder in Reihen aneinander fügen lassen. Wenn das Kind älter wird, erkennt es, dass sich Gegenstände ähneln oder verschieden sein können. Es sieht jetzt nicht nur, dass ein rechteckiger langer Baustein dem rechteckigen kurzen Baustein gleicht, da beide sechs Oberflächen, acht Ecken und zwölf gerade Linien haben; es erkennt auch, dass beide sich unterscheiden, da sie verschieden lang sind. Dieses Konzept beginnt sich in den Vorschuljahren zu entwickeln, ist aber erst dann ausgereift, wenn das Kind auch andere Fähigkeiten – wie das Zählen und Vergleichen – beherrscht.

Die grundlegende Bedeutung des Sortierens und Zuordnens liegt darin, dass das Kind genau den Baustein, den es gerade braucht, möglichst schnell finden und wieder an seinen Platz zurückbringen kann. Kinder, die lange suchen müssen, vergessen leicht, was sie eigentlich tun wollten, und wechseln schnell zu einer anderen Aktivität. Das unterbricht nicht nur den Denkprozess, sondern verkürzt auch die Aufmerksamkeits- und Konzentrationsspanne, da das Kind schnell von einem Konzept zum nächsten wechseln muss. Johanna baute beispielsweise im Sandkasten Zäune, um die Zootiere in einem Gehege unterzubringen. Sie hatte bald keine von den rechteckigen Bausteinen mehr, die sie ursprünglich benutzt hatte und verwendete deshalb zylindrische Steine. Nachdem sie drei Steine in einer Art Zaun verbaut hatte, ging sie dazu über, nicht mehr ein Tiergehege, sondern Türme zu bauen. Als auch die zylindrischen Steine alle waren, baute sie mit halbrunden Steinen einen Kreis. Obwohl jede dieser Tätigkeiten ihren Sinn hatte, musste die Energie doch immer wieder auf ein neues Thema fokussiert werden. Hier wurde eher der Wechsel der Aufmerksamkeit von einer Aufgabe zur anderen als die anhaltende Konzentration gefördert.

Sortieren ist ähnlich wie das Zuordnen, aber beim Sortieren geht es um eine größere Zahl von Objekten. Das Kind kann zwei Objekte, die vollkommen gleich sind, einander zuordnen; es sortiert Gegenstände, wenn es damit fortfährt, Dinge zuzuordnen, die gleich sind, um sie in einem Turm zu verbauen.

Aufbewahrungssysteme nach Größenverhältnissen

Große Bausteine

- Stellen Sie offene Regale zur Verfügung, um Bausteine unterzubringen oder
- stapeln Sie diese Bausteine in einem deutlich markierten Bereich auf dem Fußboden. Der Bereich sollte Informationen darüber geben, wie hoch und wo genau die Steine gestapelt werden. Weisen Sie auf dem Fußboden und an der Wand einen mit Klebeband versehenen Bereich aus, um anzuzeigen, wo die Bausteine gestapelt werden sollen.

Kleine Bausteine

Da diese Steine nicht so schwer sind, gibt es mehr Möglichkeiten, sie zu verstauen. Auch hier muss jede Unterbringungsvariante mit einem Schild und einem Bild zeigen, welche Steine hier aufbewahrt werden. Da viele der Steine sehr klein sind, ist es einfacher, sie in Kisten unterzubringen, die an verschiedene Orte transportiert werden können. So wird auch das Aufräumen weniger mühsam.

- Nutzen Sie kleine Taschen mit Umriss und beschriften Sie die jeweilige Bausteinart. Diese Taschen können dann an Haken aufgehängt werden und die Kinder können sie an den Platz tra-

gen, an dem sie die Bausteine gerade brauchen.
- Nehmen Sie kleine Behälter, die mit Umrissen, Bildern oder Fotos und Begriffen beschriftet sind: Diese Behälter können leicht aus großen Plastikflaschen hergestellt werden, die oben abgeschnitten werden. Die Schnittkanten müssen geglättet werden.

6.6 Effektive Beschriftungssysteme

Jedes Aufbewahrungssystem kann nur effektiv sein, wenn alle Beteiligten – Erwachsene und Kinder – wissen, wo die Bauelemente aufbewahrt werden. Außerdem bringt ein geeignetes Beschriftungssystem die Kinder dazu:
- selbstständiger zu werden, Materialien schneller zu finden und an ihren Platz zurückzubringen;
- das Aufräumen als Lernen zu nutzen;
- die Beziehung zwischen Symbolen und realen Gegenständen, den Bausteinen, zu erkennen.

Man kann verschiedene Methoden der Beschriftung einsetzen. Jede Methode ist effektiv, so lange sie deutlich macht, wohin die Bausteine gehören, und das Aufräumen nicht länger dauert als das Spiel. Alle Arten von Schildern sollten sowohl auf der Bild- als auch auf der Wortebene informieren. Die Beschriftung mit Worten erlaubt es den Kindern, die Beziehung zwischen dem geschriebenen Schild, dem Bild und dem realen Gegenstand herzustellen und die Bedeutung von Lesen und Schreiben zu erkennen. Folgende Aspekte sollten darüber hinaus beachtet werden:
- Stellen Sie eine Übersicht aller Bausteinarten zur Verfügung.
- Stellen Sie eine Verbindung aus Bild und Wort für jede Art von Bausteinen zur Verfügung.
- Nutzen Sie Bilder von Kindern, die gerade mit den Bausteinen bauen.
- Stellen Sie Fotos von den verschiedenen Bausteinen zur Verfügung.

6.7 Überlegungen zum Einrichten eines Baubereichs

6.7.1 Platzierung des Bereichs

Für das Einrichten eines Baubereichs gelten für drinnen und draußen dieselben Prinzipien:
- Für effektives Bauspiel braucht es viel Platz, damit das Spiel in alle Richtungen ausgedehnt und erweitert werden kann.

- Der Baubereich sollte einen schallschluckenden Fußbodenbelag haben, um den Lärmfaktor gering zu halten. Teppiche mit niedrigem Flor und Kunststoffbodenbelag sind geeignet. Es ist wichtig, dass der Bodenbelag glatt und fest ist, um eine bessere Stabilität der Bauwerke zu sichern. Draußen muss man sich wegen des möglichen Lärms beim Bauspiel nicht so große Sorgen machen. Jeder gepflasterte oder glatte Fußboden eignet sich gut für das Bauen.
- Der Bauspielbereich sollte außerhalb der besonders belebten Bereiche liegen, um Unfälle zu vermeiden.
- Es ist hilfreich, den Bauspielbereich an mindestens zwei Seiten zu begrenzen. Die Ecken des Raums eignen sich besonders gut als Baubereiche. Draußen kann man das erreichen, indem man Mauern oder Zäune als Begrenzungen nutzt.
- Die Bausteine sollten leicht zugänglich sein.

6.7.2 Wie viele Bausteine werden gebraucht?

- Die Anzahl der Bausteine, die verfügbar sein sollten, variiert mit dem Alter und den Erfahrungen, die das Kind mit dem Bauspiel schon hat.
- Die Empfehlungen des Board of Education for the City of North York (S. 8) lauten folgendermaßen:
  - Für erste Erfahrungen: ein Set großer Hohlbausteine, ein Set Blockbausteine, ein Set Table-top-Bausteine, um auf dem Tisch zu bauen, (Plastikwürfel, bunte Bausteine, integrierte Bausysteme) und Poleidobausteine – Würfel, Quader, Zylinder, Dreiecke, Prismen, Kegel, Pyramiden – in Rot, Grün, Blau und Gelb.
  - Für spätere Erfahrungen: ein Satz großer Hohlbausteine, ein Satz Blockbausteine und drei Sets Bausteine, mit denen man auf dem Tisch bauen kann.

6.7.3 Motivationsmaterial/Ausstellungen

Zwei Faktoren sind bei Ausstellungen besonders zu beachten: Sie sollen andere Kinder anregen, sich am Bauen zu beteiligen, und sie sollen die Werke der Kinder gut präsentieren und damit würdigen.

- **Methoden zur Anregung:** Dazu gehören Fotos von realen Bauten in der Umgebung der Kinder wie Kirchen und andere bekannte Gebäude; Bilder von verschiedenen Bauwerken, an denen die Kinder Interesse gezeigt haben, wie Hebebühnen, Ställe und Yachthäfen; Bilder von Ausflügen zu Baustellen; Bücher zu ähnlichen Themen, architektonische Skizzen, Bilder von verschiedenen Baustadien von Gebäuden, Brücken, etc. in der Gemeinde. Das alles könnte an einer niedrigen Wandtafel oder Wand im Baubereich präsentiert werden.
- **Ausstellung der Arbeiten der Kinder:** Es ist oft ein Problem, das Bauspiel in einer Ausstellung zu zeigen,

da es viel Platz braucht oder in einem Raum stattfindet, der mit anderen Kindern geteilt werden muss. Möglich ist zum Beispiel, die verschiedenen Stadien des Bauens zu fotografieren oder auf Video aufzunehmen; symbolische Darstellungen des Spiels wie Diagramme anzufertigen; die Höhe oder Länge der Bauwerke graphisch darzustellen; verbale Beschreibungen aufzuzeichnen, zu transkribieren und dann vielleicht zu illustrieren; mit kleineren Bausteinen ein Modell der Bauwerke herzustellen, die errichtet worden sind; die Bauwerke stehen zu lassen und den Kindern derselben Gruppe oder anderer Gruppen zu ermöglichen, dem Bau später noch etwas hinzuzufügen oder ihn mit der Zeit zu verändern.

6.7.4 Zusätzliche Materialien

Für das Bauspiel sind weitere Materialien notwendig, damit nicht nur gebaut wird, sondern die Kinder auch mit den errichteten Bauwerken spielen. Im folgenden finden Sie Vorschläge für geeignete Materialien:

- Verschiedene Fahrzeuge wie Polizei-, Kranken- und Feuerwehrwagen, Transportfahrzeuge, Sportfahrzeuge; Figuren aus verschiedenen Lebensbereichen (die auch verschiedene Ethnien repräsentieren); Tiere (Saurier, Zootiere, Haustiere, Nutztiere vom Bauernhof, Wildtiere); Züge und Schienen; zusammensteckbare Straßenbausysteme; Pflanzen (Bäume, Büsche, Blumen); Schreibmaterial (Bleistifte, Marker, Papier, Scheren, Klebeband, um eigenes Zubehör zu basteln); Schilder (Verkehrszeichen, Baustellenschilder); Naturmaterialien (Zweige, Kiefernzapfen, Kieselsteine, Steine); Kleidungsstücke zum Verkleiden (Hüte und Mützen, Arbeitskleidung)
- Aufbewahrungsmöglichkeiten für das Zubehör: Die Behälter sollten je nach Art des Zubehörs deutlich gekennzeichnet werden – mit Bild und Wort bei kleineren Teilen; sinnvolle Unterbringung für größere Gegenstände (beispielsweise kann man Baufahrzeuge auf Parkplätzen abstellen, die auf dem Fußboden gekennzeichnet werden)

6.7.5 Sicherheitsfragen

Es sollte nur wenige Regeln geben und diese sollten sich in erster Linie an der Sicherheit und an den Lernerfahrungen der Kinder orientieren. Regeln, die das Spiel auf eine bestimmte Anzahl von Kindern begrenzen, ziehen beispielsweise nicht in Betracht, dass es beim Bauspiel auch um soziale Interaktion geht. Indem man die Zahl der beteiligten Kinder einschränkt, begrenzt man automatisch die möglichen Arten des sozialen Spiels und verhindert, dass die Kinder in größeren Gruppen zusammen spielen und Probleme selbst lösen.

Folgende Regeln eignen sich:

- Steine, die wir nicht brauchen, räumen wir weg.

- Ein »Bitte nicht stören«-Schild kann verwendet werden, um die Zerstörung von Bauwerken zu verhindern.
- Höher zu bauen, als vorher festgelegt wurde, ist nur in Anwesenheit von Erzieherinnen erlaubt.
- Gebäude, die »größer sind als ich«, brauchen stabile Strukturen.
- Hohe Bauten werden nur mit ganz bestimmten Steinen errichtet (Bausteine aus Pappe, Bausteine aus Schaumstoff, kleine Bausteine).

6.8 Beobachtungs- und Dokumentationstechniken

Die Beobachtung und Dokumentation des Bauspiels ist besonders wichtig, um

- auf den Interessen der Kinder aufzubauen;
- geeignetes Material zur Verfügung stellen zu können, um das Spiel weiter zu fördern;
- die Entwicklungsniveaus der einzelnen Kinder zu erkennen;
- notwendige Anpassungen und Veränderungen vornehmen zu können;
- die Familien und andere Pädagogen über die Leistungen und Erfolge der Kinder zu informieren.

Zur Dokumentation des Bauspiels kann man viele Mittel und Methoden einsetzen:

- **Fotografien:** Diese Methode eignet sich hervorragend, um die verschiedenen Bauten, die das Kind errichtet hat, zu dokumentieren und die Fähigkeiten, die das Kind beim Bauen zeigt, zu interpretieren (➛ Abb. 6.31).
  Beispiel für eine Interpretation: Emily spielte mit Holzbausteinen, die die Form eines Viertelkreises hatten. Sie entdeckte, dass zwei Steine zusammenpassen. Sie nannte das Ergebnis »Halbkreis«. Sie ging zum Bausteinregal und fand die beiden anderen Viertel, um ihren Kreis zu vervollständigen. Sie erklärte, dass sie jetzt »einen vollen Kreis« habe. Daraufhin errichtete sie mit zylindrischen Bausteinen ein Bauwerk, das sie als »Halbkreis, der aufrecht steht« bezeichnete. Emily hatte durch diese Aktivität etwas über die Beziehung zwischen dem Teil und dem Ganzem gelernt.
  Diese Art der Dokumentation gibt nicht nur wertvolle Hinweise auf die Fähigkeiten der Kinder, sondern kann auch effektiv dafür genutzt werden, Ausstellungstafeln für die Familien und die Kinder anzufertigen.
- **Mappen für das Bauspiel:** Sie enthalten Diagramme, Fotos und verbalen Beschreibungen des Bauens der Kinder, können für jedes einzelne Kind oder für eine Gruppe entwickelt werden. Sie zeigen die ganze Bandbreite des Spielens der Kinder.
  In unserer Mappe zum Bauspiel in der Loyalist College Curriculum Lab

Preschool, einer zugelassenen Vorschule, die das Curriculumtraining für Erzieherinnen und Erzieher für die frühe Kindheit unterstützt, gab es auch einen Abschnitt über die Niveaus des Bauspiels. Kinder und Familien konnten sich diese Mappe jederzeit ausleihen. Das folgende Beispiel illustriert, wie Ben sein Bauwerk, einen Insektenturm, beschreibt.
»Ich habe 15 große Pappschachteln genommen, um Stufen zu bauen. Ich stellte die Pferde drum herum, um andere draußen zu halten! Ich musste Holzbausteine nehmen, um die Stufen zu bauen und den Turm hoch genug zu machen. Ich setzte die Insekten auf die Steine. Dann bat ich Ingrid, eine Skizze zu zeichnen, so dass ich den Turm nächste Woche wieder machen konnte.«

- **Checklisten:** Checklisten können eingesetzt werden, um die Niveaus des Bauens und/oder die Fähigkeiten der Kinder zu erkennen. Die Tabellen 6.1 bis 6.4 sind Beispiele für komplette Bau-Checklisten. Die Liste in Tabelle 6.1 eignet sich auch dafür, Informationen über eine Gruppe von Kindern zusammenzutragen, die Checkliste in Tabelle 6.3 kann dazu dienen, eine Vorstellung von der Vielfalt des Bauspiels zu bekommen, mit dem sich die Kinder beschäftigen.

Es ist wichtig, dass jede Information, die in einem Bereich gesammelt werden konnte, mit Fähigkeiten, die sich die Kinder in anderen Bereichen angeeignet haben, koordiniert werden kann.

Abb. 6.31 Emily lernt bei ihrem Spiel, die Beziehung zwischen einem Teil und dem Ganzen zu verstehen.

Stadien des Bauspiels

Name: *Jakob*

Niveau	Beobachtung	Datum	Interpretation
Stadium 2: Reihen und Türme	*Stapelte bis zu fünf blaue Kuben und rosafarbene Bausteine, warf sie um, wiederholte das Spiel sechsmal*	*22.4. Wiederholte alles am 23.4.*	*Dem Alter angemessen Wiederholen des Stadium des Spiels*

Tab. 6.1 Checkliste: Stadien des Bauspiels

Wie die Informationen pädagogisch zu nutzen sind:

- Bieten Sie Jakob Unterstützung an, um zu sehen, ob er seinen Turm noch höher bauen kann.
- Unterstützen Sie eine kleine Gruppe von Kindern, einen Turm zu bauen und umzuwerfen.
- Stellen Sie andere Materialien zur Verfügung, die man auftürmen und umwerfen kann.
- Berichten Sie Jakobs Mutter über dessen Spiel, da sie Interesse daran bekundet hat, ähnliche Spiele zu Hause durchzuführen.

Stadien des Bauspiels, Daten und Beobachtungen					
Checkliste für mehrere Kinder					
Namen	**Tragen von Steinen**	**Reihen und Türme**	**Mauern und Brücken**	**Umfriedungen und Muster**	**Darstellungen und Reproduktionen**
Laura			*3.5. Baute mit zwei rechteckigen Blöcken eine Brücke, unter der kleine Autos hindurch fahren*		
Carolin	*3.5. Transportierte kleine Bausteine in einer Schubkarre, um mit Jamie zu bauen*	*3.5. Baute eine Straße aus kleinen, rechteckigen Steinen für Jamie, um Autos darauf fahren zu lassen*			

Tab. 6.2 Checkliste für mehrere Kinder: Niveaus des Bauspiels

Wie die Information pädagogisch zu nutzen ist:

- Bestimmen Sie, ob jedes Spiel bei jedem Kind dem Alter und/oder dem Entwicklungsniveau entspricht.
- Erweitern Sie das Spiel der beiden Kinder, indem Sie ihnen andere Materialien zur Verfügung stellen, um Bausteine zu transportieren und Brücken und Autostraßen zu bauen.
- Geben Sie den Kindern Bilder und Bücher über Baufahrzeuge und das Bauen von Brücken und Straßen.
- Planen Sie einen Ausflug zu einer Baustelle in der Nähe.
- Fördern Sie die Erweiterung der räumlichen Kenntnisse der Kinder, indem Sie Baudetails wie Fenster und Türen hinzufügen.

Checkliste: Vielfalt des Bauspiels					
Datum: *5.5., 6.5., 7.5.*					
Namen	**Tragen von Steinen**	**Reihen und Türme**	**Mauern und Brücken**	**Umfriedungen und Muster**	**Darstellungen und Reproduktionen**
Laura	*I*		*III*		
Carolin	*I*	*I*			
Marlene					*III*

Tab. 6.3 Checkliste: Vielfalt des Bauspiels

Die Informationen über das Rollenspiel im Baubereich sollten beispielsweise mit Informationen aus dem Rollenspielbereich verglichen werden. Am Ende können alle Informationen über ein Kind zusammengestellt und mit den anderen Erzieherinnen besprochen werden. Das kann über folgende Mittel und Methoden geschehen:

- Individuelle Mappen: ein Buch, das einen Abschnitt über das Bauen enthält und Informationen über die Entwicklung des Bauens in einer bestimmten Zeit dokumentiert
- Dokumentationswände: Fotos und aufgeschriebene Dialoge über das spezielle Interesse einer Gruppe von Kindern, was Bauprojekte betrifft
- Hefte, die die Informationen über die speziellen Interessen eines einzelnen Kindes oder einer Gruppe von Kindern enthalten

Angewandte Fähigkeiten

Name	Fähigkeit	Beobachtung
Jerome	*Muster aus langen, kurzen rechteckigen Blöcken – 20 Blöcke*	*5.5. Baute lange Reihen von Blöcken mit den Enden aneinander in langen/kurzen Mustern*
Autumn	*Stapelte rechteckige Bausteine*	*7.5. Die Steine sind in unterschiedlicher Reihenfolge der Größen gestapelt. Wenn ein Stein herab fiel, versuchte sie, ihn wieder zurückzulegen, nach oben auf den Stapel.*

Tab. 6.4 Checkliste: Angewandte Fähigkeiten

Wie die Information pädagogisch zu nutzen ist:

- Machen Sie sich das Entwicklungsniveau jedes Kindes bewusst.
- Stellen Sie Materialien zur Verfügung, um das Spiel zu erweitern.
- Schaffen Sie Situationen, in denen das Kind die entwickelten Fähigkeiten auf andere Spielbereiche übertragen kann.

6.9 Überlegungen aus anderen Ländern

Das Bauspiel ist eine Art des Spiels, das praktisch in allen Kulturen in dieser oder jener Form vorkommt. In Gebieten, in denen Holz rar ist, werden alternative Materialien verwendet. Im hohen Norden Kanadas ist Holz z. B. eine Rarität. Die Inuit nehmen deshalb Steine, um Bauten zu errichten, die sie *Inukshuk* nennen. Diese Bauwerke sehen wie Menschen aus und sind dafür gedacht, den Karibu zu erschrecken, so dass er zu den wartenden Jägern getrieben wird. Bauwerke aus Stein werden auch als Wegzeichen genutzt, um Reisenden den Weg zu weisen (Francis 2000).

In der Waldorf-Pädagogik wird besonders die Einfachheit und Schönheit von Holz geschätzt. In solchen Einrichtungen verwendet man Bausteine nur aus echtem Holz. Die Kinder müssen sich vorstellen, wo sich Türen und Fenster befinden, oder müssen sie einrichten, indem sie einfach Löcher in ihrem Bauwerk lassen.

In Schweden werden sogenannte Brio-Steine eingesetzt, die aus natürlichem Holz hergestellt werden. Kinder, die damit bauen, sollen Ziele verfolgen und Ideen umsetzen. Teile können zusammengesteckt werden, um gerade Strecken, Kurven oder Kreise zu bilden. Die Kinder können auch Hügel daraus bauen. Fahrzeuge wie Züge und Autos gibt es in verschiedenen Farben, sie stehen für reale Züge und Fahrzeuge. Die Fahrzeuge können mit Magneten miteinander verbunden werden und erreichen eine beliebige Länge, abhängig davon, wie viel Material zur Verfügung steht. Die Fahrzeuge können mit Spielzeugbaumstämmen und anderen kleinen Gegenständen beladen werden. Zum Zubehör gehören Figuren, Bäume, Tiere, Gebäude, Treppen, Brücken, Tunnel, Kräne und andere funktionelle Gegenstände. Alle Teile sind einsatzfähig. Brücken, Tore, Kräne und Bahnübergänge funktionieren. Ein Kind, das damit spielt, lernt etwas über Ursache und Wirkung und über Sicherheit; es erwirbt Wissen über verschiedene Vorgänge, die nötig sind, um Gegenstände zu bewegen (einen Flaschenzug zu bedienen, einen Schalter zu drehen, ein Tor zu öffnen). Viele naturwissenschaftliche Grundprinzipien können bei diesen Spielen erkundet werden. Mit Standardsätzen von Bausteinen sind solche Spiele nicht möglich.

6.10 Baumaterial

Tabelle 6.5 enthält Beispiele für verschiedene Arten von Bausteinen, Tabelle 6.6 Beispiele für allgemein übliche Blockbausteine verschiedener Form.

Bausteine	Verwendung
Schaumstoffblöcke: können in Sätzen gekauft werden, zu denen rechteckige, brückenförmige, halbrunde, zylindrische und dreieckige Steine in Blau, Rot, Gelb oder Grün und in verschiedenen Größen gehören	• Sehr gut für Babys und Kleinkinder geeignet, da sie sehr leicht zu greifen sind • Leicht zu stapeln, da die Oberflächen nicht klebrig sind • Gut geeignet zum Gestalten
Bausteine, die aus unterschiedlich großen Teilen von Zweigen und Ästen von Bäumen gemacht wurden	• Wachsende Fähigkeit, Bausteine zu stapeln • Zusätzliche kreative Dimension
Pappziegel in verschiedenen Formen: quadratisch, klein und groß, rechteckig	• Leicht zu handhaben, geringes Gewicht • Relativ sicher, wenn die Kinder hohe Bauwerke errichten • Sehr gut geeignet zum Gestalten

Bausteine	Verwendung
Würfel zum Ineinanderstecken in verschiedenen Farben	• Gut geeignet, um die gestalterischen Fähigkeiten zu entwickeln, zum Vergleichen, Herstellen von Sätzen gleicher Teile, weniger – mehr, Zählen
Schaumstoff, der mit Stoff bedeckt ist – kommerziell hergestellt oder zu Hause gemacht, gemustert oder glatt	• Leicht zu greifen • Ungefährlich, wenn die Kinder hohe Bauwerke errichten
Hohlbausteine	• Zum Bauen von stabilen Bauwerken • Man kann die Steine als Requisiten beim Rollenspiel verwenden; sie sind stabil genug, damit Kinder darauf sitzen oder stehen können • Fördern die Zusammenarbeit, da für diese Steine mehrere Kinder zusammenarbeiten müssen • Fördern die Fähigkeit der Kinder, Probleme zu lösen: wie nutzt man die Bausteine für anderen Zwecke?
Blockbausteine	• Fördern die Fähigkeiten, die vor dem eigentlichen Messen erlernt werden • Fördern das Ordnen, Vergleichen, Zählen, Balancieren, das Anordnen in einer bestimmten Reihenfolge, Gestalten, Zuordnen, Sortieren
Schachteln und Kartons: Flaschenkartons sind besonders geeignet, weil die Trennwände den Karton stabiler machen. Kleben Sie die Seiten mit Klebeband zu und bemalen Sie die Kartons.	• Fördert die Fähigkeit, zu tragen und zu transportieren • Gut geeignet für das Errichten von relativ sicheren, hohen Bauwerken • Herstellen von Gleichgewicht • Herausfinden der passenden Größe
Nummerierte oder mit Buchstaben versehene Blockbausteinsätze, auf jeder Seite steht ein anderer Buchstabe oder eine andere Zahl	• Horizontales oder vertikales Stapeln, Ordnen, Gestalten
Ziegelsteine: rechteckig, groß	• Bauen von Mauern und Häusern, die auch das Freihalten von Fenster- und Türöffnungen ermöglichen
Papprollen (von Papierhandtüchern, Einwickel- oder Geschenkpapier, Teppichen) – können mit Recyclingpapier oder durch das Bekleben der Enden verstärkt und bemalt werden	• Fähigkeit, zylindrische Formen zum Bauen zu verwenden

Bausteine	Verwendung
Große Tapetenrollen; die man unbemalt lassen, aber auch bemalen kann. Die Rollen können auch mit einer Säge in zwei Hälften geschnitten werden, um Tunnel zu bauen	• Hervorragendes Zubehör für Tunnel, durch die Gegenstände fahren oder rollen können
Bauplatten: Plastikplatten, die ineinander gefügt werden können, um Kuppeln zu bauen	• Bauen von überdachten Umfriedungen • Zuordnen, miteinander verbinden • Entwickelt einen Sinn für geschwungene Abdeckungen
Konstruktionselemente: Teile, die Bauteile verbinden	• Zuordnen, sortieren • Gestalten • Bauen offener Konstruktionen
Farbige Blöcke verschiedener Größen und Formen	• Zuordnen, sortieren • Gestalten
Dorf- und Burgbaublöcke: Fenster, Türen, Dächer, Ecktürme	• Beachten der Details • Errichten von realistischen Nachbauten

Tab. 6.5 Beispiele für verschiedene Arten von Bausteinen

Kubus (würfelförmig) – ein halber Stein	
rechteckig – einfacher Stein – Doppelstein – Vierfacher Stein	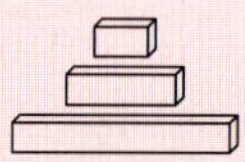
zylindrisch – klein – groß	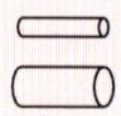
Zwischenteil	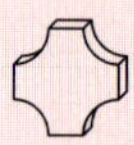
Elliptisches Teil	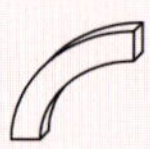
Kurve	
Viertelkreis	
Strebepfeiler – klein – groß	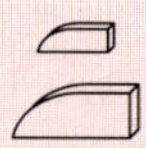
Halber Bogen	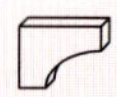
Halbkreis	
Dachplatten – klein – groß	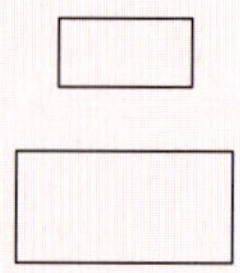
y-Weiche – groß – klein	
Weiche – klein	
Dreieck – klein – groß	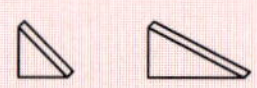
Rampe	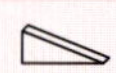
Säule Halbe Säule	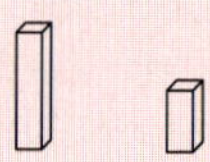

Tab. 6.6 Beispiele für verschiedene Formen von Bausteinen

6.11 Stadien des Bauspiels und Alter des Kindes

Tabelle 6.7 gibt einen Überblick über die Altersstufen der Kinder und die Stadien des Bauspiels.

Alter	Fähigkeiten	Arten von Bausteinen
Babys, acht bis zwölf Monate	• Hantieren mit Bausteinen • Bausteine von einer Hand in die andere geben • Stapeln, auftürmen • Steine fallenlassen und werfen	• Weiche Schaumstoffteile, die mit Stoff bedeckt sind • Kleine, hölzerne Bausteine, die sich für kleine Hände gut eignen • Hartschaumblöcke • Man muss sorgfältig darauf achten, dass die Bausteine stabil sind und nicht zerkrümeln oder zerbrechen, wenn sie in den Mund genommen oder heruntergeworfen werden
Zwölf bis 24 Monate	• Transportieren und Tragen von Bausteinen von einem Ort zu einem anderen • Zwei bis vier Objekte stapeln • Gegenstände schieben oder ziehen	• Weiche Schaumstoffteile, die mit Stoff überzogen sind • Kleine, hölzerne Bausteine, die sich für kleine Hände gut eignen • Hartschaumblöcke • Pappkartons (wie schon beschrieben) • Wagen, Körbe, Karren
Zwei Jahre	• Tragen und Transportieren von Bausteinen • Bauen einfacher Reihen und Türme	• Blockbausteine, Hohlbausteine • Bausteine, die schon für jüngere Altersgruppen genannt wurden
Drei Jahre	• Bauen Umfriedungen, Brücken; können damit beginnen, Bauwerke zu benennen	• Stellen Sie eine größere Vielfalt an Bausteinen zur Verfügung • Alle Sorten von Bausteinen
Vier Jahre	• Bauen Kombinationen: Türme, Reihen, Umfriedungen, Brücken • Verwenden Bausteine und Zubehör für das Theaterspiel • Benutzen beim Bauen Muster • Teilen Ideen mit anderen • Bauen gemeinsam mit anderen	• Große Anzahl und Vielfalt von Bausteinen, damit die Kinder in kleinen Gruppen bauen können • Bücher und Bilder zu Themen, die mit dem Bauen zu tun haben • Viel Platz, um das Spiel erweitern zu können

Alter	Fähigkeiten	Arten von Bausteinen
Fünf Jahre	• Planen das Bauen allein oder mit anderen • Bauen realistische Gebäude • Fügen den Bauten Einzelheiten hinzu: Rampen, Türen usw. • Benutzen andere Materialien, um Schilder und Fahrbahnen zu bauen • Dehnen das Bauen über mehrere Tage aus, indem sie die Bauten immer wieder anpassen und einzelne Strukturen hinzufügen • Beteiligen sich am Theaterspiel	• Große Vielfalt von Bausteinen • Buntstifte, Marker, Papier, Scheren, Knete, um Schilder und anderes Zubehör herstellen zu können • Bücher und Bilder zu Themen, die mit dem Bauen zu tun haben • Platz, der nur für das Bauspiel da ist, damit die Bausteine mehrere Tage lang dort bleiben können und das Spiel über mehrere Tage hinweg andauern kann

Tab. 6.7 Alter und Stadien des Bauspiels

Stadien

- Stadium 1: Tragen und Stapeln
- Stadium 2: Reihen und Türme: Bauen von horizontalen und vertikalen Strukturen
- Stadium 3: Mauern und Brücken: die Kinder bauen horizontal und vertikal, um Mauern zu errichten; sie verwenden drei Bausteine (zwei als Grundlage und einen auf der Grundlage), um eine Brücke zu bauen
- Stadium 4: Umfriedungen und Muster: die Kinder wollen einen Raum errichten, der auf allen Seiten von Steinen umgeben ist; sie kreieren ein Muster aus Bausteinen (eine Wand, die ein Muster aus Rot, Grün, Rot, Grün zeigt, oder zwei Wände, für die alle langen, rechteckigen Steine verwendet werden, und zwei Wände, für die alle kurzen, rechteckigen Steine verwendet werden, um ein Gehege zu bauen)
- Stadium 5: Darstellung der Realität und Reproduktionen: die Kinder bauen wiedererkennbare Bauwerke, die sie auch benennen, setzen frühere Ideen um (dabei können sie auch Pläne oder Bilder verwenden)

Die Bedeutung des Bauspiels

- Lösen von Problemen
- Entwicklung eines Bewusstseins für den Raum
- Entwicklung von Konzepten über Größe, Form und Farbe
- Entwicklung eines mit dem Bauen verknüpften Vokabulars
- Entwicklung der Fähigkeiten, Dinge einander zuzuordnen, zu sortieren, Balance zu erreichen und Bauwerke zu stabilisieren
- Beteiligung am symbolischen Spiel
- Soziale Kontakte mit Gleichaltrigen (Peers)

Die Rolle der Erzieherin

- Anleiten
- Fragen stellen
- Dialog führen
- Vorbild für die Sprachentwicklung
- Materialien zur Verfügung stellen

6.12 Zusammenfassung

- Das Spiel erweitern
- Das Spiel schätzen und anerkennen

Aufbewahrung

- Ordnung nach Art der Bausteine
- Beschriftung mit Bild und Wort

Das Einrichten des Baubereichs

- Genügend Raum, Ausdehnung des Bereichs
- Lärm schluckender Fußbodenbelag
- Glatter Fußbodenbelag
- Außerhalb der belebtesten, viel frequentierten Bereiche
- An zwei Seiten angrenzend
- Leicht erreichbar

Ausstellung

- Fotos
- Zeichnungen
- Wiederholte Ausstellungen
- Bauwerke eine Zeitlang stehen lassen

Beobachtung

- Fotos
- Mappen
- Checklisten
- Diagramme/Schaubilder

Kontrollaufgaben 6.13

- Entwickeln Sie eine Reihe von Fragen über die Bedeutung des Bauens, die einer pädagogischen Fachkraft, die mit Kindern im Kindergartenalter arbeitet, in einem Bewerbungsgespräch gestellt werden könnten. Verteilen Sie diesen Fragespiegel in einem kleinen Team von Studentinnen/Studenten. Jedes Teammitglied interviewt eine Fachkraft. Vergleichen Sie die Resultate, indem Sie folgende Aspekte untersuchen:
  - Der am weitesten verbreitete, allgemeingültigste Wert
  - Nicht genannte Werte
  - Was meinen Sie: Warum erhielten Sie gerade diese Ergebnisse?
- Beobachten Sie einen Erwachsenen, der mit Kindern gemeinsam baut. Beschreiben Sie, welche der folgenden Techniken der/die Erwachsene anwendet:
  - Er spricht als Vorbild die geeignete Sprache.
  - Er fördert das Bauspiel.
  - Er sorgt dafür, dass das Spiel sich immer mehr erweitert und ausdehnt.
- Schaffen Sie in einer kleinen Gruppe einen geeigneten Bereich für das Bauspiel, der folgende Aspekte berücksichtigt:
  - Genügend Platz
  - Verschiedene Arten von Bausteinen
  - Ordnung des Raums
  - Beschriftungssystem
- Wählen Sie eines der genannten Instrumente zur Beobachtung und wenden Sie dieses Instrument mindestens zweimal in einer Kindertageseinrichtung an. Interpretieren und diskutieren Sie Ihre Ergebnisse.

7 DAS RUHIGE SPIEL

KAPITELÜBERSICHT

7

- Mit ruhigem Spiel das Lernen fördern
- Überlegungen zur Entwicklung des ruhigen Spiels
- Die Bedeutung des ruhigen Bereichs
- Die Rolle der Erzieherin
- Effektive Aufbewahrungssysteme
- Effektive Beschriftungssysteme
- Überlegungen zum Einrichten eines ruhigen Bereichs
- Beobachtungs- und Dokumentationstechniken
- Überlegungen aus andere Ländern
- Materialien für den ruhigen Spielbereich
- Entwicklungsstadien des ruhigen Spiels und Alter des Kindes
- Zusammenfassung
- Kontrollaufgaben

LERNZIELE

Nach dem Lesen dieses Kapitels kann der Leser/die Leserin:

- den Zweck der Ruhebereiche benennen;
- die Entwicklungsstufen selbstgesteuerten Verhaltens benennen;
- die Beziehung zwischen selbstgesteuertem Verhalten und Ruhebereichen diskutieren;
- die Bedeutung der Ruhebereiche erklären;
- die Rolle der Erzieherin beschreiben;
- effektive Aufbewahrungstechniken diskutieren;
- ein geeignetes Beschriftungssystem entwickeln;
- Kriterien für das Einrichten von ruhigen Bereichen im Innen- und Außenbereich diskutieren;
- geeignete Materialien benennen;
- Entwicklungsrichtlinien für die Auswahl von Materialien benennen;
- verschiedene Dokumentationstechniken beschreiben.

»Das Planen von Bereichen, in denen Kinder für eine Weile am Tag allein sein können, in denen sie eine gewisse Privatsphäre genießen und sich vom Zentrum des Geschehens zurückziehen können, ist wesentlich für ihre mentale Gesundheit. (...) Dadurch respektiert man das Bedürfnis nach einem gewissen Maß an Privatsphäre, schafft Erholungszeiten, in denen nicht viel von den Kindern verlangt wird, und gibt ihnen die Möglichkeit, sich von anderen Kindern zurückziehen zu können.«

SHIPLEY
Empowering Children: Play-based Curriculum for Lifelong Learning

7.1 Mit ruhigem Spiel das Lernen fördern

Abb. 7.1 Erst im Ruhebereich erfährt Kai eine gewisse Sicherheit in der neuen Umgebung.

Abb. 7.2 Lisa zieht sich für eine ruhigere Aktivität in eine Kiste zurück.

Ein ruhiger Bereich oder Ruhebereich ist der Bereich, in den sich ein einzelnes Kind oder ein paar wenige Kinder zurückziehen können. Dieser Bereich sollte einladend sein, über weiche Polster zum Sitzen verfügen und von visuellen und möglichst auch akustischen Ablenkungen abgeschirmt sein. Die Materialien in diesem Bereich sollten auf Aktivitäten abgestimmt sein, die Ruhe, Entspannung, Konzentration und Privatsphäre erfordern. Der Bereich sollte einen einladenden, gemütlichen Charakter haben und zum Entspannen einladen.

Kai war noch nie zuvor in einer Umgebung mit so vielen Kindern gewesen. Er wollte auf dem Arm seiner Mutter bleiben und betrachtete den Raum aus dieser sicheren Position. In einer Ecke des Raums befand sich der Ruhebereich, durch weiße Fallschirmseide mit einer zeltartigen Öffnung abgeteilt. In diesem Bereich gab es eine Menge Bücher. Kais Mutter brachte ihn in den Ruhebereich und las ihm aus einem Buch vor. Bald reagierte er mit einem freundlichen Lächeln auf die Kinder, die in den Bereich kamen (➛ Abb. 7.1). Es dauerte nicht mehr lange, bis er begann, den Raum selbstständig zu erkunden.

Lisa hatte im Baubereich gespielt. Als mehrere Kinder dazukamen, trat sie ein Stück zurück und sah eine Weile zu. Schließlich nahm sie sich ein Buch, setzte sich in eine Kiste, die eigentlich zum Aufbewahren von Bausteinen hochkant hingestellt worden war, und betrachtete dort ihr Buch (➛ Abb. 7.2).

Steffen und Pablo hatten sich den ganzen Vormittag aktiv an Spielen beteiligt. Als ihre Mutter kam, um sie abzuholen, wollten sie noch nicht gehen. Die Mutter nahm die beiden mit in den Ruhebereich und las ihnen dort eine Geschichte vor (➛ Abb. 7.3). Die Jungen

Abb. 7.3 Vor dem Nachhausegehen entspannen sich die beiden Jungen im Ruhebereich.

setzten sich, hörten zu und entspannten sich dabei. Als die Geschichte zu Ende war, standen beide auf und machten sich fertig zum Nachhausegehen.

Max hatte einen hektischen Morgen gehabt und begann ziellos herumzulaufen. Katja, die Erzieherin, bemerkte das. Sie fragte ihn, ob er seinen Imbiss haben wolle. Er schüttelte den Kopf und schaute zum Ruhebereich hinüber. Niemand war dort. Er nahm ein Buch und setzte sich in den Schaukelstuhl, um es anzuschauen (➛ Abb. 7.4). Er betrachtete drei Bücher. Dann verließ er den Ruhebereich, um seinen Imbiss zu holen.

Während einer Exkursion wurden über den Tag verteilt immer wieder Ruhepausen eingelegt. Picknicktische wurden in gewissen Abständen aufgestellt und Materialien für kreatives Schreiben darauf ausgelegt. Decken und eine Tasche mit Büchern waren mitgebracht worden. Ein Vater sprach darüber, dass seine indianischen Vorfahren Birkenrinde benutzt hatten, um darauf zu schreiben. Die Kinder suchten sofort nach Birkenrinde und legten die Rinde in einen Korb auf dem Tisch. Jakob fand einen Platz neben einem Erwachsenen und begann, eine Botschaft an seine Mutter auf ein Holzstück zu schreiben (➛ Abb. 7.5).

Tina hatte eine Szene mit Dinosauriern aufgebaut. Viele Kinder wollten daraufhin auch gern mit Sauriern spielen. Bald stand sie im Mittelpunkt einer

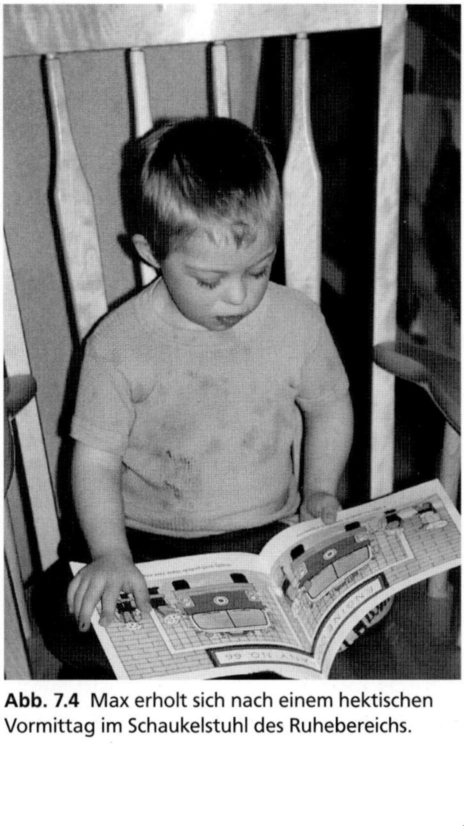

Abb. 7.4 Max erholt sich nach einem hektischen Vormittag im Schaukelstuhl des Ruhebereichs.

Abb. 7.5 Jakob schreibt eine Botschaft auf Birkenrinde.

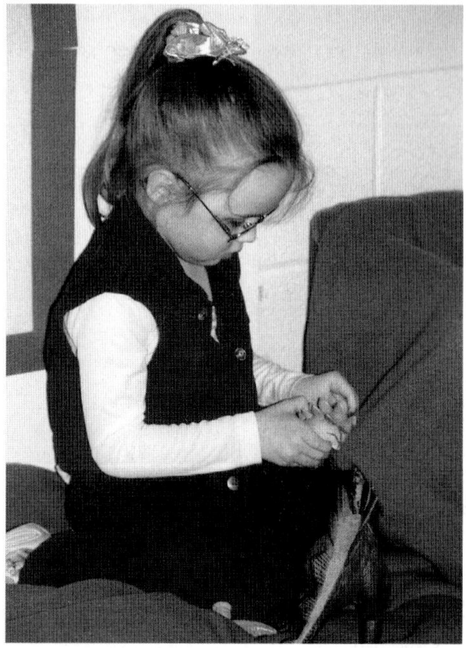

Abb. 7.6 Tina findet in der Bauecke ein ruhiges Plätzchen für ihr Spiel.

Gruppe von sechs Kindern. Ein lebhaftes Spiel entwickelte sich. Tina stand auf und kurz sah es aus, als wolle sie jetzt etwas anderes tun. Sie ging zum zentralen Materialbereich, nahm sich noch ein paar Saurier und brachte sie in eine Ecke des Baubereichs, in der eine braune Decke über weiche Kissen gebreitet war. Dort spielte sie mit ihren Dinosauriern weiter und benutzte Decke und Kissen als Landschaft (➛ Abb. 7.6).

Im Musikbereich hatte sich Stefanie das »Itsy Bitsy Spider«-Lied angehört und sich gleichzeitig das Buch angesehen. Kristin schloss sich ihr an. Sie legte sich auf die Kissen unter dem Sonnenschirm und hörte der Musik zu (➛ Abb. 7.7). Als das Lied zu Ende war, bat sie Stefanie, es noch einmal zu spielen. Schließ-

Abb. 7.7 Die beiden Mädchen hören sich in aller Ruhe ein Lied an.

lich lagen die beiden Mädchen nebeneinander, hörten sich das Lied an und betrachteten gemeinsam das Buch.

Priska hielt sich oft im Nähbereich auf. Dieser war von drei Seiten gegen Störungen geschützt – durch die Fallschirmseide des Ruhebereichs, einen kreativen Teil des Malbereichs und eine Wand an der Rückseite, an der Arbeiten der Kinder ausgestellt wurden. Priska nahm ein Band und nähte es um einen Bären, den sie vorher ausgeschnitten hatte (➛ Abb. 7.8).

Als Alicia am Morgen kam, schmiegte sie sich an ihre Erzieherin. Diese spazierte mit ihr im Raum herum. Als sie sah, dass sich keine Kinder im Ruhebereich befanden, ging sie sofort dahin, nahm sich einige Puzzles heraus und begann, ruhig für sich allein zu spielen (➛ Abb. 7.9).

Nico war im Bereich für feinmotorische Aktivitäten gewesen und hatte versucht, Perlen aufzufädeln. Die Kinder dort hatten gerade entdeckt, dass man Perlen gießen kann. Daraus entwickelte sich eine lebhafte, laute Beschäftigung. Nico beobachtete das einige Minuten lang. Schließlich griff er sich zwei Behälter mit Tierperlen und brachte sie in den Ruhebereich. Dort konnte er seine Perlen auffädeln (➛ Abb. 7.10).

Abb. 7.8 Im abgeschirmten Nähbereich findet Priska die notwendige Konzentration für ihre Tätigkeit.

Abb. 7.9 Alicia startet ihren Tag im Ruhebereich.

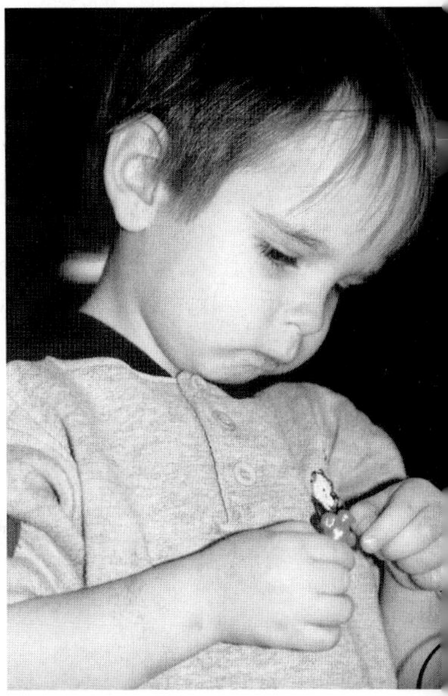

Abb. 7.10 Nico zieht sich in den Ruhebereich zurück, um seine konzentrierte Tätigkeit fortzusetzen.

Rita war ab und an gern allein. Sie mochte es besonders, an einem ruhigen Platz zu zeichnen und zu schreiben. Im Haus für das Rollenspiel gab es zwei Türen, die geöffnet und geschlossen werden konnten. Die Kinder hatten gelernt, an die Tür zu klopfen, wenn sie sich jemandem im Spielhaus anschließen und mitmachen wollten; sie wussten auch, dass ihre Bitte um Eintritt in das Haus dann abgelehnt werden konnte. Das Haus hatte zwei Fenster mit dünnen Vorhängen, die geschlossen werden konnten. Unter einem Fenster stand eine Theke. An diesem Plätzchen zeichnete und malte Rita am liebsten (→ Abb. 7.11).

Abb. 7.11 Rita genießt die intime Atmosphäre im Haus für Rollenspiele.

In allen oben geschilderten Umgebungen hatten die Kinder die Möglichkeit, sich zurückzuziehen und ihren Rhythmus selbst zu bestimmen. Jedes Kind konnte eine Umgebung finden, die ihm ein paar Minuten Ruhe spendete. Für Kai, Steffen und Pablo bot das die Möglichkeit des einfacheren Übergangs von einer Aktivität zu einer anderen. Kai konnte sich so leichter an eine neue Situation gewöhnen. Max konnte sich hinsetzen und entspannen, um neue Kraft zu sammeln. Lisa und Nico fanden einen abgeschirmten Bereich, in dem sie einer Situation aus dem Wege gehen konnten, in der sie sich nicht wohl fühlten. Für Rita und Alicia war der Ruhebereich einfach eine Möglichkeit, etwas für sich allein zu machen.

7.2 Überlegungen zur Entwicklung des ruhigen Spiels

Kinder brauchen Wahlmöglichkeiten, um sinnvolle Entscheidungen zu treffen. So wie ein Kind die Wahl haben muss zwischen verschiedenen Materialien, muss es auch lernen, zu entscheiden, in welcher Weise es mit anderen Menschen und mit den Dingen seiner Umgebung interagieren will. Dazu ist es wichtig, die eigenen Gefühle wahrzunehmen und angemessen damit umzugehen. In der Konsequenz führt das zu Selbstbewusstsein und Selbstkontrolle. Ein Ruhebereich hilft den Kindern dabei, ihren eigenen Bedürfnissen nachzugehen, sich der eigenen Gefühle bewusst zu werden und sie zu steuern.

Die Entwicklung der Selbststeuerung beginnt sehr früh im Leben. Sie beginnt damit, wenn das Kind und seine Bezugsperson miteinander interagieren, wenn die Bezugsperson die Signale, die ein Kind aussendet, erkennt und angemessen darauf reagiert. Dadurch entwickelt das Kind Vertrauen. Lukas lernte, darauf zu vertrauen, dass die Erzieherin Katja auf seine Bedürfnisse adäquat reagieren würde (➛ Kap. 5.2). Katja erkannte Lukas' Bedürfnis, beruhigt und besänftigt zu werden. Sie beobachtete seinen Gesichtsausdruck, um zu entscheiden, was sie tun sollte. Sie brachte ihn nicht ins Bett, damit er schnell einschliefe, sondern sang ihm leise etwas vor, er hörte ihr zu.

Meike lag auf dem Boden vor ihrer Mutter. Sie lächelte und gurgelte, winkte mit ihren kleinen Händen und sagte »Baabaababaa.« Ihre Mutter lächelte zurück und erwiderte »Baabaababaa.« Reziproke Interaktionen dieser Art sind ein weiterer Faktor für das Erlernen von Selbststeuerung. Dafür müssen sich die Kinder als eigenständiges Wesen erkennen, fähig sein, ihre Handlungen unabhängig steuern und sich an die Konsequenzen vergangener Handlungen erinnern können (Berk 1998).

Als Kai seinen ersten Morgen in der Kindertageseinrichtung mit seiner Mutter verbrachte (➛ Abb. 7.1), hörte er ihr zu, während sie ihm eine Geschichte vorlas. Wärenddessen versuchte er, eine Seite umzuschlagen. Seine Mutter sagte: »Halt, ich bin mit dieser Seite noch nicht fertig. Du kannst sie umblättern, wenn ich fertig bin.« Kai hielt inne und hörte weiter zu. Er muss sich an eine frühere Erfahrung erinnert haben, die ihn dazu brachte, seine Handlung zu unterbrechen und weiter zuzuhören. Als seine Mutter mit der Seite fertig war, bat sie ihn, die Seite umzuschlagen, und verstärkte damit sein nunmehr auch auf ihre Interessen eingehendes Verhalten. Das ist ein erster Schritt zur Selbststeuerung. Kai hörte auf eine Anweisung und reagierte darauf. Seine Handlungen zeigen auch, dass er sich seiner Fähigkeit, Dinge geschehen zu lassen, bewusst ist. Er beginnt, sich selbst als eigenständiges Individuum zu begreifen und sich entsprechend zu verhalten.

Lisa (➛ Abb. 7.2) war oft im Baubereich. Wenn andere Kinder in diesen Bereich kamen, hatte sie immer wieder versucht, ihre Bausteine zu schützen, indem sie laut »Nein!« schrie. In diesem Alter wird das Bewusstsein von sich selbst zu einem großen Teil über Besitzverhältnisse bestimmt (Berk 1998, S. 47). Mit großem Energieaufwand verteidigte Lisa »ihren« Besitz. Indem sie eine andere Entscheidung traf, nämlich sich ruhig hinzusetzen und allein ein Buch zu lesen, machte sie einen wichtigen Entwicklungsschritt. Sie nahm die Situation selbst in die Hand und fand eine Aktivität, die sie befriedigte. Katja, die Erzieherin, hatte Lisas Verhalten beobachtet. Als Lisa aufhörte, in dem Buch zu lesen, sagte sie: »Das hast du gut gemacht. Nach deiner harten Arbeit mit den Bausteinen hast du etwas Ruhiges zu tun gefunden.«

Max fing oft an herumzulaufen, wenn er müde wurde. Meistens nahm Katja ihn dann mit in den Ruhebereich und las ihm dort etwas vor. Er hatte auch bemerkt, dass andere Kinder oft dort saßen und lasen. An diesem einen Tag entschied der sich jedoch selbst dazu, sich in einen Ruhebereich zurückzuziehen (➛ Abb. 7.4). Das zeigt, dass Max anfängt zu erkennen, wie er sich fühlt – wenn er müde ist, ist er nun fähig, eine ruhige Aktivität zu finden, die ihm hilft, sich zu entspannen.

Jakob (➛ Abb. 7.5) war während der Exkursion viel herumgelaufen, hatte Gegenstände eingesammelt, war an Bäumen hochgeklettert und von einer Aktivität zur nächsten gerannt. Als er hörte, dass man auf Birkenrinde schreiben kann, griff er sich das größte Stück, das er finden konnte. Er setzte sich neben einen Erwachsenen, etwas abseits von den anderen Kindern, und begann zu schreiben. Er hatte eine ruhige Beschäftigung zum Entspannen gefunden.

Alicia war sehr scheu. Wenn sie am Morgen in die Kindereinrichtung kam, musste sie immer zuerst einen Ort finden, an dem sie sich entspannen und sich mit der Umgebung und den Menschen darin wieder vertraut machen konnte. Eine der Lieblingsaktivitäten von Alicia im Ruhebereich war das Arbeiten mit Puzzles (➛ Abb. 7.9). Nach ein paar Puzzles verließ sie den ruhigen Bereich und konnte mit den anderen Kindern wieder in Kontakt treten.

Einige Kinder, wie Rita (➛ Abb. 7.11), Tina (➛ Abb. 7.6), Kristin und Stefanie (➛ Abb. 7.7) haben bereits gelernt, dass es Aktivitäten gibt, die sie lieber allein oder in einer kleinen Gruppe ausführen.

7.3 Die Bedeutung des ruhigen Bereichs

- Den Kindern wird ermöglicht, ihren eigenen Rhythmus zu finden, ihre Bedürfnisse zu erkennen und so zu beginnen, Selbststeuerung zu entwickeln: z. B. Alicia, die wusste, dass sie Zeit brauchte, um sich auf ihre neue Umgebung einzustellen (➛ Abb. 7.9).
- Die Kinder können sich entspannen. Der Ruhebereich fördert verschiedene Möglichkeiten, sich zu entspannen: z. B. Kristin (➛ Abb. 7.7), wie sie auf dem Kissen unter dem Schirm liegt und der Musik zuhört. Ruhige Tätigkeiten werden als entspannende und erholsame Alternativen zu anderen Spielen erlebt.
- Die Möglichkeit für konzentrationsintensive Tätigkeiten wird geschaffen. Wegen der vielen Ablenkungen in einer Kindertageseinrichtung ist es oft schwierig, lange an einer Aufgabe zu arbeiten (Aktivitäten anderer Kinder, Ablenkung durch die Geräusche anderer Kinder, durch Gespräche Erwachsener und durch Musik oder visuelle Ablenkungen durch die Bewegungen und Aktivitäten der anderen). In diesen Fällen können sich die Kinder in Ruhebereiche zurückziehen. Aktivitäten, die viel Konzentration erfordern, wie beispielsweise Lesen, Schreiben,

Zeichnen, Nähen, Perlen auffädeln, Puzzles zusammensetzen, Zuhören können im Ruhebereich stattfinden.
- Die Kinder lernen, ihr Bedürfnis nach Ruhe und Konzentration anzuerkennen und zu respektieren.
  Nico stellte fest, dass er seine Perlenschnur im Bereich für feinmotorische Aktivitäten nicht fertig stellen konnte. Er trug seine Perlen in den Ruhebereich und konnte sie dort in Ruhe auffädeln (➛ Abb. 7.10). Nico war noch dabei, zu lernen, wie man Perlen auf eine Schnur fädelt. Er musste seine ganze Aufmerksamkeit auf diese Aufgabe richten.
- Die sichere Umgebung des Ruhebereichs ermöglicht es, sich in schwierigeren Beschäftigungen zu üben.
  Beim Nähen z. B. muss man genau aufpassen, was man tut, um das Einfädeln hinzukriegen und sich mit der Nadel nicht zu stechen. Wenn Ablenkungen minimiert werden, können sich die Kinder besser auf die Aufgabe konzentrieren.

7.4 Die Rolle der Erzieherin

Die Erzieherin sollte folgende Aufgaben wahrnehmen:
- Sie ist Vorbild in der Wertschätzung ruhigen Verhaltens: Katja anerkennt Lisas ruhiges Lesen; sie liest Max vor, wenn er müde ist.
- Sie dokumentiert die Aktivitäten und das Lernen der Kinder.
- Sie stellt die richtige Umgebung zur Verfügung: z. B. ein Spielhaus, einen Ruhebereich unter dem Fallschirm, eine Ecke mit Kissen und Decken, einen Sonnenschirm mit Kissen darunter.
- Sie richtet einen ästhetisch ansprechenden und gemütlichen Bereich ein, der die Kinder einlädt: z. B. ein Fallschirm wird an die Decke gehängt, Vorhänge mit Spitze hängen am Spielhaus, die Kissen am Boden liegen auf einer schönen Decke.
- Sie ermöglicht Aktivitäten im Haus und im Freien.
- Sie gestaltet den Außenbereich entspannend: Decken und Kissen zum Daraufsitzen, Taschen mit Büchern, die man ins Freie mitnehmen kann, Schreibmaterialien zum Zeichnen oder Schreiben, Puzzles auf einem Tisch.
- Sie richtet gemütliche Bereiche ein, die zur Entspannung einladen: z. B. ein Sofa, Kissen auf dem Fußboden, Kissen in einer Ecke, Kissen unter dem großen Schirm.
- Sie verändert Dinge und passt sie an, wenn das nötig ist: Zum Beispiel wurde die Kiste, in der Lisa saß, in einen Ruheplatz im Baubereich verwandelt, oder mit ein paar Kissen und einem kleinen Bücherregal wurde der Baubereich besser abgeschirmt.
- Sie handelt mit den Kindern Verhaltensregeln aus, die dafür sorgen, dass andere Kinder nicht gestört werden: Man muss anklopfen, um in das Spiel-

haus zu kommen, wenn die Türen geschlossen sind, man darf nicht hineingehen, wenn das Kind drinnen eine Weile allein sein möchte.

- Sie tauscht Materialien aus: je nach Bedarf und den beobachteten Interessen und Bedürfnissen der Kinder entsprechend.
- Sie bieten Materialien an, die Erholung und Konzentration fördern: Musik, Bücher, Puzzles, Nähzeug, Requisiten für ruhiges Rollenspiel.
- Sie schafft eine Atmosphäre, die alle Beteiligten ermutigt, den Ruhebereich zu nutzen.

7.5 Effektive Aufbewahrungssysteme

Da ruhige Bereiche in mehreren Teilen des Raums gebraucht werden, ist die Aufbewahrung von Materialien ein entscheidender Punkt. Ein zentral gelegenes Regal o. Ä. ermöglicht es den Kindern, auf einfache Weise Materialien zu holen und in den Ruhebereich mitzunehmen. Kleine Körbe, Tabletts oder Tragetaschen sollten für den Transport zur Verfügung stehen.

Ruhebereiche sollen gemütlich und erholsam sein, es ist daher wichtig, Unordnung und/oder schmuddliges Aussehen zu vermeiden. Kleine Bücherborde und kleine, offene Regale (für Puzzles, Nähzeug, Schreibmaterialien) sind in diesem Bereich ideal.

Bücher werden oft auch in anderen Bereichen genutzt, um dort das Spiel zu unterstützen. Sie sollten so aufgestellt sein, dass sie deutlich sichtbar und leicht erreichbar sind. Sie können auf folgende Weise präsentiert werden:

- Hochkant auf einem Bord oder einem kleinen Tisch (➛ Abb. 7.12)
- Auf einem kleinen Regal

Abb. 7.12 Bücher können auch auf einem kleinen Tisch präsentiert werden.

- In einer offenen, stabilen und widerstandsfähigen, schön dekorierten Schachtel oder einem offenen Plastikbehälter, jeweils mit der offenen Seite nach vorn
- Auf Bücherbrettern, die an der Wand oder an Regalrückseiten befestigt sind
- Auf Fensterbrettern

Nähzeug kann auf kleinen, offenen Regalen in durchsichtigen Behältern aufbewahrt werden. Eine Möglichkeit sind kleine, durchsichtige Wasserflaschen aus Plastik: Entfernen Sie das Etikett und schneiden Sie die Flasche in der geeigneten Höhe ab. Bohren Sie ein Loch in den Flaschenboden. Legen Sie jeweils das Garn, den Faden oder das Band in die Flasche und fädeln Sie den Faden durch das Loch. Das verhindert das Verknoten des Garns und hält jedes Teil separat und fertig zum Gebrauch.

Stecken Sie Nadeln in Schaumstoffstückchen. Andere Gegenstände können in Plastikbehältern geeigneter Grösse oder in Schachteln mit Deckeln aufbewahrt werden (Schnittmuster, verschiedene Nähmaterialien aus Pappe, Plastik oder Stoff).

Die Materialien für den Schreibbereich müssen ebenfalls auf dafür geeignete Weise untergebracht werden. In kleine Plastikbehälter mit Deckeln können alle benötigten Schreibmaterialien hineingelegt werden: Sätze von Buntstiften und Bleistiften, Anspitzer, Radiergummi, Lineal, Schere, Leim, ein Satz Marker und Klebeband. Die Behälter können im Kreativbereich gelagert werden, so dass das Kind sie sich bei Bedarf holen kann. Das spart Platz und erleichtert es den Kindern, die Materialien zu benutzen, wo auch immer sie sie brauchen. Papier und Bücher oder Hefte zum Schreiben können auch gemeinsam mit dem anderen Zubehör aufbewahrt werden; auch das führt zu größerer Selbstständigkeit der Kinder und spart den Erwachsenen Vorbereitungszeit.

Eine andere Möglichkeit ist es, einen Schreibkoffer vorzubereiten. Gefüllt mit den oben aufgeführten Materialien und ergänzt um ein Bildwörterbuch, einige weitere Bücher und vielleicht ein paar Bilder mit gerade interessanten Themen verwandelt er sich in ein »Reiseschreibzentrum« für Kinder, das überall benutzt werden kann (Rich 1985).

7.6 Effektive Beschriftungssysteme

Damit die Kinder Bücher und Puzzles auf ihren jeweiligen Entwicklungsniveaus nutzen, ist es notwendig, ein Beschriftungssystem zu entwickeln, das die Kinder verstehen und leicht anwenden können. Eine Farbkodierung funktioniert hier sehr gut. Die Regale können aufsteigend vom einfachsten zum kompliziertesten Fähigkeitsgrad markiert werden. Zum Beispiel kann das unterste Bücherbord gelb gekennzeichnet werden, was bedeutet, dass hier die einfachsten Bücher stehen. Ebenso können die Unterseiten der Puzzles mit gelber Farbe markiert werden.

Dieses System erleichtert es den Kindern, realistische Entscheidungen zu treffen. Natürlich wollen sie ihre Aufgaben mit Erfolg beenden; mit Hilfe dieser Markierungen können sie lernen, Schwierigkeitsniveaus so abzuschätzen, dass sie damit gut umgehen können und die richtigen Beschäftigungen für sich auswählen. Das führt zur Entwicklung eines positiven Selbstbewusstseins: »Ich kann das.«

7.7 Überlegungen zum Einrichten eines ruhigen Bereichs

Harms, Clifford und Cryer (1998) haben eine Skala zur Bewertung der Umgebung in der frühen Kindheit (Early Childhood Environmental Rating Scale) entwickelt. Eines der Bewertungskriterien berücksichtigt das Bedürfnis der Kinder nach Privatsphäre.

»Aufgabe eines privaten Raumes ist es, die Kinder vom Druck des Gruppenlebens zu entlasten. Ein Platz, an dem ein oder zwei Kinder – geschützt vor Störungen durch andere Kinder, aber trotzdem unter Kontrolle des Personals – spielen können, wird als privater Raum angesehen. Ein privater Raum kann durch physische Barrieren wie Bücherregale geschaffen werden, indem man die Regel durchsetzt, dass Kinder sich nicht gegenseitig unterbrechen, oder die Zahl der Kinder beschränkt, die an einem Tisch arbeiten, der außerhalb von Durchgangswegen platziert ist. Beispiele für einen privaten Raum sind ein kleiner Bereich auf dem Dachboden, Aktivitätszentren, deren gleichzeitige Benutzung auf ein oder zwei Kinder begrenzt ist, ein großer Pappkarton mit ausgeschnittenen Fenstern und einem Kissen darin oder ein kleines Spielhaus im Außenbereich.« (Harms, Clifford & Cryer 1998, S. 13)

Entsprechende Außenbereiche müssen ebenfalls geschaffen werden. Kinder rennen häufig in großen, offenen Bereichen herum, reiten auf Spielzeugtieren, klettern und rutschen. Daneben muss es aber stille Erholungsecken ähnlich wie im Innenbereich geben – Kissen und Decken unter einem Baum, ein weich möbliertes Spielhaus, ein Zelt in einer Ecke des Hofs. Diese Bereiche sind wiederum den Aktivitäten vorbehalten, die Ruhe und Konzentration erfordern: Lesen, Schreiben, Musik hören, Puzzles legen und Nähen.

7.7.1 Ästhetische Ansprüche an den Bereich

Die Ruhebereiche sollten stets das Signal an die Kinder aussenden: »Hier will ich hin.« Außerdem sollten sie vermitteln, dass man sich dort erholen und wohlfühlen kann. Stellen Sie sich einen Platz vor, an dem Sie als Erwachsener sich gern entspannen. Normalerweise wird dieser Ort weiche Möbel, beruhigende Farben, unaufdringliche Musik und weiches oder natürliches Licht haben. Die gleiche Atmosphäre muss auch für Kinder geschaffen werden.

Wenn möglich, sollte einer der Ruhebereiche in der Nähe einer natürlichen Lichtquelle liegen. Das führt zu produktiverem Tätigsein und senkt den Stressfaktor (➛ Kap. 2.3). Man kann mit alternativer Beleuchtung für diese Bereiche experimentieren – Leuchtstofflampen mit Tageslichtspektrum oder Glühlampen. Es ist wichtig, dass die Ruhebereiche gut beleuchtet sind, so dass die Kinder lesen oder anderen konzentrierten Beschäftigungen nachgehen können. Das Bedürfnis nach natürlichem Licht ist ein guter Anreiz, Möglichkeiten für ruhige Aktivitäten auch im Außenbereich einzurichten.

Wählen Sie in diesem Bereich weiche Farbtöne, die einen beruhigenden Effekt haben – grün, türkis, blau, violett, braun (➛ Kap. 2.4; Tab. 2.5). Wenn die Wände in neutralen Farben gehalten sind, können warme Farben durch Möbel, Stoffe, Teppiche, Bilder und Wandteppiche hinzugefügt werden. Im Außenbereich können Kissen, Decken und zeltartige Strukturen zu weicher Farbgebung beitragen. Das Einflechten farbiger Stoffreste in Zäune ist eine weitere Möglichkeit, den Ruhebereich draußen farblich attraktiv zu gestalten.

Die Möblierung des Bereichs sollte bequem sein (➛ Abb. 7.1 und 7.3). Eine kleine Couch in der passenden Größe für Erwachsene fördert den Kontakt zwischen Erwachsenen und Kindern. Kissen (mit abnehmbaren Bezügen für eine leichte Reinigung) können auf dem Fußboden, auf der Erde an einer Wand oder einem Zaun entlang ausgelegt werden (➛ Abb. 7.6).

Als Bilder für die Wände sollten vor allem die Arbeiten der Kinder ausgewählt werden; sie sollten angemessen aufgezogen und gerahmt werden. Bilder, die Kinder bei ihren Aktivitäten zeigen, können ebenfalls aufgezogen an die Wand gehängt werden. Auch Werke bekannter Künstler kann man zur Gestaltung nehmen (➛ Kap. 9.11). Kunstwerke sollten auch draußen ausgestellt werden; sie können an einen Zaun gehängt oder auf eine Staffelei gestellt werden.

Ruhebereiche, seien sie nun groß oder klein, sollten eine Atmosphäre erzeugen, die Erholung, Konzentration und Genießen fördert.

7.7.2 Die Bedeutung des Vorbilds

Die Erzieherinnen müssen darauf achten, Vorbild in der Benutzung der Ruhebereiche zu sein, d.h. dass sie selbst nur ruhigen Beschäftigungen dort nachgehen. Darüber hinaus sollten sie sie selbst nicht als Pausenbereiche benutzen, da dann den Kinder die Möglichkeit genommen wird, sich zurückzuziehen. Damit Ruhebereiche wirklich effektiv sind, müssen die Kinder die Entscheidungsfreiheit haben, dorthin gehen zu können, wenn sie es möchten. Die Erzieherinnen sollten dieses selbstbestimmte Verhalten entsprechend unterstützen.

7.7.3 Die Platzierung der Ruhebereiche

Bei der Einrichtung von kleinen, gemütlichen und bequemen Ruhebereichen im Raum verstreut sollten folgende Punkte berücksichtigt werden:

- Platzieren Sie die Bereiche nicht in der Nähe von lauten Bereichen.
- Richten Sie sie außerhalb der Durchgangswege ein.
- Sorgen Sie dafür, dass diese Bereiche gegen visuelle und akustische Ablenkungen abgeschirmt sind.
- Schaffen Sie mehr als einen Ruhebereich, da oft mehrere Kinder gleichzeitig den Bereich benötigen.

Die meisten Einrichtungen verfügen nicht über unbegrenzte Budgets zur Ausgestaltung von Ruhezonen; manches lässt sich einfach und ohne große Kosten auch selbst herstellen.

- Nehmen Sie einen großen Pappkarton, zum Beispiel von einem Kühlschrank, schneiden Sie Fenster und Türen hinein, dekorieren Sie ihn, legen Kissen hinein und befestigen Vorhänge an den Fenstern und Sie haben ein kleines Haus für den Rückzug im Rollenspielbereich.
- Bauen Sie aus Holz ein einfaches Spielhaus (➛ Abb. 7.13). Dies hat auch den Vorteil, dass Sie die Größe genau an die räumlichen Möglichkeiten anpassen können.
- Nutzen Sie die Ecken aus, mit Kissen auf dem Boden kann man sehr gemütliche Plätzchen einrichten, benutzen

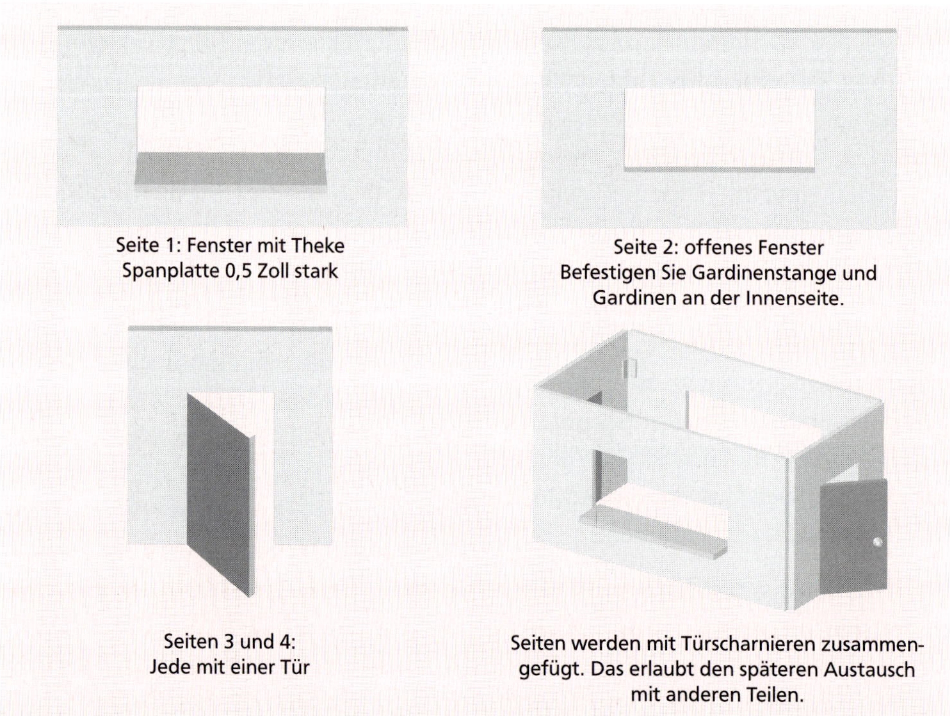

Abb. 7.13 Bau eines einfachen Spielhauses

Sie Bücherregale als Raumteiler.
- Hängen Sie einen Fallschirm oder anderen Stoff an die Decke oder an die Äste eines Baumes. Dadurch wird ein zeltartiger Raum geschaffen, in dem Kinder sich gut entspannen können.
- Hängen Sie dünne Vorhänge oder andere Stoffe an die Decke oder an einen Baum. Dies hat den Effekt eines Raumteilers.
- Stellen Sie große Schirme auf und legen sie darunter Kissen und Decken aus. Das wirkt sehr einladend.
- Stellen Sie Kartons als Rückzugsmöglichkeit auf: mit der Öffnung zur Seite, Kissen darin und eventuell mit dünnen Vorhängen vor der offenen Seite.

7.7.4 Die Privatsphäre sichern

Da die Kinder ein Recht auf Privatsphäre haben und im Laufe des Tages auch ein Bedürfnis danach entwickeln, müssen einige Grundregeln festgelegt werden, z.B. anklopfen oder klingen, wenn die Türen geschlossen sind; um Erlaubnis bitten etc. Damit das Regelsystem funktioniert, müssen alle Beteiligten es verstehen und damit einverstanden sein. Mit folgenden Mitteln kann die Möglichkeit zum privaten Rückzug gesichert werden:
- Türen auch an einem Spielhaus, die sich öffnen und schliessen lassen
- Vorhänge, die geöffnet oder geschlossen werden
- Kleine Tore (Babygitter) zwischen Wänden und Regaleinheiten
- Ein Stoppzeichen, das vor einen Eingang gehängt oder gestellt werden kann
- Ein niedriger Gegenstand wie eine Bank, die als Barriere wirken kann

7.7.5 Aktivitäten in Ruhezonen

Lesen

Beim Auswählen von Büchern für Kinder sollte man neben der inhaltlichen auch auf die ästhetische Qualität achten. Erinnern Sie sich an das erste Mal, als Sie ein Buch in der Hand hielten, das so schön war, dass Sie sich fast nicht trauten, es anzufassen und jede Seite in der Erwartung eines neuen Genusses vorsichtig umblätterten? Ein solches Buch wird lange Zeit überdauern, weil das Kind es schätzt. Wenn man etwas schätzt, wird man es sorgsam behandeln.

Ästhetisches Verständnis ist etwas, das sich über lange Zeit entwickelt. Wenn Sie den Kindern Bücher geben, die ästhetisch ansprechend sind, wird sich auch ihr Gefühl für Ästhetik weiterentwickeln.

Lesen und Bilder betrachten ist eine ruhige Aktivität. Kinder sollten täglich lesen. Erwachsene sollten den Kindern einzeln und in kleinen Gruppen vorlesen. Lesen ist eine Möglichkeit, Selbstständigkeit und Selbstvertrauen zu gewinnen. Es gibt den Kindern die Chance, sich viele weitere Fähigkeiten anzueignen:
- **Forschen:** Bildwörterbücher, Sachbücher über wissenschaftliche und andere Themen. Die Kinder lernen Bilder oder Worte nachzuschlagen, Dinge selbst herauszufinden, Objekte und

Bilder einander zuordnen, Namen identifizieren, herausfinden, wie man etwas macht – Billy sucht nach Ideen für den Bau eines Hauses in der Holzwerkstatt (➛ Abb. 7.14); Jakob findet das Tier, mit dem er gespielt hat (➛ Abb. 7.15)

- **Vokabular erweitern:** Bilderbücher, Wörterbücher, Sachbücher
- **Gegensätze kennen lernen:** Objekte, Gefühle, Handlungen, Ereignisse bezeichnen; Bedeutungen mit Bildern und Worten verbinden
- **Bücher für Leseanfänger lesen:** Texte wiederholen; Assoziationen zum gedruckten Wort knüpfen, Worterkennung üben; lernen, allein zu lesen
- **Gefühle erkennen:** Geschichten über verschiedene Ereignisse, Bilderbücher – sie helfen beim Erkennen und Bezeichnen von Gefühlen, eignen sich zur Vorbereitung von Ereignissen
- **Zählen lernen:** Gegenstände auf einer Seite zählen
- **Details bemerken:** unterscheiden zwischen Figur und Hintergrund, Details vor einem bewegten Hintergrund finden
- **Einen Teil und das Ganze erkennen:** nur ein Teil eines Bildes wird gezeigt und das Kind muss die Verbindung zum Ganzen herstellen
- **Sequenzen vorhersagen:** in vorhersagbaren, täglichen Abläufen, Lebenszyklen, Jahreszeiten
- **Zunehmende Kenntnis von Farbe, Größe und Objekten**
- **Klassische Geschichten aus unterschiedlichen Blickwinkeln betrachten:** diese Geschichten sind über Ge-

Abb. 7.14 Billy sucht nach Ideen für den Bau eines Hauses.

Abb. 7.15 Jakob findet das Tier, mit dem er gespielt hat.

nerationen immer wieder erzählt worden

- **Mit kulturellen Perspektiven bekannt machen**, indem die Kinder an unterschiedliche Kulturen herangeführt werden
- **Poesie genießen:** Kinder erfreuen sich an rhythmischen Texten
- **Humor entwickeln:** Bücher zum Zuordnen, lustige Geschichten.
- **Verschiedene Familientypen kennen lernen:** Bücher, die Klein- oder Großfamilien, Familien aus unterschiedlichen Kulturen oder Familienmitglieder in unterschiedlichen Rollen darstellen
- **Lernen, dass es verschiedene Sprachen gibt:** bekannte Bücher in unterschiedlichen Sprachen

Schreiben

Die positive Verstärkung früher Schreibversuche ermutigt Kinder, ihre Schreibfähigkeiten allmählich zu entwickeln und unterstreicht die Bedeutung des Schreibens als wichtige Fähigkeit im Leben.

»Kinder beginnen zu schreiben, lange bevor sie die Technik des Schreibens beherrschen können (...) Kinder bitten Erwachsene, Schilder, Botschaften, Briefe und Geschichten zu schreiben. Auf diese Weise demonstrieren Erwachsene verschiedene Formen des Schreibens und die Kinder versuchen schrittweise, die Formen der Erwachsenen nachzuahmen. Die Fähigkeit der Kinder, zwischen Zeichnen und Schreiben zu unterscheiden, entwickelt sich langsam im Alter zwischen drei und sechs Jahren. Sowohl beim Zeichnen als auch beim Schreiben werden Symbole benutzt, um Erfahrungen darzustellen. Kritzeln ist eine Vorstufe für beides, beide Fähigkeiten entwickeln sich parallel.« (Connell 1985, S. 19 in: Hogben und Wasley 1996, S. 74)

Schreiben ist eine Aktivität, für die man Konzentration aufbringen muss und eine Umgebung braucht, die die Kreativität fördert. Die Kinder sollten die Wahl haben, ob und wann sie schreiben wollen. Das bedeutet aber, dass sinnvolle Möglichkeiten dafür geschaffen werden müssen. Der Bereich für das Schreiben sollte:

- ästhetisch ansprechend sein: ein ordentlicher Arbeitsplatz wird zur Verfügung gestellt; die notwendigen Utensilien (gespitzte Bleistifte, Zeichenkohle, Buntstifte, Federn, Marker, Radiergummis, Kreide und Tafel, Lineale, Wörterbücher, Buchstaben zum Kopieren, Bücher zur Motivation, Geschichten der Kinder, die ausgestellt werden) werden gut und übersichtlich präsentiert; Schreibmaterialien aus verschiedenen Kulturen werden zur Verfügung gestellt.
- mit einem kleinen Tisch und Stühlen ausgestattet sein.
- über gut erreichbare Materialien verfügen.
- von einem Erwachsenen mit betreut werden, der Texte für die Kinder aufschreiben kann.
- über ordentliches Papier verfügen: liniert, unliniert, gefaltet.
- eine Vielfalt unterschiedlicher Papiere und Umschläge sowie kleine ordentli-

che Bücher zum Dekorieren und Hineinschreiben enthalten.

- Beispiele verschiedener Anwendungen des Schreibens enthalten: Einkaufslisten, Briefe, Geschichten, Gedichte.
- farbig so gestaltet sein, dass die Kreativität angeregt wird, zum Beispiel in Hellgelb oder Orange (➛ Kap. 2.3, Tab 2.5).
- wenn möglich, natürliches Licht oder Alternativen dazu haben (➛ Kap. 2.3).

Überlegen Sie auch einmal, Sand oder Mehl als alternatives Schreibmaterial zu verwenden. Sand oder Mehl kann auf einer bunten Tischplatte oder auf einem gefärbten Backblech ausgestreut werden. Nehmen Sie alte Backbleche. Reinigen Sie die Bleche und färben Sie sie mit Emailglasur. Auf diese Weise erscheinen die Buchstaben oder Worte, die das Kind dann in den Sand oder das Mehl schreibt, farbig. Die Platte oder das Blech kann mit unterschiedlichen Farben bemalt werden, umso größer ist die Überraschung über das Ergebnis. Die Kinder können ihre Finger, Pinsel oder Stöcke zum Schreiben benutzen. Wenn sie fertig sind, kann die Botschaft gelöscht werden und man kann neu beginnen (➛ Abb. 7.16).

Computer sind ausgezeichnete Hilfsmittel, wenn es ums Schreiben geht. Rita hatte eine Geschichte diktiert, die sie in ihr Schreibbuch aufnehmen wollte. Sie bat, sie selbst auf dem Computer schreiben zu dürfen. Sie druckte aus, was sie geschrieben hatte. Dann fügte sie die Geschichte in ihr Buch ein und illustrierte sie.

Tim hatte Schwierigkeiten, seinen Namen zu schreiben. Er konnte es aber auf der elektrischen Schreibmaschine und auf dem Computer (➛ Kap. 7.17). Er war sehr stolz, wenn sein Name auf dem Papier oder dem Bildschirm erschien.

Unsere Kinder wachsen in einem Zeitalter der Technologie auf. Sie müssen lernen, diese Technologie zu benutzen wie jedes andere Werkzeug auch. »Heute müssen Heranwachsende fähig sein zu lesen, schreiben und sich zu unterhalten; sie müssen aber auch Handys, Videospiele, Computer, Software, E-Mail und das Internet benutzen können.« (Schickedanz, Forsyth und Forsyth 2001, S. 626)

Puzzles

Auch Puzzeln gehört zu den ruhigen Aktivitäten und fördert die Konzentration. Manche Puzzles eignen sich besser für die individuelle Beschäftigung, andere mehr für die Arbeit in kleinen

Abb. 7.16 Schreiben auf Mehl ist auch eine sehr sinnliche Angelegenheit.

Abb. 7.17 Auf Schreibmaschine oder Computer sind die ersten Schreibversuche manchmal erfolgreicher.

Gruppen, etwa größere Bodenpuzzles. Puzzles sind eine wertvolle Beschäftigung, da sie vom Kind verlangen, auf Details zu achten (die Form des Teils und die Bilder darauf zu erkennen), das Zuordnen von Teilen zu einem Ganzen zu üben und feinmotorische Fähigkeiten zu entwickeln, um die Teile zueinanderzufügen.

Auch Puzzles sollten ein Gefühl von Schönheit vermitteln und nach ästhetischen Gesichtspunkten ausgewählt werden: Ist das Bild deutlich erkennbar; sind die Farben realistisch oder phantasievoll, ist der Hintergrund passend; passen die Farben zueinander; sind die einzelnen Teile unterscheidbar, ist das fertige Bild attraktiv?

Nähen

Einmal beteiligte ich mich an einem Nähprojekt. Wir fertigten einen Freundschaftsquilt an, also einen traditionellen Flickenteppich der amerikanischen Pioniere, der an einer Wand in einem neuen Museum der Pioniere für Kinder aufgehängt werden sollte. An dem Projekt beteiligten sich Kinder im Alter von drei bis vierzehn Jahren: Sie zeichneten das Design mit Kreide auf die Stoffteile, nähten Teile zusammen, nähten die Außenkante, bügelten und fügten Details mit Stickgarn hinzu. Außerdem wirkten Erwachsene mit: Lehrer und Familienmitglieder verschiedener Herkunft (Holländer, Deutsche, Italiener, Indianer, Ukrainer); sie halfen, die Teile zu bügeln, nähten die Teile mit der Nähmaschine zusammen, stickten und bearbeiteten die Kanten.

Das Projekt wurde in einem großen Raum durchgeführt, der in verschiedene Bereiche zum Messen, Schneiden, Zeichnen, Bügeln, Nähen und Sticken unterteilt war. Die Kinder bestimmten, was sie von sich selbst oder ihrer Kommune darstellen wollten und zeichneten diese Vorstellungen auf Stoffreste. Alle Altersgruppen wurden ermuntert, die Nähmaschine und das Bügeleisen selbst zu benutzen, allerdings unter Aufsicht von Erwachsenen.

Die Stickbereiche befanden sich in bequemen Ecken, die durch Teppiche, die von der Decke herabhingen, vom Rest des Raums abgetrennt waren. In dieser Ecke war es meist viel leiser, die Teilnehmer darin waren mit ihren Projekten beschäftigt, ihre Gespräche waren gedämpft. In diesem Bereich bekamen die Kinder zuerst Material zum Üben – Plastikquadrate mit großen Löchern, Sackleinen und dicke Baumwolle –, um verschiedene Sticharten zu üben. Vorschulkinder nähten meist um die Quadrate herum und benutzten verschiedene Arten von Fäden. Ältere Kinder zeigten unterschiedliche Fertigkeiten beim Dekorieren der Quadrate mit Mustern und Randverzierungen.

Diese Fähigkeiten wurden direkt für die Erstellung des Freundschaftsquilts eingesetzt. Die Erwachsenen nähten einen Plastikstreifen um den Außenrand des Quilts. Die jüngeren Kinder stellten mit ihren neu erlernten Fähigkeiten den Rand fertig. Andere Kinder dekorierten jede Einzelfläche, indem sie dem aufgemalten Design folgten und Details hinzufügten.

Dieses Projekt unterstützte die Kindern dabei, ganz verschiedene Fähigkeiten zu entwickeln: Selbstständigkeit, feinmotorische Kontrolle, Teamarbeit, das Herstellen eines Produkts, das ausgestellt und von der Gemeinde bewundert wurde, Stolz auf Erreichtes und Verständnis für kulturelle Werte.

Die Erwachsenen zeigten geeignete Techniken, die ihrem jeweiligen kulturellen Background entsprachen. Die einzelnen Teile des Quilts erhielten durch ihre Farben und Stickereien unterschiedliche kulturelle Dimensionen. Der schön gestaltete Arbeitsbereich erzeugte eine positive Atmosphäre. Das gesamte Projekt war vorbildlich, es verstärkte ästhetische und kreative Anstrengungen mittels eines ungewöhnlichen Mediums.

7.7.6 Ausstellung und motivierende Materialien

Die Ruhebereiche eignen sich gut, um Bilder der Kinder auszustellen. Oft werden die in diesem Bereich ausgeführten Arbeiten am Ende des Spiels weggeräumt (Puzzles) oder von den Kindern mit nach Hause genommen (Billys Tasche). Das Foto von Billy (➛ Abb. 7.18) konnte vergrößert, gerahmt und im Nähbereich an die Wand gehängt werden. Das dient einem doppelten Zweck: Es ermutigt andere Kinder, ihre eigenen Projekte zu schaffen, und es wertschätzt Billys Arbeit.

Auch Bilder von anderen Arbeiten, wie dem Auffädeln von Perlen, sollten aus-

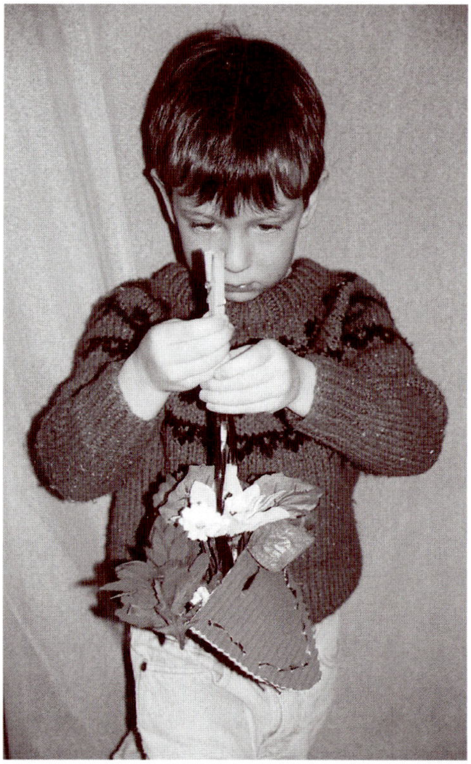

Abb. 7.18 Billy präsentiert stolz sein Bastelergebnis.

gestellt werden. Gute Perlen wie auch andere Materialien sind teuer, die Kinder müssen verstehen, dass sie deshalb in der Einrichtung bleiben müssen. Durch ein Foto, das ausgestellt wird, haben die Kinder dennoch eine persönliche Dokumentation ihrer Erfolge, und sie können sich das Foto später wieder ansehen und entscheiden, ob sie mit dieser Aktivität weitermachen wollen.

Schreibprojekte, die nicht fertig geworden sind, können in Einkaufstaschen mit den Namen der Kinder aufbewahrt werden, aber auch in mit Namen gekennzeichneten Stapelboxen oder großen Umschlägen. Man kann sie auch mit einer Klammer an eine Schnur hängen. Das macht deutlich, dass die Privatsphäre der Kinder respektiert wird, und zeigt außerdem, dass es für manche Arbeiten mehr Zeit für die Fertigstellung bedarf.

7.8 Beobachtungs- und Dokumentationstechniken

Ein wichtiger Aspekt, auf den bei Aktivitäten im Ruhebereich geachtet werden muss, ist die Selbststeuerung, die die Kinder entwickeln. Das kann mit Hilfe einer Kombination von Beobachtungsinstrumenten erreicht werden: Beobachtet werden die Aufmerksamkeitsdauer (wie lange ist das Kind mit einer Aktivität beschäftigt), der Ort der Aktivität und die Art der eingesetzten Fähigkeiten (➛ Tab. 7.1). Diese Information erleichtert es Ihnen beispiels-

Name: *Billy*

Zeit:

5	10	15	20	25	30	35	40	45	50	55	60
X	X	X	X	X	X	X	X	X	X	X	X

Aktivität: Nähen 22. Oktober

Fähigkeit: Stellt eine eigene Tasche her – hat die Form ausgeschnitten, Löcher eingeschlagen, zusammengenäht, Blumen hineingetan, den Griff hergestellt

Spieltyp: Einzelspiel

Tab. 7.1 Beobachtung im Ruhebereich

Nutzung der Ruhebereiche

Name	Datum	Spielhaus	Offene Kiste	Lesen	Nähen	Puzzle
Billy	*2.10.* *3.10.*				*II*	
Lisa	*5.10.*		*I*			
Alicia	*3.10.*					*III*

Tab. 7.2 Nutzung der Ruhebereiche

Dieses Beobachtungsinstrument hilft der Erzieherin festzustellen:

- wie oft die Kinder die Bereiche nutzen;
- welche Materialien am beliebtesten sind;
- ob die Kinder Selbstkontrolle entwickeln;
- wer die Bereiche am meisten nutzt;
- wie effektiv die eingerichteten Bereiche grundsätzlich sind.

weise, rechtzeitig weitere Materialien zur Fortführung eines Projekts zur Verfügung zu stellen. Den Eltern kann im Gespräch ein Bild von den feinmotorischen Fähigkeiten, den kreativen Bemühungen und der Fähigkeit zur selbstständigen Arbeit ihres Kindes gegeben werden. Wenn Sie das Kind bei seiner Beschäftigung fotografiert haben, unterstützt das Ihre Beobachtungen und Interpretationen zusätzlich.

Um eine Einschätzung zu bekommen, wie intensiv Ihre Ruhebereiche genutzt werden, sollten Sie regelmäßig beobachten, wie viele Kinder und wie häufig sie in den Bereichen aktiv sind (➛ Tab. 7.2)

Um Information über die Art der von den Kindern am häufigsten benutzten Bücher und Puzzles zur Hand zu haben, sollten Sie Listen der Bücher und Puzzles zusammenstellen und verfolgen, wie oft sie benutzt werden. Diese Listen können ausgehängt werden und liefern ausgezeichnete Information darüber, welche Materialien ausgetauscht werden und welche im Bereich bleiben sollten.

7.9 Überlegungen aus anderen Ländern

Ruhezeiten oder individuelle Zeiten für Kinder werden nicht überall in der gleichen Weise geschätzt. Wo es viele Kinder gibt, besteht die Tendenz, dass Ruhezeit als Arbeitszeit für die Kinder betrachtet wird. Dem Kind wird eine Aufgabe gegeben, an der es allein arbeitet und es bleibt oft still, bis die Aufgabe gelöst ist. Dieser Art des Umgangs begegnet man in vielen Kindergarten- und Vorschulgruppen. Oft ist eine Erzieherin allein für nicht weniger als 30 Kinder verantwortlich. Unter dieser Voraussetzung wird Kontrolle zu einem entscheidenden Aspekt. Die Erzieherin muss zu jeder Zeit wissen, wo jedes Kind ist und was es tut. Angeleitete und kontrollierte Gruppenaktivität ist gewöhnlich die Norm in einer solchen Umgebung.

Viele Kinder auf der Welt leben in Armut. Selbst in der westlichen Zivilisation ist die Armutsrate erschreckend. »Die Kinderarmut in Kanada wächst. Die Zahl der Kinder, die in Armut leben, stieg von 1,36 Millionen im Jahr 1994 auf 1,5 Millionen im Jahr 1996. Das bedeutet einen Anstieg von 19,5 Prozent auf 21 Prozent der Gesamtzahl der kanadischen Kinder (Canad-Steffen Council on Social Development 1998).« (Watson, Watson, Wilson und Crowther 2000, S. 14)

Kinder, die in Armut leben, haben oft nicht genug zu essen, ganz abgesehen von angemessenen Wohnbedingungen oder Büchern zum Lesen. Viele dieser Kinder leben in Familien, in denen auch die Erwachsenen nicht lesen und schreiben können. Diese Bedingungen führen zum Fehlen eines persönlichen Bereichs, zum Fehlen aller Ressourcen, von denen zu lernen wäre, und zu fehlender Lernmotivation infolge mangelnder Ernährung.

Kinder, die unter solchen Bedingungen leben, müssen in jeder Weise gefördert und unterstützt werden. Als erstes müssen ihre Grundbedürfnisse befriedigt werden – gute Ernährung, Frühstück beim Eintreffen in der Einrichtung, saubere Kleidung. Gleichzeitig müssen verständnisvolle und einfühlsame Betreuerinnen und Betreuer die emotionalen Bedürfnisse des Kindes und seiner Familie erfüllen. Nur durch den Aufbau von Vertrauen können diese Kinder lernen, Spiele und Aktivitäten zu beginnen, in denen sie sozial, emotional und kognitiv reifen.

7.10 Materialien für den Ruhebereich

In den Tabellen 7.3 bis 7.6 sind Materialien für den Ruhebereich aufgeführt. Weitere geeignete Materialien finden Sie in anderen Kapiteln dieses Buches.

Bücher

Alter	Fähigkeit	Verhalten	Beispiele
Babys bis zu sechs Monaten	• Zuhören und schauen	• Gesichtsausdruck, durch Bewegungen – Arme und Beine, um Aufregung zu zeigen, Augenkontakt mit Buch	Einfache Bilderbücher, die leuchtende Kontraste haben, einzelne Bilder vertrauter Gegenstände – leicht selbst herzustellen Einfache Kinderreime und Fingerspiele
Babys Sechs bis zwölf Monate	• Zuhören, selbstständig anschauen, Bilder erkennen	• Blättert Seiten um, hat eigenes Buch, Vorliebe wird über Körpersprache, Lallen und erste Worte deutlich • Zeigt Bilder, um Dinge zu identifizieren	Tafelbücher (Hartpappe), einfache, leuchtende Farben, vertraute Themen, einfache Geschichten, einfache Kinderreime
Kleinkinder Zwölf bis 18 Monate	• Bilder erkennen • Bücher/Geschichten erkennen	• Identifiziert durch Zeigen • Wachsende Fähigkeit, etwas verbal zu identifizieren	Tafelbücher, Bilderbücher, einfache Geschichten, erweiterter Inhalt, einfache Sprache, viele Wiederho-

Alter	Fähigkeit	Verhalten	Beispiele
Kleinkinder Zwölf bis 18 Monate (Forts.)		• Identifiziert durch Zeigen • Wachsende Fähigkeit, etwas verbal zu identifizieren	lungen, einfache Kinderreime
Kleinkind	• Einer Geschichte folgen • Selbst Bücher anschauen • Vorlieben werden entwickelt	• Selbstständige Wahl • Wiederholend – will dieselbe Geschichte immer und immer wieder hören; mag Geschichten über Dinge, die um das Kind herum auftauchen – ein neues Baby in der Familie, Mamas oder Papas Arbeit • Neugierig auf Dinge, Tiere, Fahrzeuge	Bilderbücher mit Details, einfache Geschichten mit viel Action, Wiederholungen, rhythmische Elemente
Vorschulkind und Schulkind	• Forschen – suchen nach Informationen • Niveau des Erforschens wird mit dem Alter anspruchsvoller • Wachsendes Vokabular	• Sucht Bilder • Sucht Worte zum Buchstabieren • Sucht Eigenschaften, mit deren Hilfe es Dinge unterscheiden kann – Form, Farbe, Größe • Sucht nach Ideen • Verwendet Wörterbücher, fragt nach der Bedeutung von Worten, erkennt die Bedeutung von Worten aus Bildern und aus dem Kontext der Geschichte	Realistische Bilder helfen dabei, Worte zu identifizieren, Wörterbücher; Kinderlexika
Vorschulkind und Schulkind	• Singen nach dem Buch	• Folgt den Worten im Buch, als wenn es einem Lied zuhörte	Liederbücher
Vorschulkind und Schulkind	• Auf Details achten	• Sucht nach versteckten Dingen vor einem bewegten Hintergrund	Bilderbücher mit vielen Details, Bücher zum Suchen von versteckten Gegenständen
Leseanfänger	• Lesen von Büchern für Leseanfänger	• Liest einige Worte, merkt sich die Geschichte, spricht Worte aus, setzt Worte nach dem	Bücher mit Wiederholungen, mit Bildern, die die Geschichte illustrieren

Alter	Fähigkeit	Verhalten	Beispiele
Leseanfänger (Forts.)	• Sich wiederholender Text, Kinder können Texte schnell auswendig	Zusammenhang ein, schaut auf Bilder, um Worte zu erkennen	
Vorschulkind und Schulkind	• Erkennen von Gefühlen	• Benennt die dargestellten Gefühle • Fühlt mit Figur oder Ereignis mit • Verknüpft die Gefühle mit den eigenen Gefühlen • Liest und diskutiert die Gefühle	Kurze Geschichten mit Bildern, Problemgeschichten mit einem moralischen Dilemma
Vorschulkind und Schulkind	• Lernt das Alphabet • Zählen, vergleichen	• Zählt Dinge • Rezitiert das Alphabet • Erkennt Farben, Dinge, Formen	
Vorschulkind, frühes Schulalter	• Erkennen von Gegensätzen, Unterschieden – klassische Geschichten aus verschiedener Perspektive (verschiedenen Kulturen)	• Erkennt Gegensätze – erste grobe Unterschiede, das führt zum Erkennen kleinster Unterschiede im Schulalter	Bilderbücher mit klaren Gegensätzen Gegensätzliche Herangehensweise in bekannten Geschichten
Vorschulkind und Schulkind	• Einführen kultureller Perspektiven	• Neugierig auf andere Kulturen, hat vielleicht einige Vorurteile darüber, wie Menschen in anderen Kulturen leben	Realistische Bücher und Geschichten über andere Kulturen
Vorschulkind und Schulkind	• Gedichte mögen • Hören auf Rhythmen, verschiedene Formen des Schreibens	• Hört gern Gedichten und Reimen zu • Kann mit steigendem Alter einfache, dann auch komplexere Gedichte mit Reimen rezitieren	Auswahl an Gedichten – Kinderreime

Tab. 7.3 Alter, Entwicklungsstadien und Bücher

Anmerkung: Bei der Auswahl von Büchern sollte auf Vielfalt in Hinblick auf ethnische Zugehörigkeit, Geschlecht und Kultur geachtet werden.

Puzzles

Alter	Art der Puzzlespiele
Sechs bis zwölf Monate	Spielzeug, das Babys dazu anregt, Dinge in Schlitze oder Öffnungen zu stecken (Sortierrad, Sortierwürfel); Einpassen kleiner Teile (achten Sie auf scharfe Kanten, die Teile müssen groß genug sein, um nicht verschluckt zu werden) in Krüge und Flaschen Diese Aktivitäten machen mit Form, Größe und Passform vertraut
Zwölf bis 18 Monate	Fortsetzen des Spiels mit Sortierspielzeug. Kleine Puzzles – einzelne Teile mit Knäufen, mit denen das Kind leicht umgehen kann; anfangs vier Teile, mit fortschreitenden Fähigkeiten werden es mehr
Kleinkind	Fortsetzung mit Einzelteilen mit Knäufen, dazu kommen einfache Puzzles, Einlegepuzzles; Erweiterung auf sich ineinander fügende Puzzles mit wenigen Teilen; wachsende Anzahl der Teile, wenn das Kind so weit ist
Vorschulkind	Wachsende Anzahl der Teile in Verbundpuzzles, je nach Fähigkeit des Kindes; Bodenpuzzles, Mehrzweckpuzzles – magnetische und mit Teilen, die auch anderen Zwecken dienen wie dem Hinzufügen von Rädern an Autos; Puzzles zum Thema Abfolgen/Sequenzen wie Lebenslauf, Ankleiden, Jahreszeiten
Schulkind	Alle bisher genannten Puzzles; die Puzzles werden schwieriger, haben mehr Teile, die Themen werden vielfältiger, wenn das Kind älter wird

Tab. 7.4 Puzzles

Nähmaterialien

Alter	Materialien
Vorschulkind, Schulkind	• Plastiknadeln mit großen Ösen und stumpfen Spitzen, Scheren, Lochstanze, Garn, Band, Zwirn, Stickgarn, Stoff, Karton, Schnittmuster, Plastikdeckel mit abgeschnittenen Kanten, Plastikdecken, Filz, Baumwolle, Sackleinen, Filz, Knöpfe, Dekorationsgegenstände wie Blumen, Perlen, Schleifen; Stickrahmen, Nähmaschine, Häkelhaken, Stricknadeln • Bücher: einfache Musterbücher

Tab. 7.5 Nähmaterialien

Schreibmaterialien

In jedem Stadium werden neue Materialien zu den schon existierenden hinzugefügt.

Alter	Materialien
Zwölf bis 18 Monate	Wachsstifte, Papier (festgeklebt), ungiftige Marker, Kreide, Tafel, ungiftige Fingerfarbe, Fingermalpapier, Plexiglas, Tischplatten
Kleinkind	Bleistifte, Buntstifte, Radiergummi, Lineale, Schreibhefte
Vorschulkind	Liniertes Papier, Bildwörterbücher, Buchstaben, Zahlen, Bildwortkarten, phonetische Karten, Computer
Schulkind	Wörterbücher, linierte Arbeitsbücher, Kursivalphabet, Schreibsoftware

Tab. 7.6 Schreibmaterialien

7.11 Stadien des ruhigen Spiels und Alter des Kindes

In der folgenden Tabelle 7.7 sind die wesentlichen Stufen der Entwicklung der Selbststeuerung dargestellt.

Alter	Entwicklungsschritt
Von der Geburt bis zum Alter von sechs Monaten	• Gegenseitige Regulierung der Bindung zwischen Kind und Bezugsperson – das Kind sendet ein Signal aus, die Bezugsperson reagiert sofort darauf; das Vertrauen darauf, dass die eigene Reaktion adäquat erwidert wird, entwickelt sich • Reziproke (wechselseitige) Beziehung – das Kind agiert, die Bezugsperson reagiert und umgekehrt
Sechs bis zwölf Monate	• Mobilität gibt dem Baby die Chance, sich von der Mutter zu trennen, das baut das Bewusstsein vom Selbst als eigenständiges Individuum auf • Soziale Bezugnahme: das Kind beginnt, die Gefühle anderer Menschen in der Umgebung durch Lesen des Gesichtsausdrucks zu verstehen • Positive Interaktionen helfen dem Kind beim Beginn der Entwicklung emotionaler Selbstkontrolle

Alter	Entwicklungsschritt
Zwölf bis 18 Monate	• Folgsamkeit: erstes Anzeichen der Selbststeuerung, das Kind wird sich der Wünsche und Erwartungen der Bezugsperson bewusst
Kleinkind	• Selbststeuerung ist zu erkennen – noch sehr instabil, das Kind braucht Erinnerungshilfen und ständige Hinweise
Vorschulkind	• Ständig zunehmende Selbststeuerung, verbunden mit der Fähigkeit, Sprache zu verstehen und zu kommunizieren; Selbststeuerung äußert sich in verschiedenen Arten von Verhaltensweisen: Vermeiden von Situationen, Aufmerksamkeit suchen, Aktivitäten auswählen; äußert sich auch darin, wie Materialien benutzt werden und wie mit verschiedenen Personen interagiert wird
Schulkind	• Muss Selbststeuerung üben – eigene Handlungen beobachten, Resultate der Handlungen kontrollieren; braucht jemanden zum Anleiten.

Tab. 7.7 Entwicklung der Selbstkontrolle

Ruhebereich

- Raum zum Zurückziehen, entweder allein oder in kleinen Gruppen, für Erholung und Konzentration

Entwicklungsschritte der Selbststeuerung

- Gegenseitige Regulierung der Bindung baut Vertrauen auf
- Reziproke, wechselseitige Beziehung
- Aufbau des Selbst als eigenständiges Individuum
- Etablierung von Folgsamkeit
- Instabile Selbststeuerung
- Aufbau von Selbststeuerung

Bedeutung

- Lernen durch Beobachten fördern
- Möglichkeiten und Aktivitäten zur Konzentration
- Kind lernt, das Bedürfnis, allein zu sein, anzuerkennen
- Möglichkeit zum Entspannen
- Gibt dem Kind die Chance, seinen eigenen Rhythmus zu bestimmen
- Sichere Umgebung, um Fähigkeiten zu üben

Die Rolle der Erzieherin

- Vorbild in der Wertschätzung ruhigen Verhaltens
- Schafft eine ästhetisch ansprechende Umgebung
- Schafft Ruheplätze im Innen- und Aussenbereich
- Macht den Bereich gemütlich, um die Entspannung zu fördern
- Passt an und verändert
- Handelt das Recht auf Privatsphäre aus
- Wechselt Materialien zwischen verschiedenen Bereichen aus
- Stellt geeignete Materialien für Konzentration und Entspannung bereit
- Entwickelt eine Atmosphäre, die die Teilnahme an ruhigen Aktivitäten fördert

7.12 Zusammenfassung

Aufbewahrung

- Unordnung vermeiden
- Zentrale Aufbewahrung
- Transportable Einheiten helfen den Kindern, benötigte Materialien heranzuholen
- Kleine Bücherregale und offene Regale
- Ausstellung von Büchern auf Regalen, Fensterbrettern, Wandborden, in offenen Behältern
- Durchsichtige Aufbewahrungseinheiten, in denen die Dinge gut zu sehen sind
- Sicherheit: stumpfe Plastiknadeln stecken in Schaumstoff
- Transportable Schreibzeugbehälter, Schreibkoffer

Beschriftungssysteme

- Farbschema zur Kennzeichnung des Schwierigkeitsgrads der Bücher und anderer Materialien

Überlegen zum Einrichten eines Ruhebereichs

- Ästhetisch ansprechend
- Bedeutung der Vorbildwirkung
- Platzierung des Bereichs
- Absicherung der Privatsphäre
- Typen von Aktivitäten: Lesen, Schreiben, Puzzles, Nähen
- Ausstellung

Beobachtungs- und Dokumentationstechniken

- Beobachtung der Selbstkontrolle
- Kombination von Beobachtungsinstrumenten
- Nutzung des Ruhebereichs
- Checklisten

- Diskutieren Sie, wie ein Ruhebereich bei der Entwicklung der Selbststeuerung helfen kann.
- Welche Strategien kann die Erzieherin einsetzen, um den Kindern zu helfen, den Ruhebereich zu nutzen?
- Sie befinden sich in einer Gegend, in der viele türkische und vietnamesische Familien leben. Wie würden Sie den Ruhebereich verändern, um deren kulturellen Werte zu berücksichtigen?
- Sie arbeiten in einer Einrichtung mit Kindern mit sehr unterschiedlichem Background. Eins der Kinder, Naomi, kommt aus einer großen Familie. Sie ist immer in der Nähe von anderen Kindern oder bei ihnen. Im Laufe des Vormittags wird sie griesgrämig und müde. Sie folgt anderen Kindern oder einem Erwachsenen und weint, wenn diese sie nicht beachten. Sie sprechen mit Naomis Mutter. Sie erklärt, dass zu Hause immer irgendwer bei Naomi ist. Wenn sie müde ist, legt sich jemand mit ihr hin und erzählt ihr eine Geschichte. Welche Strategie halten Sie für sinnvoll, um Naomi zu helfen?
- Entwickeln Sie einen einfaches Konzept und eine Liste mit Dingen, die Sie für einen ruhigen Bereich auswählen würden.
- Wie könnten Sie einen Ruhebereich im Freien einrichten? Die Tagesstätte hat vor allem Betonfußboden (Sand ist nur unter dem Klettergerüst). Es gibt keine schattigen Bäume oder Pflanzen irgendwelcher Art, Hausmauern auf zwei Seiten und einen Zaun auf den anderen beiden Seiten.
- Welche Arten der transportablen Aufbewahrung würden Sie bereitstellen, um die Kinder anzuregen, Materialien im Ruhebereich zu nutzen?
- Welche Arten von Büchern würden Sie für eine Gruppe von Kindern zwischen zwei und fünf Jahren bereitstellen, zu denen Kinder aus der Türkei, Italien, Griechenland und Eritrea gehören? Nennen Sie die Titel und begründen Sie Ihre Auswahl.
- Eine Mutter erklärt ihre Sorge, weil Sie eine Nähecke eingerichtet haben. Die Mutter empfindet die Nadeln als gefährlich, denn ein Kind könnte sich ein Auge ausstechen. Was würden Sie der Mutter antworten?
- Arbeit in einer kleinen Gruppe: Jedes Mitglied der Gruppe wählt ein Puzzle und ein Buch, das ihm wegen der ästhetischen Ausstattung gefällt. Stellen Sie Ihr Puzzle und Ihr Buch vor und begründen Sie, warum sie Ihnen besonders gefallen. Vergleichen Sie die Ergebnisse in der Gruppe. Inwiefern

ähneln sich die Vorlieben der Mitglieder der Gruppe, inwiefern unterscheiden sie sich? Diskutieren, warum Sie das so empfinden.

- Erarbeiten Sie zwei Schreibhefte für zwei verschiedene Altersgruppen. Lassen Sie eine andere Person Ihre Arbeit bewerten. Berücksichtigen Sie die ästhetischen, entwicklungsgemäßen Fähigkeiten, den Zweck der Schreibhefte und das Interesse der Kinder.
- Bewerten Sie einen Ausstellungsbereich in einer Kindereinrichtung. Bewerten Sie das ästhetische Niveau, die Platzierung, die Ausrichtung auf die Kinder und das Interessenniveau.
- Beobachten Sie die Kinder in einer beliebigen Umgebung. Nutzen Sie dafür eines der entwickelten Instrumente. Vergleichen Sie Ihre Resultate mit denen Ihrer Kommilitonen. Welche Schlussfolgerungen können Sie für das einzelne Kind und für die ganze Gruppe ziehen?

8 DAS DRAMATISCHE SPIEL / ROLLENSPIEL

8

KAPITELÜBERSICHT

- Mit dem Rollenspiel das Lernen fördern
- Die Entwicklung des Rollenspiels
- Die Bedeutung des Rollenspiels
- Die Rolle der Erzieherin
- Effektive Aufbewahrungssysteme
- Effektive Beschriftungssysteme
- Überlegungen zum Einrichten eines Rollenspielbereichs
- Beobachtungs- und Dokumentationstechniken
- Überlegungen aus anderen Ländern
- Materialien für das dramatische Spiel
- Die Stadien des Rollenspiels und das Alter des Kindes
- Schwerpunkte
- Kontrollaufgaben

LERNZIELE

Nach dem Lesen dieses Kapitels kann der Leser/die Leserin:

- die Stadien des Rollenspiel benennen;
- den Wert des Rollenspiels erklären;
- die Rolle der Erzieherin erklären;
- effektive Unterbringungsmöglichkeiten beschreiben;
- ein geeignetes Beschriftungssystem benennen;
- Überlegungen zum Einrichten eines Rollenspielbereichs drinnen wie draußen erörtern;
- geeignete Materialien benennen;
- verschiedene Dokumentationstechniken benennen, um die Kinder zu beobachten.

»Das Rollenspiel öffnet die Tür zu einer Welt voller Wunder, Verzauberungen, voller Mut und Spaß für Kinder. Es geht jedoch um weit mehr als eine Erfahrung der Vorstellungskraft. Während sich die Kreativität durch das imaginäre, das Als-ob-Spiel entwickelt, schreitet auch die soziale, emotionale, körperliche und kognitive Entwicklung voran. Es kommt wirklich jeder Aspekt der Entwicklung voran, wenn sich Kinder mit Rollenspiel beschäftigen.«

Hereford und Schall
Learning through Play: Dramatic Play

8.1 Mit dem Rollenspiel das Lernen fördern

Seit einer Woche hatte es ständig geregnet. Die Kinder hatten zugesehen, wie die Regentropfen die Fensterscheibe herunter gelaufen waren, waren mit Schirmen draußen gewesen, hatten in Pfützen geplanscht, mit Wasser gespritzt und festgestellt, dass das alles so viel Spaß machte, dass sie diese Art von Spiel auch drinnen ausprobieren wollten. Sie hatten auch gesungen und zum Regenlied (➛ Kap. 5.1) die entsprechenden Aktionen und Bewegungen ausgeführt.

Nico holte den Regenschirm aus dem Rollenspielbereich. Er lief mit ihm durch den Raum und sang leise: »Pitter, patter, pitter, patter.« Dann lachte er und sagte: »Pitter, patter auf meinem Schirm.« Er lief weiter mit seinem Schirm umher, irgendwann griff Gereon das Spiel auf und rief: »Pitter, patter.« Carolin hörte die Jungen und beobachtete sie ein paar Minuten. Schließlich holte sie sich Trommeln. Sie begann zu

Abb. 8.1 Carolin lässt sich vom Singen der beiden Jungen inspirieren.

trommeln und rief: »Pitter, pitter, pitter.« (➛ Abb. 8.1)

Das Rollenspiel ergibt sich oft aus alltäglichen Aktionen und Ereignissen. Wenn die Kinder beobachten, was um sie herum geschieht – Regen, musikalische Aktivitäten – werden sie kreativ im Darstellen des Beobachteten und Erfinden neuer Situationen und Ereignisse.

8.2 Die Entwicklung des Rollenspiels

8.2.1 Stadium 1: Durch Requisiten gestütztes, nachahmendes Spiel

Das dramatische Spiel, mit dem sich Nico, Gereon und Carolin befassten, lässt sich dem ersten Stadium zuordnen. Nico nahm ein Requisit, den Regenschirm, um vorzugeben, es regne im Raum. Gereon hatte im Musikbereich eine Bambustrommel geschlagen (➛ Abb. 5.13). Der Klang der Trommel ahmte das Geräusch des Regens nach. Sein Interesse war durch Nicos Aktivität geweckt worden und er begann, den Rhythmus des Regens entsprechend dem Lied, das die Kinder gelernt hatten, zu schlagen. Carolin hatte den Jungen zugehört und sie beobachtet. Dann ahmte sie Gereon auf der Trommel nach.

Es ist interessant, wie sich das Spiel veränderte: In kurzer Zeit wurde es vom Einzelspiel zum Parallelspiel, dann zum assoziativen Spiel. Nico hatte zuerst alleine gespielt. Als er sich mehr Zusammenspiel mit anderen Kindern wünschte, versuchte er, die Aufmerksamkeit auf sich zu lenken, indem er seine Stimme erhob und sich in die Nähe der anderen spielenden Kinder begab. Gereon griff auf, was Nico sagte, und erweiterte dessen Spiel um das Geräusch des Regens. Die beiden Jungen begaben sich in ein assoziatives Spiel. Jeder blieb bei seiner eigenen Aktivität – der eine Junge lief mit dem Regenschirm herum und der andere schlug die Trommel –, aber sie tauschten auch Ideen und Reaktionen aus – das Geräusch des Regens. Carolins Spiel entwickelte sich vom Beobachten zum parallelen Spiel, als sie beschloss, sich ein Instrument zu holen und Gereons Trommeln nachzuahmen. Jedes der Kinder verwendete das eigene Instrument und spielte seinen eigenen Rhythmus.

Das Regenspiel im Raum setzte sich über einige Tage hinweg fort. Irgendwann stellten Gereon und Kristin fest, dass sie dafür einen großen Schirm brauchten. Gereon half dabei, eine Notiz auf dem Computer zu schreiben: Wir brauchen BITTE einen, riesengroßen Sonnenschirm. Er klebte die Notiz an die Tür der Vorschule. Jemand von den Eltern brachte am nächsten Tag einen großen

Abb. 8.2 Kristin und Gereon haben sich einen gemütlichen Platz zum Schutz vor dem Regen eingerichtet.

Sonnenschirm mit. Gereon und Kristin sahen den Schirm sofort, als sie hereinkamen. Sie nahmen ihn mit in den Musikbereich, denn dort hatten sie das Regenlied gesungen und gespielt. Der Schirm sollte dazu dienen, ein trockenes Plätzchen zum Ausruhen zu haben. Die Kinder überlegten sich unabhängig voneinander, wie sie diesen Platz gestalten wollten. Gereon wünschte sich einen Platz zum Hinlegen. Er brachte ein Kissen und eine Decke mit. Kristin entschied sich für eine Liege, die wie eine Bank aussah, auf die man sich setzen konnte. Sie beschlossen gemeinsam, was sie wohin stellen könnten (➤ Abb. 8.2). Gereon legte sich hin, um sich auszuruhen. Kristin ordnete ihre Sachen auf der Bank und setzte sich schließlich mit ihrer Puppe hin. Sie redete mit ihrer Puppe, erklärte ihr, dass sie sehr gemütlich und trocken unter dem großen Schirm sitzen würden.

8.2.2 Stadium 2: Spielen von alltäglichen Abläufen und vertrauten Rollen aus dem nahen Lebensumfeld

Priska hatte beobachtet, wie Gereon und Kristin den Bereich für sich einrichteten. Sie lief zurück zur Garderobe und zog sich einen Regenmantel an. Als sie gerade zum Musikbereich zurückgehen wollte, sah sie, wie Jasmina einer der Puppen die Haare wusch (➛ Abb. 8.3). »Priska, komm her und hilf mir«, rief Jasmina, »das andere Baby muss auch gewaschen werden.« Priska ging zur Wiege, um die Babypuppe zu holen, auf die Jasmina zeigte. Nachdem sie die Puppe gewaschen hatte, bürstete sie ihr Haar (➛ Abb. 8.4). Dann zogen beide Mädchen ihren Puppen Unterwäsche, Pullover und Hosen an und gingen mit ihnen zum Schirm. »Ich werde nass«, erklärte Jasmina. »Ich nicht«, sagte Priska. »Kommt unter den Schirm«, rief Gereon. »Ihr könnt die Babys auf die Bank legen«, bot Kristin an, »dort werden sie nicht nass.« Jasmina legte ihre Puppe auf die Bank. Priska meinte, ihr Baby sei noch zu klein zum Sitzen. Gereon kam herüber und bot an, sie könne neben ihm sitzen. Priska setzte sich neben Gereon und hielt die Puppe auf ihrem Schoß.

Diese Art des dramatischen Spiels zeigt das Stadium 2: vertraute Abläufe und vertraute Rollen. Jedes Kind agierte in einer Rolle, die ihm vertraut war. Kristin und Gereon beteiligten sich zu Hau-

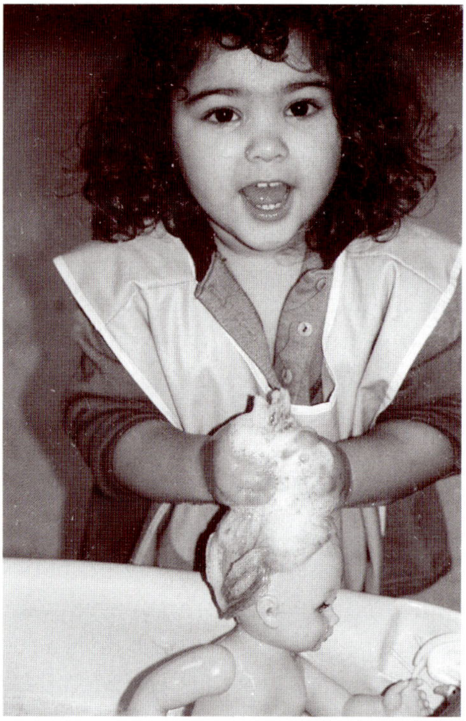

Abb. 8.3 Ein vertrauter Handlungsablauf wird nachgespielt: Der Puppe werden die Haare gewaschen.

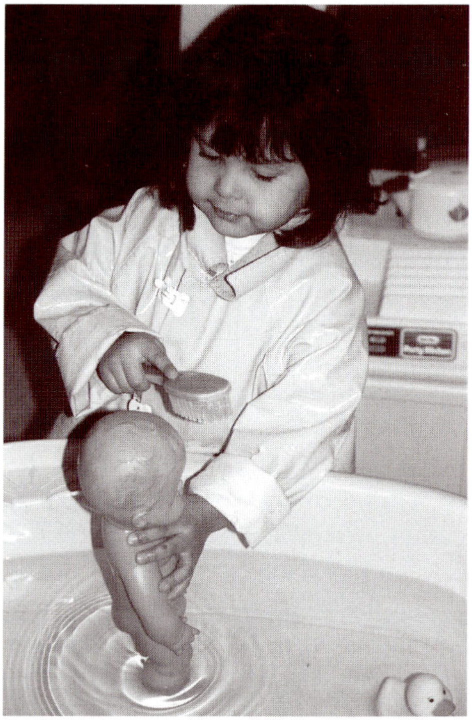

Abb. 8.4 Die Haare der Puppe werden gebürstet.

se oft an Aktivitäten ihrer Eltern im Freien und konnten deshalb ein Outdoor-Setting auch im Raum gestalten. Jasmina und Priska waren in der Lage, alltägliche Abläufe, z. B. ein Baby zu baden und anzuziehen, umsetzen. Sie wussten, was ihre Babys schon konnten und was noch nicht: Jasmina's Baby konnte schon allein sitzen, während Priska's Baby noch festgehalten werden musste. Beide agierten in der Rolle der Eltern. Alle an der Spielszene beteiligten Kinder waren fähig, ihre Rollen mit den adäquaten sozialen Interaktionen zu spielen.

Es ist interessant, wie die Kinder ihr Spiel gegenseitig beeinflussten und ausbauten. Priska war zuerst am Regenspiel interessiert, was sie dadurch zum Ausdruck brachte, dass sie einen Regenmantel anzog. Dann ließ sie sich von Jasminas Spiel und der Aufforderung, beim Baden zu helfen, inspirieren. Obwohl sich Jasmina von dem Regenspiel in einem anderen Teil des Raums nicht beeinflussen ließ, registriert hatte sie diese Aktivität offensichtlich doch. Beide Mädchen erweiterten ihr Rollenspiel, um sich der Situation des Regenspiels anzupassen.

8.2.3 Stadium 3: Spielen von Abläufen und Rollen aus dem weiteren Lebensumfeld

Mirko und sein Erzieher Michael hatten über Auto fahren diskutiert. Dann schlug Mirko vor, sie könnten Auto fahren. Dazu setzten sich die beiden

Abb. 8.5 Die Jungen agieren in Rollen aus ihrem weiteren Lebensumfeld und fahren mit dem Taxi zu McDonald's.

auf den Boden. Sie reproduzierten die Geräusche und Bewegungen, die zum Steuern eines Autos gehören. Benjamin fragte, ob er mitspielen könne. Mirko sagte: »Klar.« Michael ging zur Seite, um die Jungen zu beobachten. Benjamin schlug vor, sie könnten einen Sitzsack als Auto nehmen. Mirko stimmte zu und die beiden Jungen wechselten sich beim Autofahren ab (➛ Abb. 8.5). Benjamin schaute zu der Gruppe unter dem Schirm hinüber und rief: »Wir sind ein Taxi! Kommt her und nehmt euch ein Taxi!« Gereon stand prompt auf, lief hinüber zum Taxi und setzte sich hinter Benjamin und Mirko. Benjamin war der Fahrer. »Wohin willst du fahren?« fragte Mirko. »Zu McDonald's«, antwortete Gereon. Benjamin startete sein Taxi, indem er vorgab, den Zündschlüssel zu drehen. Als sie losfuhren, drehte er das Lenkrad. Alle Jungen ahmten das Geräusch eines fahrenden Autos nach.

Auf ihrem Weg zu McDonald's redeten sie miteinander. Gereon forderte Benjamin auf, an einer roten Ampel zu halten. Benjamin machte ein quietschendes Geräusch und bewegte seinen Fuß hoch und runter. Gereon gab vor, gegen die Tür zu fallen und rief dann: »Wir sind bei McDonald's, los, fahren wir durch den Drive-in!«

Sie riefen nach Heiko, der in ein Spielzeugtelefon sprach. »Einen Hamburger und eine Cola!« Heiko antwortete sofort: »Okay!«, rannte zum Küchenbereich und griff sich ein Tablett. Darauf stellte er zwei Gläser und nahm sich zwei Stückchen Spielteig. Er rannte zurück zu den Jungen und gab ihnen die Getränke und die Hamburger. »Hallo, was ist mit mir?« rief Benjamin. Heiko rannte zurück zur Küche. Er konnte kein weiteres Glas finden, so nahm er eine Tasse und etwas Spielteig. Er gab Benjamin die Gegenstände. »Ich wollte aber Cola, nicht Kaffee«, rief Benjamin. Heiko zuckte mit den Schultern. »Na gut«, meinte Benjamin.

Das Spiel der Jungen fällt in das dritte Stadium des dramatischen Spiels: verschiedene Abläufe und Rollen aus dem weiteren Lebensumfeld spielen. Die Jungen begannen mit etwas Vertrautem, dem Fahren eines Autos, und übernahmen dann neue Abläufe und Rollen, die sie von ihrer Umgebung her kannten – Taxifahrer und Essen bei McDonald's. Mirko begann mit einer von Requisiten abhängigen, nachahmenden Rolle. Er kopierte die Aktionen seines Erziehers Michael. Als Benjamin dazukam, begannen die Jungen Rollen zu spielen, die sie aus ihrem weiteren Lebensumfeld kannten. Sie benutzten einen Sitzsack als Taxi, Benjamin wurde Taxifahrer, Gereon und Mirko wurden Fahrgäste und sie bezogen Heiko als Kellner ein. Jeder der Jungen war mit diesen Rollen vertraut und konnte dem Spiel etwas hinzufügen, indem er Vorschläge machte und Szenarien entwarf, die das Spiel realistischer werden ließen, wie z.B. der Halt an der roten Ampel. Die älteren Jungen, Benjamin und Gereon, leiteten das Spiel an und bauten es aus. Die Jüngeren, Mirko und Heiko, akzeptierten das und folgten den Vorschlägen der Älteren. Benjamin initiierte das Taxispiel und Gereon den Besuch bei McDonald's.

8.2.4 Stadium 4 des dramatischen Spiels: kommunikatives, kooperatives Spiel

Olivia, Julia und Rita beschlossen, eine Bäckerei einzurichten. Olivia meinte, ihre Mutter schreibe immer eine Liste, um nichts zu vergessen. Deshalb überlegten die Mädchen, was sie alles brauchten und baten Birgit, die Erzieherin, diese Dinge auf einer Liste zu notieren. Notwendig waren ein Rezept, Plätzchenformen, Mehl, Salz, Wasser, braune, grüne und gelbe Kristalle zum Anrühren von Getränken, Schalen, eine Registrierkasse und etwas Geld. Die Mädchen trugen die Dinge zusammen und hakten jeden Gegenstand mit Birgits Hilfe auf der Liste ab.

Abb. 8.6 Sarah stellt für die Backwaren den Spielteig her.

Abb. 8.7 Julia backt einen Geburtstagskuchen.

Als sie alles gefunden hatten, richteten sie den Verkaufsraum im Spielhaus ein. Sie stellten fest, dass das Spielhaus von der Küche zu weit entfernt war und wollten es dahin bringen, was sie aber alleine nicht schafften. Schließlich schoben alle Mädchen zusammen mit der Erzieherin das Haus dichter zur Küche.

Sarah fragte, ob sie helfen könne. Die Mädchen schlugen vor, dass sie etwas Spielteig machen könne. Sarah war einverstanden (➛ Abb. 8.6). Die anderen Mädchen richteten das Spielhaus als Bäckerladen ein. Rita entschied sich für ein Rezept, nach dem sie Plätzchen herstellen würde. Julia wollte einen Geburtstagskuchen backen (➛ Abb. 8.7). Olivia beschloss, die »Verkaufsdame« zu sein. Als sie anfing, die Waren zu verkaufen, kam Josefine, um etwas zu

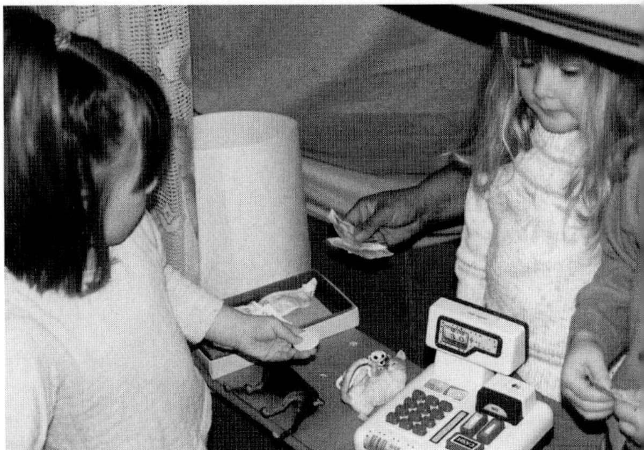

Abb. 8.8 Das Spiel wird erweitert: Nun werden in der Bäckerei auch Tiere verkauft.

kaufen. Sie wollte Tiere. Olivia erklärte ihr, dies sei aber eine Bäckerei. Josefine schlug vor, es könne im Laden doch beides zu kaufen geben. Olivia stimmte zu und holte einige Tiere (➛ Abb. 8.8).

Das Spiel lockte andere Kinder herbei. Heiko kam und probierte ein Muffin (➛ Abb. 8.9). Man sagte ihm, er müsse warten, bis die Kuchen im Laden seien und er sie dort kaufen könne. Sofort trug er das Muffinblech in den Laden. Wieder versuchte er, eins der Muffins zu nehmen. Sarah sagte: »Du musst erst bezahlen!« Birgit schlug Heiko vor, zu fragen, was das Muffin koste. »Ungefähr einen Euro«, sagte Sarah. Julia versorgte ihn mit etwas Geld, das er Olivia gab, die daraufhin meinte: »Jetzt kannst du ein Muffin haben.« Heiko versuchte, sich eins in den Mund zu schieben. Olivia rief: »Halt! Es ist nur Als-ob, du kannst das nicht wirklich essen.« Heiko gab den Spielteig zurück.

Abb. 8.9 Heiko lernt, wie man ein Muffin kauft.

Während dieses Spiels waren die Kinder in der Lage, zusammenzuarbeiten und ihr Spiel zu planen, indem sie eine Liste der benötigten Gegenstände aufstellten. Sie diskutierten darüber, was sie brauchten und wer was tun würde. Am Spiel beteiligten sich mehrere Kinder. Sie stellten ihre eigenen Requisiten her. Das ist Stadium 4 des dramatischen Spiels: kommunikatives, kooperatives Spiel.

8.3 Die Bedeutung des Rollenspiels

- Die Kinder entwickeln Selbstbewusstsein und Vertrauen in ihre eigene Fähigkeiten, etwas zu tun: Sarah vertraute ihrer Fähigkeit, Spielteig herzustellen; sie hatte das schon vorher erprobt.
- Sie entwickeln ihre Fähigkeit zur Selbststeuerung. Als Heiko von dem Spielteig nahm, konnte ihm Sarah auf verbaler Ebene vermitteln, dass er den Teig kaufen müsse. Er brachte das Blech hinüber zum Laden. Als Kleinkind verfügt Heiko noch über wenig Selbstkontrolle, er wurde jedoch unterstützt, die in diesem Zusammenhang anfallenden Probleme zu lösen.

- Sie unterscheiden zwischen Phantasie und Realität. Olivia wusste genau, dass die von den Kindern zubereiteten Muffins nicht echt waren. Sie konnte Heiko dabei helfen, das zu verstehen.
- Sie trainieren ihre feinmotorischen Fähigkeiten: Die Kinder übten das Kneten, Rollen, Formen und Dekorieren des Teigs.
- Sie lernen, etwas aus der Perspektive eines anderen Menschen zu sehen: Olivia konnte auf den Vorschlag von Josefine eingehen und bot an, Tiere und Backwaren zu verkaufen.
- Sie teilen Ideen und Materialien: Benjamin und Mirko konnten das Lenkrad abwechselnd benutzen und sich darauf einigen, Taxifahrer zu werden.
- Sie lernen zu verhandeln: Sarah versuchte, mit Heiko zu verhandeln. Birgit half ihnen, indem sie eine Strategie entwickelte, die funktionierte.
- Sie lernen, Kompromisse zu machen: Julia wollte ursprünglich echte Kerzen auf ihren Kuchen stellen. Sie fragte Birgit, ob welche da wären. Als diese verneinte, war Julia traurig und meinte, dann könne sie keinen Geburtstagskuchen machen. Birgit bat sie, darüber nachzudenken, was sie als Ersatz auf den Kuchen stellen könne. Julia sagte: »Nichts« und ging weg. Nach ein paar Minuten kam sie zurück und meinte, sie könne Als-ob-Kerzen nehmen: Zahnstocher.
- Sie lernen etwas über Ähnlichkeiten und Unterschiede: Gereon konnte einen Rhythmus trommeln, der wie Regen klang. Sarah fügte dem Spielteig mehr Mehl hinzu, so dass er trockener wurde, und verwendete mehr Farbe, so dass er sich kräftiger rot färbte.
- Sie denken auf neue Weise über Situationen und Materialien nach: Benjamin verwandelte eine Sitzsack in ein Auto. Heiko benutzte eine Tasse als Glas, als er kein Glas mehr fand. Gereon und Kristin gestalteten sich einen Außenbereich im Raum, um nicht in den Regen hinausgehen zu müssen.
- Sie lernen, Symbole zu verstehen: Rita konnte der Bildanweisung im Keksrezept folgen und danach ihren Keks formen.
- Sie lösen Probleme: Die Mädchen arbeiteten gemeinsam daran, das Spielhaus dichter zur Küche zu bringen. Sie konnten die Materialien, die sie brauchten, mit geringer Hilfe auflisten und finden.
- Sie erweitern ihre kommunikativen Fähigkeiten: In allen Szenarien mussten sie auf die Ideen der anderen Kinder hören und angemessen darauf reagieren.
- Sie gehen sicher mit ihren Gefühlen um: Als Julia traurig war, konnte sie den Bereich verlassen. Die Erzieherin verstand, dass Julia einige Zeit allein sein wollte. Julia kam dann mit einer neuen Idee zurück und konnte weiter an ihrem Geburtstagskuchen arbeiten; das war möglich, weil sie alternative Materialien verwendete.
- Sie bewältigen Stress-Situationen: Wenn die Kinder zu Hause unter Stress stehen oder traurig sind, können sie versuchen, die Situation im Rollenspielbereich auszuagieren. Die Erzieherin sollte hierbei keine voreiligen Schlüs-

se ziehen, sondern aufmerksam wahrnehmen, was geschieht, und das Kind dabei unterstützen, die Situation zu bewältigen.
Melanie hatte gerade einen Bruder bekommen. Sie verhielt sich am Morgen sehr still und zurückgezogen. Birgit fragte sie, was los sei. Melanie sagte, ihre Mutter sollte den neuen Bruder vielleicht wieder ins Krankenhaus zurückbringen. Birgit fragte sie, ob sie lernen wolle, ein Baby zu baden, so dass sie ihrer Mutter helfen könne. Melanies Gesicht hellte sich auf, sie hörte Birgit aufmerksam zu, als sie erklärte, wie man testet, ob das Wasser warm genug ist, wie man das Baby hält und badet. Am nächsten Tag kam Melanie und erzählte stolz, sie habe dabei geholfen, ihren neuen Bruder zu baden. Ihre Mutter hatte sie das Wasser testen lassen.

8.4 Die Rolle der Erzieherin

- Die Erzieherin dokumentiert die Lernprozesse und Aktivitäten der Kinder.
- Sie ermutigt die Kinder, Gefühle auszudrücken: Birgit ermutigte Julia, sich auszudrücken. Sie machte ihr einen Vorschlag, dann ließ sie sie in Ruhe ihr Problem durchdenken und bewältigen.
- Sie lernt, die Kinder zu verstehen (ihre Verhaltensweisen zu »lesen«) – Melanies Verhalten war anders, als sie an diesem Morgen in die Gruppe kam. Birgit fragte sofort, was das Problem sei und wusste, was sie tun musste, um Melanie bei der Bewältigung ihres Problem zu unterstützen.
- Sie achtet auf die Gefühle: Birgit nahm wahr, dass Heikos Verhalten Sarah frustrierte. Sie griff ein, um die Problemlösung zu unterstützen.
- Sie lässt die Kinder bestimmen, was geschehen soll: Die Mädchen konnten ihre Bäckerei fast selbstständig einrichten. Birgit griff nur ein, als sie darum gebeten wurde (die Liste zu schreiben und abzuhaken) und als sie ein Problem kommen sah (das Spielhaus zu bewegen).
- Sie stellt geeignete Requisiten zur Verfügung: Alle Requisiten waren griffbereit: Schirme, Lenkrad, Zutaten für den Teig.
- Sie akzeptiert die Ideen der Kinder: Birgit half beim Einrichten des Regenbereichs im Raum, sie half beim Einrichten des Babybads.
- Sie beteiligt sich am Spiel: Birgit half beim Notieren und Abhaken der Gegenstände.
- Sie weiß, wann sie eingreifen muss und wann sie die Kinder in Ruhe lässt: Birgit griff ein, als es darum ging, das Spielhaus zu versetzen, weil die Mädchen damit überfordert waren und eine Verletzungsgefahr bestand. Am Tonfall von Sarahs Stimme erkannte sie, dass das Mädchen frustriert war, und mischte sich deshalb ein. Nach

ihrer Intervention ermutigt sie die Kinder, das Spiel selbständig fortzuführen.

- Sie sorgt für die Vielfalt und die geeignete Menge von Materialien: In allen Spielsituationen konnten die Kinder finden, was sie brauchten.
- Sie sammelt vielfältige Requisiten: Birgit half Gereon, einen Zettel zu schreiben und an der Tür anzubringen, um einen großen Schirm zu bekommen.
- Sie fördert die Diskussion: Heiko wurde ermuntert, seine Spielkameraden zu fragen, was ein bestimmter Gegenstand kostet. Die Kinder antworteten ihm bereitwillig.
- Sie ermutigt die Kinder, Probleme selbst zu lösen: Julia wurde ermutigt, eine Alternative zu den Kerzen zu suchen.
- Sie ermuntert die Kinder dazu, Gefühle und Ideen auszutauschen: Melanie wurde gefragt, wie sie sich fühle. Die Kinder wurden dazu aufgefordert, ihre Ideen auszutauschen, als sie die Liste der Gegenstände aufstellten, die sie brauchten.
- Sie fördert das Lesen: Rita bekam ein Rezept, nach dem sie sich richten sollte. Bücher über das Backen und über den Regen standen im Spielbereich zur Verfügung. Birgit las den Kindern die Liste vor, so dass sie die Gegenstände finden und dann abhaken konnten.
- Sie sorgt dafür, dass sich die Kinder aufeinander beziehen, sie verweist die Kinder auf andere Kinder: Heiko wurde auf Sarah verwiesen.

Abb. 8.10 Fast alle Rollenspiele lassen sich auch draußen durchführen.

- Sie veranstaltet mit den Kindern Brainstormings: Birgit erstellte mit den Kindern eine Liste von Gegenständen.
- Sie bezieht viele verschiedene Methoden in die Arbeit ein – Zeichnen, Lesen, Schreiben (Bücher, Rezepte, Listen), verwendet Lieder, Fingerspiele, Musik (Regenlied).
- Sie nutzt die Interessen der Kinder: So wurde den Kindern dabei geholfen, ein Regenszenarium im Raum einzurichten.
- Sie fördert das Rollenspiel sowohl drinnen als auch draußen: Die Autofahrszene wurde zu einem beliebten Spiel im Freien. Die Kinder »fuhren« abwechselnd den LKW, diesmal von der Spitze des Klettergerüsts aus (➛ Abb. 8.10).

8.5 Effektive Aufbewahrungssysteme

Aufbewahrung von Material für das realistische Spiel

Einige Arten des Spiels, beispielsweise das Üben von Routinen wie Anziehen, Geschirrspülen, Baden von Babys, sollten so realistisch wie möglich sein. Die Kinder sollen lernen, wie man diese Dinge richtig ausführt. Lebensmittel, die in den Kühlschrank gehören, sollten auch in den Kühlschrank gelegt werden. Besteck und Geschirr sollten wie in einer echten Küche aufbewahrt werden. In einem Babybadebereich sollten alle Gegenstände vorhanden sein, die in einem realen Badezimmer existieren. Die Garderobe zum Verkleiden sollte an Haken oder auf Bügeln hängen. Die reale Umgebung sollte möglichst gut kopiert werden, so dass die Kinder das entsprechende Ordnen und Aufräumen, die richtige Abfolge der Schritte und den sorgsamen Umgang mit Dingen erlernen.

Imaginäres Spiel mit Requisiten

Die zweite Art der Aufbewahrung wird für Requisiten gebraucht. Dazu gehören Lenkräder, Zauberstäbe, Schals, Hüte, Umhänge, Decken usw. Damit das Kind diese Dinge benutzt, muss es sie leicht finden können. Auch hier ist es ganz gut, die Gegenstände möglichst realitätsgerecht unterzubringen: Hüte können auf den obersten Regalbrettern liegen, Schals hängen am besten an Haken. Man kann Kartons für die Requisiten herstellen, in denen Dinge mit magischem Charakter aufbewahrt werden: Zauberstäbe, Zauberringe und Sterne. Die Kinder werden viel Freude an dem geheimnisvollen Inhalt des Kartons haben. Für Requisiten gilt ebenfalls die Regel, dass die Materialien leicht erreichbar sein müssen; die Ordnung muss logisch und die Unterbringung attraktiv sein. Niemand hat Lust darauf, zerknitterte Sachen anzuziehen.

8.6 Effektive Beschriftungssysteme

Die Beschriftung im Rollenspielbereich sollte dem gesunden Menschenverstand folgen. Erinnern Sie sich: Der Zweck der Beschriftung liegt darin, dass die Gegenstände leicht gefunden werden. Es hat wenig Sinn, den Kühlschrank oder den Herd zu beschriften; diese Dinge finden die Kinder auch ohne Schild. Wenn es die Absicht ist, die Kinder das entsprechende Wort zu lehren, erfüllt ein Bildwörterbuch diesen Zweck sicher besser. Wenn die Gegenstände logisch geordnet werden – Geschirr in Schränken, Besteck in Schubladen, Garderobe zusammengefaltet in Kommoden – werden die Kinder wissen, wohin sie die Sachen legen sollen bzw. wo sie sie finden. Die Aufbewahrungsorte für andere Gegenstände, wie z. B. Requisiten, sollten beschriftet werden. Kennzeichnen Sie die Regale mit Bildern und Worten, um deutlich zu machen, wohin die Dinge gehören.

8.7 Überlegungen zum Einrichten eines Rollenspielbereichs

Das dramatische Spiel bietet einzigartige Möglichkeiten, um mit kulturellen Unterschieden vertraut zu werden. Die Kinder können Folgendes lernen bzw. kennen lernen:

- das Verwenden verschiedener Utensilien zum Essen
- verschiedene Arten von Arbeit wie das Ziehen einer Rikscha (die aus einem Karton gebaut wird), das Bauen von Iglus im Winter oder das Anfertigen von Strohhüten im Sommer
- Bauen verschiedener Gebäude aus Pappkartons, die unterschiedliche Architekturstile darstellen
- Anprobieren echter Kleider aus anderen Kulturen
- Darstellen von Geschichten aus anderen Kulturen
- Vielfalt, die in Puppen, Büchern und Ausstellungsmaterial dargestellt wird
- Requisiten aus verschiedenen Kulturen: japanische Fächer, indische Schals, Schmuck aus verschiedenen Kulturen; Bücher, die erzählen, wie Kinder in anderen Kulturen leben

Darüber hinaus bietet das Rollenspiel die Möglichkeit, sich mit Menschen mit Behinderungen auseinander zu setzen. Verwenden Sie dafür Requisiten, um Vertrautheit mit Behinderungen herzustellen: z. B. einen kleinen Rollstuhl (kann vielleicht für kurze Zeit ausgeliehen werden), Krücken, Beinschienen.

Das Rollenspiel sollte nicht nur auf die alltäglichen Erfahrungen beschränkt sein, sondern auch in anderen Bereichen gefördert werden. Eine Einrichtung, die auf der Skala Early Childhood Environment Rating Scale (ECERS) eine herausragende Position bekommen will, muss mehr als einen Bereich zum Rollenspielen anbieten: »Requisiten sind für wenigstens zwei verschiedene Themen täglich vorhanden (Beispiel: Hauswirtschaft und Arbeit).« (Harms, Clifford und Cryer 1998, S. 32)

8.7.1 Bereich für Hauswirtschaft oder das Zentrum für das tägliche Leben

Der Hauswirtschaftsbereich ist ein Bereich von grundlegender Bedeutung, um die Kinder dazu anzuregen, ihre Fähigkeiten für das tägliche Leben zu trainieren. Sie sollten diesen Bereich so rea-

Abb. 8.11 Beim Kochen und Backen experimentieren die Kinder mit Mengen.

Abb. 8.12 Im Rollenspiel über die Kinder alltägliche Abläufe ein.

listisch wie möglich einrichten, er sollte über folgende Komponenten verfügen:

- **Küche:** Den Kindern sollten realistische Geräte zur Verfügung stehen, um damit zu arbeiten. Wenn die Kinder echte Mischungen oder Mixturen, etwa einen Teig, herstellen können, lernen sie etwas über Mengen, Messen, Konsistenz und Anzahl (mathematische und naturwissenschaftliche Fähigkeiten). Sie lernen, die Werkzeuge für das Kochen angemessen zu benutzen: Sie messen mit Messlöffeln oder Messbechern, fügen durch Abmessen neue Mengen hinzu und nehmen durch Ausschütten wieder welche weg (➛ Abb. 8.11). Sie lernen, diese Informationen auf eine andere Situation zu übertragen: das Servieren von Essen, das Füttern von Puppen, das vorgebliche Essen (➛ Abb. 8.12). Sie lernen die Abläufe des Kochens, Tischdeckens, Tischabwischens, Geschirrspülens und Abtrocknens kennen. Sie lernen, Materialien in ihrer Umgebung zu achten, Dinge mit Respekt zu behandeln, auf die Umwelt zu achten und sauberzumachen, wenn sie eine Arbeit beendet haben.
- **Babybad:** Die Kinder sollten alle Materialien und Ausstattungsgegenstände bekommen, die es ihnen ermöglichen, etwas über Gefahren und Sicherheit im Umgang mit Wasser zu lernen, beispielsweise das Gesicht des Babys über der Wasseroberfläche zu halten, das Baby nicht unbeaufsichtigt zu lassen, das Baby je nach Wetterlage anzuziehen, mit dem Baby nach draußen zu gehen. Die Kinder

sollten die täglichen Abläufe des Waschens kennen lernen, zum Beispiel das Ausziehen, Waschen, Verwenden von Shampoo und Seife, Abtrocknen, Pudern, Windeln, die für die nächste Aktion geeignete Kleidung (zum Schlafen, Spielen oder Nach-draußen-gehen; ➛ Abb. 8.13).
- **Schlafzimmer:** Die Schlafzimmer sollten sich in einem ruhigen Bereich befinden. Die Kinder lernen, dass man sich leise mit etwas beschäftigt, wenn ein Baby schläft. Betten, Kinderbetten oder Wiegen sollten realistisch sein. Sie brauchen Matratzen, Laken, Kopfkissen (abhängig vom angenommenen Alter des Babys), Kopfkissenbezüge, Bettbezüge und Decken. Die Kinder lernen, die Betten zu machen, das Baby ins Bett zu bringen, dem Baby etwas vorzulesen, das Baby in den Schlaf zu singen oder beruhigende Musik zu spielen. Wenn die Laken und Decken schön sind und es eine Auswahl gibt, werden die Kinder auch gern das Bettzeug wechseln, je nach ihren individuellen Vorlieben.

Abb. 8.13 Im Rollenspiel setzen sich die Kinder differenziert mit Alltagsroutinen auseinander.

- **Putzen:** Putzen ist Teil des Alltags wie Wäsche waschen, Wäsche zum Trocknen aufhängen, Fußböden fegen, staubsaugen, wischen, bohnern, Tische abwischen, Fenster putzen mit Hilfe von Sprühflaschen, Lappen und Papierhandtüchern.

8.7.2 Puppentheater

Die Kinder stellen oft bekannte Geschichten, persönliche Abenteuer, Gedichte oder Stress-Situationen dar, wenn sie hinter dem Puppentheater versteckt sind. Wenn Sie Puppen kaufen oder selbst anfertigen, wählen Sie Figuren, die nicht nur für einen Zweck verwendet werden können, beispielsweise Tierpuppen (ein Hund kann ein Hund oder ein Wolf sein; eine Katze kann zum Löwen werden, wenn sie eine Mähne bekommt; ein Fisch kann zum Hai oder Wal werden) und menschliche Figuren (Mädchen, Junge, Mann, Frau – das Mädchen kann zum Rotkäppchen werden, wenn eine rote Mütze vorhanden ist; die Frau zur Mutter, Großmutter, etc.).

Ein Puppentheater ist schnell aus Sperrholz, Scharnieren, Stoff und Farbe gebaut (➛ Abb. 8.14):
- Sperrholzbrett (mindestens 0,25 Zoll, besser 0,5 Zoll);
- Vorhangschiene hinter dem Fenster, so dass der Vorhang geöffnet und geschlossen werden kann;

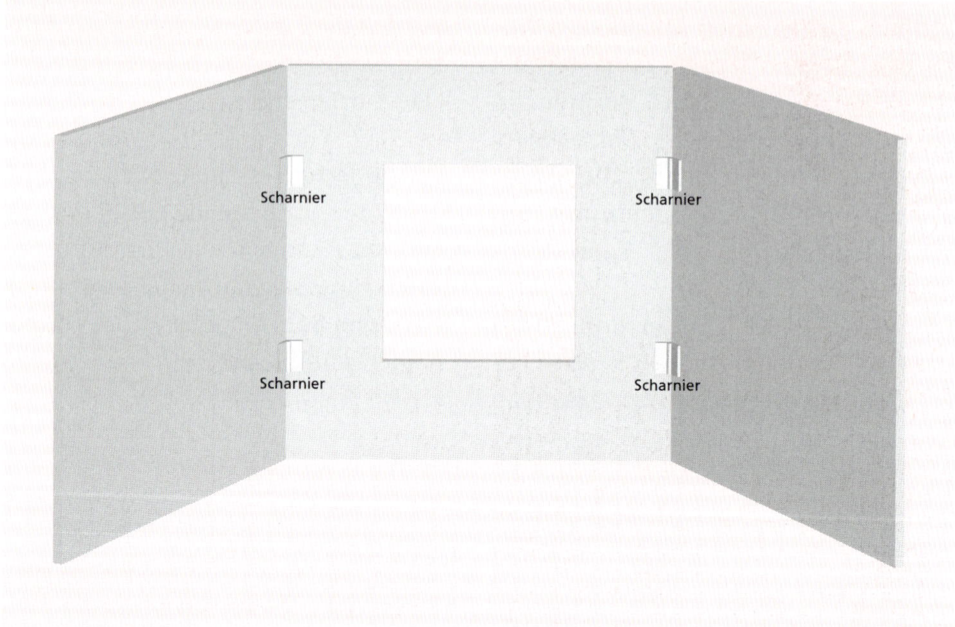

Abb. 8.14 Bauanleitung für ein Puppentheater.

- Höhe: entweder steht das Theater auf einem Tisch und ist klein, geeignet für Fingerpüppchen, oder es ist groß genug, so dass zwei bis drei Kinder dahinter stehen können.

Alternativen:
- Stabiler Pappkarton: Schneiden Sie ein Ende ab, schneiden Sie ein Fenster hinein, stellen Sie das Puppentheater auf einen Tisch.
- Kühlschrank- oder Herdkarton: Schneiden Sie eine Seite ab und schneiden Sie ein Fenster in die gegenüberliegende Seite, dieses Puppentheater steht auf dem Fußboden.
- Dekorieren Sie die Kartons, bringen Sie Vorhänge an.

8.7.3 An die Interessen der Kinder anknüpfen

Kinder interessieren sich oft für bestimmte Ideen oder Szenarien wie das Regenspiel im Raum oder das Autofahren. Wenn die Requisiten dafür griffbereit sind oder die Kinder dazu ermutigt werden, ihre Ideen zu formulieren und ihnen beim Zusammenstellen der Materialien geholfen wird (Beispiel: Gereons Zettel für die Eltern, auf dem er um einen großen Schirm bat), wird ihre Kreativität gefördert. Eine Mütze kann das Spiel verändern und ein Bauarbeiter z. B. zum Baseballspieler werden. Auch Gegenstände aus dem Gruppenraum oder Klassenzimmer können die Vorstellungskraft der Kinder fördern und anregen. Ben hatte zu Hause einen Roboter gebaut; in der Vorschule wurde er

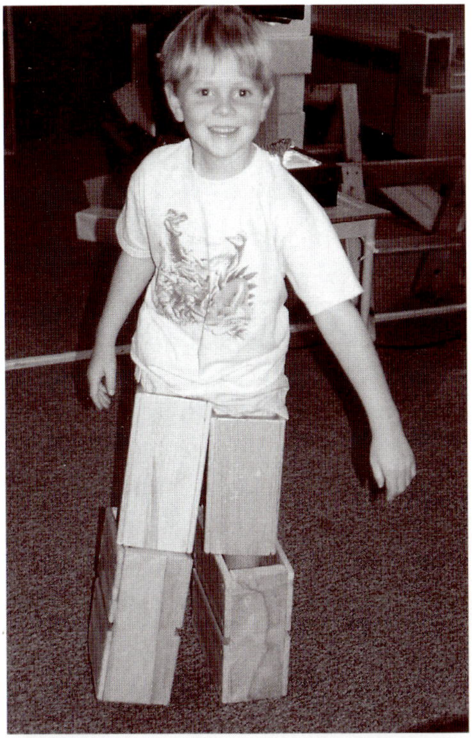

Abb. 8.15 Ben lebt sein Interesse an Robotern im Rollenspiel aus.

jetzt selbst zum Roboter (➛ Abb. 8.15). Ein großer Karton kann zu einer Höhle werden, in der Tiere Winterschlaf halten (➛ Abb. 8.16).

Folgende Aktivitäten können überall im Raum stattfinden:

- **Sandspiel:** Saurierzoo (➛ Kap. 1.3)
- **Künstlerische Aktivitäten:** Knete, die Saurier stecken im Schlamm (➛ Abb. 1.1)
- **Wasserspiel:** Wäsche waschen (➛ Abb. 4.7)
- **Musik:** eine Kapelle wird gegründet (➛ Abb. 5.15)
- **Bauen:** Saurierpark (➛ Abb. 6.1)
- **Ruhebereich:** Filzbord (mit Filz bespanntes Brett), eine Geschichte wird darauf dargestellt, dabei werden Filzteile benutzt
- **Handarbeit:** Anlegen eines Teichs, um mit kleinen Tieren zu spielen (➛ Abb. 10.3)
- **Tischlerwerkstatt:** Anfertigen von Gegenständen, die beim Rollenspiel verwendet werden können; Bauen von Gehegen für Tiere auf dem Bauernhof, von Häusern für eine Szene an der Bahn, von Schildern für den Straßenverkehr.

8.7.4 Requisitenboxen

Eine Art, das Interesse der Kinder vielfältig zu nutzen und ihre Neugier wach zu halten, besteht darin, Requisitenboxen zu bauen. Diese Kartons sollten schön gestaltet sein und Materialien enthalten, die das dramatische Spiel der Kinder fördern, erweitern und bereichern, aber nicht steuern oder bestimmen. Daher sollten die Kinder ein Brainstorming veranstalten und Ideen

Abb. 8.16 Ein großer Karton wird zur Höhle umfunktioniert.

sammeln, welche Art von Kartons sie gern hätten und was man hineinlegen sollte. Die Kinder sollten dabei helfen, die Gegenstände zusammenzutragen. Man kann diese Schachteln überallhin mitnehmen, auch nach draußen.

Einige Ideen für Requisitenkartons (nach Myhre 1997):

- **Box mit Schmuck und Accessoires:** unterstützt das Rollenspiel und sollte daher Dinge für Mädchen und Jungen enthalten: Uhren, Armbänder, Ketten (sorgen Sie dafür, dass der Schmuck stabil ist und keine scharfen Ecken und Kanten und keine losen Teile hat), Handschuhe für Damen, Sonnenbrillen, Brillengestelle, Ringe, Schmuckschatullen, kleine, bruchsichere Spiegel, Ohrringe
- **Requisitenbox zum Thema Arbeit und Berufe:** Zahnarzt, Techniker, Feuerwehrmann (sollte sachdienliche Werkzeuge und Kleidung enthalten)
- **Dekorationsmaterial:** Angebot an kleinen Schrott- oder Abfallteilen, Papier, Kordel, Garn, Folie, Spitze und Borte, ein Angebot an Scheren und Metallscheren, Leim, Marker, Buntstifte, Ölkreide, Kreide
- **Schreibmappe:** kleine Plastikmappe mit verschiedenem Papier (liniert und unliniert), verschiedene Schreibgeräte (Bleistifte, Buntstifte, Marker, Federn, Kreide, Kugelschreiber), Lineal, Radiergummi, kleines Notizbuch, Wörterbuch, Klebestift, Schere, Klebeband

Diese Kartons sollten an einem zentralen Ort untergebracht werden, damit sie leicht zugänglich sind und deutlich beschriftet sein, in Bild und Wort, so dass die Kinder wissen, was sich in der Box befindet und wohin sie die Gegenstände nach Gebrauch zurücklegen sollen.

8.7.5 Sicherheitsaspekte

- Zerbrechliche Gegenstände: Sorgen Sie dafür, dass die Spiegel unzerbrechlich sind, dass zerbrechliches Geschirr oder Glas nur in Bereichen verwendet wird, in denen Teppiche liegen, und dass der Schmuck stabil ist (kontrollieren Sie das regelmäßig).
- Entfernen Sie die Kordeln zum Zuziehen von Kleidung, wenn sie den Hals zuschnüren könnten.
- Sorgen Sie dafür, dass die Requisiten dem Alter der Kinder entsprechen. Die Kleidung sollte so sein, dass sie von den Kinder selbständig an- und ausgezogen werden kann. Stellen Sie keine kleinen Teile (Schmuck) für Kinder zur Verfügung, die die Gegenstände noch in den Mund stecken.
- Besprechen Sie die Sicherheitsvorkehrungen mit den Kindern: Es ist gefährlich, mit herunterhängenden und hinterher schleifenden Schals zu klettern, zerbrechliche Gegenstände oder scharfe Gegenstände wie Messer zu benutzen.
- Kleidung muss gut passen: Säumen Sie die Kleidung, um das Herunterhängen und Hinterherschleifen zu vermeiden, damit die Kinder nicht darauf treten; nehmen Sie Schuhe, die passen (Schuhe mit hohen Absät-

zen sind für den sich entwickelnden Fuß ungeeignet und gefährlich).
- Desinfizieren Sie die Kleidung. Wählen Sie Mützen, die leicht gereinigt werden können.
- Sorgen Sie für Sauberkeit: Alle Kleidungsstücke müssen regelmäßig gewaschen werden.
- Richten Sie sichere und ungefährliche Aufbewahrungsmöglichkeiten ein: Haken sollten so angebracht werden, dass sich kein Kind daran stößt. Behälter müssen so stabil sein, dass sie beim Transport nicht auseinander fallen.

8.8 Beobachtungs- und Dokumentationstechniken

Eine Möglichkeit, wichtige Informationen für das dramatische Spiel der Kinder zu bekommen, ist es, die Familien der Kinder zu befragen. Dabei können verschiedene Methoden angewendet werden. Aber unabhängig davon muss die Erzieherin zunächst einige grundlegende Dinge klären, um sicherzugehen, dass sie die richtigen Fragen stellt. Die Erzieherin muss:

- die kulturelle und ethnische Vielfalt der Gruppe kennen;
- die spezifischen kulturellen Traditionen kennen, die von den jeweiligen Gruppen praktiziert werden;
- wissen, welche kulturellen Überlegungen sie berücksichtigen muss;
- wissen, welche kulturellen Praktiken zu Konflikten führen können.

Beobachtung der Umgebung

Die folgenden Fragen sollen es Ihnen erleichtern, Entscheidungen zu fällen, wenn Veränderungen in der Umgebung anstehen:

- Werden alle ethnischen Gruppen im Raum repräsentiert?
- Haben Sie dafür gesorgt, dass die kulturelle Vielfalt in Bildern, Büchern, Requisiten, Materialien und Ausstattungsgegenständen repräsentiert wird?
- Repräsentieren die Verkleidungsutensilien verschiedene Kulturen und beide Geschlechter?
- Sind die Geschlechterrollen offen und nicht festgelegt?
- Werden die Familien eingeladen, sich mittels Planung und Einschätzung der Erfahrungen am Leben in der Einrichtung zu beteiligen?

Die Tabellen 8.1 und 8.2 geben Beispiele für Checklisten.

Die Informationen von Tabelle 8.1 kann man nutzen, um Carolin mehr Möglichkeiten anzubieten, Handlungen zu imitieren. Wenn sie mit ihrer Puppe spazieren geht, können Gesten nachgeahmt werden, beispielsweise das Winken: »Auf Wiedersehen!« Ein Gehweg mit einem Helfer, der Kinder an der Kreuzung

Stadien des dramatischen Spiels		
Name: *Carolin*		
Stadium	**Datum**	**Beobachtung**
Nachahmend	*10.9.*	*Beobachtete Gereon, der die Trommel spielte. Nutzte die linke Hand, um eine Seite der Bongos zu schlagen, nahm einen Trommelschlegel in die rechte Hand*
Requisitenabhängig	*15.9.*	*Wickelte eine Puppe in eine Decke. Legte die Puppe in einen Buggy und ging mit ihr spazieren*

Tab. 8.1 Checkliste: Stadien des dramatischen Spiels

Interessen der Kinder	
Name: *Gereon*	
Datum	**Beschreibung**
11.9.	*Regenspiel: Einrichten eines Regenbereichs im Raum*
12.9	*Sammelte mit seiner Schwester Kristin Materialien für den Bereich, dachte sich eine Notiz aus, nutzte den Computer, um den Zettel zu drucken, klebte den Zettel für die Eltern an, um weiteres Material zu bekommen*
13.9.	*Erweiterung des Bereichs um eine geschützte Ecke*

Tab. 8.2 Checkliste: Interessen der Kinder

über die Straße bringt, könnte drinnen wie draußen eingerichtet werden, damit die Kinder mehr über die Sicherheit im Straßenverkehr lernen. Andere Requisiten sollten zur Verfügung gestellt werden, um das Rollenspiel mit der Betreuung von Babys fortzusetzen: Rucksäcke oder Tragetücher zum Tragen der Babys, Autositze für Fahrzeuge.

Das Beobachtungsinstrument von Tabelle 8.2 zeigt Ihnen nicht nur, mit welcher Art von Spiel sich die Kinder beschäftigen, sondern gibt auch Informationen darüber, wie lange das Interesse anhielt und welche Fähigkeiten die Kinder haben. Das hilft Ihnen, künftige Erfahrungen zu unterstützen.

8.9 Überlegungen aus anderen Ländern

Die Auffassungen vom Spiel in einzelnen Ländern unterscheiden sich und hängen von den dominierenden kulturellen und religiösen Wertvorstellungen und ökonomischen Verhältnissen ab. Diese Unterschiede kann man wie folgt zusammenfassen:

- Die Arten des Als-ob-Spiels sind von Kultur zu Kultur unterschiedlich und hängen von der Interaktion zwischen Kindern und Bezugspersonen ab.

Fung fand in seiner Untersuchung heraus, dass sich das Als-ob-Spiel zwischen dem chinesischen Betreuer und dem Kind darauf konzentriert, das Kind in die kulturell angemessenen Formen des Sozialverhaltens zu unterweisen (1994). In irisch-amerikanischen Familien (Mintz 1998) liegt der Schwerpunkt des Als-ob-Spiels auf der Entwicklung von Selbstvertrauen und Unabhängigkeit von der Bezugsperson. Die beiden Standpunkte verweisen deutlich auf die unterschiedlichen kulturellen Werte. Unterschiede müssen mit den Familien diskutiert und geklärt werden, bevor das eine oder andere System im Umgang mit dem Kind angewendet wird.

- Die Art der Spielmaterialien hängt von der jeweiligen Kultur und den ökonomischen Ressourcen ab.
  »Empirische Untersuchungen zeigen, dass sich das spontane Rollenspiel der Kinder aus der europäisch-amerikanischen Mittelklasse typischerweise in Beziehung zu Gegenständen, besonders zu Spielzeug wie Puppen, Autos und Telefonen, entwickelt (z.B. Haight und Miller 1993; Pulaski 1973). In Gesellschaften, in denen es wenig Spielzeug gibt (Heath 1983) oder gar nicht vorkommt (Gaskins 1990), spielen die Kinder aktiv (Schwartzman 1986), indem sie sich Requisiten aus dem Material bauen, das ihnen zur Verfügung steht.« (Haight et al. 1999, S. 1477)
- Rollenspiel wechselt von sozialen Routinen zum Phantasiespiel, angeregt durch Kinderfilme, -bücher und damit zusammenhängendem Spielmaterial.
  In Kulturen, in denen das Spielzeug mit aktuellen Themen aus Filmen oder Büchern verbunden ist, hat das Phantasiespiel mehr Bedeutung (Haight et al. 1999).
- In Regionen, in denen es an ökonomischen Ressourcen mangelt, knüpfen spielerische Aktivitäten häufiger an Arbeit an.
  In vielen Teilen der Welt gibt es kein institutionalisiertes System der Kinderbetreuung. In diesen Gesellschaften arbeiten oder spielen die Kinder oft neben den Erwachsenen.
- Der Wert, den eine Gesellschaft dem Spiel als Mittel zum Lernen beimisst, lässt unterschiedliche Arten des Rollenspiels entstehen.
  »Wenn die chinesischen Betreuer mit den Kindern in unterschiedlichem Kontext interagierten, waren sie generell sehr didaktisch. Verglichen mit den irisch-amerikanischen Betreuern forderten sie reifes Verhalten. Sie erwarteten im Allgemeinen, dass die Kinder den Älteren aufmerksam zuhörten, dass sie verstanden, was ihnen gesagt wurde, und sich dementsprechend verhielten (vgl. Fung 1994, Miller et al. 1966). Allgemein konzentrierten sich die irisch-amerikanischen Betreuer mehr darauf, die erkannten individuellen Bedürfnisse der Kinder zu befriedigen und ihre individuellen Interessen zu fördern. Sie erlaubten es den Kindern häufig, Aktionen zu Themen, die die Kinder selbst wählten, anzuregen und zu bestimmen.« (Haight et al. 1999, S. 1483)
- Auf die Kinder wird sozialer Druck ausgeübt, um sie auf die nächste Stufe der Bildung vorzubereiten.
  Heute gibt es in jedem kanadischen Bundesstaat steuerlich geförderte Kindergärten und etwa 23 Bundesstaaten planen Programme für Vierjährige. In vielen Schulen werden aber Kindergärten nur als die ersten Klassen, die »eine Nummer kleiner« sind, betrach-

tet: Die Kinder werden gleichermaßen geprüft und nach Lehrbüchern unterrichtet, bekommen Hausaufgaben und erhalten ein Zeugnis für Zuhause. Das Ergebnis dieser pädagogischen Eile ist, dass zehn bis zwanzig Prozent der Kindergartenkinder »sitzen bleiben« oder in »Übergangsklassen« kommen, um sie für die akademische Strenge der ersten Klasse vorzubereiten!« (Elkind 1998, S. 7)

8.10 Materialien für das dramatische Spiel

Tabelle 8.3 listet die Materialien und die Bereiche auf, in denen die Materialien angemessen eingesetzt werden können.

Bereich	Materialien
Küche	• Herd, Kühlschrank, Küchenschränke, Abwaschtisch, Tisch, Stühle, Hochstuhl • Besteck: Messer, Löffel, Gabeln, Servierlöffel, Serviergabeln, Besteckkästen (nehmen Sie Dessertbesteck für Erwachsene und Buttermesser) • Geschirr: kleine Teller, mittelgroße Teller, kleine Schüsseln, Henkeltassen, kleine Saftgläser, Tassen und Untertassen • Kochen: kleine Bratpfanne, Pfannenwender, kleine Schneebesen, kleine Töpfe und Pfannen, Schneidebrett, kleine Holzlöffel (bekommt man gut auf Flohmärkten) • Backen: kleine Muffintabletts, Backformen • Aufbewahrung: Satz kleiner Dosen, kleine Krüge, kleine Zuckerdose, kleine Servierplatten und -schalen • Messen: Messbecher, Messlöffel • Abwaschzubehör: Waschschüssel/Waschbecken, Abwaschmittel, Lappen, Geschirrhandtuch, Handtuchtrockner • Putzen: Müllschaufel und Handfeger in Kindergröße, Besen, Mop • Zum Dekorieren: Tischdecke, Platzdeckchen, Vasen, Blumen, Grünpflanzen • Anderes: Topflappen oder Handschuhe, Topfuntersetzer, Tabletts, Schürzen, Eiswürfelgefäße, Tischschutz, Mülleimer • Materialien zum Mischen und Anrühren: Mehl, Salz, Zucker, Wasser, Spaghetti, Makkaroni, Getränke-Kristalle zum Anrühren
Babybad	• Niedrige Kommode: Puppenkleider, Windeln, Bettzeug • Niedriger Tisch zum Wickeln und Tisch für die Badewanne: Babybadewanne, Shampoo, Puder (Getreidestärke), Kamm, Bürste, Waschlappen, Handtücher, Handtuchtrockner, Spielzeug zum Baden, Spiegel, Korb für schmutzige Wäsche, Mülleimer • Saubermachen: Mop, Besen, Müllschaufel und Handfeger

Bereich	Materialien
Schlafbereich	• Wiegen, Kinderbetten, Betten • Passende Matratze, Laken, Kopfkissen, Kopfkissenbezüge und Decken für jedes Bett • Märchenbücher, CDs mit Schlafliedern, CD-Player
Puppen	• Fingerpuppen, Stabpuppen, Marionetten, Handpuppen • Puppentheater • Requisiten für die Puppen: Tücher, kleine Besen, Zauberstäbe, farbiger Stoff
Requisiten	• Laken, Decken, Kissen, Vorhänge, kleine Teppiche oder Läufer • Bausteine aus dem Baubereich, Bretter, Schaumstoffblöcke • Kartons verschiedener Größen, die sich in Autos, andere Fahrzeuge, Höhlen und Häuser verwandeln lassen • Wagen, Einkaufswagen • Veranstalten Sie mit den Kindern und den Familien ein Brainstorming, um noch andere Gegenstände zu finden • Steine aus dem Baubereich und Zubehör • Saisonale Ergänzungen oder Dekorationen wie Licht oder eine Eisbahn • Echte Pflanzen und Blumen (vgl. Tabelle 2.2), künstliche Blumen, Gießkannen • Lenkräder, Spielzeugfahrzeuge • Schläuche, Düsen, kleine Leitern
Kleidung zum Verkleiden	• Beziehen Sie die Familien ein, um Kleidung aus unterschiedlichen kulturellen Kontexten zu bekommen • Alle Kleider sollten in der Größe der Kinder sein, um Unfälle zu vermeiden • Pyjamas, Bademäntel, Morgenmäntel, Nachthemden • Umhänge, farbige Schals • Anzüge, Krawatten, Hemden (langärmlig und kurzärmlig, Westen, Pullover) • Kleider, Röcke, Tops, Blusen, Pullover, Jacketts • Mützen und Hüte: Hüte, Sportmützen, Bauarbeitermützen (sollten waschbar sein) • Handschuhe: Arbeitshandschuhe, Modehandschuhe, Autohandschuhe • Kostüme: Märchenkostüme, Prinz, Ballerina, Arzt, Polizist • Schuhe: Stiefel, Sandalen, Laufschuhe • Bruchsicherer Spiegel in Kindergröße
Spiele	• Zauberspiel, Doktorspiel

Tab. 8.3 Materialien für das dramatische Spiel

8.11 Die Stadien des Rollenspiels und das Alter des Kindes

Tabelle 8.4 fasst die Altersgruppen und Stadien des Rollenspiels zusammen.

Stadium	Alter	Verhalten
Stadium 1: Requisitenabhängig, nachahmend	Einjährige Kinder Zweijährige Kinder	• Imitieren Gesichtsausdruck und einfache Handlungen • Verwenden Requisiten wie beabsichtigt, Spiel wird von Requisiten gelenkt • Einzelspiel • Spielen parallel mit anderen Kindern • Ahmen die Handlungen von Gleichaltrigen oder vertrauten Erwachsenen nach • Beeinflusst von Requisiten: der Gegenstand wird das Spiel steuern • Wiederholen Handlungen oder Abläufe • Nutzen beim Spiel auch Geräusche • Kommunizieren mit Hilfe von Gesten, Körpersprache und einzelnen Worten oder Sätzen
Stadium 2: Vertraute Rollen	Dreijährige Kinder	• Beteiligen sich am Rollenspiel, indem sie die Rolle von in ihrem Leben wichtigen Erwachsenen übernehmen • Interaktion mit Gleichaltrigen während des Rollenspiels mittels Handlungen und Worten • Können damit beginnen, ein Spiel zu planen, indem sie Requisiten zusammentragen und das, was sie tun wollen, verbal ausdrücken • Bevorzugen Themen wie Hauswirtschaft und das Vater-Mutter-Kind-Spiel • Können imaginäre Freunde haben • Verkleiden sich

Stadium	Alter	Verhalten
Stadium 3: Verschiedene Rollen	Vierjährige Kinder	• Übernehmen die Rollen von Erwachsenen, die ihnen nicht vertraut sind • Übernehmen abenteuerliche Rollen wie Feuerwehrmänner, Polizisten, Piloten, Bauarbeiter • Erklären, dass dies eine Als-ob-Aktivität, ein Spiel, ist • Nutzen eine Vielfalt von Gegenständen als Requisiten: symbolische Darstellung • Wiederholen ihre Lieblings-Rollenspiele • Setzen im Spiel verschiedene Stimmlagen und Geräusche ein
Stadium 4: Kommunikativ, kooperativ	Fünfjährige und ältere Kinder	• Kreieren eigene Charaktere • Beziehen sich auf Charaktere aus Büchern und Fernsehsendungen • Ausgiebige Diskussionen über das Spiel • Wachsende Aufmerksamkeit für Details • Beginnen damit, Mimik einzusetzen • Das Spiel erstreckt sich über mehr als einen Tag • Beziehen mehrere Kinder ein • Stellen eigene Requisiten her • Erfinden eigene Episoden und schreiben sie auf • Erfinden ausführliche Plots

Tab. 8.4 Stadien des dramatischen Spiels

8.12 Zusammenfassung

Die Stadien des dramatischen Spiels

- Stadium 1: abhängig von Requisiten, nachahmend – imitieren; verwenden Requisiten, wie es dem Zweck der Gegenstände entspricht; spielen beeinflusst von Requisiten
- Stadium 2: vertraute Rollen – übernehmen die Rollen vertrauter Erwachsener
- Stadium 3: verschiedene Rollen – spielen Erwachsene, die ihnen nicht vertraut sind
- Stadium 4: kommunikativ, kooperativ – erfinden eigene Charaktere, Drehbücher und Requisiten

Die Bedeutung des Rollenspiels

Die Kinder

- entwickeln Vertrauen in die eigene Handlungsfähigkeit;
- entwickeln Selbstkontrolle;
- unterscheiden Phantasie von der Realität;
- üben ihre feinmotorischen Fähigkeiten;
- ahmen Handlungen und Verhalten nach;
- betrachten die Dinge aus der Perspektive eines anderen Menschen;
- teilen Ideen und Materialien;
- lernen zu verhandeln;
- lernen, Kompromisse einzugehen;
- lernen etwas über Ähnlichkeiten und Unterschiede;
- denken auf andere Weise als bisher über Materialien und Situationen nach;
- lernen, Symbole zu verstehen;
- lösen Probleme;
- erweitern ihre kommunikativen Fähigkeiten;
- drücken auf sichere Weise Gefühle aus;
- bewältigen Stress-Situationen.

Die Rolle der Erzieherin

- Ermutigt die Kinder, ihre Gefühle auszudrücken
- Lernt, die Kinder zu verstehen – zu »lesen« – und die Beobachtungen zu dokumentieren
- Nimmt Gefühle wahr
- Lässt die Kinder die Führung übernehmen
- Stellt geeignete Requisiten bereit
- Akzeptiert die Ideen der Kinder
- Beteiligt sich am Spiel
- Weiß, wann sie einschreiten muss und wann sie die Kinder in Ruhe lassen sollte
- Sammelt verschiedene Requisiten
- Fördert die Diskussion
- Fördert das Lösen von Problemen
- Ermuntert die Kinder dazu, Ideen und Material zu teilen
- Fördert das Lesen
- Weist die Kinder auf andere Kinder hin
- Veranstaltet Brainstormings mit den Kindern
- Wendet verschiedene Methoden an
- Nutzt die Interessen der Kinder
- Fördert das Rollenspiel drinnen wie draußen

Aufbewahrungssysteme

- Aufbewahrungsmöglichkeiten für das realistische Rollenspiel
- Aufbewahrungsmöglichkeiten für die Requisiten, die im Phantasiespiel gebraucht werden

Beschriftungssysteme

- Realitätsgerecht und
- nach dem gesunden Menschenverstand

8.12 Zusammenfassung

Überlegungen zum Einrichten eines Theaterbereichs

- Multikulturelle Überlegungen
- Hauswirtschaftzentrum oder Zentrum des täglichen Lebens: Küche, Babybad, Schlafzimmer, Putzen
- Verwendung von Puppen
- Anbieten von Requisiten, die an die Interessen der Kinder anknüpfen

Beobachtungs- und Dokumentationstechniken

- Elternbefragung/Untersuchung
- Umgebung
- Stadien des Rollenspiels
- Interessen der Kinder

- Eine Familie kommt neu in Ihre Einrichtung für Vorschulkinder. Die Eltern der beiden Kinder sind tragischerweise ums Leben gekommen. Die Kinder leben jetzt bei ihrem Onkel und ihrer Tante und zwei Cousins, die schon zur Schule gehen. Die Mädchen sind Zwillinge, sie sind vier Jahre alt. Sie sprechen nicht englisch, sie kommen aus Kuba. Welche Informationen brauchen Sie von der Familie? Welche Veränderungen könnten Sie im Rollenspielbereich vornehmen?
- Wie könnten Sie das dramatische Spiel von Gereon und Kristin erweitern? Welche Materialien brauchen Sie dafür?
- Diskutieren Sie die Bedeutung von echten, ästhetisch ansprechenden Materialien.
- Warum ist ein Lehrplan, der auf Themen beruht und jede Woche wechselt, für das dramatische Spiel nicht besonders günstig?
- Wie könnten Sie die Familien in das Programm der Einrichtung einbeziehen?
- Suchen Sie sich eine Kultur aus, über die Sie relativ wenig wissen. Erforschen Sie diese Kultur und benennen Sie einige Gegenstände und Requisiten, die Sie in Ihre Umgebung einbeziehen wollen.
- Wenn alle Kinder in Ihrer Gruppe aus weißen Mittelklassefamilien kommen – warum ist es trotzdem von Bedeutung, Erfahrungen über andere Kulturen in das Programm einfließen zu lassen?
- Wählen Sie einen Bereich aus der Hauswirtschaft aus. Entwickeln Sie einen Grundriss, eine Materialliste und die Aufbewahrungsmöglichkeiten für diesen Bereich.
- Beobachten Sie zwei Kinder verschiedenen Alters, setzen Sie dabei das Instrument der Beobachtung des Rollenspiels ein. Vergleichen Sie die Ergebnisse. Inwiefern waren sie ähnlich oder unterschiedlich? Führen Sie alle Unterschiede auf das unterschiedliche Alter zurück?

9 KREATIVITÄT UND KUNST

9

KAPITELÜBERSICHT

- Was ist Kreativität?
- Mit Kunst das Lernen fördern
- Entwicklungsstadien in der bildenden Kunst
- Die Bedeutung der Kunst
- Die Rolle der Erzieherin
- Effektive Aufbewahrungssysteme
- Effektive Beschriftungssysteme
- Überlegungen zum Einrichten der Kunstwerkstatt
- Beobachtungs- und Dokumentationstechniken
- Überlegungen aus anderen Ländern
- Materialien für die bildende Kunst
- Entwicklungsstadien im Bereich Kunst und das Alter des Kindes
- Zusammenfassung
- Kontrollaufgaben

LERNZIELE

Nach dem Lesen dieses Kapitels kann der Leser/die Leserin:

- kreative Prozesse verstehen;
- die Entwicklungsstadien in der bildenden Kunst benennen;
- die Bedeutung einer Kunstwerkstatt erklären;
- die Rolle der Erzieherin erklären;
- effektive Aufbewahrungssysteme diskutieren;
- ein geeignetes Beschriftungssystem beschreiben;
- Kriterien für das Einrichten einer Kunstwerkstatt im Innen- und Außenbereich erörtern;
- geeignete Materialien zum Malen, Formen von Skulpturen, Zeichnen, Schreiben, Ausschneiden und Kleben, Drucken und Weben im Innen- und Außenbereich benennen;
- verschiedene Dokumentationstechniken zur Beobachtung der Kinder beschreiben.

»Kinder, Kunst und Kreativität passen sehr gut zusammen. Wie die Kunst sind auch Kinder oft laut, aktiv, lebhaft und unordentlich. Kunst kann aber ebenso leise und akribisch sein – wie ein Kind, das bewegungslos dasitzt und mit seinen kleinen Fingern versucht, Papier-, Garn- und Gummistückchen zusammenzukleben. Kunst gestattet es Kindern zu experimentieren, zu forschen und zu sehen, was sie alles erschaffen können. Kunst macht Spaß, auch wenn das Endprodukt schließlich keinem Ding ähneln mag, das in der realen Welt existiert.«

SCHIRRMACHER
Art and Creative Development for Young Children

9.1 Was ist Kreativität?

Kreativität wird oft mit Kunst oder Musik in Verbindung gebracht. Sie ist jedoch weder auf das eine noch auf das andere begrenzt. Kreativität ist ein Prozess, der alles umfasst, was wir tun – unsere Handlungen, unsere Gedanken und Reaktionen. »Kreativität ist eine eigene spezifische Art die Welt zu sehen, in der es keine richtigen oder falschen Antworten gibt. Betrachten Sie Kreativität als eine Haltung, nicht als eine Begabung.« (Schirrmacher 1998, S. 6)

Die in diesem Buch beschriebenen Verhaltenweisen von Kindern zeigen auf vielfältige Weise Kreativität. Schirrmacher (1998, S. 6) benennt spezielle Aspekte des kreativen Prozesses. Diese Aspekte sind nachfolgend aufgeführt, gemeinsam mit Beispielen, die zeigen, wie die Kinder sie in ihren Spielen zum Ausdruck bringen:

- Ausprobieren neuer Ideen und Wege: Paul (➤ Abb. 1.1), der den Spielteig benutzt, um ein Umfeld für seine Dinosaurier zu schaffen
- Grenzen erweitern und Möglichkeiten erforschen: Rita (➤ Abb. 12.1), die etwas tischlert, obwohl sie vorher dachte, Mädchen könnten das nicht
- Ideen und Materialien verändern und umformen: Julia (➤ Abb. 8.7), die einen Geburtstagskuchen backt
- Dinge auseinander nehmen und anders zusammensetzen: Benjamin (➤ Abb. 12.5), der die Brio-Teile benutzt, um etwas zu bauen
- Mit Objekten spielen: Timmy (➤ Abb. 10.5), der seine Rassel schüttelt
- Phantasieren und träumen: Marlene (➤ Abb. 5.17), die eine Ballerina auf dem »zugefrorenen See« wurde
- Probleme lösen und Dinge herausfinden – Jakob, Benjamin und Anna (➤ Abb. 11.2), die versuchten, herauszufinden, ob das Ding, das sie gefunden hatten, Eis oder Glas war
- Gängige Denk- und Handlungsmuster in Frage stellen

9.2 Mit Kunst das Lernen fördern

Eine Woche lang hatte es ständig geregnet. Als die Kinder am Morgen hereinkamen, sprachen die meisten darüber, wie nass sie waren und dass sie nicht draußen spielen könnten. Es wurde entschieden, trotzdem nach draußen zu gehen. Die Kinder zogen ihre Regensachen und Stiefel an und gingen im Regen spazieren. Sie spritzten in Pfützen herum, beobachteten, wie die Tropfen an ihren Regenmänteln und Schirmen herab liefen, und versuchten, Regentropfen mit dem Mund aufzufangen. Als sie wieder ins Haus kamen, fanden sie, dass es so ein Spaß gewesen war, dass sie jetzt den Regen reinholen wollten.

Eine Gruppe setzte sich mit der Erzieherin Katja zusammen, um zu diskutieren, was sie tun könnten und was sie dafür brauchten. Da es schon spät war, wurde das Thema fallen gelassen. Später entschieden die Erwachsenen jedoch, das Regenthema aufzugreifen. Sie schnitten eine Weihnachtsgirlande mit schillernden Tropfen zurecht und hingen sie mit ein paar Regenschirmen an die Decke. Aus blauem Papier wurden Pfützen geschitten, laminiert und auf dem Boden ausgelegt.

Als die Kinder am nächsten Morgen kamen, rannten sie sofort zum Regenbereich. Vorsichtig berührten sie die »Regentropfen« und amüsierten sich unter den Regenschirmen. Als sie anfingen zu singen und in die Pfützen zu springen, stellten sie fest, dass es nicht genug Pfützen für alle gab. Katja fragte die Kinder, wie sie das Problem lösen könnten. Anna schlug vor, noch mehr Pfützen zu basteln. Sofort breitete sich rege Aktivität im Kunstbereich aus: Die Kinder begannen, Pfützen herzustellen (➛ Abb. 9.1).

Abb. 9.1 Im Kunstbereich wird die neue Idee sofort in die Tat umgesetzt.

Die Bedeutung des Kunstbereichs liegt darin, dass die Kinder ermutigt werden, mit Kunst eine Verbindung zu allen Aktivitäten im Raum herzustellen. Sobald Kinder beginnen, Aktivitäten zueinander in Beziehung zu setzen, maximieren sie ihr Lernpotential. Sie entdecken dass sie:

- kontrollieren können, was in ihrer Umwelt geschieht;
- selbst Aufgaben bewältigen können;
- zusammen an einem gemeinsamen Ziel arbeiten können und
- dass ihre Anstrengungen dazu führen, dass sie zufrieden sind.

9.3 Entwicklungsstadien in der bildenden Kunst

9.3.1 Malen und Zeichnen

Benjamin hatte das Malen mit den Fingern entdeckt. Er arbeitete auf einem großen Blatt Papier und strich die Farbe mit seinen Händen und Fingern über das ganze Blatt. Dabei stellte er fest, dass seine Finger Spuren auf dem Papier hinterließen. Er zog Kreise und Linien (➛ Abb. 9.2), die er immer wieder löschte, indem er die Farbe mit seinen Fingern glättete. Wenn die Farbe »nicht klebrig genug« war, brachte er mehr davon auf das Papier. Katja beobachtete ihn und kommentierte seine Aktivitäten. Als Benjamin erneut einen Kreis malte, flüsterte er: »Erscheine!«

Abb. 9.2 Benjamin entdeckt, dass er mit Farben Spuren hinterlassen kann.

Benjamin ist im Kritzelstadium. Bei seiner Aktion setzte er seinen ganzen Körper ein, er beugte sich weit vor, um die Außenkanten des Papiers zu erreichen, und bewegte seine Arme, Hände und Finger über die gesamte Seite. Diese kinästhetische Erfahrung wird ihm helfen, ein Erinnerungsmuster aufzubauen, wie sich die Fingerfarbe anfühlt und wie er sich bewegen muss, um unterschiedliche Effekte zu erzeugen.

Barbara ging zum Regal, um einen Pinsel zu holen. An der Staffelei begann sie zu malen (➛ Abb. 9.3). Sie benutzte abwechslungsweise eine Hand und beide Hände. Den Pinsel hielt sie mit der ganzen Hand. Wenn jemand vorbeiging, schaute sie auf, beobachtete, was die Person machte, malte dann aber wieder ihre Linien und Punkte. Jede dieser

Abb. 9.3 Barbara hinterlässt auf dem Papier zufällige Zeichen.

Linien zog sie in einer Bewegung, benutzte dabei aber kaum das Handgelenk oder die Finger. Von Zeit zu Zeit blickte sie auf das Papier und lächelte.

Barbara befindet sich im ersten Unterstadium des Kritzelns – ungeordnetes und zufälliges Kritzeln. Sie genießt die Aktivität. Sie setzt zufällige, planlose Zeichen, manchmal ohne das, was sie tut, dabei anzusehen. Auch sie macht eine positive kinästhetische Erfahrung. Sie lernt, dass sie verschiedene Zeichen auf Papier hervorbringen kann, indem sie ihre Arme und Hände in bestimmter Weise bewegt. In diesem Stadium ist sie lediglich an dem Prozess interessiert, es gibt kein Endprodukt und die Kritzelei wird nicht benannt.

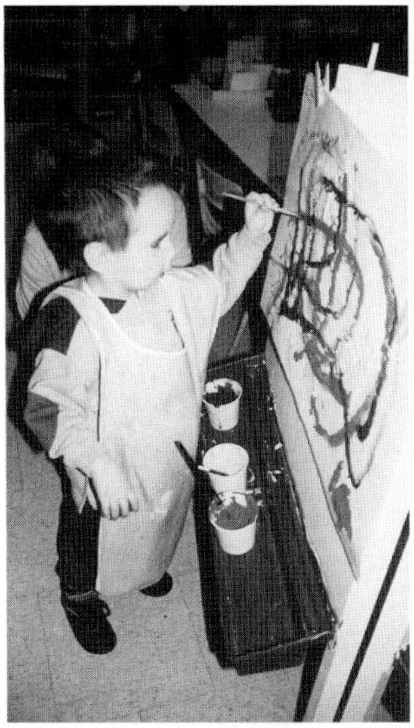

Abb. 9.4 Beim kontrollierten Kritzeln entstehen bereits differenziertere Muster.

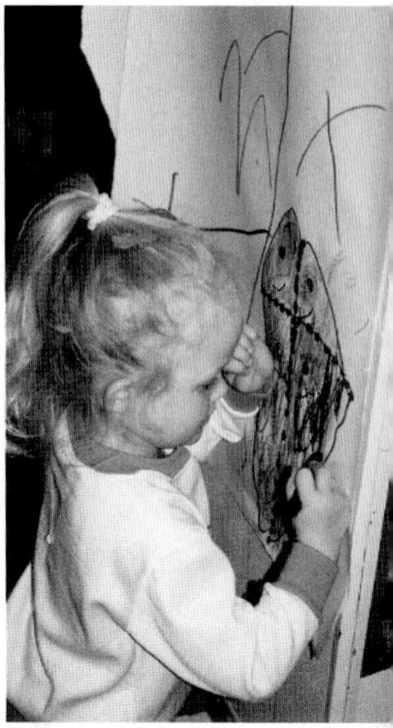

Abb. 9.5 In diesem Stadium des Kritzelns bekommt das Endprodukt einen Namen.

Nico hatte zwei unterschiedliche Pinsel ausgewählt (➛ Abb. 9.4). Er malte seine Zeichen sehr viel kontrollierter als Barbara (➛ Abb. 9.3), hielt den Pinsel mit der ganzen Hand, bewegte dabei aber sein Handgelenk, um seine Arbeit besser zu kontrollieren. Seine Zeichen sind differenzierter, es finden sich bereits kompliziertere Schwünge und Bögen. Er wiederholte Bewegungen, wenn er Kurven und Zeichen malte – große Armbewegungen und Bewegungen des Handgelenks. Nico malte drei ähnliche Bilder.

Nico ist im Stadium des kontrollierten Kritzelns. Er hat bessere Kontrolle über seine Handbewegungen und kann deshalb kompliziertere Muster erzeugen. Beachten Sie die Unterschiedlichkeit der Zeichen – gebogene und gerade Linien, Schleifen, horizontale und vertikale Ausrichtungen, dicke und dünne Linien.

Leila verbrachte viel Zeit im Kunstbereich und zeichnete differenzierte Bilder. Sie sagte, dass sie einen Fisch male (➛ Abb. 9.5). Sie hielt den Marker oder Buntstift mit ihren Fingern und betrachtete ihre Schöpfungen, bevor sie neue Zeichen setzte. Kleine Bereiche ihres Bildes färbte sie sorgfältig ein.

Leila ist im Stadium der benennenden Kritzelei: Ihr Endprodukt ist ein Fisch. Sie kontrolliert ihr Kritzeln viel besser. Beachten Sie das anspruchsvolle Muster, das sie kreiert, und die Vielfalt der verwendeten Zeichen: enge Bögen, horizontale und vertikale Zeichen, Kreise, gerade und gebogene Linien. Sie wählt bewusst Stellen zum Kolorieren aus und platziert Zeichen und Farben in

Abb. 9.6 Das entstandene Endprodukt ist identifizierbar.

Abb. 9.7 Die sichtbaren und kommenden Zeichen des Frühlings werden festgehalten.

absichtsvoller Weise. Wenn jemand an ihr vorbeiläuft, bleibt sie konzentriert bei ihrem Tun.

Wenige Wochen später hat Leila ihre Fähigkeiten weiter verbessert. Sie malt nun erkennbare Figuren (➛ Abb. 9.6). Als Nico sie fragte, ob die Figur auf dem Bild ihre Mama sei, antwortete sie: »Ja!« Später erklärte sie Katja, es sei ihr kleiner Bruder.

Leila benutzt erkennbare geometrische Formen, um ihre Zeichnung zu vervollständigen – Kreise für Kopf, Nase und Augen und gerade Linien für Arme, Beine und Haare. Die Farben wählt sie nach ihrem Geschmack aus, sie entsprechen nicht der Wirklichkeit – ein blauer Kopf, gelbes Haar, rote Augen, Nase und Mund und violette Arme und Beine.

Zu einem Ausflug im Frühling nahmen die Kinder Zeichenmaterial mit. Aus einer Plastikplatte wurde eine Tafel hergestellt, die so groß wie eine Zeitung war; eine große Klammer steckte am oberen Rand, um Zeichenpapier festzuhalten. Olivia und Danika malten zunächst Zeichen des Frühlings, fließendes Wasser und die Sonne, entschieden sich dann aber schnell dafür, das zu zeichnen, was sie bald sehen würden: Blumen und Schmetterlinge (➛ Abb. 9.7).

Rita beschloss zwei Hunde zu zeichnen, die sie auf der rechten Seite des Blattes platzierte, so dass ihre Geschichte auf der linken erscheinen konnte (➛ Abb. 9.8). Sie diktierte Katja die Geschichte: »Der Hund geht spazieren mit seinem Freund, einem anderen Hund. Sie gehen im Park spazieren und sie steigen die Rutschbahn und die Leiter hoch und rutschen dann runter.«

Leila, Danika, Olivia und Rita befinden sich alle im vorschematischen Stadium. Beachten Sie die unterschiedlichen Fähigkeiten in diesem Stadium. Leila zeichnet Menschen in symbolischer Form. Sie generalisiert ihre Symbole – manchmal ist es ihre Mutter, manchmal ihr Bruder. Die symbolisierte Form ist durch die Gesichtsdetails erkennbar, aber in den Größenverhältnissen verschoben; der Kopf macht den größten Teil der Zeichnung aus. Das Bild hat eine Bedeutung für sie, es repräsentiert ihre Familie.

Abb. 9.9 In zunehmendem Maß wird versucht, die Wirklichkeit abzubilden.

Olivia und Danika symbolisieren Wasser und Gras durch die Farbe – Blau steht für Wasser und Grün für Gras. Beide Mädchen zeichnen Blumen und Schmetterlinge, dabei beziehen sie sich auf ihre Erfahrungen. Rita malte Hunde. Sie begann mit dem großen Hund. Als sie keinen Platz mehr hatte, zeichnete sie einen kleinen Hund auf die rechte Seite. Ihre Geschichte entwickelte sich mit wenig Bezug zu ihrem Bild. Alle drei Mädchen verwenden viele Details in ihren Bildern – Stängel, Blütenblätter, geschmückte Flügel, Blätter, Blüten, Ohren, Gesichtszüge, einen Körper und vier Beine.

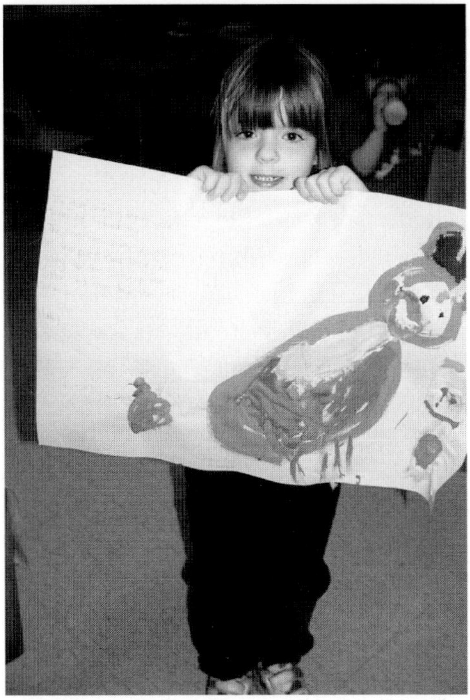

Abb. 9.8 Mit fortschreitender Entwicklung finden sich immer mehr Details.

Johanna zeichnet, was sie draußen sieht (➛ Abb. 9.9): die Küste. In die Mitte des Bildes hat sie das Wasser gemalt, darüber einen steinigen Strand und dann Gras. Gerade beendet sie die Zeichnung des Spielhauses, das auf dem Spielplatz steht.

Gereon hatte Katja gebeten, seinen Umriss nachzuziehen. Dann zeichnete er

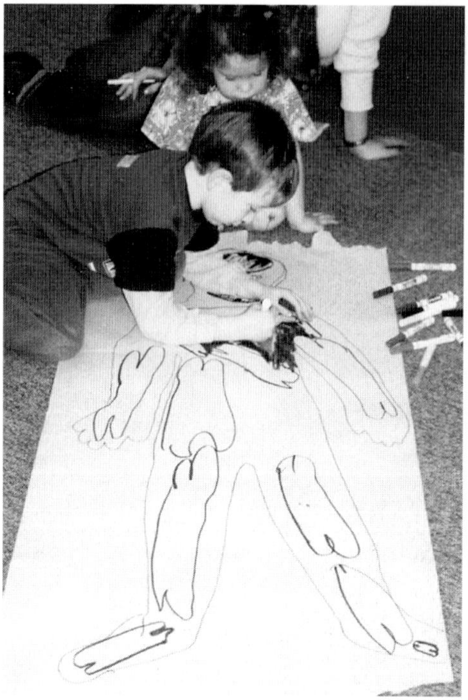

Abb. 9.10 Gereon malt von sich ein Röntgenbild.

Abb. 9.11 Die Vorstellung vom Innern entspringt der realen Erfahrung.

ein Röntgenbild von sich (➛ Abb. 9.10). Er malte alle seine Knochen, einschließlich des Bruchs im Bein, den er im letzten Jahr hatte: Dieser ist ganz zart mit einer gepunkteten Linie im linken Bein angedeutet. Seine Lungen machte er blau; seinen Magen versah er mit der Mohrrübe, dem Käse und der Banane, die er am Morgen gegessen hatte; sein Schädel und sein Gehirn bekamen die Fragen Rot und Gelb. Er sagte: »Mein Gehirn arbeitet. Deshalb ist es rot und gelb.« (➛ Abb. 9.11)

Johanna und Gereon befinden sich im schematisch-konzeptionellen Stadium. Johannas Zeichnung ist eine zweidimensionale, kräftig kolorierte Darstellung von dem, was sie sieht. Ihre Farben repräsentieren die der Gegenstände um sie herum. Sie hat eine Grundlinie geschaffen, sie schließt Details ein und beginnt ihre Darstellungen immer mehr an der Wirklichkeit zu orientieren. Gereon hat ein Bild gemalt, das sowohl innere als auch äußere Details einschließt. Er hat Zeit und Mühe aufgewendet, um sehr viele Einzelheiten einzubauen. Er hat Form durch Farben symbolisiert – das aktive Gehirn (gelb und rot), blaue Lungen, um die Luft darzustellen, und realistische Farben für die gegessenen Lebensmittel. Das Bild verweist deutlich auf Billys umfassende Kenntnis von seinem eigenen Körper.

9.3.2 Ästhetische Kriterien

Die ästhetischen Kriterien der Kunst bestehen aus verschiedenen Elementen, unter anderem Linie, Farbe, Form, Masse und Volumen, Design und Komposition, Muster, Raum, Balance und Beschaffenheit. Kinder müssen es lernen, mit diesen Elementen in unterschiedlicher Weise zu experimentieren.

Linie

Jasmina malte ein Bild des Wassers hinter ihr (➛ Abb. 9.12). Sie sagte, das Wasser tanze. Beachten Sie, wie ihre Striche die Wirbel und Strudel des Wassers darstellen. Die dunkleren Linien zeigen Wasser, das über die Felsen fließt. Nico arbeitete gern mit fließenden Linien (➛ Kap. 9.4). Er lernte auch, je nach verwendetem Pinsel dicke und dünne Linien zu benutzen.

Abb. 9.12 Jasmina hat ihr Bild hauptsächlich mit Linien gestaltet.

»Linien können in sehr unterschiedlicher Weise genutzt werden. Sie haben ihre eigenen Dimensionen: Größe, Richtung, Länge, Breite und Stärke. Sie haben sogar ihre eigene Persönlichkeit.« (Schirrmacher 1998, S. 152–153)

Farbe

Benjamin (➛ Abb. 9.2) und Nico (➛ Abb. 9.4) waren von hellen, warmen Farben angetan. Benjamin benutzte meist Rot zum Malen. Forschungsergebnisse belegen, dass Farbe Gefühle erzeugt. »Farben haben Wärmeeigenschaften, die einen psychologischen Einfluss auf den Betrachter ausüben. Farbe kann Gefühl erzeugen.« (Schirrmacher 1998, S. 158)

Sowohl Benjamin als auch Nico malten sehr lange, etwa 40 Minuten. Beide Jungen waren völlig in ihre Aktivität vertieft.

Form

Katharina wollte nähen, konnte aber keine Formvorlage für einen »großen Teddybär« finden. Ihr Bruder hörte, wie sie mit Katja sprach und sagte: »Ich kann eine für dich machen. Welche Farbe willst du, Katharina?« Sie entschied sich für gelb. Er nahm einen der kleinen Bärenumrisse und legte ihn auf den Lichttisch. Das Licht vom Projektor warf die Form des Bären auf das Papier. Katja hielt das gelbe Papier vor den Projektor. Lukas

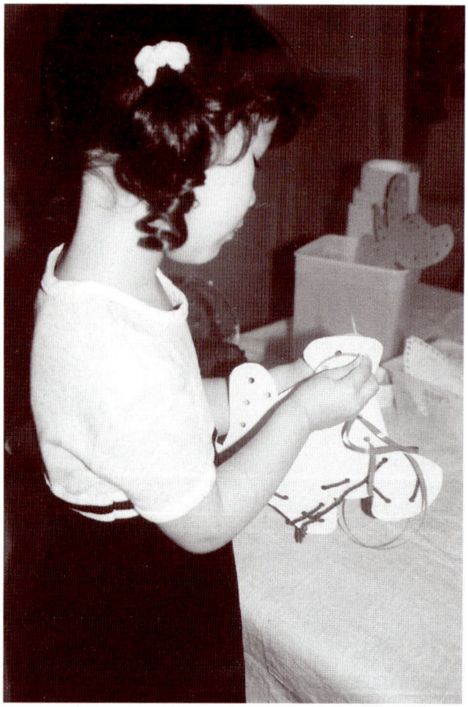

Abb. 9.13 Aktivitäten dieser Art stärken das Formempfinden.

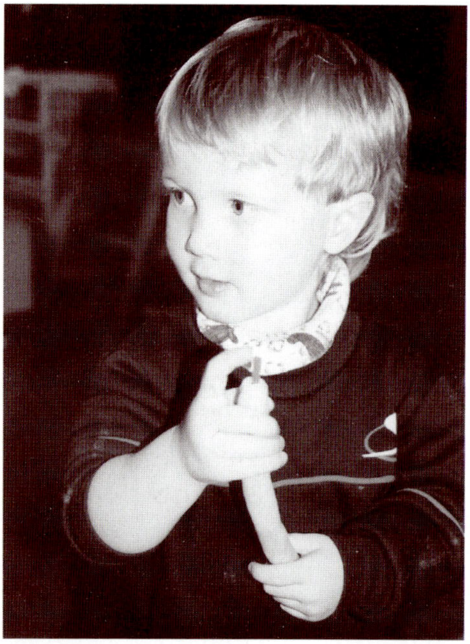

Abb. 9.14 Bei der Beschäftigung mit Knete machen die Kinder Erfahrungen mit Umfang und Volumen.

zeichnete den Umriss auf das Papier. Anna beobachtete das und sagte: »Ich kann es für dich ausschneiden.« Katharina stach die Löcher aus und nähte dann ein rotes Band um die Außenkante des Bären (➛ Abb. 9.13).

All diese Aktivitäten verstärken das Verständnis der Kinder für das Konzept von Form – eine Form vergrößern, sie umfahren und abzeichnen, sie ausschneiden, das Zeichnen von Formen (Annas Pfütze, ➛ Abb. 9.1).

Masse und Volumen

Jakob formte den Spielteig immer wieder von Neuem. Er rollte ihn aus, presste ihn mit seinen Händen flach und formte ihn zu einem Ball. Schließlich rollte er ihn in die Länge (➛ Abb. 9.14). »Eine große Schlange«, sagte er. Er zeigte sie Katja. Auf dem Weg kam er am Nähbereich vorbei. Er sah ein paar kleine Stücke roter Halme und steckte eins in die Spitze seiner »Schlange«. »Sssss«, zischte er, als er sie Katja zeigte. Jakob knetete den Teig mehrfach durch. Im Laufe dieser Aktivität sah er, dass sich der Teig veränderte. Manchmal sah er größer aus, manchmal kleiner.

Design und Komposition

Hannah malte den Kopf einer Katze und wählte dabei sorgfältig die Farben aus. Ohne Probleme schnitt sie den Katzenkopf aus, was sich aber für die Schnurrbarthaare schwieriger gestaltete, deshalb ließ sie einen Rand um die Haare frei. Unter den Bastelpapieren wählte sie eines aus, das zum Katzenkopf »perfekt« passte. Dann klebte sie den Katzenkopf auf das Papier (➛ Abb. 9.15). Hannah nutzte alle Möglichkeiten eines ästhetischen Designs – Linien (gebogen und gerade), Farbe, Form (dreieckig, rund), Masse und Volumen, um eine gelungene Komposition zu erschaffen.

Abb. 9.15 In die Gestaltung dieses Katzenkopfes sind verschiedene gestalterische Elemente eingeflossen.

Muster

Anna zeigt das Muster des Regens beim Zeichnen ihrer Pfütze (➛ Abb. 9.1). Sie stellte den Regen, der in ihre Pfütze fällt, durch kleine, eingefärbte Kreise dar. Die Wellen gestaltete sie durch offene und geschlossene Kreise, die die kleinen gefärbten Kreise umschließen. »Muster umgeben uns. Zaunlatten, Stufen, Leitersprossen, Eisenbahngleise oder Radspeichen – alle zeigen sich wiederholende Muster.« (Schirrmacher 1998, S. 161).

Raum

Kristin hat die Oberfläche der Schachtel benutzt, um Blätter darauf zu kleben (➛ Abb. 9.16). Sie bezog sowohl die innere als auch die äußere Oberfläche mit ein und klebte ein Blatt auf jede Seite. »Innerhalb des gesamten Raums muss der Künstler das Problem der Anordnung der Elemente lösen. Wie viele Formen und Symbole werden benutzt? Wo werden sie platziert? Wie viel Raum bleibt frei?« (Schirrmacher 1998, S. 161–162)

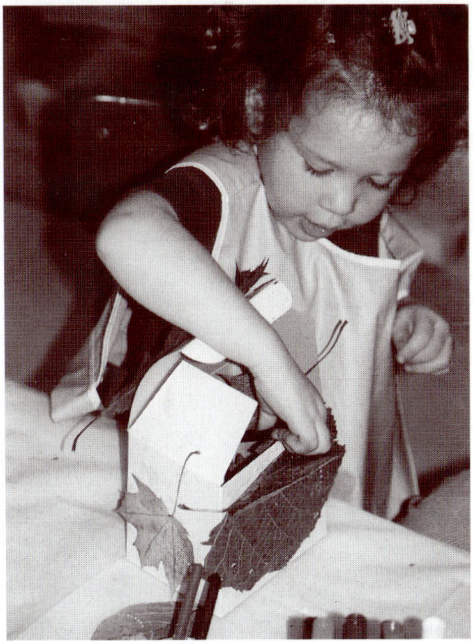

Abb. 9.16 Beim Gestalten lernen die Kinder, mit räumlichen Elementen umzugehen.

Balance

Gereon (➛ Abb. 9.10 und 9.11) hat formal eine Balance geschaffen, indem er die inneren Strukturen seines Körpers in den korrekten Proportionen platzierte. »Wenn die Formen in Proportion zueinander erscheinen, empfindet man, dass das Bild in Balance und Harmonie ist.« (Schirrmacher 1998, S. 62)

Beschaffenheit

Danika war draußen, um Materialien für ihr Bild zu sammeln. Sie baute einen Rahmen aus Holz, Tapete und Stricken (➛ Abb. 9.17). Als nächstes bastelte sie ein Bild mit den Wildblumen und Gräsern, die sie draußen gefunden hatte, das sie in ihrem Rahmen anordnete. Danika verwendete eine Vielzahl von Texturen, um ihr Projekt zu vervollständigen – glatt, flaumig, steif, weich.

Abb. 9.17 Danika arbeitet mit ganz unterschiedlichen Materialien.

9.4 Zur Bedeutung von Kunst und kreativer Prozesse

9.4.1 Verbesserung der kommunikativen Fähigkeiten

- Gefühle und Ideen werden auf unterschiedliche Weise ausgedrückt: Hannah und Leila stellten auf ihren Bildern glückliche Gesichter dar (➛ Abb. 9.6 und 9.15); Jasminas Bild vom »tanzenden Wasser« (➛ Abb. 9.12).
- Universelle Kommunikation: Kinder beziehen jeden Teil der Welt in ihre Arbeiten ein (➛ Abb. 9.23 und 9.24).
- Verbesserte Fähigkeit, Symbole zu interpretieren: Jakob identifizierte Blumen und Schmetterlinge auf Danikas und Marlenes Bild.
- Zu den Kunstwerken werden Geschichten gemacht: Ritas Geschichte (➛ Abb. 9.8).
- Entwicklung der feinmotorischen Kontrolle für die spätere Schreibfähigkeit: Beachten Sie die Änderung der Grifftechnik mit dem Alter der Kinder: vom Greifen mit der ganzen Hand (➛ Abb. 9.3) zum Dreifingergriff (➛ Abb. 9.4).

9.4.2 Verbesserung der Denkfähigkeit

- Die Fähigkeit zum kritischen Denken (Erkennen, Vergleichen, Vorhersagen)

Abb. 9.18 Benjamin hat entdeckt, wie man durch Mischen von Farben neue Farben erzeugen kann.

wird entwickelt: Benjamin entwickelte seine Fähigkeiten vom Fingermalen zum Malen anderer Objekte. Am Geburtstag eines der Kinder hatte dessen Mutter Luftballons mitgebracht. Benjamin suchte einen rosa Ballon aus und begann, ihn mit gelber Farbe zu bemalen. Dann wechselte er zu roter Farbe. Er war überrascht, als die Mischung von Rot und Gelb Orange ergab. Er sagte: »Ich habe Orange gemacht!« Katja fragte ihn, wie er das gemacht habe. »Schau zu!« sagte er und mischte wieder Rot und Gelb. Dann wollte er den rosafarbenen Ballon in einen roten verwandeln. »Ich werde alle Farben verschwinden lassen, wenn ich viel Rot benutze«, sagte er voraus. Am Ende hatte er das geschafft (➛ Abb. 9.18). Katja wies ihn darauf hin, dass das, was er vorhergesagt hatte, tatsächlich eingetroffen war.

- Das Verständnis für wissenschaftliche und mathematische Konzepte wächst: Entdeckung unbekannter Prinzipien, z. B. das Mischen von Material, um Teig herzustellen; Händewaschen und Zuschauen, wie sich die Farbe des Wassers im Waschbecken verändert; Zählen, um zu garantieren, dass genügend Dinge da sind (Ritas zwei Hunde).
- Lösen von Problemen: Wie werden Objekte dargestellt? Beispiel: Billys Knochen (➛ Abb. 9.10); wie und wo werden Blätter an der Schachtel angebracht (➛ Abb. 9.16).

9.4.3 Verbesserung in anderen Entwicklungs- und Lernbereichen

- Kunst stellt Verbindungen zwischen allen Lernbereichen her: Pfützen werden für musikalische und Bewegungs-Aktivitäten gebastelt; Kräuter und Gräser werden auf einem Naturspaziergang gesammelt und für kreative Bilder genommen.
- Kunst erlaubt aktive Teilnahme und sinnliche Erfahrung: prozessorientierte, offene Aktivitäten; Fingermalen, Zeichnen mit Stiften, Malen mit Pinseln.
- Kunst fördert die ästhetische Entwicklung durch Gespräche und Reflexionen mit den Kindern über die Werke, die sie geschaffen haben.
- Künstlerisches Tätigsein verbessert die Beobachtungsfähigkeit: Beobachtungen draußen geben dem Malen neue

Abb. 9.19 Lotte präsentiert stolz ihr Bild.

Impulse; z. B. Jasmina und das Wasser (➛ Abb. 9.12), Johanna am Ufer (➛ Abb. 9.9).

- Durch die künstlerische Aktivität wird die Ausdauer verbessert: so stellte Nico z. B. drei Bilder fertig.
- Durch Kunst wird Verständnis für kulturelle Werte geweckt: Im Nähbereich wurden mehrere Traumfänger aufgehängt. Einige Kinder diskutierten mit Katja darüber, was ein Traumfänger ist und wo man ihn hinhängen sollte. Nachdem sie selbst welche gebastelt hatten, hängten sie sie über die Puppenbetten. »Die Kunst einer kulturellen oder ethnischen Gruppe zeigt oft die für die Gruppe bedeutungsvollen Werte« (Hurwitz und Day 2001, S. 13) und weckt den Stolz auf Erreichtes (➛ Abb. 9.19).

9.5 Die Rolle der Erzieherin

- Die Erzieherin dokumentiert das Lernen und die Aktivitäten der Kinder.
- Sie stellt viele, für das Entwicklungsstadium der Kinder geeignete Materialien bereit.
- Sie schätzt und achtet die Kreativität der Kinder.
- Sie fasst in Worte, was die Kinder tun: So beschrieb Katja Benjamins Bemühungen, Symbole erscheinen und verschwinden zu lassen.
- Sie demonstriert Techniken und Methoden: Katja führte vor, wie ein Pinsel zum Tüpfeln benutzt wird, ähnlich wie bei der Technik von Monet.

Abb. 9.20 Im Umgang mit Materialien lernen Kinder dessen Eigenschaften kennen.

- Sie verzichtet weitgehend auf vorgegebene Muster und Vorlagen und legt stattdessen den Schwerpunkt auf Prozesse, bei denen die Kinder ihre eigenen Wege finden.
- Sie spricht über Kunst, über ästhetische Elemente (➛ Abb. 9.4): lange Linien, kurze Linien, rote Linien, sich überkreuzende Linien, horizontale Linien (➛ Abb. 9.16); ein Blatt pro Seite, nur Ahornblätter, kleine Blätter, ein großes Blatt das überlappt, etc.
- Sie unterstützt das Aufräumen (➛ Abb. 9.20).
- Sie schafft Möglichkeiten, in verschiedenen Umgebungen künstlerisch aktiv zu werden: draußen, drinnen, im Musikbereich.
- Sie lernt selbst mehr über Kunst und bildet sich weiter. »Bevor du diese Elemente benutzt, um mit Kindern über Kunst zu reden, solltest du dich selbst mit der Kunst vertraut machen. Lies, lerne Kunstwerke in Büchern über Kunstgeschichte kennen, nimm an einem Kurs teil, besuche Museen oder beteilige dich selbst an Kunstprojekten.« (Schirrmacher 1986, S. 5)
- Sie ermutigt Kinder zum Experimentieren mit verschiedenen Materialien, um zu lernen, wie man sie benutzt (➛ Abb. 9.21).
- Sie stellt die Kunstwerke gerahmt und ästhetisch ansprechend aus (➛ Abb. 9.22).
- Sie fördert die Reflexion: Jasmina bat Katja, mit ihr zu malen. Ein Druck von Monets *Frau mit Kind im Garten* hing über der Staffelei. Jasmina verwendete ähnliche Farben und Techniken in ihrem Bild – helles Rosa und Blau; Punkte und kurze Pinselstriche. Katja malte eine ähnliche Szene. Immer wieder bat Jasmina darum, Katjas Bild sehen zu dürfen. Sie trat zurück

Abb. 9.21 Wenn geeignete Materialien vorhanden sind, übernehmen Kinder gerne die Verantwortung für das Saubermachen und Aufräumen.

Abb. 9.22 In einer kleinen Kunstgalerie können die Werke der Kinder ausgestellt werden.

und sagte »Cool!« Als beide fertig waren, begann ein intensiver Dialog:

JASMINA (zeigt auf die Frau): »Wer ist das in deinem Bild?«

KATJA: »Hab ich mir nicht überlegt. Was denkst du, wer es ist?«

JASMINA (schulterzuckend): »Ich habe keine Person in meinem Bild. Ich habe viele Blumen.«

KATJA: »Stimmt, du hast keine Person. Ich habe auch Blumen in meinem Bild. Manche haben dieselben Farben wie deine.«

JASMINA: »Ja. Ich frage mich, wer sie ist.«

KATJA: »Sie hat braune Haare. Vielleicht bist du es?«

JASMINA (blickt eine Weile auf das Bild): »Nein, sie ist zu groß. Es ist meine Mama.«

9.6 Effektive Aufbewahrungssysteme

Bei künstlerischen Aktivitäten entsteht sehr schnell Unordnung. Wenn der Kunstbereich unordentlich hinterlassen wird, verliert er für Kinder schnell seinen Reiz, da ihm der ästhetische Wert fehlt. Deshalb ist es sehr wichtig, ein System zu entwickeln, das es den Kindern erlaubt, die Dinge schnell zu finden und gut aufzubewahren.

Gute Vorbilder

Wenn Erwachsene im Kunstbereich aktiv sind, sollten sie bei den im Folgenden vorgestellten Regeln immer mit gutem Beispiel vorangehen. Pinsel werden am besten stehend, mit den Haaren aufwärts oder liegend in Behältern aufbewahrt. Wenn man Pinsel auf den Haaren stehen lässt, sind sie schnell ruiniert, die Haare biegen sich entweder um oder brechen ab. Beides macht den Pinsel zu einem uneffektiven, schlechten Werkzeug. Ein Maler wird immer dafür sorgen, seine Pinsel in Ordnung zu halten.

Wasser muss verfügbar sein, um die Pinsel zu reinigen und um verschiedene Techniken, zum Beispiel Abwaschen und Abspülen, zu ermöglichen. Das Wassergefäß muss am Ende gereinigt werden. Schmutziges Wasser beeinflusst die Qualität der Bilder und die Leuchtkraft der Farben. Die Kinder können ihr Wasser selbst wechseln, wenn man ihnen kleine Plastikbehälter gibt.

Die Kleidung soll vor Spritzern geschützt werden. Es ist hilfreich, wenn die Erwachsenen ebenfalls Umhänge oder Schürzen tragen, um ihre Kleidung zu schützen.

Aufräumen

Kinder räumen gern auf. Sie können ihre Pinsel, Staffelei, Fingermaltafeln und Klebstoffreste aufräumen und die Reste in den Müll werfen. Mit Spritzflaschen und Lappen oder Schwämmen können die Kinder den Bereich leicht säubern (➛ Abb. 9.20). Spritzflaschen haben den Vorteil, dass die Kinder keine Überschwemmungen anrichten können. Schwämme können leicht ausgedrückt werden und nehmen viel Flüssigkeit auf. Zum Ausdrücken der Schwämme ist ein Eimer nötig.

Kinder, die sich am Aufräumen und Pflegen der Umgebung beteiligen, werden unabhängiger und entwickeln Verantwortungsgefühl für ihr Tun.

Aufbewahrungsmöglichkeiten

Zentrale Aufbewahrung

Ein zentrales Aufbewahrungssystem fordert die Kinder dazu auf, darüber nachzudenken was sie tun wollen und welche Materialien sie brauchen. Überlegen Sie, ob Sie offene Regale verwenden, damit die Kinder die Materialien leicht finden können, die sie brauchen. Unten im Regal sollten die Gegenstände untergebracht werden, die ständig verfügbar sein müssen. Die oberen Borde können für Materialien benutzt werden, die nach einem Rotationsprinzip ausgegeben werden, oder für zusätzliche und einem bestimmten Zweck vorbehaltene Materialien.

- Papier: auf einem offenen Bord, sortiert nach Größe und Farbe
- Abgeschnittene, durchsichtige Plastikflaschen für Gegenstände wie Strohhalme, Zweige, Holzstäbchen
- Stapelbare Plastikbehälter: für Knöpfe, Holzstückchen und andere Stoffschnipsel
- Pinsel: mit den Haaren nach oben in großen Schaumstoffstücken, sortiert nach Größe
- Materialien zum Drucken: geordnet nach Typen in kleinen, durchsichtigen Plastikcontainern
- Dekorative Materialien: kleinere Materialien wie Pailletten, Glimmer, Sand in Plastikbechern, größere Gegenstände in kleinen Containern mit Deckeln
- Klebematerialien: Band, Klebstoffflaschen, Klebestifte, -stäbchen in kleinen Behältern
- Schreibutensilien wie Marker, Buntstifte, Bleistifte: Stifthalter, Stiftschachteln
- Farben: in den Staffeleien
- Garn, Bänder usw.: in kleinen Boxen
- Hilfsmittel zum Mischen, Schneiden und Formen: sortiert in individuellen moden
- Mischgefäße und Farbbehälter: gestapelt auf den Regalborden
- Reinigungsmittel: Eimer, Spritzflasche, Schwämme und Lappen unter dem Waschbecken

Mobile Aufbewahrungsmöglichkeiten

- Rollbehälter für Pinsel, Farbe, Stifte
- Schreibboxen: kleine Schachteln mit Deckel, die von Platz zu Platz getragen werden können, für die wichtigsten Utensilien: Klebstoff, Schere, Marker, Bleistifte, Bunststifte
- Kleine Plastikkommoden auf Rädern, die an andere Orte geschoben werden können

9.7 Effektive Beschriftungssysteme

Bei einem guten Beschriftungssystem können alle Beteiligten Zeit sparen. Alle Gegenstände sollten in Wort und Bild erkennbar sein. Organisieren Sie den Bereich entsprechend der Funktion: alle zusammengehörenden Materialien werden zusammen aufbewahrt. Beobachten Sie, ob das System funktioniert. Beziehen Sie die Kinder in die Organisation des Bereichs und seine Kennzeichnung ein. Verwenden Sie etwa:

- Fotos von Gegenständen wie Scheren und Klebstoff;
- kleine Matten mit Skizzen und Umrissen darauf: roter Kreis mit roten Glitzersteinchen darauf; finden Sie Gefäße, die zu der Form passen;
- Beispiele für den Inhalt einer Kiste werden auf den Deckel geklebt: Garn, Bänder;
- einfache Skizzen, die die Gegenstände darstellen.

9.8 Überlegungen zum Einrichten der Kunstwerkstatt

9.8.1 Die Platzierung des Bereichs

Der Kunstbereich ist ein großer Bereich, weil es viele verschiedene Aktivitäten gibt, die dort regelmäßig stattfinden – Malen, Figuren formen, Kleben und Schneiden. Er sollte einen gekachelten Fußboden haben, damit er leicht zu reinigen ist. Ein Waschbecken in der passenden Größe für die Kinder und für Erwachsene sollte in der Nähe sein.

Der Kreativbereich wird von vielen anderen Bereiche mitgenutzt. Man kann die Kinder dazu ermutigen, Materialien in mobilen Aufbewahrungseinheiten zu verstauen und an andere Plätzen mitzunehmen. Zum Beispiel können Straßenschilder im Baubereich angefertigt werden, Teig wird im Küchenbereich gebraucht, eine Einkaufsliste muss für das Rollenspiel aufgestellt werden.

Die Kunstwerkstatt kann mit jedem anderen Bereich im Raum kombiniert werden. Es gibt ganz selbstverständliche Verbindungen wie beispielsweise Holzarbeiten und Kunst. Diese zwei Bereiche können viele Materialien gemeinsam nutzen; teilweise können sie auch einen Raum gemeinsam nutzen. Manchmal bietet es sich auch an, bestimmte Aktivitäten aus der Kunstwerkstatt in andere Bereichen zu verschieben – Schreiben und Zeichnen verbindet sich gut mit dem Lesen, Nähen kann auch im ruhigen Bereich stattfinden, Teig kann in der Küche geknetet werden.

Künstlerische Aktivitäten sollten sowohl im Innen- als auch im Außenbereich stattfinden. Die Natur bietet wunderbare Anreize für den Schaffensprozess – der Regenbogen am Himmel, das Sonnenlicht, das auf dem Wasser oder den

Blättern eines Baumes tanzt, der Realismus der Farben. Kinder können durch beobachtendes Lernen nur gewinnen.

Künstlerische Aktivitäten sollte alle individuellen Entwicklungsniveaus einschließen, angefangen bei dem Kind, das z. B. noch nicht ausschneiden kann, bis zu dem, das diese Fähigkeit schon gut beherrscht. »In einer Gruppensituation werden so viele unterschiedliche Fähigkeits- und Kenntnisniveaus auftreten, wie es Kinder im Raum gibt. Wenn es ein Kind mit einer bestimmten Behinderung gibt, sollte es einfach als ein weiteres Kind im Raum – mit seinem eigenen Fähigkeitsniveau – betrachtet werden. Das Werk jedes einzelnen Kindes wird einmalig sein, weil wir alle unterschiedlich sind und jeder von uns seine eigene Vorstellung davon erzeugt, wie die Dinge sein könnten. Kunst ist eine Möglichkeit, uns selbst auszudrücken, und wir alle tun das auf unterschiedliche Weise. Die Freude kommt aus dem Prozess des Schaffens und diese Methode der Selbstverwirklichung baut Selbstbewusstsein auf.« (Libby 2000, S. 4)

9.8.2 Ästhetische Elemente

Wenn Kinder ästhetische Werte entwickeln sollen, ist eine unaufgeräumte und unattraktive Umwelt kontraproduktiv. Kinder müssen von Schönheit umgeben sein, um Schönheit schaffen zu können. Hängen Sie Kunstwerke bekannter Künstler in den Bereich. Das wird die Kinder mit verschiedenen Kunststilen bekanntmachen und sie ermutigen, neue Techniken auszuprobieren (wie z. B. Jasmina und Katja, die Techniken Monets einbeziehen), kulturelle Werte kennen zu lernen sowie Diskussionen in Gang zu bringen. Benutzen Sie das Verzeichnis am Ende dieses Kapitels als Referenz für mögliche Kunstwerke. »*Kunst nutzen, um Kunst zu erschaffen* stimuliert Entdeckungslust, Kreativität und Ausdruck des Selbst, indem grundlegende künstlerische Fähigkeiten und Konzepte entwickelt werden.« (Libby 2000, S. 1)

Die Kunstwerke der Kinder sollten den Bereich dominieren. Sie sollten jedoch angemessen ausgestellt werden. Da die Werke der Kinder häufig strahlende, leuchtende Farben zeigen, sollte das Farbschema in diesem Bereich neutral sein. Vermeiden Sie jede Überstimulierung. Es lenkt ab, wenn man auf einer Fläche in leuchtender Primärfarbe malt, gleichermaßen ist es störend, in einem Bereich zu arbeiten, in dem zu viele Farben aufeinander treffen.

9.8.3 Vorbildwirkung

Die Erwachsenen müssen die kreativen Aktivitäten der Kinder wertschätzen, wozu auch der Dialog gehört. Die künstlerischen Elemente sind ideal, um sie mit Kindern zu diskutieren – Linie, Farbe, Masse oder Volumen, Muster, Form, Raum, Beschaffenheit und Komposition. »Du hast dünne und dicke Linien gemalt, ich sehe das Muster der Regentropfen« – verwenden Sie den reflexiven Dialog, ähnlich dem Beispiel der Diskussion zwischen Jasmina und Katja. Erwachsene sollten sich an den kreativen Kunsterfahrungen der Kinder beteiligen.

9.8.4 Ausstellung

Die kreativen Arbeiten der Kinder müssen ausgestellt werden. Richten Sie dazu eine kleine Kunstgalerie ein (➛ Abb. 9.22). Ein guter Platz dafür ist der Haupteingang, den die Eltern benutzen. Veranstalten Sie Ausstellungen der Kunstwerke in den Schaufenstern örtlicher Geschäfte. Das fördert das Bewusstsein für die Arbeiten der Kinder und ihre öffentliche Anerkennung. Die angemessene Rahmung der Bilder und Präsentation dreidimensionaler Arbeiten ist wesentlich.

Rahmen können leicht aus Pappe, Papier, Klebeband, Klebstoff und Farbe hergestellt werden. Bitten Sie die Familien, sich an der Herstellung der Rahmen zu beteiligen.

9.8.5 Mobiliar

Möbel sollten flexibel sein. Die Kinder müssen auf ebenen und geneigten Unterlagen arbeiten können, einzeln oder in Gruppen. Dafür eignen sich Staffeleien, die sowohl individuelle Arbeit als auch Gruppenarbeit ermöglichen; Tische, die zusammengeschoben oder getrennt werden können, und Wand- oder Bodenflächen, die für größere Projekte genutzt werden können, fördern eine Vielzahl von Erfahrungen. Abtropfständer oder offene Borde können benutzt werden, um noch feuchte Bilder aufzubewahren. Außerdem wird ein Tisch oder ein Bord gebraucht, auf dem Arbeiten abgelegt werden können, die längere Zeit zur Fertigstellung benötigen.

9.9 Beobachtungs- und Dokumentationstechniken

Damit die Erzieherinnen adäquate Anregungen geben können, müssen die Fähigkeiten der Kinder sorgfältig dokumentiert werden. Fähigkeiten wie die Art des Greifens sollten z. B. berücksichtigt werden, um den Kindern den richtigen Pinseltyp geben zu können (Grifflänge, Haarlänge). Wenn die Kinder Farben mischen, kann man kleine Styroporplatten bereitstellen, um darauf zu mischen. Anstatt rosa Farbe bereitzustellen, kann man den Kindern Rot und Weiß geben und sie die Schattierungen von Rosa mischen lassen, die sie sich wünschen. Die Tabellen 9.1 bis 9.3 zeigen einige Beispiele für Checklisten.

Die erste Checkliste gibt folgende Informationen:

- Nico benutzt unterschiedliche Pinselgrößen für verschiedene Effekte.

Fähigkeiten-Checkliste		
Name: *Nico* (Abb. 9.4) Datum: *17.10.*		
Stadium	**Element**	**Aktivität**
Kontrolliertes Kritzeln	*Linien*	*Zeichnete gebogene, lange, glatte, dicke, dünne, horizontale, vertikale Linien*
	Griff, Zufassen	*Wiederholte Bewegung des Arms über die ganze Seite, nahm zwei Pinsel, dick und dünn, verwendete sie abwechselnd*
	Farbe	*Wählte die Farben Rot, Gelb, Blau, Hellgrün*
	Konzentration	*Verfolgte die Bewegung des Malens mit den Augen*
	Raum/ Fläche	*Bedeckte die ganze Seite*

Tab. 9.1 Fähigkeiten-Checkliste

- Er hat Freude an der kinästhetischen Erfahrung, den Pinsel über die Fläche zu führen.
- Er benutzt das gesamte Blatt.
- Er konzentrierte sich ganz auf seine Aufgabe.

Möglichkeiten, diese Information zu nutzen, um die Erfahrungen zu verstärken:
- Hintergrundmusik für das Malen anbieten;
- mehr Wahlmöglichkeiten bezüglich Farbe und Pinselgröße schaffen;
- die Papierfläche vergrößern: auf Schachteln oder auf ein großes, an die Wand gehängtes Blatt malen lassen;
- Gelegenheiten zum Fingermalen schaffen.

Checkliste für Aktivitäten im Kunstbereich					
Daten: *15.10., 16.10.*					
Namen	**Malen**	**Zeichnen**	**Schneiden/ Kleben**	**Nähen**	**Skulpturen formen**
Barbara	*I*				*I*
Hannah	*I*	*I*	*I*		*I*
Katie	*I*	*I*			*I*
Anna		*I*	*I*	*I*	

Tab. 9.2 Checkliste für Aktivitäten im Kunstbereich

Die zweite Checkliste gibt Ihnen zwei Arten von Information. Zum einen werden die Interessen der Kinder deutlich, zum anderen zeigt sich, in welchen Bereichen Anregungen gegeben werden müssen. Wenn ein Kind in einem Bereich gar nicht aktiv ist, sollten Sie herausfinden, warum das so ist. Welche Veränderungen sind erforderlich, um das Interesse der Kinder zu wecken, in diesem Bereich zu arbeiten?

Fragen, die Sie sich stellen sollten:
- Sieht der Bereich attraktiv aus?
- Gefällt es den Kindern dort?
- Beachten die Kinder und die Familien den Ausstellungsbereich?
- Diskutieren die Kinder im Kunstbereich miteinander und mit Erwachsenen?
- Benutzen die Kinder Kunstmaterialien in anderen Bereichen?
- Sind die Erwachsenen geeignete Vorbilder?
- Räumen die Kinder am Ende auf?

Checkliste: Ästhetische Elemente		
Name: *Nico* (→ Abb. 9.4)		
Ästhetisches Mittel	**Datum**	**Beobachtung**
Linie	*22.4.*	*Malen mit dem Pinsel: ununterbrochene Kreislinien, die die ganze Seite bedecken*
Farbe	*22.4.*	*Kreislinien – rot, blau, gelb, grün*
Form		
Masse und Volumen		
Design und Komposition		
Muster		
Raum/Fläche	*22.4.*	*Bedeckte die ganze Seite*
Balance	*22.4.*	*Bedeckte die Seite mit flüssigen, klaren Kreislinien*
Beschaffenheit	*22.4.*	*Erzeugte eine gemalte Textur mittels unterschiedlicher Pinsel für den Farbauftrag*

Tab. 9.3 Checkliste: Ästhetische Elemente

Die dritte Checkliste gibt Ihnen Information über die ästhetischen Mittel, die die Kinder in ihren Kunstwerken einsetzen. Die Information ist nützlich um:

- festzulegen, welche Materialien bereitgestellt werden sollten: Farbe, Pinseltypen, Papierarten;
- Mittel der ästhetischen Gestaltung zu benennen, die mit einzelnen Kindern diskutiert werden können;
- Bereiche aufzudecken, die im Kunstprogramm fehlen;
- Motivation zu geben: Ausflüge, Kunstwerke ausstellen, Diskussionen, Kunstbücher oder Besuche von Künstlern;
- individuelle Kunstmappen zusammenzustellen.

Kunstmappe

Tragen Sie einen Teil der Werke in einer Kunstmappe zusammen. Fotografieren Sie dreidimensionale Arbeiten und bewahren Sie die Fotos in der Mappe auf. Versehen Sie jedes Bild mit dem Datum seiner Entstehung und notieren Sie auf einer Liste am Anfang der Mappe das jeweilige Entwicklungsstadium. Das gibt Ihnen eine hervorragende Übersicht über die Entwicklung im Lauf der Zeit.

9.10 Überlegungen aus anderen Ländern

»Kulturübergreifende anthropologische Untersuchungen zur Kunst von Kindern und psychologische Forschungen darüber, wie Kinder lernen, visuelle Reize aufzunehmen, zeigen, dass immer das kulturelle Umfeld, in dem Kunst geschaffen wird, berücksichtigt werden muss. In einer Kultur wie in den Vereinigten Staaten, in der Worte mehr als Bilder geschätzt werden, werden Auffassungen über kindliche Kunst dieses Wertesystem reflektieren. Die Betonung des Gebrauchs von Kunst als einer anderen Form von Sprache zeigt dies deutlich.« (Koster 1997, S. 14)

Wo Lernen mittels verbaler Interaktion betont wird, wird Kunst weniger Details reflektieren und stärker symbolisierte Formen und Stereotype beinhalten; zum Beispiel werden Finger durch gerade Linien dargestellt und Häuser durch quadratische Schachteln. Im Gegensatz dazu kann man die kreative Kunst der Kinder von Reggio Emilia sehen. Diese Kinder werden angehalten, Kunst in all ihren Formen zu studieren und zu erleben. Ein Projekt, das in einem Zeitraum von vier Monaten stattfand und die Schaffung eines Vergnügungsparks für Vögel beinhaltete (Reggio Children USA 1997), zeigt sehr deutlich die kreative Kraft, die Kinder entwickeln können. Die Kinder diskutierten über den Vergnügungspark, erforschten Grundlagen dazu, entwarfen und erbauten ihn schließlich. Die Kinder malten Bilder und bauten funktionstüchtige Modelle. »Mein Brunnen ist mit Strohhalmen gebaut, die ich gestern im Wassertank hatte. Ich nahm einige Windrädchen und Strohhalme, aus denen das Wasser kommt. Wenn das Wasser die Halme herunterläuft, läuft es über das Windrad, und das dreht sich.« (Reggio Children USA 1995, S. 102)

Auch in Japan lernen Kinder, ihre Beobachtungsfähigkeit für Zeichnungen zu nutzen. Während der Schulferien besuchten Kinder einen der historischen Plätze. Ein Junge hatte Zeichenmaterialien mitgebracht und zeichnete sehr sorgfältig die Details einer Schnitzerei. Er bemerkte die Menschenmassen um sich herum überhaupt nicht. Beachten Sie die in dieser Arbeit benutzten Details (➛ Kap. 9.23 und 9.24).

Im Wüstenpark in Alice Springs, Australien, ist versucht worden, Kinder aus verschiedenen Kulturen mit der Malerei der Ureinwohner bekannt zu machen. Eine von den Aborigines benutzte Kunstform ist die Gesichtsbemalung.

Abb. 9.23 An historischen Orten finden sich oft künstlerische Darstellungen, die die Aufmerksamkeit fesseln.

Dabei verwendete Symbole wurden gezeigt (➔ Abb. 9.25) und den Kindern wurde Material zur Verfügung gestellt, so dass sie ihre eigenen Bilder entwickeln konnten.

Zusammenfassend kann man sagen, dass Kunst eine universelle Sprache ist. Zu Kunstwerken gehören:

- der narrative Stil früher Höhlenbilder, die Jagddetails darstellen;
- Bildteppiche, die eine Geschichte, zum Beispiel aus einer Schlacht, erzählen;
- Bilder und Skulpturen mit einer Vielzahl von Einzelheiten;
- Variationen in Farben und verschiedenen Materialien: Seidenmalerei mit strahlenden, kräftigen Farben, Tuschezeichnungen auf Pergament;
- abstrakte Visionen aus reiner Farbe und Form.

Jede Kultur entwickelt ihre eigenen Wertvorstellungen darüber, wie die Welt in der Kunst dargestellt wird. Jedes Kind, das in einer Kultur aufwächst, lernt diese Werte anzuerkennen, zu schätzen und zu respektieren. Es ist Aufgabe der Erzieher, Kinder mit der universellen Sprache der kreativen Kunst bekannt zu machen. Es ist eine Sprache, die keine Barrieren kennt.

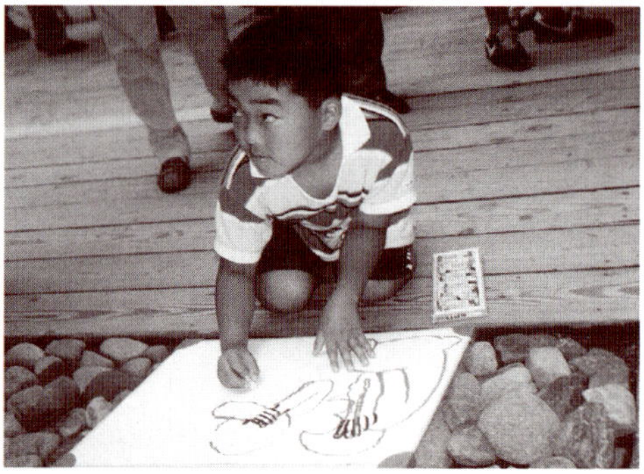

Abb. 9.24 Konzentriert hält dieser Junge seine visuellen Eindrücke auf Papier fest.

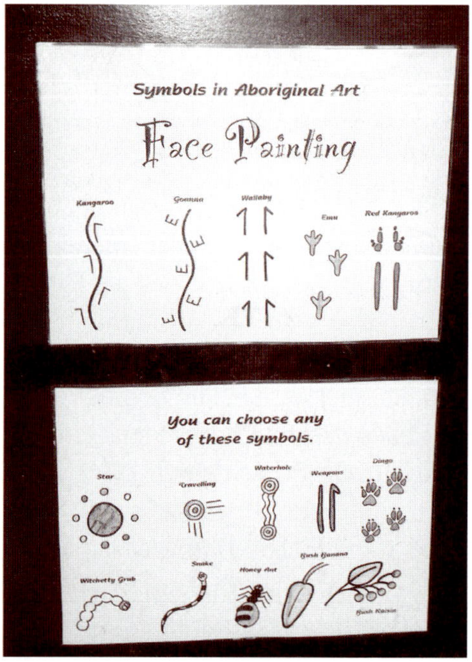

Abb. 9.25 Symbole von Aborigines für die Gesichtsbemalung.

9.11 Materialien für die bildende Kunst

9.11.1 Malerei

Folgende Reproduktionen als Anregung und/oder zur Gestaltung des Kunstbereichs sind zu empfehlen:

- Mary Cassatt: Mutter, die mit ihrem Kind spielt
- Claude Monet: Seerosenteich
- Pablo Picasso: Mutter und Kind

- Henri Rousseau: Dschungel am Äquator
- Salvador Dali: Die Dauer der Erinnerung
- Vincent van Gogh: Sonnenblumen
- Skulpturen: Tiere, Menschen, von klassischen Plastiken wie »Der Denker« bis zu modernen Plastiken der abstrakten Kunst

In Tabelle 9.4 sind Anregungen für mögliche Malwerkzeuge und geeignete Oberflächen zusammengestellt.

Mögliches Werkzeug	Geeignete Oberflächen
• Werkzeug: Pinsel unterschiedener Größe und Dicke für das Malen auf Papier und die Wandmalerei, Farbrollen, Kantenmaler, Schwammbürsten • Alternative Werkzeuge: Zahnbürsten, Rasierpinsel, Unkraut, Finger, Füße • Flüssige Farbe, trockene Farbe, Lebensmittelfarbe, Pflanzenfarbe, Fingerfarbe (muss abwaschbar sein, Zugabe von etwas Reinigungsmittel vereinfacht das Säubern)	• Papier: Zeichenpapier, Einwickelpapier, Zeitungspapier, Tapete, Pappe, Fingermalpapier, Wachspapier, große Papierrollen (braun oder weiß) • Holz: glatt oder geschmirgelt • Kartons, Styroporverpackungen • Plexiglastischplatten (zum Abdruck des fertigen Produkts) • Stoff

Tab. 9.4 Materialien zum Malen

9.11.2 Bildhauerei

Tabelle 9.5 listet mögliche Materialien für das bildnerische Gestalten auf.

Medien/Material	Werkzeug
• Knete/Spielteig (selbst gemacht oder gekauft) • Ton • Pappmaché • Sand • Gips	• Messer, Spatel, Scheren, Heckenschere (große Scheren), Holzhammer, Nudelholz, Knoblauchpresse, Schalen, Löffel, Gabeln • Um Designs zu erschaffen – interessante Stücke aus Porzellan oder Besteck mit Gravierungen, Keramikstempel, Steine, Fossilien, Muscheln • Pflanzen: getrocknete Pflanzen, Blumen, Zweige, Rinde • Formen, Ausstechförmchen, Kuchenformen

Tab. 9.5 Materialien zum Gestalten von Skulpturen

9.11.3 Zeichnen/Schreiben

Tabelle 9.6 gibt Beispiele für mögliche Zeichen- und Schreibgeräte und geeignetes Material.

Medien/Material	Geräte, Werkzeug
• Papier: liniert und unliniert, Zeitungspapier, Zeichenkarton (Konstruktionspapier), Umschläge, Briefpapier • Selbst gemachte Büchlein oder Hefte zum Schreiben für die Kinder • Papierrollen für Listen • Wandtafel	• Bleistifte, Buntstifte, Marker, Pastellstifte, Ölkreiden, Kreide, Bleianspitzer, Lineale, Radiergummis • Farben: Hauttöne, Pastellfarben, fluoreszierende Farben, verschiedene Schattierungen von Farben

Tab. 9.6 Zeichen- und Schreibmaterialien

9.11.4 Kleben und Schneiden

In Tabelle 9.7 finden Sie Beispiele für Werkzeuge und Material zum Schneiden und Kleben.

Medien/Material	**Werkzeug**
• Papier: Zellstoff, Zeitungspapier, Konstruktionspapier, Pappe, Wellpappe, Zierdeckchen, Pappteller • Spezielles Papier: Tierhäute, Holographiepapier, lichtempfindliches Papier, Folien, Tapete • Stoff: Satin, Metallfaser, Polyester, Leinwand, Sackleinen, Filz, Vlies, Kordsamt, Baumwolle, Netzgewebe, dünnes Nylongewebe • Schachteln: verschiedene Größen und Formen (➛ Kap. 9.16) • Dekorative Materialien: Knöpfe, Halme, Perlen, Münzen, künstliche Blumen und Blätter, Grußkarten, Kalender, Magazine, Geschenkpapier, Wattebällchen, Federn, Pfeifenreiniger, Glitzersteinchen, Konfetti, Papierschnipsel, Garn • Holzstückchen, Sägemehl • Gefärbte Nudeln, Reis	• Tapetenleim, Klebepulver, Mehl- und-Wasser-Mischungen, Klebestifte, Klebstoff in Gefäßen mit Deckeln, Leimpinsel, Leimspachtel • Kantenklebeband, durchsichtiges Klebeband, doppelseitiges Klebeband • Abgerundete Scheren in geeigneter Größe für die Kinder (testen Sie die Scheren, bevor Sie sie ausgeben; es ist frustrierend für ein Kind, wenn es mit einer Schere schneiden lernen soll, die nicht schneidet), Heckenscheren, Behälter für die Scheren, Zickzackscheren (für Rechtshänder und Linkshänder) • Tacker • Weicher Draht, Garn, Schnur

Tab. 9.7 Materialien zum Kleben und Schneiden

9.11.5 Drucken

Tabelle 9.8 gibt Beispiele für einige Materialien zum Drucken.

Medien	Werkzeug
Alle schon aufgelisteten Materialien	Holzstücke, die mit Schnur umwickelt sind; Formen aus Schwamm oder Holz, getrocknete Blumen, Gräser, Kräuter, Buchstaben, Zahlen, Gummistempel, alle Formen, die die Kinder finden, Farbroller für besondere Effekte, gemusterte Korken, Blätter, Rinde, Hände, Füße, Finger, Werkzeug, Schlüssel, ausgeschnittene Formen, ungewöhnliche Formen

Tab. 9.8 Materialien zum Drucken

9.11.6 Weben

In Tabelle 9.9 finden Sie Beispiele für Materialien zum Weben.

Medien	Werkzeug
Rahmen: Pappe mit ausgeschnittenem Mittelteil, Drahtrahmen, Kunststoffrahmen, alte Bilderrahmen, Holzrahmen, Pfeifenreiniger oder Draht – zu Rahmen gebogen, Ringe, Zweige, getrocknete Ranken, Reifen	Garn, Wolle, Papier, Stoff, Gras, Stöcke, Borte, Kordeln, Tapetenränder

Tab. 9.9 Materialien zum Weben

9.12 Die Stadien der künstlerischen Entwicklung und das Alter des Kindes

Tabelle 9.10 fasst die Stadien der künstlerischen Entwicklung zusammen.

Alter	Stadium	Charakteristika
Zwei bis vier Jahre	Stadium 1: Kritzeln, Beginn, sich selbst auszudrücken	Kinästhetisches und expressives Verhalten

Alter	Stadium	Charakteristika
1,5 bis 2,5 Jahre	Unterstadium 1a: Ungeordnetes und zufälliges Kritzeln	• Bewegung der großen Muskelgruppen, des ganzen Arms, kinästhetischer Genuss • Zugreifen mit der ganzen Hand • Schaut möglicherweise beim Kritzeln nicht auf das Papier • Planlose Linien • Kritzelt über den Rand des Papiers hinaus • Erkundung von Ursache und Wirkung: Zeichen werden gesetzt, wenn der Stift über das Papier bewegt wird • Linien entstehen aus einer einzigen Bewegung • Fester Griff mit fester Haltung des Handgelenks • Minimale Bewegung der Finger
Zwei bis drei Jahre	Unterstadium 1b: Kontrolliertes Kritzeln	• Kleinere Zeichen, bessere Kontrolle • Zeichnende Bewegungen werden wiederholt • Das Kind nutzt die Bewegung des Handgelenks, um mehr Kontrolle über das Tun zu bekommen • Bleibt in den Grenzen des Blattes • Eine Vielfalt von Linien und Richtungen entsteht • Bessere visuelle und motorische Kontrolle bei der Platzierung der Linien • Beobachtet aufmerksam die Vorgänge seines Kritzelns • Schwierigere Schleifen und Bögen entstehen • Die Kritzeleien umfassen einen größeren Bereich
3,5 bis vier Jahre	Unterstadium 1c: Ergebnis des Kritzeln wird benannt	• Verbringt mehr Zeit damit, Zeichen auf Papier zu setzen • Gibt den Kritzeleien Namen, aber die Namen können während des Prozesses wechseln • Verbindet die Kritzeleien mit Dingen seiner Umgebung • Hält die Zeichengeräte mit den Fingern, bessere feinmotorische Kontrolle • Größere Vielfalt von Linien • Wachsende Konzentration • Besser geplante Platzierung der Zeichen • Ist sich der beabsichtigten Nutzung des leeren Raums bewusst • Aussehen der Kritzelei muss nicht dem Namen des Bildes entsprechen – außer für den kindlichen Künstler selbst • Entwicklung von rein körperlichem Ausdruck zu Zeichen, die für etwas anderes stehen, indem das Kind den Zeichen Namen gibt

Alter	**Stadium**	**Charakteristika**
Vier bis sieben Jahre	Stadium 2: Vorschematisch	• Symbolische Darstellungen werden aus früheren Kritzeleien entwickelt, die auch für andere allmählich erkennbar werden • Auftauchen von geometrischen Formen • Zufällige Platzierung und Größe – außerhalb der realen Proportionen • Zufällige, »schwebende« räumliche Arrangements • Das Kind dreht das Blatt manchmal bei der Arbeit um, lässt es rotieren • Das Kind zeichnet, was es fühlt – das führt zu Verformungen und zum Weglassen von Teilen der menschlichen Gestalt in der Zeichnung • Darstellung des Menschen durch Kopf und Füße • Mit der Zeit entstehen auch Arme, Körper, Finger, Zehen, Kleidung, Haare und andere Details • Gegenstände werden isoliert gezeichnet, ohne Beziehung zueinander • Sehr persönliche, eigene Symbole • Relative Größenverhältnisse erscheinen gegen Ende dieses Stadiums • Das Kind lernt, dass es eigene Erfahrungen symbolisch darstellen kann • Farben werden zufällig verwendet • Zeichnet die Dinge, die ihm selbst wichtig und bedeutsam sind • Gegenstände sind von vorn abgebildet
Sieben bis neun Jahre	Stadium 3: Schematisch Ein Konzept wird umgesetzt	• Das Formkonzept hat sich entwickelt und wird wiederholt • Zeichnung reflektiert das Konzept des Kindes, nicht die Wahrnehmung eines konkreten Objekts • Deutliche, direkte Darstellung • Zweidimensionale Darstellung • Grundlinie und Himmelslinie erscheinen • Die Zeichnung zeigt, was das Kind weiß • Subjektive Abbildung des Raums • Röntgen-Bilder entstehen simultan, die die Außen- und Innensicht zeigen • Menschliche Figuren aus geometrischen Formen entstehen wiederholt und werden verbessert • Detailreich und dekorativ • Entwicklung zu größerer Konformität oder »Steifheit« beim Zeichnen der Dinge, wie sie sein sollten

Alter	Stadium	Charakteristika
Neun bis zwölf Jahre	Stadium 4: Allmähliches Entstehen von Realismus: Das Alter der Gruppe	• Ist sich der Details mehr bewusst • Kann die eigene Kunst selbstbewusst betrachten • Die Ebene ersetzt die Grundlinie • Die Gegenstände werden kleiner und sind weniger verformt

Tab. 9.10 Die Stadien der künstlerischen Entwicklung (nach Schirrmacher 1998, S. 125–126)

Kreativität heißt

- neue Ideen und unterschiedliche Wege ausprobieren;
- Grenzen erweitern und Möglichkeiten erforschen;
- Ideen verändern und transformieren;
- Dinge auseinander nehmen und anders zusammensetzen;
- physisch mit Objekten spielen;
- phantasieren und träumen;
- Probleme lösen;
- Fragen stellen.

Die Stadien der kreativen Kunst

- Ungeordnetes und zufälliges Kritzeln
- Kontrolliertes Kritzeln
- Benannte Kritzelei
- Vorschematisch
- Schematisch – Aneignung von Konzepten
- Beginn des Realismus

Ästhetische Elemente

- Linie
- Farbe
- Form
- Masse und Volumen
- Design und Komposition
- Muster
- Raum
- Balance
- Beschaffenheit/Textur

9.12 Zusammenfassung

Die Bedeutung der kreativen Kunst

- Verbessert die kommunikativen Fähigkeiten: Ausdrücken von Gefühlen und Ideen auf unterschiedliche Weise, universelle Kommunikation, Diktieren von Geschichten zu Bildern, Entwicklung feinmotorischer Fähigkeiten.
- Verbessert die Denkfähigkeit: Entwicklung der Fähigkeit zu kritischem Denken, Verstärkung des Verständnisses für naturwissenschaftliche und mathematische Konzepte, Lösen von Problemen
- Fördert alle Bereiche des Curriculums und der Entwicklung: Verbindungen werden unter aktiver Teilnahme aller Sinne hergestellt, Verstärkung der ästhetischen Entwicklung, Verbesserung der Beobachtungsfähigkeit und Ausdauer, Verstehen kultureller Werte und Stolz auf eigene Leistungen werden gefördert

Die Rolle der Erzieherin

- Sie stellt für das Entwicklungsstadium geeignete Materialien zur Verfügung
- Schätzt die Kreativität der Kinder
- Demonstriert Methoden
- Vermeidet vorgegebene Muster
- Spricht über Kunst
- Fördert das Aufräumen
- Verwendet Kunst in verschiedenen Umfeldern
- Bildet sich selbst weiter
- Regt zum Ausprobieren und Experimentieren an
- Stellt Kunst aus
- Ermutigt zur Reflexion

Effektive Aufbewahrungssysteme

- Gute Vorbilder
- Aufräumen
- Zentrale Aufbewahrung
- Mobile Aufbewahrungsmöglichkeiten

Zusammenfassung 9.12

Effektive Beschriftungssysteme

- Fotos
- Umrissdarstellungen
- Beispiele
- Skizzen

Überlegungen zum Einrichten einer Kunstwerkstatt

- Platzierung
- Ästhetische Fragen
- Vorbilder
- Ausstellung
- Möblierung

Beobachtungs- und Dokumentationstechniken

- Kunstmappe
- Checklisten
- Bewertung des Bereichs für kreative Kunst
- Fragen der Erzieherin an sich selbst

9.13 Kontrollaufgaben

- Vergleichen Sie die Kunstwerke von Barbara (➛ Abb. 9.3) und Nico (➛ Abb. 9.4). Inwieweit sind sie ähnlich? Worin unterscheiden sie sich? Welche Materialien sollten Sie bereitstellen, um das Interesse dieser Kinder wachzuhalten?
- Leila (➛ Abb. 9.6), Danika, Olivia und Rita befinden sich im selben Stadium. Vergleichen Sie die Entwicklung der Zeichnungen in diesem Stadium. Beschreiben Sie die neuen Fähigkeiten, die sich hier entwickeln.
- Nehmen Sie das Foto eines Kindes, das künstlerisch aktiv ist. Analysieren Sie das Bild in Hinblick auf die verwendeten ästhetischen Elemente.
- Sie beobachten drei Kinder, die mit Knete spielen. Die Kinder haben grüne Knete und sechs Ausstechformen. Sie rollen die Knete, brechen sie in kleinere Stücke und formen sie neu. Sie sprechen darüber, wie groß oder klein ihr Stück ist. Welche weiteren Materialien würden Sie den Kindern geben, damit sie noch differenziertere Erfahrungen machen können? Über welche ästhetischen Elemente könnten Sie mit den Kindern reden?
- Die Kinder waren draußen und haben Gegenstände für ihre kreativen Aktivitäten gesammelt. Sie haben Steine, getrocknete Gräser, Blumen und Samenstände, Kiefernzapfen und Muscheln gefunden. Sie wollen einen Bilderrahmen bauen und ihn mit diesen Gegenständen dekorieren. Welche Erfahrungen brauchen die Kinder, bevor sie Rahmen bauen können? Welche weiteren Materialien müssen sie noch sammeln?
- Führen Sie eine Kunstmappe für ein Kind über einen längeren Zeitraum. Welche Veränderungen stellen Sie fest?
- Wie würden Sie eine Schneide- und Klebecke in einem Raum etablieren? Diskutieren Sie insbesondere, welche Materialien Sie bereitstellen würden, wie Sie diese organisieren und welche Beobachtungen Sie festhalten müssten.
- Welche Art von Material würden Sie einem Kind geben, das gerade schneiden lernt?
- Finden Sie Material über Kunstbeurteilung. Notieren Sie fünf Punkte, die Sie zuvor noch nicht in Betracht gezogen hatten. Wie würden Sie diese Aspekte in Ihre Arbeit mit Kindern einbeziehen?

- Eine Mutter kommt zu Ihnen und beklagt sich über die schlechte Qualität der von ihrem Sohn produzierten Zeichnungen. Sie sagt, dass früher, als sie Kind war, künstlerische Fähigkeiten gelehrt wurden. Sie fragt, warum die Kinder in Ihrem Programm nicht darin unterrichtet werden, richtig zu zeichnen – ein Apfel muss schließlich wie ein Apfel aussehen. Wie antworten Sie?
- Benjamin hat einen Ballon bemalt. Er wurde abgelenkt und hat seine Hände in die Farbtöpfe gesteckt, die Farbe herausgeholt und begonnen, mit den Fingern auf dem Tisch zu malen. Er hat dabei die Farben gemischt und ist nun sehr aufgeregt, weil er eine neue Farbe hergestellt hat. Farben sind über den gesamten Tisch, die Farbtöpfe, Benjamins Arme, Gesicht und Hände und über seine Kleidung verschmiert. Wie reagieren Sie? Wie gehen Sie mit der Situation um? Was hat Benjamin gelernt?
- Sammeln Sie draußen einige Dinge. Benutzen Sie diese Objekte, um ein Kunstwerk zu schaffen. Versuchen Sie, so viele ästhetische Elemente wie möglich einzubeziehen.

10 FEINMOTORISCHE AKTIVITÄTEN

KAPITELÜBERSICHT

10

- Was heißt feinmotorisches Lernen?
- Mit feinmotorischen Aktivitäten das Lernen fördern
- Die Entwicklung feinmotorischer Fähigkeiten
- Die Bedeutung feinmotorischer Erfahrungen
- Die Rolle der Erzieherin
- Effektive Aufbewahrungssysteme
- Effektive Beschriftungssysteme
- Überlegungen zum Einrichten eines Bereichs für feinmotorische Aktivitäten
- Beobachtungs- und Dokumentationstechniken
- Überlegungen aus anderen Ländern
- Materialien
- Entwicklungsstadien feinmotorischer Fähigkeiten und das Alter des Kindes
- Zusammenfassung
- Kontrollaufgaben

LERNZIELE

Nach dem Lesen dieses Kapitels kann der Leser/die Leserin:

- die Entwicklungsstadien der Feinmotorik benennen;
- feinmotorisches Lernen definieren;
- die Bedeutung eines feinmotorischen Bereichs erläutern;
- die Rolle der Erzieherin erläutern;
- effektive Aufbewahrungssysteme beschreiben,
- ein geeignetes Beschriftungssystem beschreiben;
- Kriterien für die Einrichtung des Bereichs im Innen- und Außenbereich benennen;
- geeignete Materialien für feinmotorische Aktivitäten benennen;
- verschiedene Dokumentationstechniken zur Beobachtung der Kinder erläutern.

»Durch Materialien für das Spiel mit den Händen werden die kleinen Muskeln in den Händen und Fingern der Kinder entwickelt, grundlegende Fähigkeiten und Konzepte sowie die Koordination von Auge und Hand. Der Gebrauch von Materialien, die die Feinmotorik anregen, ermöglicht Kindern früh, Schreiben, Lesen und Rechnen zu lernen, konkrete Erfahrungen mit den wesentlichen Eigenschaften von Farbe, Größe und Form zu machen, er fördert das kooperative Lösen von Problemen und erhöht das Verständnis für kulturelle Vielfalt.«

Isenberg und Jalongo
Creative Expression in Early Childhood

10.1 Was ist feinmotorisches Lernen?

Feinmotorisches Lernen bedeutet Lernen durch Benutzung der Hände und Finger, um Dinge zu berühren, zu greifen, zu tragen, zu drehen, auseinander zu nehmen, zusammenzusetzen, um Dinge aneinander zu fügen, durch Berühren zu fühlen, die Auge-Hand-Koordination zu entwickeln, um mit Werkzeugen umzugehen (Schere, Schraubenschlüssel, Hammer) und alltagspraktische Fähigkeiten zu entwickeln (Knöpfe öffnen und schließen, gießen, essen, anziehen). Es bedeutet, selbstständiger und selbstsicherer zu werden und den eigenen Fähigkeiten mehr zu vertrauen.

Feinmotorische Fähigkeiten werden in jedem Bereich der Lernumgebung weiterentwickelt:

- **Dramatisches Spiel:** sich selbst anziehen, Kochen im Spiel
- **Musik:** Instrumente spielen
- **Sand:** graben, gießen, glätten, formen
- **Wasser:** gießen, säubern, mischen
- **Kreative Kunst:** zeichnen, malen, kleben, nähen
- **Ruhebereich:** Puzzles zusammensetzen, in Büchern blättern
- **Holzwerkstatt:** einen Nagel mit dem Hammer auf den Kopf treffen, Schrauben in Holz drehen
- **Mathematik/Naturwissenschaften:** sortieren, wiegen

Feinmotorische Fähigkeiten und Materialien sind bereits in den vorhergehenden Kapiteln diskutiert worden. Hier wird es vor allem um zusätzliche Materialien und Ausstattungsgegenstände sowie um die Entwicklung der Feinmotorik gehen, die durch diese Aktivitäten gefördert wird. Obwohl sich die Fähigkeiten in einer natürlichen Abfolge entwickeln, beschäftigen sich Kinder unterschiedlichen Alters auch immer wieder mit bereits Erlerntem. Dadurch verfeinern sie ihre Fähigkeiten und erreichen schließlich eine größere Unabhängigkeit und Selbstständigkeit.

10.2 Mit feinmotorischen Aktivitäten das Lernen fördern

Nach unserem Ausflug im Frühjahr schauten sich die Kinder Bücher über das Leben im Teich an. Besonders fasziniert waren sie vom Tierleben im Tümpel und von Puzzles, die das Leben im und um den Teich darstellen. Eines davon war ein magnetisches Puzzle über Insekten. Die Kinder liebten es, mit dem magnetischen »Netz« ein Insekt zu fangen, und es dann mit den Insektenbildern eines großen Tierbuches zusammenzubringen (➛ Abb. 10.1).

Abb. 10.1 Die Kinder verbinden unterschiedliche Aktivitäten miteinander.

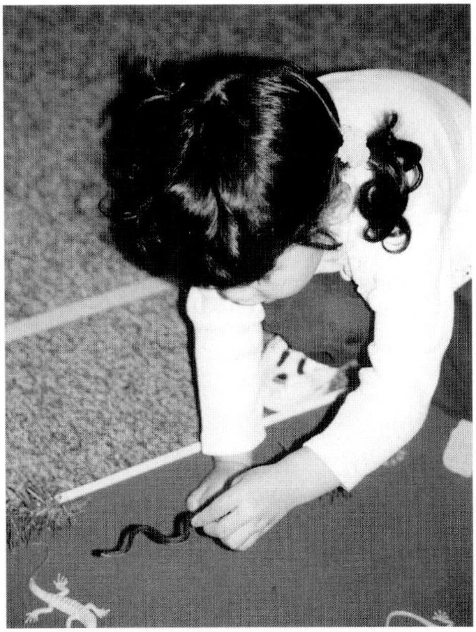

Abb. 10.2 Die kleinen Tiere werden vorsichtig durchs Wasser bewegt.

Dieses Spiel weitete sich zum Anlegen eines Teichs im Raum aus. Als Wasser verwendeten die Kinder ein großes blaues Flanellbord auf den Boden. Dann entwickelte sich eine lebhafte Diskussion, was darüber hinaus gebraucht wurde:

Alexandra: »An einem richtigen Tümpel gibt es Schlamm, Steine, Baumstämme und Schilf.«

Katharina: »Auch Tiere – Schlangen, Eidechsen und Käfer.«

Lars: »Ich weiß noch was: Schildkröten, Frösche und Fische!«

Alexandra: »Gut, machen wir's so. Ich weiß, wie es aussieht, also mache ich das mit dem Tümpel.«

Lars: »Kann ich helfen?«

Alexandra: »Weißt du, wo die Steine sind?«

Lars schüttelte den Kopf.

Alexandra: »Ich zeig's dir, komm mit.«

Katharina holte sich aus den Tierschachteln einige Echsen und Schlangen heraus und begann sie durchs »Wasser« zu bewegen (➛ Abb. 10.2). Alexandra und Lars kamen zurück. »Du musst aufhören. Der Tümpel ist noch nicht fertig.« Die Kinder fügten Steine, Sämme, Treibholz und Plastikwasserpflanzen hinzu. Lars holte ein paar Fische und Frösche. Katharina und er begannen, ihre Tiere im Tümpel zu bewegen. Lars richtete die Fische im Wasser hintereinander aus und setzte jeweils einen Frosch oder eine Schlange auf einen Stein (➤ Abb. 10.3). Katharina tat so, als ob ihre Schlange Fische zum Fressen fangen würde.

Alexandra war nicht zufrieden. Sie meinte, ein Tümpel brauche noch mehr: einen Fluss, der hineinfließt, und Schlamm am Ufer. Anne fragte: »Wie könnten wir den Schlamm und den Fluss machen?« Alexandra schlug vor, in den Speicherraum zu gehen und nachzusehen, ob dort etwas zu finden wäre.« Sie fand blaue Wellpappe und blaues Zeichenpapier und entdeckte außerdem eine blaue Plastikrolle. »Das ist perfekt. Das nehmen wir.« Sie trug die Rolle zum Tümpel hinüber, schnitt ein Stück ab und legte es an das eine Ende des Tümpels. Dann beschäftigte sie sich wieder mit dem Buch über Tümpel.

Abb. 10.3 Lars platziert jeweils ein Tier auf einem Stein.

André und Katharina gingen wieder zu ihrem Tümpel zurück und bewegten ihre Tiere darin. Alexandra nahm die braune Decke und meinte, die könne ein Ufer abgeben. Sie legte sie zwischen Teich und Fluss. Vor dem Fenster hatte sie einige getrocknete Blumen bemerkt, die sie holte und »ans Ufer« legte. Dann überlegte sie sich, in einer Sandkiste mit Wasser Schlamm zu erzeugen, sammelte außerdem die Tiere zusammen, die sie brauchte, und kam schließlich mit einer Bitte: »Mach davon ein Foto, bitte« (➤ Abb. 10.4). Das Tümpelspiel zog sich über mehr als vier Wochen hin.

Abb. 10.4 Alexandra fällt immer wieder etwas ein, wie sie ihr Tümpelspiel erweitern kann.

Im Rahmen dieser Aktivität lernten die Kinder, miteinander zu arbeiten, Probleme miteinander und unabhängig voneinander zu lösen, Materialien aus anderen Bereichen zu nutzen, ihr Spiel duch die kreative Nutzung von Requisiten zu symbolisieren, und mit realen Objekten und Materialien umzugehen.

10.3 Entwicklungsstufen in der Feinmotorik

Timmy kam mit seinem Vater, um seine Schwester Anna zu besuchen. Die Kinder waren mit einem musikalischen Spiel beschäftigt. Timmy saß auf dem Schoß seines Vaters, und seine Schwester brachte ihm eine kleine Rassel. Timmy schüttelte sie, sah sie an und schüttelte sie wieder (➛ Abb. 10.5).

Timmy konnte die Rassel halten, wenn sie ihm jemand in die Hand gab, und konnte sie auch schütteln. Dabei beobachtete er seine Hand genau. Bei dieser Aktivität trainierte Timmy seine Auge-Hand-Koordination. Sein Vater beobachtete ihn und ermutigte ihn mit Worten. Als die Rassel herunterfiel, gab er sie ihm zurück.

Julian besuchte seine Schwester Olivia. Mit seiner ganzen Hand griff er einen Spielzeugzaun und steckte ihn sofort in den Mund (➛ Abb. 10.6). Als er den Holzzaun aus dem Mund nahm, schlug er ihn auf den Boden. Das wiederholte er gleich noch einmal. Ein Lächeln erschien auf seinem Gesicht. Vergnügt klopfte er weiter mit dem Zaun, erst auf den Boden und dann auf eine Trommel, die Olivia vor ihn stellte.

Abb. 10.5 Timmy macht erste Erfahrungen mit der Handhabung einer kleinen Rassel.

Abb. 10.6 Kleinkinder stecken alles, was sie greifen, in den Mund.

Abb. 10.7 Trommeln mit zwei Schlegeln zu schlagen, erfordert ein hohes Maß an Koordination der Handbewegungen.

Julian setzt sich mit einem Objekt durch Berühren und Schmecken auseinander. Er hat die Beschaffenheit des Gegenstands kennen gelernt: Der Zaun ist glatt, das Holz ist hart und es macht Lärm, wenn man damit klopft. In diesem Alter werden Erfahrungen mit Gegenständen mit Händen, Fingern und Mund gemacht. Man muss darauf achten, dass die Objekte nicht zu klein sind, so dass die Kinder sie nicht verschlucken.

Sebastian versuchte, Bongos mit zwei Schlegeln zu treffen (➛ Abb. 10.7). Er traf die Trommel aber nicht immer. Schließlich legte er den grünen Schlegel weg und trommelte nur noch mit dem kürzeren Schlegel. Jetzt trifft er die Trommel jedesmal.

Beachten Sie, dass Sebastian nicht einfach den Trommelstock in seiner Hand hält, sondern dass er seinen Daumen und Zeigefinger benutzt. Er trifft jetzt die Trommel genauer, seine Auge-Hand-Koordination hat sich immens verbessert. Er ist aber noch nicht soweit, beide Hände effektiv zu koordinieren.

Nicole hatte Spaß daran, die großen, bunten Puzzlebausteine aufzuheben (➛ Abb. 10.8). Sie nahm sie auf, schlug mit ihren Händen darauf und klopfte sie auf den Boden. Innerhalb eines Monats konnte sie laufen. Sie spielte immer noch mit denselben Bausteinen, konnte sie nun aber aufheben und von einem Ort zum anderen tragen.

Nicole entwickelt ihre Koordination. Sie kann sich vorbeugen, den Baustein auf-

Abb. 10.8 Nicole entwickelt koordinatorische Fähigkeiten.

heben und sich wieder aufsetzen, ohne umzufallen. Nachdem sie Laufen gelernt hat, verbessert sich ihre Balance: sie kann sich bücken, den Baustein hochheben und ihn an einen anderen Ort tragen.

Boris spielte gern mit beweglichen Dingen, wirft einen Ball, schiebt oder zieht Fahrzeuge, schiebt den Sportwagen. Eines Tages schob er den Sportwagen an und lies ihn dann los. Mit Begeisterung verfolgte er, wie sich der Buggy von ihm fortbewegte. Er rannte hinterher und wiederholte das Spiel. Die Erzieherin Katja bemerkte das und schubste den Wagen vorsichtig zu ihm zurück. Boris fing ihn mit seiner Hand auf (➛ Abb. 10.9). Er schien erstaunt, dass der Sportwagen wieder in seinen Händen war. Die beiden wiederholten dieses Spiel noch sehr oft.

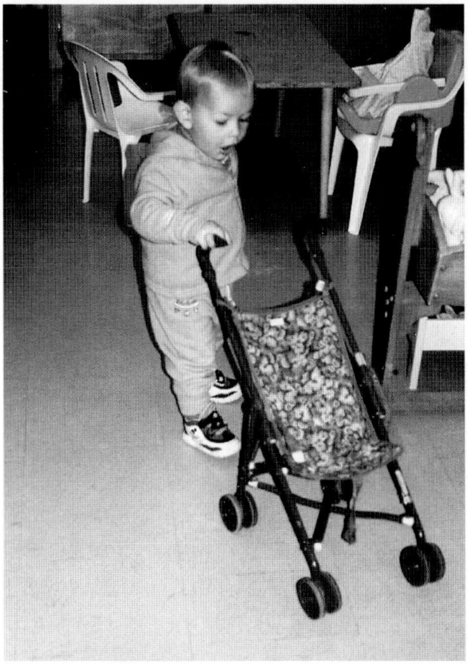

Abb. 10.9 Boris ist erstaunt von der Wirkung seiner Bewegungsimpulse.

Abb. 10.10 Einen Ball einen Hügel hinaufzurollen, verlangt viele koordinatorische Fähigkeiten.

Boris lernt, dass er seine Fein- und Grobmuskulatur kontrollieren kann, um damit Bewegungen zu verursachen. Er hat außerdem seine Greiffähigkeit und seine Auge-Hand-Koordination verbessert, so dass er Gegenstände, die sich bewegen, erreichen und festhalten kann.

Kai hat diese Fähigkeit schon weiterentwickelt. Er versuchte zunächst, einen Ball auf einen kleinen Hügel zu tragen, was ihm aber zu schwer war, der Ball entglitt ihm und rollte hinab. Schließlich schaffte er es, den Ball auf die Spitze des Hügels zu bringen, indem er ihn vor sich herschob (➛ Abb. 10.10). Kai hat Grob- und Feinmotorik so gut koordiniert, dass er mit dem großen Ball effektiv umgehen kann – er kann gleichzeitig laufen, den Ball schieben und rollen und ihn auf der Hügelspitze anhalten.

Abb. 10.11 Kai kann gleichzeitig zwei Autos den Hügel hinauf schieben.

Abb. 10.12 Beim Einsammeln der Perlen übt Carolin ihre Auge-Hand-Koordination.

Die Kinder hatten draußen ein Straßensystem gebaut, das aus Wegen bestand, die teils gerade und teils kurvig waren. Das Problem, einen Hügel zu bauen, lösten sie, indem sie unter den Wegen Tunnelstücke platzierten. Kai nahm die kleinen Autos und schob sie in einer durchgehenden Bewegung den Hügel hinauf (➤ Abb. 10.11), dazu benutzte er beide Hände. Dann sah er zu, wie sie auf der anderen Seite hinabrollten.

Kai hat seine Fähigkeit, in einer durchgehenden Bewegung zu arbeiten, so verfeinert, dass er zwei Autos gleichzeitig kontrollieren und sie den Hügel hinaufschieben kann. Er schaffte das trotz Behinderung durch einen dicken Schneeanzug und Fausthandschuhe.

Carolin spielte oft mit den Perlen. Sie nahm einen Becher mit Perlen, kippte sie auf den Tisch und sammelte sie dann einzeln auf, um sie zurück in den Behälter zu legen. Später konnte sie mehr als eine Perle aufsammeln, indem sie sie mit ihrer Hand auf dem Tisch zusammen schob (➤ Abb. 10.12).

Bei dieser Art von Spiel übt Carolin den Zangengriff und ihre Auge-Hand-Koordination. Es ist schwierig, Perlen aufzuheben, wenn sie auf einer rutschigen Fläche liegen. Carolin muss ihre Grifftechnik verfeinern, um diese Anforderung zu bewältigen. Der Umgang mit Perlen ist auch eine sehr sinnliche Angelegenheit: Die Perlen erzeugen ein schönes Geräusch, wenn sie auf eine harte Oberfläche fallen, auf dem Naturholz zeigen sie sich in ihren ganzen Farbenvielfalt, und das Gefül von glattem Holz und unebenen Perlen ist eine interessante taktile Erfahrung.

Katja hatte bemerkt, dass die Kinder Perlen auf den Tisch warfen, die Perlen dann auf den Fußboden fielen und dort ein großes Durcheinander verursachten. Sie entschied sich, mehr und unterschiedliche Behälter am Tisch zu lassen, um das Chaos ein wenig zu minimieren, damit die Kinder ihre Fähigkeit des Umschüttens weiter entwickeln könnten.

Lisa füllte die flachen Teller mit Perlen. Sie griff sich beide Hände voll mit Perlen und ließ sie dann in die Plastikteller fallen, zuerst dicht über dem Teller, später hob sie ihre Hände höher. Anfangs verstreute sie viele Perlen auf dem Tisch, schließlich konnte sie aber das Loslassen der Perlen und die Höhe so aufeinander abstimmen, dass sie es schaffte, die meisten Perlen sicher im Teller aufzufangen. Sie nahm dann den gefüllten Teller und kippte ihn in eine große Schale (➛ Abb. 10.13). Das wiederholte sie viele Male.

Lisa hat gelernt, mehr als einen Gegenstand mit ihren Händen zu greifen und ihre Bewegungen so zu koordinieren, dass sie beide Hände simultan benutzen kann. Darüber hinaus hat sie gelernt, Fähigkeiten von einer Situation auf eine andere zu übertragen – vom Gießen von Wasser in ein Glas zum Ausgießen von Perlen. Sie hat auch ihre Auge-

Abb. 10.13 Das Spiel mit Perlen ist auch eine sehr sinnliche Angelegenheit.

Hand-Koordination verbessert, so dass sie Perlen aus verschiedenen Höhen genauer auf den Teller fallen lassen kann. Beachten Sie, dass Lisa immer noch beide Hände braucht, um das Gießen zu kontrollieren. Auch diese Aktivität hat etwas sehr Sinnliches. Die Perlen fühlen sich anders an, wenn viele davon in der Hand gehalten werden, sie sind hart, uneben und bewegen sich beim Greifen in der Hand. Die Geräusche, wenn sie in einen Teller fallen, sind unterschiedlich, je nachdem, ob der Teller leer oder fast voll ist. Auf verschiedenfarbigem Hintergrund sehen die bunten Perlen sehr schön aus.

Die Kinder entwickelten diese Aktivität weiter. Die sinnlichen Dimensionen

Abb. 10.14 Jasmina entwickelt ein zunehmendes Geschick im Umgießen von Perlen.

Abb. 10.15 Das Führen des Stifts sieht bei Kaire noch ein wenig unbeholfen aus.

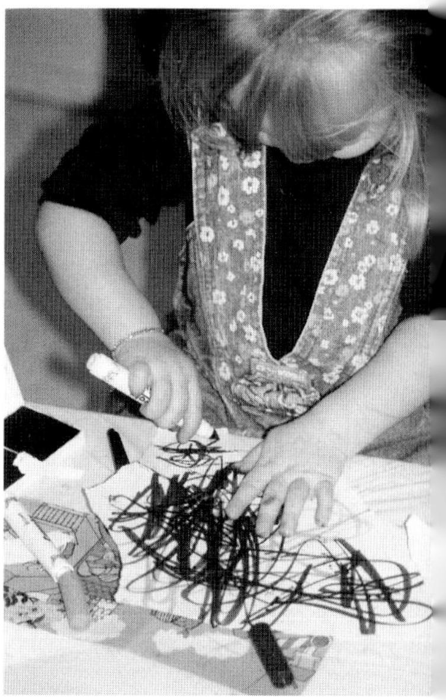
Abb. 10.16 Josefine kann beim Malen Finger und Handgelenk bereits besser kontrollieren.

durch die Geräusche, die Beschaffenheit des Materials und die Farben zogen auch die älteren Kinder an. Jasmina brachte eine Kanne und einen Becher, um Perlen in die verschiedenen Behälter zu schütten (➛ Abb. 10.14). Beachten Sie, wie sorgfältig sie die Perlen gießt. Sie kann ihre Tätigkeit immer besser kontrollieren, die Perlen von der Kanne in den Becher gießen und kippt dabei nur sehr wenige über den Tisch. Sie kann auch beide Hände koordinieren – in der einen Hand hält sie einen Behälter und gießt mit der anderen.

Kaire beschäftigt sich draußen mit Faserschreibern (➛ Abb. 10.15). Sie benutzt immer noch den Handflächengriff zum Kritzeln, verwendet aber schon Daumen und Zeigefinger, um den Stift besser zu führen. Das Handgelenk wird auch schon eingesetzt. Ihre Kritzeleien beschränken sich auf eine bestimmte Fläche des Papiers. So setzt sie seltener den ganzen Arm ein.

Josefine hat ein Papierblatt in kleinere Stücke geschnitten und gerissen. Das ausgeschnittene Papier bemalt sie (➛ Abb. 10.16). Sie kann ihre Finger und das Handgelenk besser kontrollieren und benutzt sehr viel weniger den ganzen Arm. Beachten Sie, wie sie ihren Marker in einem engen Bereich kontrolliert einsetzen kann.

Timmy versuchte, die Holzformen in die passenden Löcher des Sortierwürfels zu stecken. Er probierte jede Form mehrfach aus, kippte und drehte sie, um zu sehen, ob sie in das Loch passt. Er versuchte, die einzelnen Formen durch die verschiedenen Löcher in der Oberseite des Würfels zu stecken (➛ Abb. 10.17). Mit seiner Hand versuchte er, sie durch das Loch zu zwingen. Einmal benutzte er sogar einen Holzhammer. Katja merkte, dass er langsam frustriert war. Sie fragte ihn, ob es nicht eine andere Stelle gäbe, die er ausprobieren könne. Timmy drehte den Würfel herum. Er versuchte erneut, das Stück durch die verschiedenen Löcher zu schieben und schaffte es diesmal.

Timmy lernt nach der Methode Versuch und Irrtum. Er hat seine Fähigkeiten verfeinert. Beachten Sie, dass er das kleine Teil mit Daumen und Zeigefinger handhaben kann. Er kann es drehen und kippen, um zu probieren, ob es passt. Er hat auch gelernt, dass man Kraft einsetzen kann – mit Hand und Hammer. Er ist nicht von selbst auf die Idee gekommen, die Kiste umzudrehen. Bisher war seine Erfahrung schließlich die, dass es nur eine Fläche gab, mit der er arbeiten konnte.

Chiara legte Perlen auf ein Sortiertablett. Sie ließ die Perlen aus ihrer Hand auf das Tablett fallen. Ihr Gesicht leuchtete jedes Mal auf, wenn die Perlen fielen. Plötzlich ging sie in den Kunstbereich und griff sich eine Dose mit geschlossenem Deckel. Sie versuchte, den Deckel zu öffnen. Zunächst zog sie einfach am Rand, als nächstes hob sie die Dose in Augenhöhe und sah sie sich genauer an. Schließlich legte sie ihre Finger an die Deckelkante und schaffte es, den Deckel aufzubiegen (➛ Abb. 10.18). Chiara begann, ihre Perlen in die Dose zu füllen, setzte den Deckel darauf und schüttel-

Abb. 10.17 Timmy lernt nach der Methode Versuch und Irrtum.

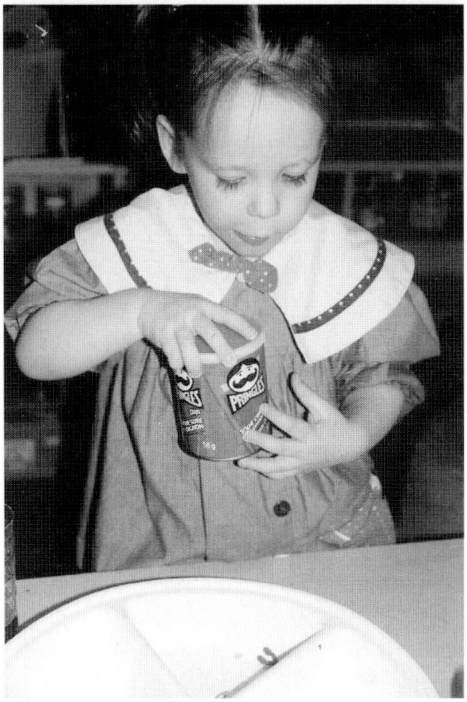

Abb. 10.18 Chiara gelingt es, den Deckel mit einer ganz bestimmten Strategie zu öffnen.

te die Dose. Dann nahm sie den Deckel ab und kippte die Perlen auf das Tablett. Das wiederholte sie immer wieder.

Chiara hat gelernt, verschiedene Strategien anzuwenden. Sie versuchte, den Deckel abzuheben. Als das nicht ging, schaffte sie es, ihn aufzubiegen. Sie hat eine sehr viel bessere Kontrolle über ihre Finger entwickelt. Darüber hinaus muss sie ihr Handgelenk und ihre Armbewegung beherrschen, um den Deckel aufzusetzen und wieder abzunehmen. Chiara wusste, dass sie ein ihr angenehmes Geräusch auf andere Weise hervorrufen konnte. Sie wusste, wo sie einen Behälter finden würde, der dafür geeignet war.

Jakob benutzte zwei Sätze stabelbarer Behälter, um einen Turm zu bauen. Er konnte die Behälter ins Gleichgewicht bringen (➛ Abb. 10.19) und schaffte es, den Stapel mit einem kurzen Teil als Unterlage aufzutürmen. Immer dann, wenn ein Teil herunterfiel, versuchte er es wieder anders oder mit einem anderen Teil. Michael sah, was Jakob machte. Er sagte: »Jakob, du hast noch ein Teil oben drauf gesetzt.«

Jakob näherte sich seinem Ziel mittels Versuch und Irrtum. Während er baute, lernt er, seine Hand- und Fingerbewegungen zu kontrollieren. Er hat inzwischen Kraft in seinen Fingern. Er kann auch schwerere Teile mit nur zwei Fingern aufheben, hat bessere Kontrolle über sein Handgelenk und seine Finger, so dass er den Turm ausbalancieren kann. Er bewegt nur selten den ganzen Arm.

Im Vergleich dazu hat Chiara ihre Fähigkeiten und Techniken verfeinert. Sie

Abb. 10.19 Jakob arbeitet nach der Methode Versuch und Irrtum.

Abb. 10.20 Chiaras Bauvorhaben hat ein differenziertes feinmotorisches Geschick verlangt.

Abb. 10.21 Trotz Handschuhen und dickem Schneeanzug konnte Jasmina auch kleine Bausteine so platzieren, dass nichts umstürzte.

hat ausbalancierte Strukturen auf den Stapelwaggons gebaut. Sie musste jeden Block manipulieren – ihn kippen, drehen, in ein Loch stecken –, um die Bausteine auf die Waggons aufzusetzen (➛ Abb. 10.20).

Jasmina errichtete ein Bauwerk aus Bausteinen auf einem Tisch im Freien (➛ Abb. 10.21). Sie konnte ihre Handbewegungen gut genug kontrollieren, um das Bauwerk im Gleichgewicht zu halten, obwohl sie Handschuhe und einen dicken Schneeanzug trug. Sie hat sehr viel mehr Kontrolle über ihre Auge-Hand-Koordination entwickelt – sie kann Bausteine genau übereinander platzieren, so dass sie im Gleichgewicht stehen, und sie kann ihre Finger und das Handgelenk vorsichtig bewegen, so dass sie keine anderen Bausteine umstößt.

Michael interessierte sich für die Beschäftigungen mit Perlen. Er stellte sich in den Hintergrund und beobachtete die Kinder, die Perlen auffädelten. Schließlich nahm er eine Perle auf, drehte sie in seiner Hand herum und berührte das Loch in der Perle (➛ Abb. 10.22). Dann nahm er eine Handvoll Perlen auf und ließ sie dann auf das Tablett zurückfallen.

Michael benutzt seinen Tastsinn, um die Perle zu untersuchen. Er betrachtet sie sorgfältig, während er sie befühlt. Er hat ausreichend Kontrolle über seine Finger erreicht, um einen kleinen Gegenstand in seiner Hand zu drehen, ihn zu befühlen und zu untersuchen, um mehr darüber zu lernen.

Abb. 10.22 Michael untersucht die Perlen mit seinem Tastsinn.

Katharina bastelte lange Perlenketten. Sie fädelte Perlen auf, bis der Faden voller Perlen war. Sie kann eine Vielzahl feinmotorischer Aktivitäten koordinieren. Beachten Sie, wie aufmerksam sie beobachtet, was sie tut (➛ Abb. 10.23). Sie kann die Kordel durch ein kleines Loch schieben, die Perle mit derselben Hand halten, mit der sie die Kordel durchgeschoben hat; sie kann die Kordel mit der anderen Hand herausziehen und die Perle auf der Kordel herabgleiten lassen. Die Fähigkeiten, die sie entwickelt hat, sind Auge-Hand-Koordination (die Kordel durch das Loch schieben) und Kontrolle einzelner Finger (um leichten Druck auszuüben, um die Perle zu bewegen).

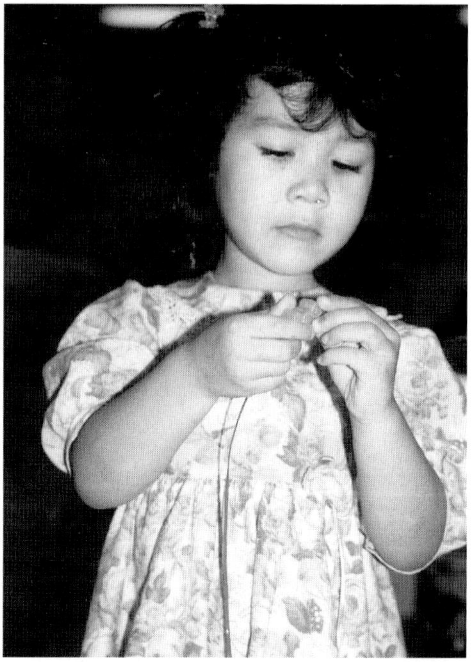

Abb. 10.23 Beim Auffädeln einer Perlenkette sind feinmotorische Fähigkeiten erforderlich.

Mareike setzte Waffelbausteine zusammen. Dabei passten die Kanten nicht immer zueinander, sondern überschnitten sich manchmal. Sie versuchte, die Teile mit Kraft zusammenzubringen. Als sie feststellte, dass das nicht ging, hob sie das Teil auf und versuchte es erneut. Sie schaffte es, den ersten Block mit drei schon miteinander verbundenen Teilen zusammenzustecken (➛ Abb. 10.24).

Abb. 10.24 Mareike gelingt es nach dem Zufallsprinzip, Teile miteinander zu verbinden.

Mareike verbindet ihre Waffelbausteine nach der Methode von Versuch und Irrtum. Sie nimmt Daumen und Zeigefinger zu Hilfe, benutzt aber immer noch ihre ganze Hand, um Teile an ihren Platz zu drücken. Sie platziert die Teile nicht immer so, wie die Verbindungen sein müssten. Ihre Auge-Hand-Koordination und die Kontrolle ihrer Fingerbewegungen entwickelt sich noch.

Abb. 10.25 Nur mit einer guten Auge-Hand-Koordination lassen sich die Schrauben fest und funktionstüchtig verbinden.

Abb. 10.26 Beim Puzzeln sind Auge-Hand-Koordination und feinmotorische Kontrolle Voraussetzung.

Anna hat ein Modellfahrzeug aus Brio-Bauteilen konstruiert. Sie platzierte drei Räder auf zwei langen Schrauben und verband die Räder mit Verbindungsstücken auf jeder Seite der Schrauben (➛ Abb. 10.25). Als sie ihr Modell ausprobiert, ist sie begeistert, dass es über den Teppich rollt. Als nächstes versucht sie, es eine Rampe herabrollen zu lassen. Auch das funktioniert!

Anna konstruierte ihr Spielzeug, indem sie die Räder auf die Schraube drehte. Sie musste dann ein Verbindungsstück an den herausstehenden Enden beider Schrauben anbringen. Im letzten Schritt baute sie das zweite Verbindungsstück an die Schrauben. Sie brauchte eine gute Auge-Hand-Koordination, um die Schrauben zu drehen, auszurichten und fest miteinander zu verbinden. Sie merkte, dass eins der Verbindungsteile abfiel, als sie versuchte, die »Rollmaschine« die Rampe herunterfahren zu lassen. Sie fügte vier Schraubmuttern hinzu, je eine an jedem Schraubenende.

Jakob arbeitete an einem größeren Puzzle. Dabei setzte er einige Teile sofort ein. Dies sind die Teile, die er erkennt, zum Beispiel die großen Räder. Andere versuchte er einfach da einzufügen, wo er eine passende Verbindung fand. Wenn ein Teil nicht sofort hereinpasste oder sich schwer verbinden ließ, versuchte er, es mit seiner Hand hineinzuklopfen (➛ Abb. 10.26).

Jakob beginnt, sich die Teile anzusehen, um sie an der richtigen Stelle im Puzzle einzusetzen. Die Versuche klappen nicht immer. Er arbeitet noch an seiner feinmotorischen Kontrolle, die ihn befähigen wird, ein Teil genau dort einzufügen, wo es hin soll. Er sagte zu Katja: »Das ist ein Teil vom Rad.« Katja antwortete: »Das sehe ich. Ich sehe auch, dass es oben ein bisschen grüne Farbe hat.«

Cindy und Sarah arbeiteten an einem langen Bodenpuzzle. Während sie diskutierten, welches Teil das nächste ist, betrachteten sie die internen Details. Sobald sie das richtige Teil gefunden hatten, setzten sie es exakt ein und drückten es an seinen Platz. Sie haben auch das Wort *cows* mit dem Schaumstoffpuzzle gelegt. Sie kopierten das Wort von den Tierwörterbuchkarten im Schreibzentrum. Sarah zählte drei Kühe und Cindy fand prompt die Zahl drei und platzierte sie vor das Wort *cows*. Dann erklärten sie Michael ihr Spiel (➛ Abb. 10.27).

Abb. 10.27 Sarah und Cindy haben vollständige Kontrolle über ihre Finger- und Handgelenke.

Sarah und Cindy haben beide eine gute Auge-Hand-Koordination und vollständige Kontrolle über ihre Finger und Handgelenke. Sie können die Teile genau an den richtigen Stellen zusammensetzen.

10.4 Die Bedeutung feinmotorischer Erfahrung

Das feinmotorische Spiel

- verbessert die feinmotorischen Fähigkeiten: wachsende Kompetenz, schwierigere Puzzles zu lösen: Alicia, die ein einteiliges Puzzle löst (➛ Abb. 7.9); Sarah und Cindy schaffen ein großes Bodenpuzzle (➛ Abb. 10.27).
- verbessert die Hand-Auge-Koordination: größere Fähigkeiten, mit Perlen umzugehen: Michael untersucht die Perlen (➛ Abb. 10.22), Katharina fädelt lange Perlenketten auf (➛ Abb. 10.23).
- verbessert die Fähigkeit, Werkzeuge zu benutzen: Josefine benutzt einen Schraubenzieher (➛ Abb. 12.7).
- verbessert die Fähigkeit zur Selbsthilfe: besser gießen können: Heiko (➛ Abb. 4.20) und Ruth (➛ Abb. 4.23).

- verbessert die Fähigkeit, Probleme zu lösen: Katharina, André und Alexandra bauen einen Teich im Zimmer (➛ Abb. 10.2, 10.3 und 10.4).
- verbessert den Umgang mit der Schere: Jordan schneidet Papierränder ein (➛ Abb. 9.21), Anna schneidet eine Pfütze aus (➛ Abb. 9.1).
- verbessert die Beobachtungsfähigkeit: Michael bemerkt Details an einer Perle (➛ Abb. 10.22), Timmy findet detaillierte Formunterschiede (➛ Abb. 10.17), Jakob bemerkt Einzelheiten im Puzzle (➛ Abb. 10.26).
- hilft dabei, Fähigkeiten von einem Bereich in einen anderen zu übertragen: Lisa gießt erst Wasser (➛ Abb. 4.15), dann Sand, dann Perlen (➛ Abb. 10.13) in ein Gefäß.
- unterstützt die Entwicklung kognitiver Fähigkeiten: Eins-zu-eins-Zuordnung: André setzt genau ein Tier auf jeden Stein (➛ Abb. 10.13), Zuordnen von Insekten im Puzzle zu den Bildern von Insekten (➛ Abb. 10.1), Worte legen und zählen (➛ Abb. 10.27).
- unterstützt andere Bereiche des Curriculums: feinmotorische Fähigkeiten werden zum Trommeln gebraucht, zum Gießen von Wasser oder Sand, zum Formen von Sand, zum Formen von Knete, zum Malen, Umblättern, Mischen von Mixturen, zum Einfädeln eines Fadens durch ein Nadelöhr oder zum Einschlagen eines Nagels.
- regt alle Sinne an: das Geräusch fallender Perlen, Beschaffenheit der Perlen (hart, uneben, glatt, eingedrückt), Farbe der Perlen, der Gebrauch kleiner und großer Muskelgruppen, Lernen von Worten, die mit Perlen zu tun haben, Koordinierungsfähigkeiten (Auge-Hand-Koordination, Perlen festhalten, Perlen von einer Hand in die andere geben, Kordel aus der Perle herausziehen).
- bietet Möglichkeiten für unterschiedliche Spiele: Jakob beim Fertigstellen des Puzzles im Einzelspiel (➛ Abb. 10.26); Michael und Timmy beim Spiel mit Perlen (➛ Abb. 10.22); assoziatives Spiel, als die Kinder über Insekten diskutieren (➛ Abb. 10.1).

10.5 Die Rolle der Erzieherin

- Sie dokumentiert das Lernen und die Aktivitäten der Kinder.
- Sie stellt für das jeweilige Entwicklungsstadium geeignete Materialien bereit: magnetisches Insektenpuzzle zusammen mit einem Buch, um die Insekten zuzuordnen.
- Sie schafft Erfahrungsmöglichkeiten mit Erfolgsaussicht: die Kordel, mit der Perlen aufgefädelt werden, ist am Ende steif, so dass sie leichter durch die Perlen geschoben werden kann.
- Sie hilft, wenn nötig: Alexandra erhielt Hilfe, Material für einen Teich zu fin-

den, der Sportwagen wurde zu Boris zurückgeschoben.

- Sie adaptiert und verändert das Umfeld, wenn nötig: stellt Teller und Schalen bereit, so dass die Kinder die Perlen ausgießen können.
- Sie erweitert ihre Kenntnisse über die Entwicklungsschritte von Kindern: der Erzieher erkannte, dass einige Kinder anfingen zu schreiben, zu zählen und Zahlen mit der Anzahl von Gegenständen in Verbindung zu setzen (➛ Abb. 10.27), deshalb stellte er ihnen die entsprechenden Wortkarten, Schaumstoffzahlen und Puzzleformen zur Verfügung.
- Sie unterstützt die Bemühungen der Kinder: Michael hörte Sarah und Cindy zu (➛ Abb. 10.27).
- Sie/er sorgt dafür, dass Aktivitäten vom Innenraum zum Außenbereich wechseln: z. B. Aktivitäten, die mit den Händen ausgeführt werden (➛ Abb. 10.11 und 10.21).
- Sie/er unterstützt die Sprachentwicklung: Michael spricht mit Jakob über das Gleichgewicht, Katja präzisiert Jakobs Feststellung, dass er einen Teil eines Rades gefunden habe, indem sie auf weitere Details (die grüne Farbe) hinweist.
- Sie weiß, wann man die Kinder besser allein lässt und wann man ihnen helfen muss: die Kinder bauten den Tümpel allein; Alexandra bekam Hilfe, als sie darum bat.
- Sie gibt ihnen die Möglichkeit, ihre Probleme selbst zu lösen: Jakob erhielt Unterstützung, um mit alternativen Materialien zu bauen, er bekam leicht stapelbare Behälter.

10.6 Effektive Aufbewahrungssysteme

Zu den Materialien für das Spiel mit den Händen gehören viele kleine Teile. Wenn diese Teile verloren gehen, werden manche Spiele unbrauchbar (etwa Puzzles), andere potenziell gefährlich (auf herumliegenden Perlen kann man leicht Ausrutschen und Hinfallen). Durch die große Vielfalt und Anzahl der Gegenstände wird es schnell unordentlich und dementsprechend zeitaufwändig, den Bereich wieder aufzuräumen – wenn alle Perlen erst einmal herumgeworfen und verstreut worden sind, dauert es lange, sie wieder zu ordnen.

Die Materialien müssen logisch geordnet werden – auf eine Weise, die für die Kinder sinnvoll ist. Man kann die Dinge nach Farbe, Form oder Größe ordnen. Zum Beispiel sollten alle Fahrzeuge nebeneinander stehen und alle großen Perlen zusammen aufbewahrt werden, ebenso alle großen Duplo-Teile. Sowohl selbstgemachte als auch gekaufte Materialien können gut als Behälter zur Aufbewahrung dienen (➛ Tab. 10.1).

Behälter	Mögliches Material
Mineralwasser-, Saft- oder andere Flaschen auf die geeignete Größe schneiden	Perlen, Kordel, kleine Plastik- oder Gummisortierspiele (Bären, Autos), Buchstaben, Zahlen, kleine Bausteine, Tangramspiele, Würfel, Brio- und Duplo-Teile
Stapelbare Plastikgefäße	Duplo-Teile, Bausteine, Zäune, Spielzeug zum Zusammenstecken wie Waffelbausteine
Zentrale Aufbewahrung – transparente Schubladencontainer auf Rollen	Plastiktiere, magnetische und hölzerne Zahlen und Buchstaben; Zubehör wie Steine und Kiefernzapfen
Kleine Holzkommoden	Perlen, Kordeln, kleine Plastik- oder Gummisortierspiele (Bären, Autos), Buchstaben, Zahlen, kleine Bausteine, Tangramteile
Puzzleständer	Puzzles
Niedrige offene Regale	Alle Gegenstände, sortiert nach ihrer Art, gestapelte Puzzles
Sortiertabletts	Alle Materialien, die man zuordnen oder sortieren kann, wie Perlen oder kleine Gummifahrzeuge Können auch leer im Regal stehen, damit die Kinder Dinge in die Fächer sortieren können
Plastikschachteln	Kleine Autos
Transparenter Schubladensatz zum Ordnen von Werkzeug und Zubehör für die Werkbank	Brio-Spielzeug, nach Typen geordnet (Räder, Verbindungsteile, Schrauben, Werkzeug, Muttern, Stifte)

Tab. 10.1 Behälter zum Aufbewahren

10.7 Effektive Beschriftungssysteme

Es ist entscheidend, dass alle Behälter mit Bildern und Worten gekennzeichnet werden. Die Kinder können Objekte in die passenden Behälter sortieren. Das ist ein sehr gutes Verfahren, Kinder zum Zuordnen und Sortieren von Gegenständen zu gewinnen. Es verhindert auch, dass Dinge unnötig herumgeworfen werden, wenn ein bestimmtes Objekt gesucht wird. Wenn ich beispielsweise einen kleinen Bären suche, sehe ich einfach in dem Behälter nach, der die kleinen Bären enthält, anstatt alle Bären herumzuwerfen, um einen kleinen zu finden.

10.8 Überlegungen zum Einrichten eines Bereichs für feinmotorische Aktivitäten

10.8.1 Materialien

In diesem Bereich sollten sich Materialien für eine Vielzahl von Konzepten befinden, die die Kinder kennen lernen sollen – Größe, Farbe, Form. Die Kinder sollten Erfahrungen sammeln im Hantieren mit Materialien, die man auf unterschiedliche Weise vergleichen, zählen, zuordnen und sortieren kann – durch Auffädeln, Anordnen in Reihen oder Stapeln. Die Materialien sollten folgenden Kriterien entsprechen (vgl. Dodge und Colker 1992):

- Sich selbst korrigierende Materialien
  Hierbei handelt es sich um Materialien, die nur auf eine einzige Weise zusammengesetzt werden können. Das Endprodukt wird immer das gleiche sein. Beispiele für diesen Typ von Spielen sind Puzzles und viele Montessori-Materialien, zum Beispiel das Einfügen von Zylindern mit Knöpfen in die korrekten Schlitze. Diese Materialien haben den Vorteil, dass sie den Kindern ein ihnen bekanntes Endprodukt bieten. Der Prozess, wie ein Puzzle zusammengesetzt wird, kann sich ändern, aber das Endergebnis bleibt immer dasselbe. Viele Aufgaben, wie Lesen oder Mathematik, folgen einer ähnlichen Logik. Wie jemand liest, ist individuell unterschiedlich – man kann einzelne Worte laut lesen, Worte im Kontext lesen oder die Form von Worten erkennen – das Wort bleibt aber immer gleich.
- Open-end-Materialien
  Diese Materialien können auf unterschiedlichste Weise zusammengesetzt werden, die Ergebnisse können unendlich variieren. Beispiele für diesen Typ sind Lego, Duplo, Lincoln-Steine, Stoppelsteine, Perlen und anderes Bastelspielzeug. Der Vorteil dieses Materialtyps ist, dass er die Lösung individueller Probleme, die Vorstellungskraft, Kreativität und Ausdauer fördert. Das Kind kann die Aufgabe von verschiedenen Punkten aus angehen, die Endresultate werden jedesmal unterschiedlich sein. Beachten Sie, wie unterschiedlich Anna und Benjamin das Brio-Spielzeug benutzten (➤ Abb. 10.25 und 12.5).
- Materialien, die in beide Kategorien gehören
  In diese Kategorie fallen Aktivitäten, die in einer bestimmten Weise verwendet werden sollen, z. B. viele Stapelspiele. Die Teile sollen auf eine bestimmte Weise gestapelt werden, vom größten zum kleinsten. Wenn alle Teile genutzt werden, gibt es nur eine Möglichkeit. Allerdings können die Materialien, wie man bei Jakob sehen kann (Abb. 10.19), auch anders benutzt werden. Es ist wichtig, dass die Erzieherin den Wert beider Aktivitäten anerkennt und das Kind ermutigt, die Aufgabe aus seiner Sicht anzugehen.

- Sammelobjekte
  Hiermit sind Materialien gemeint, die die Kinder sammeln können, um sich mit ihnen zu beschäftigen. Das können unterschiedliche Steine, an den Strand gespülte, abgeschliffene Glasstücke, Aufkleber oder Stofftiere sein. Normalerweise initiieren die Kinder diese Aktivität selbst, die Erwachsenen können aber auch ihre Sammlungen mitbringen und mit den Kindern teilen. Sammlungen können vielfältig benutzt werden, um Standpunkte anderer Menschen zu erkennen, Ähnlichkeiten und Unterschiede von Dingen festzustellen. Man kann zuordnen und sortieren, man kann entscheiden, in welche Kategorie neue Objekte gehören, etc.
- Kooperative Spiele
  Diese Art von Spiel ermutigt die Kinder, Materialien und Spielzeug gemeinsam zu nutzen, sich abzuwechseln und soziale Kontakte zu knüpfen. Bei der Auswahl muss man darauf achten, dass die Spiele tatsächlich solche Prozesse stimulieren und nicht nur Kreisläufe von Gewinnen und Verlieren zu starten. Spiele in dieser Kategorie sind Lotto, Domino und Memory.

10.8.2 Ästhetische Fragen

Die Materialien müssen auf ästhetisch anspruchsvolle Weise präsentiert werden. Ein Bereich, in dem alle Materialien wild verstreut herumliegen, ist für die Kinder nicht attraktiv. Im Gegenteil: Ein solches Szenarium erzeugt eher weniger erwünschte Verhaltensmuster; die Kinder werden etwa über das am Boden liegende Spielzeug laufen und es dabei zerbrechen, Materialien herumwerfen oder mit Borte durch die Luft peitschen. Ein gut geordneter Bereich wird jedoch ein angemessenes Verhalten der Kinder hervorrufen, ein Minimum an Hinweisen von den Erwachsenen wird notwendig sein.

Vermeiden Sie leuchtende, farbenfrohe Teppiche in diesem Bereich. Materialien für feinmotorische Aktivitäten haben meist selbst leuchtende Farben. Wenn man mit sehr bunten Gegenständen spielt, wird es schwierig, sie wiederzufinden, wenn sie auf einen Teppich fallen, der genauso bunt ist. Es ist auch schwierig, sich auf eine Aktivität zu konzentrieren, wenn es zu viele Reize durch Farben gibt.

10.8.3 Aufräumen

Aufräumarbeiten sollten Lernaktivitäten sein und Spaß machen. Das Sortieren von Bären nach Farbe in farbige Gefäße oder auf Tabletts zum Beispiel macht Spaß und ist gleichzeitig eine Lernerfahrung. Kinder erfreuen sich an Zuordnungs- und Sortieraktivitäten, das Aufräumen bietet ihnen Gelegenheit dazu.

10.8.4 Spielmöglichkeiten auf unterschiedlichen Ebenen

Der Bereich muss flexibel und den Spielbedürfnissen anpassbar sein. Verschiedene Spielebenen sollten möglich sein. Große Puzzles machen sich gut auf Teppichboden, sie rutschen dort nicht so leicht herum. Auch mit kleinen Klötzchen spielt es sich besser auf einem Teppich. Andere Aktivitäten funktionieren besser an einem kleinen Tisch mit Stühlen – Puzzles oder Sortiertabletts für Farbsortierung.

10.8.5 Die Platzierung des Bereichs

Der Bereich für Spiele mit den Händen kann mit jedem anderen Bereich zusammengelegt werden, da viele der Spielzeuge in anderen Bereichen ähnlichen Konzepten folgen. Der engste Bezug ist der zum Bauen; dort gibt es schon eine Anzahl ähnlicher Materialien. Auch der Auslauf kann von beiden Zentren gemeinsam genutzt werden.

Konzepte des Mathematik- und Wissenschaftsbereichs sind ebenfalls mit dem Bereich für das Spiel mit den Händen verknüpft. Begriffe wie Zählen, Zuordnen, Sortieren, Vergleichen, Aufeinanderfolgen und Musterbilden werden in allen drei Bereichen benutzt.

10.9 Beobachtungs- und Dokumentationstechniken

Entwicklung der Fähigkeiten

Wie in Tabelle 10.2 gezeigt, probiert Timmy verschiedene Grifftechniken aus, um seine feinmotorischen Fähigkeiten zu entwickeln. Er scheint solche Aufgaben zu mögen. Stellen Sie Materialien bereit, die das Greifen anregen und die Greiffähigkeit verfeinern wie Schwämme und weiche Bälle unterschiedlicher Größe am Wasserspielplatz, Kreide und Kreidepinsel an der Staffelei.

Checkliste zu Greiffähigkeiten		
Name: *Timmy*		
Datum	Art des Greifens	Beobachtung
5.2.	*Vier Finger, um einen Baustein zu greifen*	*Kippt und dreht den Baustein, um ihn in den Sortierwürfel einzupassen Wurde angehalten, sich die anderen Seiten des Würfels anzusehen*
6.2.	*Handtellergriff am Schwamm*	*Reinigte Plexiglastrennscheibe, bekam die Finger voll Farbe, quetschte den Schwamm aus, Wasser lief seinen Arm und die Scheibe hinunter*

Tab. 10.2 Checkliste zu Greiffähigkeiten

Dokumentationsmappen

Das geschilderte Szenarium mit Alexandra, Katharina und André führt fast von selbst zur Herstellung einer Mappe. Die Diskussionen und der spontane Sprachgebrauch sollten gemeinsam mit den Aktivitäten der Kinder aufgezeichnet und durch Fotos vervollständigt werden. Solche Tafeln ergeben wunderbare Ausstellungsstücke für den Bereich. Sie ermutigen die Kinder, sich noch einmal anzusehen, was sie gemacht haben; sie verstärken die Bedeutung des Lesens und Schreibens und regen dazu an, die Aufgaben weiterzuführen. Wenn eine Aktivität abgeschlossen ist, kann die Information auch in ein Heft eingetragen werden, das sich die Kinder später wieder ansehen können.

Eine Mappe enthält vielfältige Information über die Aktivitäten der Kinder, deren Sprache und Fähigkeiten. Damit kann die Erzieherin den Kindern adäquate Erfahrungsmöglichkeiten anbieten, wie z.B. zum Tümpel zurückzugehen, um weiter zu beobachten, zusätzliche Bücher oder unterstützende Videos usw.

Kombinierte Beobachtungsinstrumente

Das in Abbildung 10.28 dargestellte Instrument zur Beobachtung gibt detaillierte Informationen über die Interessengebiete der Kinder und darüber, wie lange sie ihre Aktivitäten ausführen. Man kann leicht zusätzliche Details hinzufügen; in den Balken der Graphik kann der Spieltyp notiert werden (zum Beispiel E für Einzelspiel). Wenn die Beobachtung beendet ist, ziehen Sie einfach eine vertikale Linie am Ende und notieren sie das Datum. Am nächsten Tag können Sie die Graphik fortsetzen.

Diese Information gibt Aufschluss darüber, wie lange die Kinder sich mit einer Aufgabe beschäftigen. Kinder, die neue Fähigkeiten ausprobieren, bleiben meist länger an einer Aufgabe. Ein Kind, das von einer Aufgabe zur nächsten flattert, findet die Aufgaben entweder nicht anspruchsvoll genug oder zu schwierig. Das wird der Erzieherin helfen, die benötigten Materialien den Bedürfnissen anzupassen oder sie zu verändern.

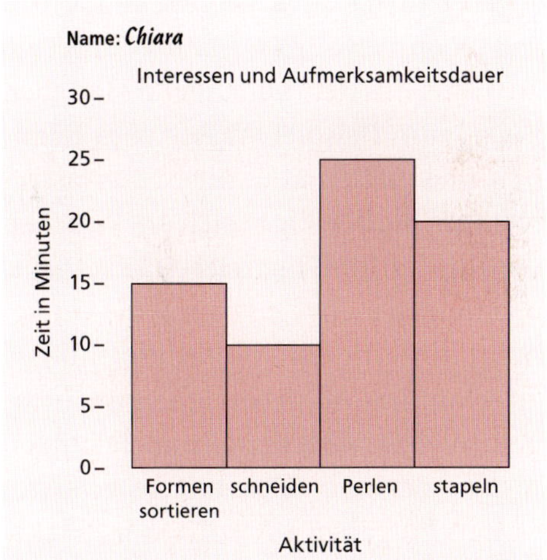

Abb. 10.28 Interessen und Aufmerksamkeitsdauer

10.10 Überlegungen aus anderen Ländern

Es scheint, dass sich alle Kinder mit feinmotorischen Aktivitäten beschäftigen. Sie werden durch die Objekte bestimmt, die die Kinder zur Verfügung haben. In Polynesien zum Beispiel interagieren die Kinder miteinander über das Spiel mit Naturmaterialien. Sie sammeln Steine, Blätter, Früchte und Insekten, lassen sie fallen, schlagen Steine aneinander, um Geräusche zu erzeugen, bedecken Felsen mit Schlamm, werfen Steine, damit die Hunde ihnen nachjagen und rollen Dinge von Hügeln herunter (Roopnarine, Johnson und Hooper 1994, S. 83).

Kinder im Dorf Dene, ein Stück landeinwärts von der senegalesischen Westküste, wurden bei stärker arbeitsbezogenen Spielen beobachtet. Diese Art von Spielen bereitet die Kinder darauf vor, was später von ihnen erwartet wird. Die Rollen sind im allgemeinen geschlechtsspezifisch bestimmt. Wenn die Mädchen fünf oder sechs Jahre alt sind, wird erwartet, dass sie eine Reihe von Aufgaben bewältigen können und sich an Hausarbeiten beteiligen. Mädchen holen zum Beispiel Wasser vom Brunnen und gießen es in die Trinkwasserbehälter. Sie beteiligen sich am Waschen der Kleider. Im Gegensatz dazu verbringen Jungen mehr Zeit damit, die Umgebung in Gemeinschaft anderer Jungen zu erkunden. Ab sieben Jahren verbringen sowohl Mädchen als auch Jungen mehr und mehr Zeit mit arbeitsrelevanten Aufgaben – Mädchen im Haushalt, Jungen mit Arbeiten in der Landwirtschaft (Roopnarine, Johnson und Hooper 1994, S. 169).

In Schweden werden die Kinder mit Spielsachen vertraut gemacht, die sie ermuntern, Verbindungen zwischen verschiedenen Aktivitäten zu ziehen. Zum Brio-Spielzeug für Babys und Kleinkinder gehören stapelbare Eisenbahnen, die magnetisch sind. Das macht das Stapeln oder die Verbindung von Zugwaggons für kleine Finger leichter. Außerdem lernt das Kind den Zusammenhang von Ursache und Wirkung kennen: Wenn ich diese Gegenstände nahe zueinander bringe, werden sie aneinander kleben.

Brio-Spielzeug für die höheren Altersgruppen regt die Kinder dazu an, einen realistischen Zug zu bauen – Gleise, Züge, die beladen und entladen werden können, Bahnübergänge, die sich öffnen und schließen lassen, und verschiedenes Zubehör (Bäume, Menschen, Gebäude, Tiere), mit dem man ein Dorf, eine Stadt oder Bauernhöfe entlang der Gleise bauen kann. Die Kinder brauchen ihre feinmotorischen Fähigkeiten nicht nur dazu, um alles zu bauen, sondern auch, um verschiedenen Mechanismen zu betätigen: z. B. den Waggon zum Entladen zu kippen, Übergänge zu öffnen und zu schließen, ein Drehkreuz zu drehen, um die Fahrtrichtung des Zuges zu ändern. Darüber hinaus gibt es Werkzeuge, die den Kindern beim Montieren ihrer Werke helfen; es handelt sich um Werkzeuge aus Plastik oder Holz, die auf die gelieferten Ausstattungsgegenstände und Materialien abgestimmt sind.

Im Gegensatz dazu machen viele der Spielwerkzeuge, die in Nordamerika gekauft werden können, zwar Geräusche oder können sich auch bewegen, funktionieren aber nicht. Wenn ein Kind beispielsweise einen Knopf drückt, bewegt sich ein Bohrer und macht das typische Bohrgeräusch, aber er kann kein Loch bohren.

Offensichtlich spiegeln sich die Fähigkeiten, die in verschieden Kulturen geschätzt werden, in den Aktivitäten und den zur Verfügung gestellten Spielmaterialien der Kinder wider. Außerdem hängen die verfügbaren Materialien vom ökonomischen Standard der jeweiligen Gesellschaft ab. Unabhängig davon lernen die Kinder, die feinmotorischen Fähigkeiten zu nutzen, die für sie nützlich sind und die sie für ihr späteres Leben benötigen.

10.11 Materialien

Je Altersgruppe braucht Materialien, die ihren Fähigkeiten entspricht, gleichzeitig werden die älteren Kinder diese Materialien auch unter neuen Vorzeichen nutzen können. Die Komplexizität der Spielzeuge verändert sich mit dem Detailreichtum, der Größe und Anzahl der Teile (➛ Tab. 10.3).

Materialien für feinmotorische Aktivitäten

Alter	Mögliche Materialien	Zweck
Geburt bis vier Monate	• Fingerrasseln, Handgelenkrasseln	• Lenkt die Aufmerksamkeit auf Finger und Hand
	• Mobiles, die über dem Kinderbettchen hängen, so dass das Kind die sich bewegenden Teile sehen kann	• Ermuntert zum Klatschen
	• Platzieren von leuchtenden oder Geräusche hervorrufenden Spielzeugen vor dem Baby	• Regt das Greifen an
	• Kleine Klappern, Spielzeug mit Griffen, die in die Hände passen – geben Sie dem Kind das Spielzeug in die Hand	• Regt das Schütteln an
	• Spielzeug mit Rädern, Bälle – vor dem Kind platzieren	• Schieben, ziehen
Vier bis acht Monate	• Weiche Bälle, kleine weiche Spielzeuge	• Den Ball mit der ganzen Hand greifen, loslassen, fallenlassen, werfen
	• Kleine Trommeln, Löffel, Deckel, stabile Rasseln	• Schlagen, klopfen
	• Eimer, Gefäße – klein, unzerbrechliche Teile	• Etwas in den Eimer werfen, auskippen

Alter	Mögliche Materialien	Zweck
Acht bis zwölf Monate	• Kleines Spielzeug: Puppen, ausgestopftes Spielzeug • Bausteine, Töpfe/Pfannen, Holzlöffel • Kleines Spielzeug, das man in Gefäße legen kann, Aufsteckringe	• Hineinstechen, drücken, tragen • Schlagen, klopfen • Daumen und Zeigefinger benutzen, um etwas aufzunehmen und in das Gefäß zu legen
Zwölf bis 18 Monate	• Kleine Spielsachen, Buntstifte, Marker (Faserschreiber) • Bilderbücher • Spielzeug auf Regalen, in Körben, auf dem Tisch • Druckknöpfe, Knöpfe, Reißverschlüsse • Bälle • Weiche, unzerbrechliche Gegenstände – weiche Bausteine, Bälle	• Greifen mit Daumen und Fingern • Kinder können das Ergebnis einer Aktion erkennen: auf Gegenstände zeigen • Arm ausstrecken, um etwas zu greifen – aufheben, tragen • Öffnen • Rollen; fangen, wenn die Bälle zurückgerollt werden • Werfen, in Behälter legen, auskippen, fühlen, streicheln, stapeln
18 bis 24 Monate	• Marker, Farbe, Bleistifte, Buntstifte • Dinge zum Drehen, Kippen, Hämmern – Hammerbank • Fahrzeuge, die sich voneinander trennen und aneinander hängen lassen; Gläser mit Deckeln – zum Abnehmen und Aufsetzen • Schaufeln, Eimer, Behälter, Schippen, Wasser- und Sandräder	• Kritzeln • Auseinander nehmen, zusammenfügen, drehen, kippen • Füllen, leeren, gießen
Kleinkind	• Dinge mit verschiedenen Oberflächen und aus verschiedenem Material – Bälle aus verschiedenem Material, Fingerfarbe, Bausteine verschiedener Beschaffenheit – aus Holz, Schaumstoff, Stoff • Perlen – verschiedene Größen und Formen (Tierperlen, geometrische Perlen, Perlenknöpfe, Regenbogensteine) • Duplo, Stoppelsteine	• Beschaffenheit benennen • Zuordnen, sortieren, stapeln • Aufreihen, aus einem Gefäß in ein anderes gießen, zuordnen, sortieren • Bauen, auseinander nehmen, zusammenfügen

Alter	Mögliche Materialien	Zweck
Kleinkind (Forts.)	• Puzzles, Schaumstoffpuzzles – Einzelteile mit Knöpfen/Fortsätzen, leicht zusammensteckbar • Knete – Hammer, Plastikmesser, Nudelholz • Puppenkleider mit Druckknöpfen oder Reißverschlüssen • Sortierwürfel • Gummitiere und -fahrzeuge in verschiedenen Farben und Formen	• Alle Teile fallen lassen, Versuch-und-Irrtum-Methode, um sie zusammenzufügen • Formen und umformen • Puppen aus- und anziehen • Die Teile mittels Versuch und Irrtum in die richtigen Öffnungen der Sortierwürfel legen • Platzieren, zuordnen, sortieren
Vorschulkind	• Puzzles und Formbretter – bis zu 20 Teile für jüngere Vorschulkinder, bis zu 50 Teile für Kinder, die fünf Jahre alt sind; Puzzles für den Fußboden • Perlen • Kleine Dinge – Tiere, Fahrzeuge, Figuren von Menschen, Pflanzen • Würfel, Pflöcke/Stifte, Bausteine, Zahlen, Buchstaben, Reifen und Sortiergefäße (Tabletts, Körbe) – alle in verschiedenen Größen und Farben • Magnetische Gegenstände – Brio-Eisenbahnen, Magneten (Hufeisen, Schaufelrad), Buchstaben, Zahlen, magnetische Formen • Bauspielzeug – Brio, Lego, Waffelbausteine, Tangramteile, Musterbausteine	• Achten auf Details, um Teile einzupassen, achten auf Ränder, um Teile einzupassen – Versuch und Irrtum • Arbeiten zusammen • Bilden Muster, sortieren • Zuordnen, sortieren • Zuordnen, sortieren, Worte bilden, aneinanderhängen, auseinander nehmen, Muster und Designs erschaffen, Gegenstände und Bilder herstellen
Schulkind	• Münzen, verschiedene Baukastensysteme, Unifex-Bausteine, Sequenzkarten • Komplexere Puzzles	• Klassifizieren, zählen, vergleichen • Strategien zum Komplettieren – alle Himmelsteile, alle Eckteile werden aussortiert und zusammen gelegt

Tab. 10.3 Materialien für feinmotorische Aktivitäten

10.12 Die Entwicklungsstadien der feinmotorischen Fähigkeiten und das Alter des Kindes

Tabelle 10.4 fasst die Entwicklung feinmotorischer Fähigkeiten zusammen.

Alter	Fähigkeiten des Kindes
Von der Geburt bis zu vier Monaten	• Greifreflex – Hand schließt sich, wenn etwas hineingelegt wird • Die ganze Hand greift Gegenstände, wenn sie in die Hand gelegt werden • Auge-Hand-Koordination – klatscht nach Objekten, kann daneben schlagen
Vier bis acht Monate	• Greifen mit der ganzen Hand, Finger gegen Daumen gestellt, benutzt zum Aufnehmen von Dingen Daumen und Finger, reicht Objekte von Hand zu Hand, greift und lässt absichtlich los • Nimmt Gegenstände auf, lässt sie fallen, schüttelt sie, schlägt sie gegeneinander
Acht bis zwölf Monate	• Benutzt Daumen und Zeigefinger und/oder zwei Finger, um etwas aufzunehmen; Finger werden zum Stoßen und Drücken benutzt; Kind trägt Gegenstände in der Hand, schlägt sie gegeneinander, ahmt Handlungen nach, benutzt Schreibgeräte, um Zeichen hervorzubringen, streicht über die Oberfläche von Gegenständen, zieht sich aus – öffnet große Knöpfe, Druckknöpfe, Reißverschlüsse
Zwölf bis 18 Monate	• Daumen und alle anderen Finger werden benutzt; Kind zeigt auf Dinge und Bilder, kann allmählich die Rechts- oder Linkshändigkeit erkennen lassen, trägt Dinge im Raum herum, wirft Dinge, rollt Gegenstände und fängt die rollenden Dinge wieder ein, kann akkurat etwas reichen, kritzelt, beginnt sich anzuziehen
Kleinkind	• Wirft auf ein Ziel, kippt und dreht Objekte, greift Dinge, um sie in etwas anderes hineinzulegen – Löffel, Schaufel, Schippen
Vorschulkind	• Verstärkte Beweglichkeit der Finger, Kind lernt, die Bewegungen zu koordinieren – beginnt, mit Scheren zu schneiden, zieht sich an, bessere Kontrolle über die Bewegung der Handgelenke, wechselt vom Handflächen- zum Dreifingergriff, weniger Bewegungen des ganzen Arms beim Zeichnen, Schreiben, Malen
Schulkind	• Gestiegene Geschicklichkeit – maximale Verbesserung zwischen vier und acht Jahren • Fortgeschrittene Fähigkeiten – spielt Musikinstrument, zeichnet, malt, schneidet etwas aus, lernt zu drucken und zu schreiben; bessere Integration der fein- und grobmotorischen Fähigkeiten

Tab. 10.4 Entwicklung der feinmotorischen Fähigkeiten

Lernen durch den Gebrauch der Hände

- Finger und Hände zum Erkunden von Gegenständen

Entwicklungsstadien der Feinmotorik und Alter des Kindes

- Geburt bis vier Monate: Greifreflex, klatschen
- Vier bis acht Monate: Greifen mit ganzer Hand, Daumen und Finger, um kleine Gegenstände aufzunehmen, Übergabe der Gegenstände aus einer Hand in die andere, freiwilliges Loslassen
- Acht bis zwölf Monate: Daumen wird gemeinsam mit allen Fingern benutzt, Zangengriff, Aktionen werden nachgeahmt, Knöpfe und Reißverschlüsse öffnen, kritzeln
- Kleinkind: werfen, füllen und ausleeren
- Vorschulkind: gestiegene Fingergeschicklichkeit, Dreifingergriff, nur noch selten Gebrauch des ganzen Arms
- Schulkind: gestiegene Geschicklichkeit, entwickelte Fähigkeiten

Die Bedeutung des Spiels mit den Händen

- Verbessert die feinmotorischen Fähigkeiten
- Verbessert die Auge-Hand-Koordination
- Verbessert die Fähigkeit zur Werkzeugbenutzung
- Verbessert die Fähigkeit zur Selbsttätigkeit
- Verbessert die Fähigkeit zur Problemlösung
- Verbessert die Fähigkeit zu schneiden und auszuschneiden
- Verbessert das beobachtende Lernen
- Unterstützt die Entwicklung kognitiver Fähigkeiten
- Unterstützt andere Bereiche des Curriculums
- Ermöglicht die Einbeziehung aller Sinne
- Ermöglicht unterschiedliche Formen des Spiels

Die Rolle der Erzieherin

- Stellt für das jeweilige Entwicklungsstadium geeignete Materialien zu Verfügung.
- Sorgt für Erfolgserlebnisse.

- Hilft, wenn nötig
- Adaptiert und verändert das Umfeld, wenn nötig
- Erweitert ihre Kenntnisse über Entwicklungsschritte
- Unterstützt die Bemühungen der Kinder
- Ermöglicht Aktivitäten drinnen und draußen
- Unterstützt die Sprachentwicklung
- Weiß, wann sie eingreifen muss
- Gibt den Kindern die Möglichkeit, ihre Probleme selbst zu lösen

Effektive Aufbewahrung

- Nach Typen geordnet
- Recycelte, durchsichtige Flaschen, zurechtgeschnitten; stapelbare Behälter
- Zentrale Aufbewahrung
- Holzkommoden
- Puzzlegestelle
- Offene, niedrige Regale
- Sortiertabletts, Plastikschachteln für Autos
- Handwerkerschubladensätze aus Kunststoff

Effektives Beschriftungssystem

- Bild und Wort

Überlegungen zum Einrichten eines Bereichs für Tätigkeiten mit den Händen

- Materialien: sich selbst korrigierende und Open-end-Materialien, die kein bestimmtes Ergebnis vorschreiben; Material, das in beide Kategorien gehört; Sammelstücke, kooperative Spiele
- Ästhetik: gut geordneter Bereich, vermeiden Sie das Entstehen von Durcheinander, sorgfältige Farbwahl
- Aufräumen: Spaß, Lernmöglichkeit
- Spielebenen: auf dem Boden, auf dem Tisch

- Platzierung: in der Nähe vom Baubereich oder vom Mathematik- und Naturwissenschaftsbereich

Beobachtungs- und Dokumentationstechniken

- Entwicklung der Fähigkeiten
- Dokumentationsmappen
- Kombinierte Beobachtungsinstumente

10.13 Kontrollaufgaben

- Gehen Sie in einen Spielzeugladen und stellen Sie eine Liste Materialien für das feinmotorische Spiel auf, die für die verschiedenen Altersgruppen verfügbar sind. Diskutieren Sie die in der Tabelle 10.5 aufgeführten Punkte.

Alter	Beschreibung des Spielzeugs	Beurteilung des Spielzeugs
Baby: die ersten vier Monate		
Baby: 4–12 Monate		
Baby: 12–18 Monate		
Kleinkind		
Vorschulkind		
Schulkind		

Tab. 10.5 Kontrollaufgabe

- Analysieren Sie Abbildung 10.1. Welche drei feinmotorischen Fähigkeiten können Sie erkennen? Welche anderen drei Fähigkeiten sehen Sie außerdem? Diskutieren Sie, wie diese Fähigkeiten zueinander in Beziehung stehen. Benutzen Sie dafür die Abbildungen 10.2 und 10.3 und die Beschreibung des Szenarios. Entwickeln Sie ein Minibuch als Beleg für diese Aktivitat für die Kinder. Diskutieren Sie den Wert von Perlen als Material für das Spiel mit den Händen.
- Versuchen Sie, Ihren Namen auf folgende Weise zu schreiben:
  - Halten Sie den Stift mit Ihrer ganzen Hand. Benutzen Sie nicht den Daumen; halten Sie das Handgelenk steif und benutzen Sie den ganzen Arm zum Schreiben.
  - Wiederholen Sie den Vorgang, aber benutzen Sie diesmal den Daumen als Hilfe.
  - Versuchen Sie, den Arm weniger und das Handgelenk mehr zu bewegen.
  - Vergleichen Sie die Ergebnisse. Welche Materialien und Ausrüstung hätte die Aufgabe leichter gemacht? Wie können Sie dieses Experiment für Ihre Arbeit mit Kindern verwenden?

- Jessica schneidet mit ihrer Schere. Sie kann nicht gleichzeitig die Schere kontrollieren und das Papier halten. Welche Strategie würden Sie verwenden, um ihr zu helfen?
- Boris (➛ Abb. 10.9) ist von rollenden Gegenständen fasziniert. Welche anderen Gegenstände und Materialien geben Sie ihm und zu welchen Aktivitäten regen Sie ihn an, um seine Feinmotorik und Auge-Hand-Koordination weiter zu entwickeln?
- Beobachten Sie ein Baby und ein Kleinkind im Gebrauch feinmotorischer Materialien. Vergleichen Sie:
  - die Griffweise;
  - die Materialwahl und
  - die grundsätzliche Strategie.
- Entwickeln Sie ein kombiniertes Beobachtungsinstrument, um ein Vorschulkind während unterschiedlicher feinmotorischer Aktivitäten zu beobachten. Beobachten Sie das Kind. Wie können Sie die erhaltene Information nutzen? Welche Veränderungen und Anpassungen schlagen Sie vor?
- Sie haben eine große Menge geometrischer Perlen in verschiedener Größe, Form und Farbe gekauft. Beschreiben Sie ein Ordnungssystem für die Perlen.
- Eine Mutter oder ein Vater und ein Kind bringen eine Sammlung von Steinen, Fossilien, Muscheln und abgeschliffenen Glasstücken mit, die sie im Lauf der Zeit an verschiedenen Stränden zusammengetragen haben. Sie wollen diese Sammlung zurückbekommen, wenn Sie die Arbeit damit beendet haben. Wie würden Sie die Sammlung nutzen? Wie zeigen Sie Ihren Respekt für die von Eltern und Kind aufgebrachte Zeit und Anstrengung? Wie garantieren Sie, dass die Sammlung intakt bleibt?

11 MATHEMATIK UND NATURWISSENSCHAFTEN

KAPITELÜBERSICHT

11

- Mit Mathematik und Naturwissenschaften das Lernen fördern
- Zyklisches Lernen im Bereich Mathematik und Naturwissenschaften
- Die Bedeutung von Mathematik und Naturwissenschaften
- Die Rolle der Erzieherin
- Effektive Aufbewahrungssysteme
- Effektive Beschriftungssysteme
- Überlegungen zum Einrichten eines Bereichs für Mathematik und Naturwissenschaften
- Beobachtungs- und Dokumentationstechniken
- Überlegungen aus anderen Ländern
- Materialien für Mathematik und Naturwissenschaften
- Entwicklungsstadien in Mathematik und Naturwissenschaften und Alterstufen
- Zusammenfassung
- Kontrollaufgaben

LERNZIELE

Nach dem Lesen dieses Kapitels kann der Leser/die Leserin:

- die zyklischen Lernprozesse im Bereich Mathematik und Naturwissenschaft erläutern;
- die Bedeutung des Bereichs für Mathematik und Naturwissenschaft erläutern;
- die Rolle der Erzieherin erläutern;
- effektive Aufbewahrungsmethoden diskutieren;
- ein geeignetes Beschriftungssystem benennen;
- Kriterien für das Einrichten eines Bereichs für Mathematik und Naturwissenschaften im Innen- und Außenbereich benennen und diskutieren;
- geeignete Materialien für Mathematik und Naturwissenschaften benennen;
- verschiedene Dokumentationstechniken zur Beobachtung der Kinder erläutern.

»Mathematik und Naturwissenschaften stehen in miteinander in Beziehung; grundlegende mathematische Konzepte und Fähigkeiten, zum Beispiel Vergleichen, Klassifizieren und Messen, spielen eine wichtige Rolle bei der Lösung naturwissenschaftlicher Probleme. Auch alle anderen wissenschaftlichen Prozessfähigkeiten (Beobachten, Kommunizieren, Schlussfolgern, Bilden von Hypothesen und Definieren von Kontrollvariablen) sind für das Lösen von Problemen in Mathematik und Naturwissenschaften bedeutsam.«

Charlesworth und Lind
Math and Science for Young Children

11.1 Mit Mathematik und Naturwissenschaften das Lernen fördern

Auf einer Reihe von Ausflügen, die sich vom frühen bis ins späte Frühjahr erstreckten, lernten die Kinder viel über ihre Umwelt und die Besonderheiten der Jahreszeit. Benjamin und Jakob machten die Erfahrung, dass es draußen noch kalt war und der Boden nicht mehr schneebedeckt, aber feucht. Benjamin stellte fest, dass der Boden nachgab und »quietschte«, dass seine Fußspuren sichtbar waren und sich mit Wasser füllten. Er versuchte, seine Spuren zu vergrößern, und bemerkte, dass Wasser über seine Stiefel lief (➛ Abb. 11.1). Er stampfte in seine Fußabdrücke und wenn er seinen Fuß zurückzog, sammelte sich in den Spuren das Wasser. Er sagte: »Vielleicht ist die Sonne heiß und lässt den Schnee in die Erde hinein schmelzen.« Sophie schlug vor, er solle auch an anderen Stellen probieren, Fußspuren zu hinterlassen. Manchmal war der Boden »zu hart«. Benjamin war verblüfft: Warum war der Boden an manchen Stellen weicher und an anderen hart? Er vermutete, dass es mit dem nahe gelegenen Fluss zu tun haben könnte.

Abb. 11.1 Die Kinder entdecken die unterschiedliche Konsistenz des Bodens.

Jakob fand auf einer Pfütze ein Stück »schönes Glas«. Sehr vorsichtig hob er das »Glas« auf, um es Michael zu zeigen (➛ Abb. 11.2).

Abb. 11.2 Jakob hat ein Stück »Glas« gefunden.

MICHAEL: »Es sieht wie Glas aus.«

Einige der anderen Kinder versammelten sich um die beiden, um sich Jakobs Fund anzusehen.

ANNA: »Es könnte dünnes Eis sein.«

MICHAEL: »Wie kriegen wir heraus, was es ist?«

BENJAMIN: »Wir könnten es vielleicht auf die Decke legen und sehen, ob die Sonne es zum Schmelzen bringt.«

ANNA: »Vielleicht ziehen wir die Handschuhe aus und testen, ob es eiskalt ist.«

Die Kinder zogen schnell die Handschuhe aus und befühlten das Stück. Sie stellten fest, dass es eiskalt war.

ANNA: »Meine Hand ist nass. Es muss Eis sein, weil es in meiner Hand schmilzt.«

OLIVIA: »Wir könnten es mit nach drinnen nehmen und sehen, ob es schmilzt. Dann sind wir sicher.« Dem stimmten alle Kinder zu.

Abb. 11.3 Jasmina identifiziert die Bestandteile einer Blume.

Jasmina fand eine Blume (➛ Abb. 11.3). Sie sah sie sich sehr genau an und sagte, dass sie aus einem stockähnlichem Teil bestehe, aus einer großen, riesigen Blüte und einem knittrigen braunen Teil. Katja, die Erzieherin, meinte: »Du hast gut beobachtet. Die Blume hat wirklich eine große Blüte, und das Teil, das wie ein Stöckchen aussieht, nennt man Stengel. Was glaubst du, was der zerknitterte Teil ist?« Jasmina war sich nicht sicher. »Wir nehmen sie mit rein und sehen in unserem Buch nach«, schlug sie vor.

Abb. 11.4 Kai trommelt mit einem Stock auf einen Baumstamm.

Kai fand einen Stock (➛ Abb. 11.4), den er eine Weile mit sich herum trug und mit dem er schließlich auf einem Baumstamm zu trommeln begann. Katja meinte, dass es wie das Klappern von Pferdehufen klingen würde, und sang

Abb. 11.5 Schneehäufen sind ein wunderbarer Ort zum Spielen.

das Lied »Listen to the Horses« (»Lauschen wir den Pferden«).

Auch andere Kinder fanden Stöcke und versuchten, den Rhythmus auf Baumstämmen oder mit zwei Stöcken zu schlagen. Die älteren Kinder sangen das Lied und konnten den Takt halten. Die Jüngeren beobachteten die Älteren und versuchten ebenfalls mitzusingen.

Auf dem Rückweg entdeckten die Kinder, dass Schneehaufen, die vom Schneepflug übriggeblieben waren, ein wunderbarer Platz sind, um Bälle hinauf- und hinunterzurollen. Stefanie versuchte, den Ball die Schräge hinaufzutragen, meinte aber, die Schräge wäre »zu schlüpfrig und zu sandig« (➛ Abb. 11.5). Benjamin und Marlene fanden heraus, dass sie kleine Schneebrocken nehmen konnten, um Muster auf der Mauer zu kreieren. Der Schnee klebte an der rauen Oberflä-

Abb. 11.6 Eine Entdeckung: Kleine Schneestücke bleiben an der Mauer kleben.

Abb. 11.7 Anastasia imitiert auf einem Eimer Pferdegetrappel.

che (➛ Abb. 11.6). Anastasia hatte einen Stock zurückgebracht. Sie klopfte damit auf die umgekehrten Eimer (➛ Abb. 11.7) – »Pferdchengetrappel«, sagte sie.

Als die Kinder hereinkamen, packten sie das »dünne Eis, das vielleicht Glas war« in eine Schale. Jasmina holte sich das Blumenbuch und ein Vergrößerungsglas, um ihre Blume genauer anzusehen, und kam zu dem Schluss, dass das zerknitterte Braune abgestorbene Blätter sein könnten. Jakob beobachtete, wie sein »schönes Glas« immer kleiner wurde. Anna sagte: »Ich wusste, dass es Eis ist. Es schmilzt, also kann es kein Glas sein.«

Abb. 11.8 Nachdem Marlene die Weidenkätzchen berührt hat, entdeckt sie Pollenspuren an der Hand.

Die Kinder gingen oft hinaus, um die Veränderungen zu beobachten. Jedes Mal entdeckten sie neue Dinge. Marlene stellte fest, dass der Baum Weidenkätzchen trug, dass die Kätzchen weich waren und die gelben »Pollen« an ihrer Hand kleben blieben (➛ Abb. 11.8). Nico war erstaunt, wie groß der Baum war und blickte immer wieder an ihm hoch, hinauf in den Himmel. Er schaute sich mehrere Bäume genauer an, um ihre Größe einzuschätzen (➛ Abb. 11.9). Anna kletterte auf einen Baum und balancierte auf dem Ast (➛ Abb. 11.10). Sie bemerkte, dass die Rinde rau war und dass dieser Baum noch keine Knospen oder Blätter hatte.

Abb. 11.9 Nico vergleicht die Größe der Bäume.

Johanna fand die erste Blume (➛ Abb. 11.11). Sie wies darauf hin, dass es nicht schlimm war, sie zu pflücken, weil es sich um Löwenzahn handelte. Sie be-

Abb. 11.10 Beim Klettern stellt Anna fest, dass der Baum noch keine Knospen hat.

Abb. 11.11 Johanna entdeckte die erste Blume: einen Löwenzahn.

Abb. 11.12 Der Löwenzahn ist zu einer Pusteblume geworden.

trachtete die Blume genau und meinte, es wären zu viele Blütenblätter, um sie zu zählen. Als die Kinder Johannas Löwenzahn sahen, rannten sie sofort los, um mehr davon zu finden. Olivia zeigte auf die Blumen in der Nähe und zählte acht. Später im Jahr erfreuten sich die Kinder daran, die Löwenzahnsamen in die Luft zu pusten und sie dann zu fangen (➛ Abb. 11.12).

Die Kinder wurden ermuntert, Gegenstände zu sammeln. Vor jeder Exkursion sprachen sie darüber, was gut gesammelt werden konnte und was man besser nicht sammeln sollte. Sie machten eine Liste der Dinge, die gesammelt und die nicht gesammelt werden können.

Abb. 11.13 Im flachen Wasser finden sich vielerlei Sammelobjekte.

Die Sammelobjekte wechselten von Unkraut, Gräsern, Blättern und Steinen zu farbenfrohen Steinen, rundgewaschenen Glasstücken und Muscheln, die sie beim Waten im flachen Wasser fanden (➛ Abb. 11.13). Sven entdeckte kleine Fische im Wasser. Er versuchte, sie zu fangen, merkte aber, dass sie zu schnell waren.

Mit diesen Erfahrungen im Freien hatten die Kinder die Möglichkeit:

- ihre Umwelt mit allen Sinnen aufzunehmen;
- Details in Farbe, Größe und Form zu beobachten;
- den Raum durch aktives Erleben kennen zu lernen: klettern, waten, berühren, fühlen;
- etwas über Zeit zu lernen: sie kommen zum gleichen Platz zurück und beobachten saisonale Veränderungen;
- Abfolgen kennen zu lernen: Schnee wird zu Wasser, vom Winter geht es über den Frühling zum Sommer;
- über ihre Gedanken und Entdeckungen mit anderen zu kommunizieren;
- Größenbeziehungen zu entdecken: winzig, groß, klein (Kenntnisse vor dem eigentlichen Messen);
- Geschehnisse vorherzusagen (Eis oder Glas?) und ihre Vorhersagen zu überprüfen (das Eis schmolz);
- Schlussfolgerungen zu ziehen: die Sonne bringt den Schnee zum Schmelzen und der Boden in der Nähe des Flusses ist weicher;
- Materialien zu sammeln und als Sammlung zu sortieren und zu ordnen;
- Objekte zu zählen – z.B. Blumen oder Blütenblätter
- das zu Mathematik bzw. Naturwissenschaften gehörende Vokabular zu erlernen: zu viele, unterschiedlich, groß bzw. Pollen, Fallschirmsamen;
- neugierig auf die Welt zu werden: Details beobachten, nachfragen, schlussfolgern, Informationen nachschlagen;
- Brainstormings zu veranstalten: Listen von Objekten zum Sammeln bzw. von Gegenständen, die nicht gesammelt werden sollten, aufstellen.

Diese Aktivitäten legen die Fundamente für viele mathematische Konzepte und Kenntnisse wie Zählen, Vergleichen, Sortieren/Zuordnen und für die Entwicklung des erforderlichen Vokabulars. Sie sind grundlegend für alle wissenschaftlichen Kenntnisse und Fähigkeiten: Beobachten, Sortieren (führt später zur Fähigkeit, etwas zu klassifizieren), Kommunizieren, Messen, Vorhersagen und Schlussfolgern. Kinder untersuchen die Umwelt, um sie kennen zu lernen, sie experimentieren mit den für sie erreichbaren Materialien, sie stellen Fragen, vergleichen ihre Resultate, und nutzen ihre Informationen, um neue Situationen zu verstehen. Die Kinder fanden den Löwenzahn, sie konnten die Blume anhand ihrer Form und Farbe erkennen, sie konnten ihre Veränderung von der Blüte zu Samen verfolgen, sie konnten den Wind simulieren, indem sie auf die Samen pusteten, und sie konnten die Samen aussäen, um neuen Löwenzahn zu pflanzen.

11.2 Zyklisches Lernen im Bereich Mathematik und Naturwissenschaften

Mit der Vorstellung vom zyklischen Lernen (Bredekamp und Rosegrant 1992 und Charlesworth und Lind 1999, S. 10) wurde auch die Entwicklung im mathematischen und naturwissenschaftlichen Bereich reflektiert. Kinder bewegen sich im Prozess des Älterwerdens durch verschiedene Zyklen und entwickeln die benötigten Fähigkeiten. Sie wiederholen Zyklen auf der Basis eines erreichten Reifegrads jedesmal, wenn neue Fähigkeiten oder Kenntnisse erforscht werden.

Moritz zog an der Rassel, die vor ihm lag (➛ Abb. 11.14). Je stärker er zog, umso mehr tanzten und rasselten die Figuren. Sie verursachten ein Geräusch, das ihm offenbar gefiel, und er schien im Rhythmus der Bewegung und des Rasselgeräuschs zu nuckeln. Je schneller er die Rassel schüttelte, umso schneller nuckelte er. Dies ist eine Art, wie Babys ihre Freude mitteilen.

Moritz lernt die Form der Rassel kennen. Er kann sie fühlen (uneben, glatt, hart), er kann die leuchtenden Farben sehen, er lernt etwas über ihre Größe (sie passen in seine Hand), er lernt den Raum kennen (er setzt sich auf, um Objekte zu manipulieren und Dinge vor ihm zu erreichen) und er lernt etwas über Ursache und Wirkung (wenn ich die Rassel berühre, bewegt sie sich und macht Geräusche).

Jakob (➛ Abb. 11.2) ist dabei, sich neuer Konzepte in seiner Umgebung bewusst zu werden. Er hat eine Reihe von Erkenntnissen über das von ihm gefundene Eis gewonnen: Gewicht (leicht zu tragen), Größe (schmilzt), er erkennt Beziehungen (Eis wird kleiner, wenn es schmilzt) und Abfolgen (Eis hochnehmen, ins Haus bringen, dann schmilzt es), Farbe (klar), er vergleicht es mit Bekanntem (Glas).

Kai und Anastasia erwerben ebenfalls neue Erkenntnisse über Dinge in ihrem Umfeld. Kai (➛ Abb. 11.4) entdeckte, dass er einen Stock benutzen konnte, um Geräusche zu erzeugen. Er lernte etwas über räumliche Beziehungen – wie dicht er am Baumstamm stehen musste, um ihn zu treffen. Er beobachtete und

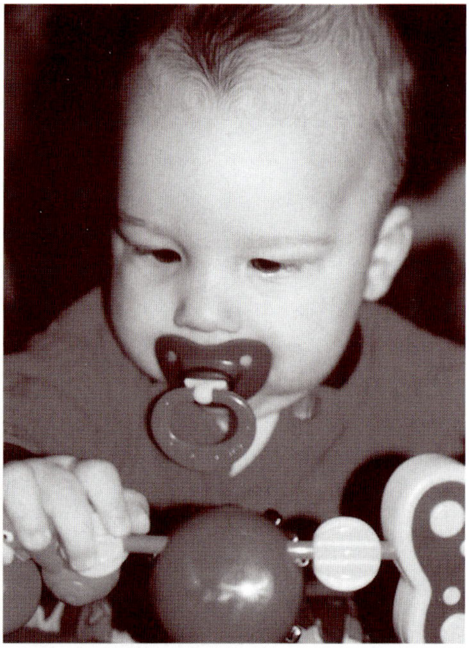

Abb. 11.14 Moritz entdeckt, dass er der Rassel Geräusche entlocken kann.

Abb. 11.15 Lena variiert ihre Art zu springen, die Erzieherin vermittelt dazu die räumlichen Begrifflichkeiten.

imitierte Verhaltensweisen – den Takt halten.

Anastasia wendete das, was sie beobachtet hatte, auf eine neue Situation an (➛ Abb. 11.7). Sie fand einen neuen Stock, machte ein Schlaggeräusch auf einem neuen Gegenstand, dem Eimer, und identifizierte das Geräusch ebenfalls als »Pferdchengetrappel«.

Lena (➛ Abb. 11.15) imitierte beobachtetes Verhalten. Sie hatte zugesehen, wie die älteren Kinder ein Podest hingestellt hatten und herunter sprangen. Als sie selbst sprang, erkundete sie dabei den Raum um sich herum. Sie sprang immer wieder auf andere Weise – vorwärts und rückwärts. Nachdem sie mehr Sicherheit erworben hatte, sprang sie höher. Jeanette, die Erzieherin, begleitete ihre Aktionen mit der passenden Terminologie – sie springe *vorwärts, höher und weiter*. Diese Begriffe sind notwendig, um Richtungen zu erkennen und zu messen. Das Springen vermittelte Lena auch die Erkenntnis sequentieller Abläufe – auf die Plattform steigen, springen und dann landen.

Jasmina beobachtete viele Dinge an der Blume, die sie gefunden hatte (➛ Abb. 11.3): die Farben und Formen, zerknitterte Blätter, ein dünner, kräftiger Stiel. Jasmina untersuchte die Blume auf unterschiedliche Weise: mit den Augen, mit einem Vergrößerungsglas und indem sie Informationen in einem Buch nachschlug. Sie fand ihre Blume in dem Buch abgebildet, woraus sie ableitete, dass das »zerknitterte Teil« tatsächlich ein »totes Blatt« war.

Anna untersuchte den Raum. Sie konnte ihre Erfahrung in Worten ausdrücken und eine Schlussfolgerung daraus ziehen – sie konnte auf dem Baum balancieren (➛ Abb. 11.10). Sie konnte die Information aus einer Situation mit der in einer anderen vergleichen – es gab keine Blätter oder Knospen an diesem Baum.

Mit der Zeit war es den Kindern möglich zu vergleichen, und sie konnten diese Information in neuen Aufgaben verwenden. Die Fotos, die die Kinder bei verschiedenen Aufgaben zeigen – Löwenzahn pflücken; die Samen wegpusten; ihnen hinterherlaufen und sie fangen – wurden dazu benutzt, sie anzuregen, z. B. die verschiedenen Phasen des Löwenzahnwachstums in die korrekte zeitliche Abfolge zu bringen.

Die Kinder brachten viele Gegenstände mit ins Haus, begannen u. a. eine Muschelsammlung. Sie selbst sammelten Muscheln und die Familien steuerten welche bei. Die Sammlung wurde benutzt um:

- Muscheln der gleichen Art einander zuzuordnen und Muscheln mit entsprechenden Abbildungen zu vergleichen;
- Muscheln mit ihren Namen zu identifizieren;
- sie zu zeichnen und als Druckstöcke zu benutzen;
- Muscheln zu sortieren – nach Typ, Grösse, Farbe;
- sie zu vergleichen und darüber zu sprechen, ob sie gleich oder unterschiedlich sind;
- sie anzuordnen von den kleinsten zu den größten Muscheln oder danach, wie »laut« sie waren (➛ Abb. 11.16);
- Muscheln zu wiegen;
- Muscheln zu zählen;
- Muscheln auszustellen.

Sammlungen sind eine wertvolle Methode, die Kinder dazu anregt, Verbindungen herzustellen zwischen dem, was sie bereits wissen, und neuen Informationen. Lena nutzte Informationen aus Erfahrungen, die sie an einem Strand in Florida mit Muscheln gemacht hatte. Sie fand heraus, dass nicht in allen Muscheln der Ozean, dafür in einer aber ein See zu hören war. Einige der gefundenen Muscheln erkannte sie auch wieder und wusste ihre Namen.

Abb. 11.16 Wie laut diese Muschel wohl sein mag?

Es gibt eine Vielzahl von Entdeckungen, die Kinder im Bereich von Naturwissenschaften und Mathematik machen können. Das sind wunderbare Aktivitäten, um die Neugier zu wecken, die ganz von selbst zum Lernen führt. Weitere für Kinder attraktive Lernaktivitäten sind:

- **Sortieren** (➛ Abb. 11.17): André und Carolin sortierten die Spieltiere in Gruppen nach Ähnlichkeit (alle Hunde). Ausserdem reihten sie sie alle hintereinander auf. Dies ist ein Beispiel für eine Eins-zu-eins-Zuordnung (ein Tier an jedem Platz).
- **Sortieren, um zu zählen:** Nico hatte alle Hunde wie Perlen an einer Schnur aufgereiht. Er zeigte sie Max, der sie gleich zu zählen begann. Nun wollte auch Nico zählen. Max hielt ihm

Abb. 11.17 Die Tiere werden nach Ähnlichkeit sortiert.

Abb. 11.18 Max unterstützt Nico beim Zählen.

die Schnur (➛ Abb. 11.18). Max hatte korrekt 18 Perlen gezählt. Nico zählte fünf Perlen und wiederholte die Zahl fünf. Max korrigierte ihn: »Nein, das ist Nummer sechs.« Nico korrigierte sich. Jedesmal, wenn Nico sich verzählt hatte, nannte Max ihm die korrekte Zahl (die Kinder lernen voneinander).

- **Vorhersagen/Schätzen und vergleichen:** Kristin nahm an, dass die Spielkühe schwerer sind als Schweine. Sie wog sie, um das herauszufinden (➛ Abb. 11.19), und war sehr überrascht, als sich herausstellte, dass das Schwein schwerer war. »Die Kuh sieht schwerer aus«, sagte sie. Es war deutlich, dass sie am optischen Eindruck zweifelte. Das Schwein zeigte zwar auf der Waage mehr Gewicht an, aber aufgrund ihrer Größe sah die Kuh schwerer aus. Eine solche Erfahrung führt zu der späteren Fähigkeit, das Invarianzprinzip zu verstehen, d.h., dass eine bestimmte Masse oder Menge unabhängig von ihrer räumlichen Ausdehnung immer dieselbe bleibt. Zwei Reihen von

Abb. 11.19 Kristin macht erste Erfahrungen mit dem Invarianzprinzip.

zwölf Pennys beinhalten die gleiche Menge, egal wie lang oder kurz die Reihen sind. Zwei Behälter gleicher Größe enthalten die gleiche Menge Wasser, auch wenn der eine schmal und dünn und der andere flach und breit ist.

- **Neue Konzepte entdecken und untersuchen:** Benjamin hatte mitgeholfen, »magnetischen Sand« im Sandkasten zu finden. Die magnetisierten Körnchen wurden in einem durchsichtigen Plastikcontainer gesammelt, der ver-

Abb. 11.20 Benjamin entdeckt die Wirkung des Magnetismus

Abb. 11.21 Konstanz der Zahl: In jede Vertiefung des Muffintabletts passt ein Fahrzeug.

schlossen wurde. Benjamin zog den Magneten rund um den Boden des Containers (➛ Abb. 11.20) und entdeckte begeistert, dass »der magnetische Sand aufsteht« und dass er ihn bewegen kann.

- **Eins-zu-eins-Zuordnung:** Nico benutzt eine Form für Muffins, um in jede Vertiefung ein Fahrzeug zu legen (➛ Abb. 11.21). »Die Eins-zu-eins-Zuordnung ist der fundamentalste Teil der Zahl. Es ist das Verstehen, dass in einer Gruppe von Dingen die Anzahl die gleiche ist wie in einer anderen Gruppe von Dingen. Zum Beispiel: Jedes Kind hat einen Keks, jeder Fuß hat einen Schuh, jede Person trägt einen Hut. Dies ist die Grundlage für das Zählen und bildet die Basis für das Verstehen von Äquivalenz und von der Konstanz der Zahl.« (Charlesworth und Lind 1999, S. 92)

11.3 Die Bedeutung der Mathematik und der Naturwissenschaften

- Durch Beobachtung lernen: Marlene (➛ Abb. 11.8) und Jasmina (➛ Abb. 11.3) lernen etwas über Pflanzen.
- Vorhersagen machen und überprüfen: Jakob und Anna überprüfen, ob es sich um Eis oder Glas handelt.

- Schlussfolgern: Benjamin überlegte, dass der Boden wegen seiner Nähe zum Fluss feuchter war.
- Logische Verbindungen herstellen: Nico (➛ Abb. 11.21) fand heraus, dass nur ein Gegenstand in eine Vertiefung passte.
- Lernen, indem Dinge auf neue Weise ausprobiert werden: Der Takt wird erst mit Schlaginstrumenten gehalten und später mit anderen Gegenständen (➛ Abb. 11.14 und 11.17).
- Das Bewusstsein für die Umwelt schärfen: Exkursionen als Mittel zur Erforschung der Umwelt.
- Mathematische und naturwissenschaftliche Fähigkeiten vielfältig nutzen: Eins-zu-eins-Korrespondenz im Bereich des feinmotorischen Spiels (➛ Abb. 11.21), messen, um Spielteig herzustellen (➛ Abb. 8.6), Perlen zählen (➛ Abb. 11.18).
- Verbindungen zwischen den Erfahrungswelten drinnen und draußen herstellen: Materialien draußen sammeln, nach drinnen bringen und dort verwenden (Muscheln, Blumen, Steine).
- Einfache Experimente durchführen: Eis in den Raum bringen, um zu sehen, ob es schmilzt.
- Einem wissenschaftlichen Prozess folgen: beobachten (den feuchten Boden rund um Benjamin ➛ Abb. 11.1), experimentieren (in die Fußspuren hineintreten; sehen, wie das Wasser über die Stiefel rinnt; die Fußspur vergrößern), über das Geschehene reflektieren (die Sonne hat den Schnee geschmolzen), die Reflexion überprü-

Abb. 11.22 Mario experimentiert mit der Wirkung eines Overheadprojektor.

Abb. 11.23 Max bewegt Gegenstände auf unterschiedliche Weise.

fen (woanders ist der Boden gefroren), neu reflektieren (es ist dicht am Fluss).

- Verbessert die Fähigkeiten, Probleme zu lösen: wie wird eine Sammlung sortiert, wie kann man einen Ball auf eine Schräge hinaufbewegen (➝ Abb. 11.5)?
- Dinge auf unterschiedliche Weise betrachten: Benjamin benutzt einen Magneten für den »magnetischen Sand« in einem durchsichtigen Behälter.
- Durch Erfahrung gewonnene Kenntnisse anwenden: Lena sortiert die Muscheln nach ihrem Geräusch (➝ Abb. 11.16).
- Mit bekannten Konzepten auf unterschiedliche Weise arbeiten: Mario baut für die Plastikfrösche auf dem Overheadprojektor einen Teich; der Overheadprojektor reflektiert und wirft vergrößerte Schatten an die Wand (➝ Abb. 11.22), Max bewegt unterschiedliche Gegenstände auf verschiedene Weise – über Rampen und durch Pappröhren (➝ Abb. 11.23).

11.4 Die Rolle der Erzieherin/des Erziehers

- Sie dokumentiert das Lernen und die Aktivitäten der Kinder.
- Sie stellt alternative Fragen und gibt alternative Kommentare: Fragen, die Probleme lösen helfen (Michael fragte, wie man herausfinden könne, ob etwas aus Eis oder Glas ist; Katja assoziierte die Geräusche, die sie hörte, mit früher gespielter Musik).
- Sie vermittelt den Kindern folgende Idee: »Konzentriere dich auf die Schönheit und das Wunder der Natur.« (Wilson 1995, S. 7) Marlene betrachtet Knospen, Johanna schaut sich den Löwenzahn an.
- Sie setzt Naturmaterialien in den unterschiedlichen Lernbereichen ein (vgl. Wilson 1995, S. 4): Muscheln im Handarbeitsbereich, Holzstämme im Sandkasten und im Baubereich.
- Sie liest Bücher über die Natur und stellt sie bereit.
- Sie ist Vorbild in Bezug auf Umwelt und im Umweltschutz (vgl. Wilson 1995, S. 9): Diskussionen mit den Kindern, bevor sie auf Sammeltour gehen.
- Sie teilt Begeisterung, Neugier und Erstaunen der Kinder (vgl. Dighe 1993, S. 59): Michael erkennt an, dass das Eis wie Glas aussah.
- Sie fesselt die Aufmerksamkeit der Kinder mit geeigneten Ausrüstungsgegenständen (Vergrößerungsglas) (vgl. Dighe 1993, S. 59), weist auf interessante Dinge hin.
- Sie nimmt Anregungen von den Kindern auf: Die Erzieherin nahm Benjamins und Annas Anregung bezüglich des Eises auf.
- Sie beachtet die Sicherheit der Kinder: Die Erzieherin untersuchte vor jedem Ausflug die Umgebung auf mögliche Gefährdungen, im Raum werden

nur sichere Materialien verwendet (Plastikcontainer für »magnetischen Sand«).
- Sie erweitert die Interessen der Kinder, kehrt öfter an Orte zurück und betrachtet mit den Kindern die eingetretenen Veränderungen.
- Sie stellt Materialien zur Verfügung, die für die Entwicklungsstufe geeignet sind: Kinder können im Computer nach Informationen über beobachtete Insekten suchen; es gibt Magneten; Vergrößerungsgläser, ein Aquarium.
- Sie unterstützt Untersuchungen: hilft den Kindern durch Fragen, die den Lernprozess unterstützen (Eis-Episode), stellt die geeigneten Ressourcen zur Verfügung (Bücher, Computer, Software).
- Sie forscht selbst: erweitert ihre Kenntnisse über Naturwissenschaften und Mathematik, so dass sie die Kinder anleiten kann, Konzepte zu entdecken.
- Sie unterstützt Diskussionen: spricht darüber, was die Kinder tun, was sie sonst noch herausfinden und entdecken könnten, sucht mit ihnen nach Ähnlichkeiten und Unterschieden.

11.5 Effektive Aufbewahrungssysteme

Die effektive Aufbewahrung aller Materialien wurde in den vorhergehenden Kapiteln schon besprochen. Für den naturwissenschaftlichen und mathematischen Bereich empfiehlt es sich zusätzlich, einen Neugier- oder Kuriositätentisch einzurichten. Ein solcher Tisch ermutigt die Kinder, sich eine Sammlung von Gegenständen oder auch ein einzelnes Objekt genauer anzusehen. Nachdem die Kinder fasziniert von den Insekten gewesen waren, die sie draußen gesehen hatten, wurden auf dem Kuriositätentisch auch Insekten in kleinen Boxen präsentiert sowie Bücher über Insekten. Tim war von dem Marienkäfer fasziniert. Er trug ihn vorsichtig und stolz herum, um ihn den anderen Kindern zu zeigen (➛ Abb. 11.24).

Abb. 11.24 Tim ist ganz fasziniert von dem Marienkäfer.

Weitere Ausrüstungsstücke wie Vergrößerungsgläser, Magneten, Waagen, Messeinrichtungen und Gewichte werden so ähnlich wie die Materialien im Bereich für feinmotorische Aktivitäten aufbewahrt.

11.6 Effektive Beschriftungssysteme

Das Beschriftungssystem gleicht dem in den anderen Bereichen, speziell im Bereich für feinmotorische Tätigkeiten.

11.7 Überlegungen zum Einrichten eines Bereichs für Mathematik und Naturwissenschaften

11.7.1 Erfahrungen im Freien

»Erfahrungen im Freien bieten eine Vielzahl von Möglichkeiten, um alle Entwicklungsbereiche zu fördern. Das umfasst die ästhetische, kognitive, kommunikative, sensomotorische und sozio-emotionale Entwicklung.« (Wilson 1995, S. 4) Nach jeder Exkursion sollten die gesammelten Erfahrungen auch drinnen sichtbar werden: z. B. durch eine Dokumentation der Aktivitäten der Kinder oder durch eine Ausstellung von Naturmaterialien, die die Kinder gefunden haben. Die Kinder sollten Behälter haben, um Dinge zu sammeln, stabile Plastikkörbe sind dafür gut geeignet (➛ Abb. 9.17).

Neue Gegenstände und Materialien müssen gleich an den richtigen Ort gebracht werden: einige in den Kunstbereich, andere in den Sand- oder Wasserbereich, manche können im Bereich für feinmotorische Aktivitäten und andere im Bereich für Mathematik und Naturwissenschaften platziert werden.

11.7.2 Ästhetische Fragen

»Ästhetik bedeutet, aufmerksam für die Schönheit in Natur und Kunst zu sein. Solche Aufmerksamkeit wird nicht dadurch entwickelt, dass man über Schönheit spricht, sondern dadurch, dass man sie auf unterschiedliche Weise erfährt – im Anblick von Schnee auf Tannenzweigen, im Geruch der Erde nach einem Frühlingsregen, im Gesang eines Vogels in der Luft und im Gefühl, das Fell eines Kätzchens oder das Moos an einem Baumstamm zu streicheln.« (Wilson 1995, S. 4) Diese Schönheit muss im Raum auch zu finden sein.

Wenn Kinder an Sammlungen arbeiten, müssen sie einen besonderen Platz dafür haben. Das Montessori-Prinzip bietet hier einige einzigartige Ideen. Jedes

Kind hat dort z. B. seinen persönlichen Teppich. Dieser schafft einen persönlichen Raum auf dem Boden, auf dem gearbeitet werden kann. Ein ähnliches Verfahren kann für die Sammlungen der Kinder genutzt werden. Sie können in eigenen Schachteln im Regal aufbewahrt werden. Wenn ein Kind seine Sammlung zeigen möchte, kann es sie am besten auf einem einfarbigen Teppich oder einem Stück Stoff präsentieren.

Ein anderer Vorschlag ist die Schaffung von »Mini-Museen für die Sammlungen« (Kokoski und Downing-Leffler 1995, S. 37). In diesen Museen gibt es laufend Ausstellungen, neue Stücke können hinzugefügt und die Ausstellungen können verändert werden.

11.7.3 Die Platzierung des Bereichs

Naturwissenschaften und Mathematik können überall im Raum ihren Platz bekommen, da die Fähigkeiten in allen Lernbereichen eine Rolle spielen und erprobt werden können. Der logischste Platz ist jedoch der Bereich für feinmotorische Aktivitäten, da er über die meisten gemeinsam genutzten Materialien verfügt. Wenn die Kinder Pflanzen aufziehen, sollten sie in der Nähe von natürlichem Licht stehen.

11.8 Beobachtungs- und Dokumentationstechniken

Die Tabellen 11.1 bis 11.3 zeigen Beispiele für Beobachtungs- und Dokumentationstechniken.

Die in Tabelle 11.1 gezeigte Checkliste kann für alle Arten von mathematischen und naturwissenschaftlichen Fähigkeiten genutzt werden. Die Liste gibt Informationen über das Niveau von Nicos Fähigkeiten und über seine Interessen in diesem Bereich. Sie hilft der Erzieherin, Konzepte zu vertiefen – das Zählen über sechs hinaus zu fördern, alternative Materialien zum Sortieren zur Verfügung zu stellen (geometrische Perlen zum Auffädeln); sie ist nützlich, um Informationen an die Familien weiterzugeben.

Checkliste: Fähigkeiten

Name: *Nico*

Datum	Fähigkeit	Beobachtung
15.10.	*Zählen*	*Zählte Perlen bis sechs, wiederholte die Zahlen nach der sechs*
15.10.	*Eins-zu-eins-Zuordnung*	*Füllte alle Teile einer Muffinform mit Gummiautos*
18.10.	*Sortieren*	*Aus einer Sammlung von Tieren sortierte er nur Hunde aus, um sie aufzureihen*

Tab. 11.1 Checkliste: Fähigkeiten

Checkliste zum Thema Zählen						
(Dinge oder Vorgänge zählen und anmerken, wie viele gezählt wurden.)						
Namen	Datum	0–3	0–5	0–7	0–10	Einbezogene Zahlen
Max						*18*
Nico						

Tab. 11.2 Checkliste zum Thema Zählen

In Tabelle 11.2 wird eine Checkliste zum Thema Zählen gezeigt, die aber auch auf andere Fähigkeiten übertragbar ist. Stellen Sie eine Liste mit den Namen aller Kinder auf. Datieren Sie die Einträge und vermerken Sie einfach jedes Mal, wenn Sie eine spezifische Fähigkeit beobachten. Die Fähigkeiten müssen mehrfach dokumentiert werden, da eine Fähigkeit noch nicht unbedingt erworben sein muss, wenn sie nur einmal zu sehen war. Das hilft Ihnen bei der Erweiterung der entsprechenden Erfahrungen der Kinder und beim Anbieten von Materialien, um diese Fähigkeiten weiter zu fördern.

Dokumentation

Die Dokumentation erfolgt ähnlich wie in Kapitel 10.

Lernzyklus	
Name: *Benjamin*	Daten: *10.11. und 12.11.*
Komponente	Dokumentation
Bewusstsein/sich bewusst werden/bemerken	*Fand einen Magneten im Sandkasten, bemerkte, dass »Zeug« daran haftete, das sich nicht abwischen ließ – lernte auf diese Weise »magnetischen Sand« kennen*
Erkunden	*Sammelte »magnetischen Sand« aus dem Sandkasten*
Erforschen	*Schüttete den »magnetischen Sand« in ein durchsichtiges Gefäß mit einem Magneten, sagte, der Sand »steht auf«*
Anwenden	

Tab. 11.3 Checkliste zum Lernzyklus

Lernkreislauf

Die Checkliste in Tabelle 11.3 zeigt die verschiedenen Verfahrensweisen, die Benjamin benutzt, wenn er mit neuen oder bereits gemachten Erfahrungen konfrontiert wird. Dies hilft der Erzieherin, Erfahrungsbereiche und Materialien für die Kinder sorgfältiger auszuwählen.

11.9 Überlegungen aus anderen Ländern

Man muss sich darüber im Klaren sein, dass das, was Kinder über die Welt wissen, immer auch davon abhängt, wo sie leben und mit welchen Aktivitäten sie sich beschäftigen. »Das heißt, Kinder in Alaska lernen, Fisch zu trocknen, zu singen, tanzen und trommeln. Kinder in Florida lernen, was sie tun müssen, wenn ein Hurrikan angesagt ist, wie sie Feuerameisen vermeiden können und warum man Schildkröten schützt. Die meisten Kinder in Alaska wie in Florida lernen, wie man Häuser baut, entweder aus Eis, Kiefernbohlen, Zement, Ziegeln oder Hohlblocksteinen.« (Yinger und Blaszka 1995, S. 15)

Kinder lernen, mit den ihnen zur Verfügung stehenden Materialien Kenntnisse über Mathematik und Naturwissenschaften aufzubauen. Auch wenn sie unterschiedliche Materialien zum Zählen benutzen oder einen ganz unterschiedlichen Unterrichtsstil erfahren: Sie alle lernen die erforderlichen Fähigkeiten. »Kinder in Alaska zählen mit Schneebällen, Knochen und Steinen. In Florida benutzen sie Muscheln. Kinder in beiden Gebieten lernen zählen, und sie lernen es am besten, wenn sie Dinge benutzen, die leicht verfügbar sind.« (Yinger und Blaszka 1995, S. 15)

Die Umwelt, die Kinder kennen lernen und erforschen, ist in verschiedenen Gebieten der Welt sehr unterschiedlich. Die Erfahrungen der Kinder werden bestimmt durch das Klima, den Vegetationstyp und gesellschaftliche Werte und Aktivitäten. Die Kinder in Alaska lernen vielleicht Eisfischen, Jagen und Schlitten fahren – unter schwierigen Bedingungen. Die Kinder in Florida lernen eher, Orangen, Pampelmusen oder Zitronen zu pflücken, zu entsaften und zu kosten und an meterhohen Palmblättern zu schaukeln.« (Yinger und Blaszka 1995, S. 15)

Einige Kulturen, wie zum Beispiel in China und Korea, erwarten tendenziell eher von ihren Kindern, sich in Mathematik und wissenschaftsbezogenen Aktivitäten auszuzeichnen. In diesen Kulturen ist das Lernen oft sehr am Lehrer orientiert. Es wird erwartet, dass die Kinder viel auswendig lernen. Neue Erkenntnisse aus der Hirnforschung und über die besten Methoden, Kinder zu unterrichten, haben jedoch dazu geführt, dass ein langsames Umdenken in vielen Teilen der Welt begonnen hat. Die meisten Kulturen erkennen heute das Recht der Kinder an, durch Spielen zu lernen. Leider haben nicht alle Gesellschaften die finanziellen Möglichkeiten oder die Sachkenntnis, Kindern die geeignete Umgebung dafür bereitzustellen.

11.10 Materialien für Mathematik und Naturwissenschaften

Viele der Materialien sind in anderen Kapiteln schon genannt worden. Daher werden in Tab. 11.4 nur zusätzliche, spezifische Materialien aufgeführt.

Konzept/Fähigkeit	Mögliche Materialien
Vergleichen	• Ineinander passende Becher, Bausteine mit Mustern, Tangramspiele, geometrische Formen, geometrische Körper, Graphiken
Zuordnen, sortieren, Muster bilden	• Muscheln, Steine, Perlen, Miniaturen (Tiere, Autos, Saurier, Formen, Insekten), Sortierwürfel, Lochbretter, Bilderdominos • Sortiertabletts, Unifix – mathematische Würfel
Zählen	• Würfel mit Zahlen und Symbolen, Dominospiele, Zählwürfel, Rechenmaschinen, Zahlen und passende Sätze verschieden nummerierter Gegenstände, Geld, Uhren, Sanduhren, Unifix-Würfel
Messen	• Waage, Gewichte, durchsichtige geometrische Sätze von Gefäßen mit unterschiedlichem Volumen, Sätze von Messzylindern, Messbecher, Messlöffel
Natur- und andere Materialien	• Seile, Ketten, Röhren, Schläuche, Zweige, Erde, Schlamm, Steine, Blätter, Gras, Samen zum Wegblasen, schnell wachsende Pflanzen, Holzstämme, Holzscheite
Tiere	• Fische, Ameisen, Regenwürmer

Tab. 11.4 Materialien für Mathematik und Naturwissenschaften

11.11 Entwicklungsstadien in Mathematik und Naturwissenschaften und Altersstufen

Tabelle 11.5 fasst die Altersstufen und Entwicklungsstadien in Mathematik und Naturwissenschaften zusammen.

Alter	Komponente	Mögliches Verhalten
Baby	• Bewusstsein • Entwickelt allgemeines Verständnis/Erkennen von Gegenständen, Menschen,	• Nutzt die Sinne, um etwas über Form, Gewicht, Größe und Farbe zu lernen, indem es sich Dinge ansieht, sie berührt, sie aufnimmt, in den Mund steckt, fallen lässt und damit hantiert (➛ Abb. 10.5 und 10.6)

Alter	Komponente	Mögliches Verhalten
Baby (Forts.)	Ereignissen, Konzepten – das bietet die Basis für weiteres Lernen	• Lernt etwas über den Raum, indem es an verschiedene Orte gebracht wird, Babys besuchen Geschwister in der Kindertagesstätte (➛ Abb. 10.8) • Lernt etwas über die Zeit – Einhalten vorhersehbarer Abläufe • Lernt etwas über Abfolgen – wenn ich nass bin, spüre ich das; ich schreie, die Betreuerin kommt und wechselt die Windeln • Mobile Babys lernen etwas über räumliche Begriffe – unter etwas krabbeln, auf etwas krabbeln, herunterkrabbeln • Mobile Babys beginnen, Entscheidungen zu treffen – wohin sie gehen, was sie haben wollen, wie sie es erreichen, dass Dinge geschehen – werfen, rollen (➛ Abb. 10.7)
Kleinkind	• Bewusstsein – entwickelt ein allgemeines Verständnis/Erkennen von neuen Gegenständen, Menschen, Ereignissen und Konzepten • Entwickelt ein spezifischeres Verständnis/Erkennen von bekannten Gegenständen, Menschen, Ereignissen und Konzepten • Erkundung – sinnliche Erfahrung, um die persönliche Bedeutung der Gegenstände, Menschen, Ereignisse und Konzepte zu konstruieren	• Lernt etwas über Gewicht und Größe, wenn es etwas trägt, stapelt, bewegt (➛ Abb. 3.1) • Lernt etwas über Form und Farbe, indem es neue Gegenstände untersucht, Handlungen anderer Menschen beobachtet (➛ Abb. 10.22) • Lernt etwas über den Raum, wenn es läuft, rennt, klettert, fährt, springt (➛ Abb. 10.5 und 10.10) • Lernt etwas über Zeit und Abfolgen mittels geregelter Abläufe – essen, schlafen • Stapelt Dinge, sortiert Dinge nach Farben, Größen, Formen (➛ Abb. 10.19) • Ordnet Dinge Bildern zu, benennt Gegenstände (➛ Abb. 7.1) • Entwickelt Abläufe im Spiel – Babypuppe waschen, Türme bauen und umwerfen, leeren und füllen (➛ Abb. 8.12) • Beobachtet und imitiert Verhalten (➛ Abb. 5.10) • Entdeckt Beziehungen – Ursache und Wirkung: Wenn ich den Ball anstoße, rollt er (➛ Abb. 4.6) • Kreiert etwas – Zeichnungen, Bilder, Bauwerke (➛ Abb. 9.3)
Vorschulkind	• Bewusstsein – entwickelt ein allgemeines Verständnis/Erkennen von neuen Gegenständen, Menschen, Ereignissen und Konzepten	• Lernt Konzepte durch Hantieren, Fragen, Ansehen von Büchern, Beobachten anderer Menschen kennen • Lernt Gewicht und Größe einzuschätzen durch Tragen, Bauen, Hantieren (➛ Abb. 6.2)

Alter	Komponente	Mögliches Verhalten
Vorschulkind (Forts.)	• Entwickelt ein spezifischeres Verständnis/Erkennen von bekannten Gegenständen, Menschen, Ereignissen und Konzepten	• Lernt Formen und Farben differenziert zu unterscheiden durch Untersuchen neuer Dinge, Vergleichen von Gegenständen, Sprechen über Objekte (→ Abb. 4.3) • Macht Raumerfahrungen durch Gehen, Rennen, Klettern, Fahren (→ Abb. 11.10) • Lernt Zeit und Abfolgen durch regulierte Abläufe – zur Arbeit gehen, zur Schule gehen, Jahreszeitenwechsel, sich selbst anziehen, Essenzeiten, Mittagsschlaf (→ Abb. 5.17)
	• Erkundung – aktive Erfahrungen, um persönliche Bedeutung von Gegenständen, Menschen, Ereignissen und Konzepten zu konstruieren	• Zuordnen – findet gesuchte Gegenstände in Bildern und Büchern (→ Abb. 10.1) • Sortiert Dinge – Farbe, Größe, Form, kann zwischen Sortierkriterien wechseln (gelbe Balken zu gelben Autos zu roten Autos) • Messen – nutzt elementare Methoden (Kordel, Körper) (→ Abb. 6.20 und 6.21) • Vergleicht – Muscheln je nach Geräusch (→ Abb. 11.15 und 11.16) • Ordnet Symbole den Objekten/Bildern zu (→ Abb. 10.1) • Entwickelt Verständnis für Abfolgen im Lebenszyklus und in den Jahreszeiten (→ Abb. 11.11 und 11.12) • Bringt eigene Interpretationen hervor (→ Abb. 9.12) • Entdeckt Beziehungen – den Wechsel der Jahreszeiten (→ Abb. 11.8) • Sammelt Informationen – trägt Material zusammen, legt Sammlungen an (→ Abb. 11.13) • Zählt Gegenstände – kann falsch zählen (lässt Zahlen aus oder wiederholt Zahlen), antwortet nicht immer richtig, wenn nach der Anzahl gefragt wird, auch dann nicht, wenn es gezählt hat (→ Abb. 11.17 und 11.18) • Eins-zu-eins-Zuordnung (→ Abb. 11.20 und 11.18)
	• Erforschung – vergleicht eigene Ergebnisse mit denen anderer, sucht nach Ähnlichkeiten und Unterschieden	• Untersucht Dinge auf verschiedene Weise – indem es sie anschaut, Vergrößerungsgläser benutzt, aus verschiedenen Winkeln hinsieht (→ Abb. 11.19 und 11.20) • Untersucht, welches Ding schwerer ist, welche Linie länger ist (→ Abb. 11.18 und 11.19) • Gibt Erklärungen, die auf der persönlichen Sicht beruhen – das Glas ist größer, weil es größer aussieht

Alter	Komponente	Mögliches Verhalten
Vorschulkind (Forts.)	• Anwendung – setzt sein Verständnis für neue Situationen ein	• Nutzt Erfahrungen aus der Vergangenheit in neuen Situationen – nahm einen Krug, um Wasser und dann Perlen auszugießen (Abb. 10.14)
Schulkind	• Bewusstsein – entwickelt ein allgemeines Verständnis/Erkennen von neuen Gegenständen, Menschen, Ereignissen und Konzepten • Entwickelt ein spezifischeres Verständnis/Erkennen von bekannten Gegenständen, Menschen, Ereignissen und Konzepten • Erkundung – aktive Erfahrungen, um persönliche Bedeutungen von Gegenständen, Menschen, Ereignissen und Konzepten zu konstruieren	• Lernt neue Konzepte mittels Schreiben, Hantieren, Fragen, Lesen, Operationen ausführen, Beobachten: Gewicht und Größe mittels Messen mit Bandmaß, Messgerät, Thermometer, Aufschreiben, Berechnen (➛ Abb. 12.11) • Erkundet Form und Farbe durch Untersuchung neuer Objekte, Vergleich, Reden über Gegenstände, Zeigen der Gegenstände (➛ Abb. 4.3) • Erkundet Raum – durch Gehen, Rennen, Klettern, Fahren, Messen, Zeichnen, Berechnen (➛ Abb. 6.20) • Entwickelt zunehmendes Verständnis von Zeit – die Zeit ansagen, berechnen • Klassifiziert Dinge, Bilder, Worte (➛ Abb. 10.1) • Misst Gegenstände – elementare Methoden (Kordel, Körper) (➛ Abb. 6.21) • Bildet zunehmend komplexere Muster
	• Erforschung – vergleicht Ergebnisse mit denen anderen Quellen, erkennt Gemeinsamkeiten und kommt zu Verallgemeinerungen	• Vergleicht – schriftlich und in Darstellungen • Entwickelt Verständnis für Abfolgen – zunehmend differenzierter • Interpretiert Ereignisse und Beobachtungen – von Experimenten und Aktivitäten • Entdeckt Beziehungen – zwischen Zahlen, Zahlensätzen, Tieren • Sammelt Informationen – Sammelt Materialien und nutzt Informationen in schriftlicher Form • Zählt Dinge – korrektes Zählen, formt Gruppen von Zahlen • Führt mathematische Operationen aus – Addition, Subtraktion, Division, Multiplikation, einfache Experimente • Erklärt Ergebnisse – mit Worten oder schriftlich • Nutzt Algorhythmen – Formeln zum Lösen von Problemen, Methoden zum Experimentieren • Zieht Schlüsse und überträgt sie auf neue Situationen – stellt elektrischen Kreislauf her, um Legoteile zu betreiben

Alter	Komponente	Mögliches Verhalten
Schul-kind (Forts.)	• Amwendung – setzt sein Verständnis für neue Situationen und Umgebungen ein	• Schreibt Berichte, demonstriert Prinzipien, bereitet Präsentationen vor, diskutiert Ergebnisse, bewertet und korrigiert.

Tab. 11.5 Entwicklungsstadien in Mathematik und Naturwissenschaften und Altersstufen

Konzepte

- Mathematik und Naturwissenschaften beruhen auf einer Reihe gleicher fundamentaler Konzepte – Zählen, Vergleichen, Sortieren, Zuordnen, Messen.
- Für Mathematik und Naturwissenschaften sind die gleichen Fähigkeiten erforderlich – beobachten, vorhersagen, kommunizieren, schlussfolgern, reflektieren.

Elemente im Lernkreislauf

- Schaffung eines generellen Bewusstseins durch aktive, sinnliche Beziehungen zu Objekten, Menschen, Ereignissen und Konzepten
- Untersuchen: aktive Erfahrung zur Konstruktion der persönlichen Bedeutung von Objekten, Menschen, Ereignissen, Konzepten
- Nachforschen: die Kinder vergleichen, überprüfen, verifizieren die Ergebnisse
- Anwenden: die Kinder wenden die gewonnenen Kenntnisse und Fähigkeiten auf neue Situationen an

Die Bedeutung von Mathematik und Naturwissenschaften

- Durch Beobachtung lernen
- Vorhersagen machen und überprüfen
- Schlussfolgern
- Logische Verbindungen herstellen
- Lernen, indem Dinge auf neue Weise ausprobiert werden
- Das Bewusstsein für die Welt schärfen
- Mathematische und naturwissenschaftliche Fähigkeiten vielfältig nutzen
- Verbindungen zwischen den Erfahrungswelten drinnen und draußen herstellen
- Einfache Experimente durchführen
- Einem wissenschaftlichen Prozess folgen
- Verbessert Fähigkeiten zum Lösen von Problemen
- Dinge auf unterschiedliche Weise betrachten

11.12 Zusammenfassung

- Durch Erfahrung gewonnene Kenntnisse anwenden
- Mit bekannten Konzepten auf unterschiedliche Weise arbeiten

Die Rolle der Erzieherin

- Stellt alternative Fragen
- Stellt die Ästhetik in den Mittelpunkt
- Setzt vielfältige Materialien ein
- Stellt Bücher zum Nachschlagen zur Verfügung
- Teilt die Begeisterung der Kinder
- Fördert und fokussiert die Aufmerksamkeit der Kinder
- Folgt den Ideen der Kinder
- Achtet auf eine sichere Umgebung
- Stellt die richtigen Materialien für die jeweilige Entwicklungsstufe zur Verfügung
- Erweitert die Interessen der Kinder
- Unterstützt Untersuchungen und Erforschung
- Unterstützt Diskussionen

Effektive Aufbewahrungs- und Beschriftungssysteme

- Ähnlich wie im Sand-, Wasser- und Ruhebereich
- Kuriositäten- oder Neugiertisch

Hinweise zum Einrichten eines Bereichs für Mathematik und Naturwissenschaften

- Erfahrungen im Außenbereich: Koordinieren der Erfahrungen drinnen und draußen
- Ästhetik: Sensibilität für die Schönheit der Natur wecken, Sammlungen ästhetisch anspruchsvoll und schön ausstellen
- Individuelle Arbeitsbereiche, Mini-Museen
- Platzierung: möglich in allen Lernbereichen, die meisten Elemente hat dieser Bereich mit den Handarbeitsmaterialien gemeinsam, dicht an natürlichem Licht einrichten

Zusammenfassung 11.12

Beobachtungs- und Dokumentationstechniken

- Checkliste zu Fähigkeiten
- Häufigkeitszählung
- Dokumentationsmappe
- Checkliste zum Lernzyklus

Materialien

- Vergleichen
- Zuordnen
- Sortieren
- Muster
- Messen
- Naturmaterialien
- Tiere

11.13 Kontrollaufgaben

- Planen Sie eine Exkursion in der Umgebung. Erkennen Sie mögliche Gefahrenquellen und entwickeln Sie die Strategien, die die Sicherheit der Gruppe von vier- bis fünfjährigen Kindern gewährleisten.
- Sie sind gerade in einer Tageseinrichtung für Kleinkinder angestellt worden. Die einzige Aktivität im Mathematik- und Naturwissenschaftsbereich, die dort bisher stattfindet, sind Spaziergänge. Meistens schlafen die Kinder während dieser Zeit in ihren Sportwagen. Welche Strategien wenden Sie an, um das Bewusstsein dieser Kindergruppe für ihre Umwelt zu wecken?
- Es hat ständig geregnet, die Kinder waren mehrere Tage nicht draußen. Sie bitten die Familien, entsprechende Kleidung zum Hinausgehen bereitzustellen. Was tun Sie mit Ihrer Vorschulgruppe, um sie zu Aktivitäten auf dem Gebiet von Mathematik und Naturwissenschaft anzuregen? Welche zusätzlichen Sicherheitsmaßnahmen müssen Sie unter diesen Umständen berücksichtigen?
- Sie haben nur wenig natürliche Materialien vorrätig. Was könnten Sie sammeln? Wie können die Kinder dabei helfen? Wie können Sie die Familien einbeziehen?
- Welche zusätzlichen Kenntnisse sollten Sie haben, um Mathematik und Naturwissenschaften effektiver zu fördern?
- Beobachten Sie die Fähigkeiten eines Kleinkinds, eines Vorschulkinds und eines Schulkinds. Welche Fähigkeiten sind ähnlich und welche unterscheiden sich?
- Listen Sie einige einfache Experimente für Vorschulkinder auf. Gehen Sie diese Liste durch und streichen Sie alle Experimente, die auf den Lehrer ausgerichtete Aktivitäten darstellen. Wählen Sie eines der verbleibenden Experimente aus. Schreiben Sie die Erfahrungen auf, die die Kinder gemacht haben müssen, bevor sie dieses Experiment durchführen können. Wie würden Sie die Umgebung einrichten, um die Kinder zur Beteiligung anzuregen?
- Sie erhalten ein Budget von 1000 Euro für Materialien für Mathematik und Naturwissenschaften. Was würden Sie kaufen? Begründen Sie Ihre Auswahl.

12 HOLZARBEITEN

KAPITELÜBERSICHT

12

- Mit Holzarbeiten das Lernen fördern
- Entwicklungsstadien im Umgang mit Holz
- Die Bedeutung der Arbeit mit Holz
- Die Rolle der Erzieherin
- Effektive Aufbewahrungssysteme
- Effektive Beschriftungssysteme
- Überlegungen zum Einrichten eines Bereichs für Holzarbeiten
- Beobachtungs- und Dokumentationstechniken
- Überlegungen aus anderen Ländern
- Materialien für die Holzarbeit
- Altersstufen und Entwicklungsstadien im Umgang mit Holz
- Zusammenfassung
- Kontrollaufgaben

LERNZIELE

Nach dem Lesen dieses Kapitels kann der Leser/die Leserin:

- die verschiedenen Stadien der Arbeit mit Holz benennen;
- die Fähigkeiten, die vor der eigentlichen Arbeit mit Holz erworben werden, benennen;
- die Fähigkeiten, die zur Arbeit mit Holz gebraucht werden, verstehen;
- die Bedeutung von Holzwerkstätten erläutern;
- die Rolle der Erzieherin erläutern;
- effektive Aufbewahrungstechniken erklären;
- ein geeignetes Beschriftungssystem erläutern;
- verschiedene Überlegungen zum Einrichten eines Holzbereichs im Raum und im Außenbereich diskutieren;
- Sicherheitsaspekte für Arbeit mit Holz benennen;
- geeignete Materialien benennen;
- verschiedene Dokumentationstechniken erläutern, um die Kinder zu beobachten.

»Mit Holz zu arbeiten ist ein großes Abenteuer! Mit all seinen unterschiedlichen Eigenschaften – Holztypen, Beschaffenheit, Gewicht, Farben und Gerüche – bietet Holz den Kindern vielfältige Erfahrungen und Möglichkeitem zu erforschen, zu entdecken und zu erschaffen. Wenn Kinder hämmern, sägen, schmirgeln, kleben und Holz bemalen, entwickeln sie ihre fein- und grobmotorischen Fähigkeiten und verbessern ihr Koordinations- und Kontrollvermögen (...) Und nicht zu vergessen: Arbeiten mit Holz ist ein körperliches Vergnügen, das uns unendlich herausfordert!«

FEENEY
The Wonders of Working with Wood

12.1 Mit Holzarbeiten das Lernen fördern

Rita beobachtete, wie Gereon an der Hobelbank arbeitete – er hatte sich vorgenommen, ein Haus zu bauen. Seufzend verließ sie den Bereich. Diana, die Erzieherin, hatte ihr Seufzen gehört und fragte sie nach dem Grund.

Rita: »Ich würde auch gern tischlern können.«

Diana: »Warum kannst du es nicht?«

Rita: »Das können nur Jungen.«

Diana: »Oh, das glaube ich nicht. Ich kann sehr gut tischlern. Ich bin sicher, du kannst es auch.«

Rita: »Was hast du denn aus Holz gemacht?«

Diana: »Komm mit, ich zeige es dir.«

Diana nahm Rita mit in den Bereich für das Spielen mit den Händen, in dem ein kleines Puppenhaus mit Möbeln aus Holz aufgestellt war. Sie sagte ihr, dass sie das Puppenhaus und einige Möbel selbst gebaut hatte. Rita setzte sich davor, sah sich das Puppenhaus und die Möbel intensiv an, dann lächelte sie und ging weg.

Kurze Zeit danach sah Diana Rita in der Tischlerei. Sie hatte zwei Holzstücke zusammengenagelt. Diana ging hinüber und beobachtete sie. Rita nagelte zwei Stücke braunes Leder oben an das Holz, schnitt ein schwarzes Stück Stoff aus und nagelte es ins Zentrum. Schließlich malte sie ein Muster auf das Holz (➛ Abb. 12.1). Sie hielt ihr Werk hoch und sagte: »Ich glaube, Mädchen können doch tischlern.«

Abb. 12.1 Rita hat die Erfahrung gemacht, dass auch Mädchen tischlern können.

12.2 Entwicklungsstadien im Umgang mit Holz

Bevor sich Kinder aktiv an kreativer Holzarbeit beteiligen können, müssen sie eine Anzahl von Fähigkeiten entwickeln. Einige davon erwerben sie im ganz normalen Entwicklungsprozess:

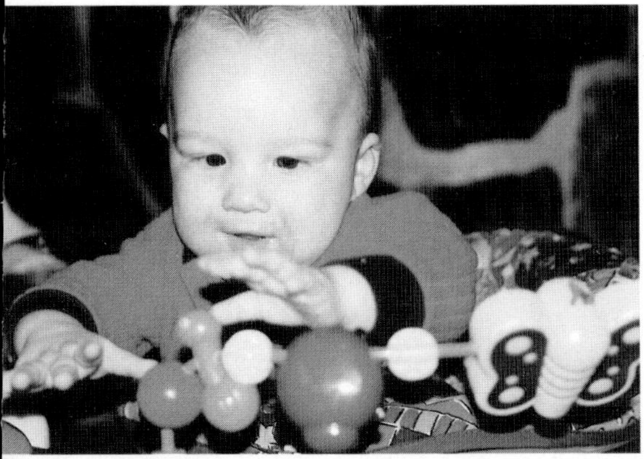

Abb. 12.2 Die sich entwickelnde Koordination von Auge und Hand ist Voraussetzung für eine ganze Reihe von Tätigkeiten.

- Auge-Hand-Koordination: Babys entwickeln in den ersten vier Lebensmonaten die Fähigkeit, ein Objekt anzuschauen, es zu greifen und zu schütteln. Wenn sie mit Objekten vertrauter werden, beginnen sie, einzelne herauszugreifen und damit zu hantieren, sie zu bewegen oder damit Geräusche zu erzeugen (➛ Abb. 2.12).
- Fähigkeit, zu schieben, ziehen, biegen, drehen: Viele Spielzeuge bringen die Kinder dazu, einen Knopf zu drücken, zu drehen oder herauszuziehen (➛ Abb. 12.3).

Für die Entwicklung anderer Fähigkeiten brauchen die Kinder bestimmte Materialien und Werkzeuge, mit denen sie die notwendigen Erfahrungen machen können.

- Hämmern: ein Objekt an einer bestimmten Stelle treffen, so dass es sich bewegt (➛ Abb. 12.4).
- Werkzeuge benutzen, um Dinge zusammenzufügen und auseinander zu nehmen (➛ Abb. 12.5).

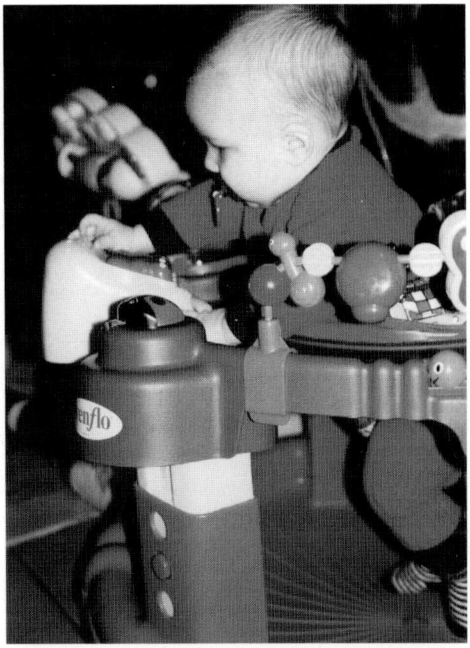

Abb. 12.3 Viele Spielzeuge regen dazu an, das Schieben, Biegen, Ziehen und Drehen zu üben.

Abb. 12.4 Hämmern will geübt sein!

- Mit Holz experimentieren, um Bauwerke, Strukturen und Designs zu entwerfen (➛ Abb. 12.6).

Wenn sich die feinmotorische Kontrolle und die Auge-Hand-Koordination der Kinder verbessert haben, kön-

Abb. 12.5 Manche Arbeiten lassen sich nur mit Hilfe von Werkzeugen durchführen.

Abb. 12.6 Freies Experimentieren mit Holz ist notwendig, um dessen Materialeigenschaften kennen zu lernen.

Abb. 12.7 Josefine erlernt den sachgerechten Einsatz von Werkzeug.

nen sie sich an der Holzbearbeitung beteiligen.

Josefine war von der Spielzeugwerkbank fasziniert. Sie nahm gern den Plastikschraubenzieher und drehte Plastikschrauben in die Werkbank. Dann entdeckte sie, dass es Schrauben und Schraubenzieher im Tischlereibereich gab. Sie experimentierte mit verschiedenen Schraubenziehern, um unterschiedliche Schrauben in das Brett zu bekommen (➛ Abb. 12.7).

Josefine lernte, die Werkzeuge ihren Materialien anzupassen. Sie entwickelte feinmotorische Fähigkeiten und die Fähigkeit der Koordination – sie konnte den Schraubenzieher in ein Loch oder einen Schlitz stecken, konnte ihn drehen und Druck ausüben, um die Schraube ins Holz zu drehen.

Tim war begeistert vom Hämmern. Er hatte ein Brett zum Üben benutzt, in dem bereits Nägel verschiedener Größe steckten. Nun wollte er seinen eigenen Nagel hineinschlagen, was sich als schwierig herausstellte. Diana bemerkte, wie er sich quälte und fragte, ob sie ihm helfen könne. Als Tim zustimmte, schlug sie vor: »Vielleicht kann ich den Nagel halten, und dann geht es«. Sie nahm eine Kneifzange und hielt den Nagel damit auf dem Holz fest. Tim begann, den Nagel in das Holz zu schlagen. Als der Nagel weit genug im Holz steckte, nahm Diana die Zange weg und Tim schlug den Nagel weiter ein (➛ Abb. 12.8).

Tim besuchte fast täglich die Holzwerkstatt. Er übte oft, Holz in kleinere Stücke zu sägen. Beim Festklemmen des Holzes auf der Werkbank hatte er Schwierigkeiten, Diana kam ihm zu Hilfe, hielt für ihn die Schraubzwinge, er schraubte sie fest. So gelang es Tim, sein Holzstück in drei Teile zu zersägen (➛ Abb. 12.9).

Tim trainierte seine Auge-Hand-Koordination, indem er daran arbeitete, den Nagel auf den Kopf zu treffen und das Holzstück durchzusägen. Beachten Sie, dass er beide Hände zum Hämmern benutzt. Er wusste auch, dass er das Holz festklemmen musste, um erfolgreich zu sein.

Joscha beschloss, ein Flugzeug zu bauen. Er suchte die richtigen Holzstücke aus, spannte das Holz in eine Schablone und schnitt eine Ecke ab. Da das Holz sehr dick war, dauerte das lange. Er entschied sich, später weiterzuarbeiten. Das Holzstück wurde in den Regalabschnitt für noch fertig zu stellende Teile im Holzbereich gestellt. Am nächsten Tag machte er weiter. Er sägte ein weiteres Stück ab, konnte das Flugzeug aber auch diesmal noch nicht fertig stellen. Am dritten Tag fand er ein langes Holzstück, das sich als Tragfläche eignete. Joscha maß dieses Stück aus, indem er es über das von ihm bereits bearbeitete Teil hielt. Er zog eine Linie über das lange Stück und sägte das Holz dann an dieser Linie entlang ab. Er nagelte die Tragfläche auf das ausgeschnittene Stück. Joscha arbeitete weiter an dem Flugzeug und fügte verschiedene Details mit Stiften hinzu. Aus einem zylindrischen Holzstück machte er einen Piloten (➛ Abb. 12.10). Am Ende

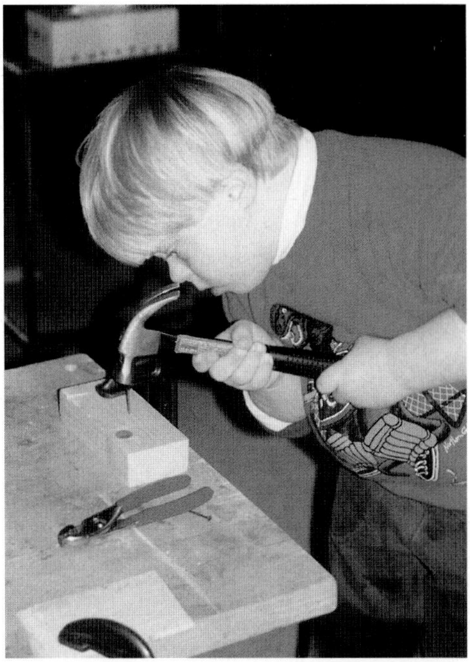

Abb. 12.8 Mit Unterstützung der Erzieherin hämmerte Tim seinen ersten Nagel in ein Brett.

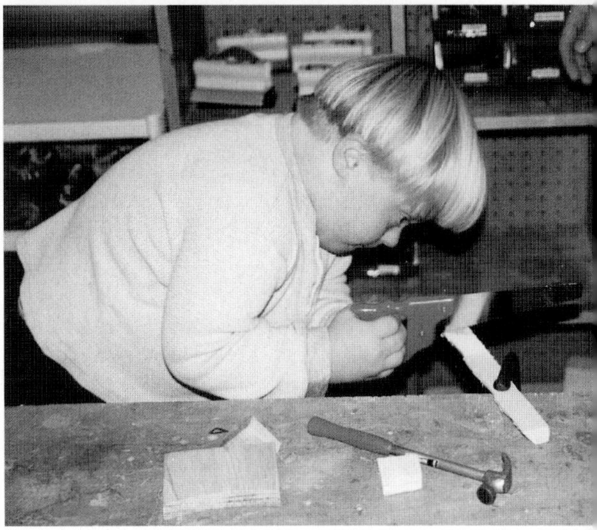

Abb. 12.9 Tim übt sich im Sägen.

nahm er sein Flugzeug mit nach Hause, um es dort fertig zu stellen.

Jakob und Mario wollten ein Vogelhaus bauen. Diana half ihnen, ein einfaches Muster dafür in einem Buch zu finden. Jakob maß das Holz aus, um es in »gleiche Stücke« zu sägen (➛ Abb. 12.11). Mario bearbeitete das Holz mit der Gärungssäge, um den richtigen Winkel für das Dach zu bekommen (➛ Abb. 12.12). An einigen Tagen kam Jakobs Vater, um den Jungen bei ihrem Projekt zu helfen. Er zeigte Mario, wie er das Holz einspannen musste, um die Seiten des Vogelhauses zusammenzunageln (➛ Abb. 12.13). Er ließ die Jungen zusehen, als er das Loch für die Tür bohrte. Der letzte Schritt bestand darin, das Vogelhaus weiß zu streichen.

Abb. 12.10 Joscha arbeitet am Piloten für sein Flugzeug.

Alle drei Jungen arbeiteten über eine längere Zeit aufmerksam an ihrem Projekt. Jeder wusste, welches Ziel er erreichen wollte und welche Werkzeuge er dazu brauchte. Die Jungen hatten gelernt, diese Werkzeuge effektiver einzusetzen – Holz schräg abzuschneiden, Nägel passender Größe auszuwählen und das Holz auszumessen, um es richtig zu schneiden. Alle drei arbeiteten selbstständig, mit einem Minimum an Unterstützung. Sie wussten, wie sie das

Abb. 12.11 Jakob misst das Holz aus.

Holz einspannen mussten, und brauchten nur Hilfe, um die Klemmschrauben fest anzuziehen. Sie konnten ganz allein Nägel in das Holz schlagen. Sie konnten die Holzstücke zusammenzimmern, so dass das Ergebnis ihren Erwartungen entsprach. Mario und Jakob konnten einem Plan folgen, um ihr Vogelhaus fertig zu stellen.

Abb. 12.12 Mario benutzt für das Dach eine Gärungssäge.

Abb. 12.13 Die Seiten des Vogelhauses werden zusammen genagelt.

12.3 Die Bedeutung der Arbeit mit Holz

- Die Ergebnisse der Handlungen sehen: der Ausdruck auf Ritas Gesicht (➛ Abb. 12.1) zeigt die Bedeutung von Leistung und Erfolg.
- Die Koordination verbessern: wie Tim, der das Holz hämmert und sägt, oder Mario, der anfängt, Nägel in das Holz zu schlagen.
- Die Kontrolle über die eigene Tätigkeit verbessern: wie Josefine, die die Schrauben in das Holz einzieht, oder Tim, der Nägel einschlägt.
- Zusammenarbeit: Jakob und Mario arbeiten zusammen, um ihr Vogelhaus fertig zu stellen.
- Selbstvertrauen entwickeln: Rita arbeitete später noch an weiteren Holzarbeiten, nachdem sie ein Projekt bewältigt hatte, von dem sie anfangs dachte, sie könne es nicht.
- Ausdauer entwickeln: Mario und Jakob komplettierten ihr Vogelhaus und Joscha sein Flugzeug.
- Verständnis für Ursache-Wirkung-Beziehungen entwickeln: Das Einspannen des Holzes vereinfacht das Hämmern und Sägen; Holz kann in viele Stücke geschnitten werden.
- Verständnis für die Eins-zu-eins-Zuordnung entwickeln: eine Wand eines Vogelhauses muss zu einer anderen Wand passen.

Abb. 12.14 Eine weitere Materialerfahrung: Mit Sandpapier kann Holz geglättet werden.

Abb. 12.15 Die Kinder unterstützen sich gegenseitig beim effektiven Gebrauch von Werkzeugen.

- Mathematische Fähigkeiten wie Zählen und Messen nutzen: Mario zählt die Teile, die er für sein Vogelhaus braucht, Joscha misst die Länge der Tragfläche für das Flugzeug.
- Die richtigen Werkzeuge den verschiedenen Aufgaben zuordnen: Josefine findet die passenden Schraubenzieher für die Schraubenköpfe.
- Werkzeuge sicher benutzen lernen: Joscha wusste, dass er das Holz einspannen musste, um zu hämmern und zu sägen.
- Interesse über einige Zeit aufrechterhalten: Jakob und Mario beim Bau des Vogelhauses und Joscha beim Bau des Flugzeugs.
- Vokabular erweitern: alle Kinder erlernten die Bezeichnungen für die von ihnen benutzten Werkzeuge.
- Eigenschaften des Holzes kennen lernen: Holz kann mit Nägeln zusammengefügt werden (Vogelhaus), Holz kann durch Schmirgeln mit Sandpapier geglättet werden (➛ Abb. 12.14), es kann dekoriert (➛ Abb. 12.1) und auf unterschiedliche Weise zersägt werden (➛ Abb. 12.9 und 12.12).
- Probleme gemeinsam lösen: Als Josefine damit begann, Schraubenzieher zu benutzen, fiel ihr das schwer. Sie benutzte beide Hände. Julia bemerkte, was Josefine tat, und zeigte ihr, wie es effektiver geht (➛ Abb. 12.15). Sie sagte: »Du musst den Schraubenzieher so runterdrücken.« Zuerst ignorierte Josefine sie, als sie aber merkte, dass sie mir ihrer Technik erfolgreich war, versuchte sie es auch so und schaffte es.

12.4 Die Rolle der Erzieherin

- Die Erzieherin dokumentiert die Fähigkeiten, Lernerfolge und Aktivitäten der Kinder.
- Sie macht sich mit den Werkzeugen und Materialien vertraut, um alle Möglichkeiten des Holzarbeitsbereichs ausschöpfen zu können.
- Sie sorgt für die Sicherheit im Bereich: schirmt ihn vom »Durchgangsverkehr« ab.
- Sie benutzt sichere Materialien: weiche Hölzer, Nägel und Werkzeuge in passender Größe.
- Sie ist Vorbild für sicherheitsbewusstes Verhalten: Holz fest einspannen, bevor es gesägt oder genagelt wird, nach Beendigung der Arbeit die Werkzeuge an ihren Platz zurückbringen, Nägel mit der Zange festhalten.
- Sie kontrolliert und beobachtet die Kinder im Bereich: Diana schaltete sich ein, als sie gebraucht wurde, um Holz einzuspannen und Nägel beim Hämmern festzuhalten.
- Sie regt die Kinder dazu an, ihr Vokabular zu erweitern: die Erzieherin benennt die Werkzeuge, Aktivitäten und Arbeitsprozesse.
- Sie berücksichtigt die Fähigkeitsniveaus der Kinder: die Erzieherin wusste, dass Tim Hilfe beim Hämmern und beim Einspannen des Holzstücks benötigen würde; sie bot ihm nur soviel Hilfe an, wie wirklich nötig war.
- Sie stellt Materialien zur Verfügung, die dem Entwicklungsstand der Kinder angepasst sind: Holzstücke zum Kleben und Bemalen (➛ Abb. 12.6), Spielzeugwerkbank zum Hämmern (➛ Abb. 12.4).
- Sie erkennt die Bemühungen der Kinder an und würdigt sie: richtet einen Bereich zur Ausstellung der fertigen Arbeiten ein, fotografiert die Kinder bei der Arbeit und stellt diese Fotos aus.
- Sie richtet einen Bereich zur Aufbewahrung von noch nicht fertigen Arbeiten ein.
- Sie kontrolliert den Zustand der Werkzeuge, so dass sie eine sichere Benutzung erlauben: Spannschrauben arbeiten korrekt, Hammerköp-

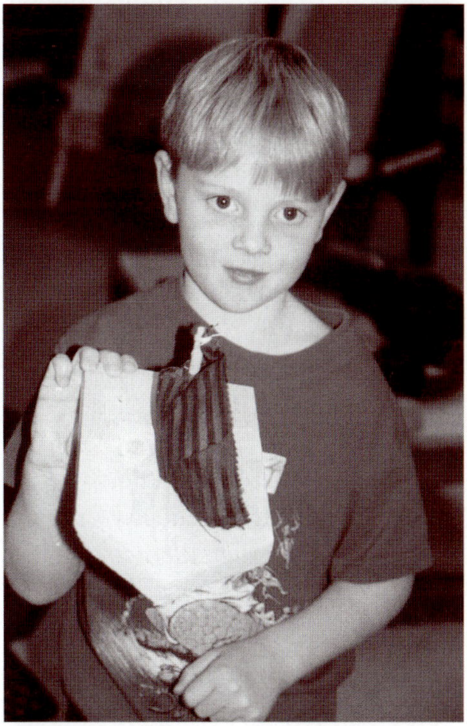

Abb. 12.16 Stolz präsentiert Ben sein Boot.

fe sind sicher befestigt, Sägen sind scharf genug, um Holz zu schneiden (stumpfe Sägen rutschen leicht weg und können so Verletzungen hervorrufen), Nägel werden sicher aufbewahrt.

- Sie gibt den Kindern ausreichend Zeit: sowohl an einem Tag (Rita stellte ihr Projekt an einem Tag fertig) als auch langfristig (Vogelhaus, Boot).
- Sie teilt den Stolz der Kinder auf ihre Erfolge: Als Ben sein Boot fertig gebaut hatte (➛ Abb. 12.16), sah Diana es sich an und sagte, dass er sehr hart daran gearbeitet habe. Sie fragte ihn, ob es ein Segelboot sei. Er bejahte stolz.
- Sie erkennt die Gefühle der Kinder und gibt das passende Feedback: Rita dachte, Mädchen könnten nicht tischlern. Diana sagte ihr aber, sie könnten es sehr wohl, und zeigte ihr, was sie selbst gebaut hatte. Rita dachte darüber nach und führte dann ihr eigenes Projekt mit Holz aus.

12.5 Effektive Aufbewahrungssysteme

Es ist außerordentlich wichtig, dass die Werkzeuge richtig aufbewahrt werden. Das verwendete Aufbewahrungssystem sollte dem einer echten Werkstatt entsprechen. Hier einige Anregungen:

- Lochbrettpaneele mit Haken an der Wand oder an der Rückseite eines Regals (die Werkzeuge an die Haken hängen): geeignet für Hammer, Schraubzwingen, Schraubenzieher, Zangen, Sägen
- Kleine Kommoden mit durchsichtigen Schubfachfronten für Nägel, Schrauben, Muttern, Bolzen
- Kleine stapelbare Plastikbehälter für dekorative Materialien (die genagelt oder geleimt werden können)
- Regale zur ordentlichen Ablage von Arbeitshandschuhen, Messbändern, Linealen, Sägelehren, Schraubenschlüsseln, Leim, scharfen Bleistiften, Feilen, Handbohrern und ähnlichen Dingen
- Wandregal für Bücher mit Anregungen für Holzarbeiten
- Ausstellungsregal und/oder kleiner Tisch für fertige Produkte und für Dinge, an denen noch weiter gearbeitet wird

Alle Gegenstände sollten gut sichtbar und leicht zugänglich sein und müssen sich außerhalb des aktiven Arbeitsbereichs befinden (wenn ein Kind zum Beispiel sägt, darf es nicht von einem anderen Kind gestört werden, das sich gerade einen Hammer oder ein anderes Werkzeug von einem Regal holt).

12.6 Effektive Beschriftungssysteme

Klare Kennzeichnungen sind für Holzarbeiten entscheidend. Die Kinder müssen genau wissen, wo die Materialien sind, und wohin sie nach der Arbeit zurückgebracht werden müssen. Nägel auf einem Tisch zu verstreuen, um einen Nagel in der richtigen Größe zu finden, ist gefährlich. Wenn Werkzeuge übereinander getürmt herumliegen, kann es leicht passieren, dass man sich an einem verletzt oder dass ein Hammer jemandem auf den Fuß fällt.

Die Beschriftung funktioniert in diesem Bereich am einfachsten mit Umrissen und Begriffen. Bringen Sie Skizzen der Werkzeuge an der Stelle an dem Paneel an, wo das Werkzeug zu hängen hat. Solche Skizzen oder Umrisse können einfach mit Markern gezeichnet werden. Plätze für Gegenstände auf den Regalen können ebenfalls auf diese Weise gekennzeichnet werden. Die Schubfächer der kleinen Kommoden können mit dem entsprechenden Begriff versehen werden. Zusätzlich kann der Nagel oder die Schraube mit Klebeband an der Vorderseite befestigt werden – aber so, dass die Spitze sicher abgedeckt ist.

Kleine, stapelbare Behälter haben meist Schlitze für Schilder an der Vorderseite. Auch hier ist es am einfachsten, ein Beispiel für den jeweiligen Gegenstand auf die Vorderseite zu kleben, so dass die Kinder den Inhalt mit einem Blick erkennen.

Im Sinne der Arbeitssicherheit müssen die Kinder lernen, Werkzeuge und Materialien richtig auszuwählen. Nach Beendigung der Arbeit müssen sie die Werkzeuge sofort an ihren Platz zurückbringen.

12.7 Überlegungen zum Einrichten eines Bereichs für Holzarbeiten

12.7.1 Platzierung

- Außerhalb der Hauptverkehrswege: in einer Zimmerecke, in einem Bereich, der von drei Seiten abgeschirmt ist; mit einer Wand und niedrigen Regalen oder Ausstellungstischen lassen sich die beiden anderen Seiten absperren.
- In der Nähe des Bereichs für kreative Kunst: die Kinder können dort ihre Holzarbeiten gestalterisch vollenden; Holz kann für dreidimensionale Installationen oder Projekte genutzt werden.
- Auf einem gefliesten Fußboden: ist leicht zu reinigen, heruntergefallene Nägel sind leicht zu finden.

12.7.2 Sicherheitsaspekte

- Bewahren Sie die an der Werkbank benötigten Gegenstände (Hammer, Säge) in Griffnähe auf.

- Unterteilen Sie den Bereich: eine Seite des Arbeitstisches zum Sägen, die andere zum Hämmern, ein Extratisch zum Schleifen und Feilen, Kleben und Dekorieren; regen Sie die Kinder dazu an, ihre Arbeiten im Kreativbereich fertig zu stellen.
- Seien Sie Vorbild, was die Sicherheitsanforderungen betrifft, und bringen Sie die Kinder dazu, Ihrem Beispiel zu folgen: Werkzeuge werden am Griff gehalten und nach unten zeigend getragen, sie werden am Ende an ihren Platz zurückgebracht; Holz wird zum Hämmern oder Sägen eingespannt; heruntergefallene Dinge werden sofort aufgehoben oder aufgefegt.
- Achten Sie darauf, dass Nägel in ihren Behältern im Regal gelassen werden und niemals auf dem Arbeitstisch herumliegen.
- Begrenzen Sie die Anzahl der Kinder: bestimmen Sie, wie viele Kinder gleichzeitig sicher hämmern oder sägen können, abhängig von der Größe des Bereichs.
- Seien Sie Vorbild bei der korrekten Benutzung der Werkzeuge.
- Kontrollieren und beobachten Sie den Bereich, wenn Kinder dort arbeiten.

12.7.3 Ausstellung

Stellen Sie die Werke der Kinder so aus, dass sie auch wirken und verwenden Sie unterschiedlichen Höhen. Man kann dies folgendermaßen erreichen:

- Stellen Sie leere Schachteln und Schaumstoffteile auf einen Tisch, so dass ein auf ein Zentrum ausgerichtetes Arrangement entsteht (zum Beispiel: hoch an einer Seite oder in der Mitte des Tisches, niedrig an der bzw. den anderen Seite(n).
- Drapieren Sie Papierbahnen, Stoffe oder Laken darüber; bedecken Sie alle Schachteln und erzeugen Sie »Hügel und Täler«, entsprechend den Konturen der Kartons und Teile.
- Vergewissern Sie sich, dass die Ausstellungsfläche die richtige Höhe für die Kinder hat: die Kinder müssen Gegenstände hinlegen und wieder wegnehmen können.
- Legen Sie die Ausstellungsstücke auf die erzeugten Konturen.

Richten Sie Plätze für Werke ein, die ausgestellt werden, aber auch für welche, die noch in Arbeit sind.

Gestalten Sie eine Fotoausstellung mit den Arbeiten der Kinder, die die verschiedenen Entwicklungsstadien eines Projekts oder die Entwicklung der Fähigkeiten der beteiligten Kinder zeigt. Noch laufende Projekte sind ideal für diesen Zweck. Die Fotoausstellung motiviert die anderen Kinder und erinnert die am Projekt beteiligten Kinder daran, weiterzuarbeiten und es zu Ende zu bringen. Laufende Projekte können an einer Wand in der Holzwerkstatt dokumentiert werden und fertige Projekte können in individuellen Alben dokumentiert werden, so dass die Kinder und ihre Familien darauf zurückgreifen können.

12.8 Beobachtungs- und Dokumentationstechniken

Fähigkeiten beim Arbeiten mit Holz

Abbildung 12.1 zeigt ein Beispiel für eine Checkliste der Fähigkeiten der Kinder.

Fähigkeiten		
Name: *Josefine*		
Datum	**Fähigkeit**	**Beobachtung**
15.10.	*Zuordnen* *Koordinieren*	*Schraubenzieher zum Kopf der Schraube bringen* *Schraube ins Holz drehen, drehen und drücken*

Tab. 12.1 Checkliste der Fähigkeiten

Die hier erhaltene Information kann auch in anderen Bereichen genutzt werden. Josefine beobachtet Details (den spezifischen Kopftyp der Schraube) und ordnet diese Information dem Werkzeugtyp zu, den sie benutzen wird. Das Bemerken und Zuordnen von Details ist eine Grundfähigkeit für das Lesen (gleiche Buchstaben oder Worte), Schreiben (schreiben von »b« oder »d«) und Rechnen (gleiche Zahlen und Gruppen von gleichen Zahlen erkennen). Auf diesen Gebieten können Aktivitäten durchgeführt werden, die Josefines Fähigkeiten weiterentwickeln.

Dokumentation eines Projekts

Marios und Jakobs Projekt wurde fotografisch und schriftlich dokumentiert. Von jedem Schritt wurde ein Bild aufgenommen und die Details schriftlich festgehalten. Zum Beispiel: Zu Abbildung 12.12 wurde folgender Text geschrieben: »Mario nahm ein schmales Holzstück, mit dem er zum Arbeitstisch ging. Eine Schraubzwinge war schon auf dem Tisch eingespannt. Er nahm eine weitere, befestigte das Holz an einem Ende, schraubte die Zwinge zu und begann, das Holz zu sägen. Als sich das Holz bewegte, hörte Mario auf zu sägen und rief ein anderes Kind: ›Gereon, ich brauche Hilfe. Das sitzt nicht fest.‹ Gereon kam hinüber und zog die Zwinge fest. Mario begann wieder zu sägen und schnitt das Holzstück durch. Er brachte dieses Stück zu den anderen, die er schon vorher gesägt hatte. Er stellte zwei Holzstücke auf und legte das schmale Teil darüber. ›Es ist nicht groß genug.‹ Er ging in den Holzbereich zurück und suchte ein neues Stück.«

Der nächste Abschnitt würde nun seine Suche nach einem anderen Holzstück und seine Interaktionen mit den Erwachsenen, die diesen Prozess unterstützen, beschreiben. Diese Art von Information gibt viele Details darüber, was das Kind tut, welche Sprache benutzt wird und wie die Aktivität fortschreitet. Sie gibt der Erzieherin Information darüber,

- welche Erfahrungsmöglichkeiten das Kind braucht: Messen, die Grundstruktur eines neuen Teils bestimmen, Größenvergleiche, Brainstorming über den Prozess;
- welche Materialien vorhanden sein müssen: Holzstücke, die leicht auf die erforderliche Größe geschnitten wer-

den können; eine Vorlage für ein Vogelhaus;
- über welche Fähigkeiten Mario schon verfügt: er weiß, wen er um Hilfe bitten kann, er kann verschiedene Werkzeuge benutzen, er kennt sicherheitsrelevante Faktoren und wendet sie an;
- über welche sprachlichen Fähigkeiten Mario verfügt: er benutzt komplette Sätze und kann seine Probleme verbal ausdrücken.

Aktuelle Dokumentationstafeln können sofort an die Wand gehängt werden. Wenn das Projekt beendet ist, können sie in Hefte übertragen werden, die als Lesematerial für die Kinder und als Referenzmaterial für Familien nützlich sind.

12.9 Überlegungen aus anderen Ländern

Es gibt nur wenig Informationen über Kinder und Holzarbeiten in anderen Ländern. Man kann annehmen, dass in Gesellschaften, in denen Arbeit mit Holz einen kulturellen Wert darstellt, die Kinder damit vertraut gemacht werden und früh lernen, mit Holz umzugehen. Holzbearbeitung ist eine relativ teure Lernaktivität. In ökonomisch benachteiligten Gebieten und dort, wo Holz eine seltene Ware ist, findet man Holzbearbeitung nicht.

Materialien für Holzbearbeitung, die Werkzeuge und die Art ihrer Benutzung, sind in allen westlichen Kulturen ähnlich. Unterschiedliche Hölzer werden je nach den vorhandenen Arten benutzt. Zum Beispiel empfehlen Hogden und Wasley (1996) unter anderem Bambus und Rohr (Australien).

12.10 Materialien für Holzarbeiten

Tabelle 12.2 listet Beispiele für mögliche Materialien für Holzarbeit auf.

Material	Beispiele
Holz	• Weichholz: Balsaholz, Kiefer, Pappel • Hartholz: Ahorn, Eiche, Birke, Kastanie – zu hart zum Nageln, aber gut geeignet, um Holz zu untersuchen, zum Kleben und Dekorieren • Sperrholz, Schierling und verschiedene Fichtenhölzer sind nicht gut geeignet, da sie leicht splittern • Pflöcke verschiedener Größe, Holzstiele, Zungenspatel

Material	Beispiele
Dekorations-material	• Vgl. Kapitel 9: Materialien für bildende Kunst
Werkbank	• Stabil: sollte sich nicht bewegen, wenn die Kinder sägen oder hämmern • Passende Höhe und Breite
Sicherheits-werkzeuge	• Verstellbare Schraubzwingen, Arbeitshandschuhe (in Kindergrößen) • Sicherheitsbrillen: Achtung: Die meisten Sicherheitsbrillen in für Kinder passenden Größen sind nur Spielzeug und schränken die Sicht ein, so dass die Kinder damit nicht sehen können, was sie tun. Es ist dann besser, gar keine Sicherheitsbrillen zu benutzen.
Andere Materialien	• Baumstümpfe, Holzscheite, Korken, Gummi, Stoff, Leder, Vinyl, Plastik • Deckel, Scheren, Schnur, Pflöcke, Fäden, weicher Draht, Teppichstücke • Papier, Wellpappe, Schachteln, Räder, Rollen, verschieden geformtes Holz
Werkzeug	• Sägen: kleine Ablängsäge, Laubsäge, Bügelsäge, Gärungssäge • Hämmer: Holzhämmer, Tischlerhammer mit Stahlschaft • Werkzeuge zum Verformen: Feilen, Handbohrer, Schleifklötze, Sandpapier verschiedener Gradierung, Raspeln • Schraubenzieher: unterschiedliche Größen • Werkzeug zum Festhalten: Flachzangen, Schraubstock, Kneifzangen • Zubehör: Nägel mit flachem Kopf, verschiedene Größen in Kopf und Länge • Verschiedene Größen und Typen von Schrauben, Muttern und Bolzen • Bleistifte, Lineale, Winkellehren, Maßband

Tab. 12.2 Materialien für Holzarbeiten

12.11 Entwicklungsstadien im Umgang mit Holz und Altersstufen

Tabelle 12.3 gibt eine Übersicht über die für das Arbeiten mit Holz zu durchlaufenden Entwicklungsstufen.

Alter	Fähigkeiten und mögliche Materialien
Babys bis acht Monate und darüber	• Schieben, Drücken, Ziehen, Schlagen, Klopfen, Biegen und Drehen • Herausspring-Spielzeug: das Kind drückt auf einen Knopf, das Spielzeug springt auf oder ein Teil dreht sich • Auseinanderziehspielzeug: Duplo oder verbundene Ringe • Klopfspielzeug: Bänke mit Stiften zum Einschlagen und Hammer, Ballbahn oder -irrgarten (Kind wirft oder legt den Ball in die Bahn) • Spielzeug mit beweglichen Elementen: Kind dreht Schlüssel im Spielhaus, um die Tür zu öffnen, dreht Zifferblätter am Spielzeug am Kinderbett (»Wiegenspielzeug«, Spielzeug für Babys, das an der Wiege oder am Kinderbett befestigt wird)
Kleinkinder	• Spielen mit Holzstücken (sensorische Erfahrung), benutzen Werkzeug zum Biegen und Drehen • Holz verschiedener Größe, Form und Gewicht (gut geglättet), um damit zu bauen, es zu bemalen und zu dekorieren • Hammer- und Klopfbänke • Plastik- oder Holzwerkbänke zum Spielen: Schrauben, Schraubenzieher, Muttern, Bolzen, Spanner • Dinge zum Auseinander- und Zusammenbauen; Kind benutzt Bohrer, Schrauben, Muttern, Schraubenzieher, Schlüssel • Sätze von Muttern und Schrauben • Brio-Bausätze – Kind verwendet Plastikwerkzeug und verschieden geformte Teile, um verschiedene Dinge zu bauen
Dreijährige	• Hämmern: Schlagen Nägel mit großen Köpfen in Styropor oder in eine Faserplatte • Schlagen Nägel in Weichholz, können zwei Holzteile zusammennageln • Schrauben: Kinder können Schrauben in Holzbretter eindrehen, herein- und herausschrauben • Zusammenfügen verschiedener Gegenstände zu einem Stück – mit Nägeln und Leim • Schmirgeln mit Sandpapier • Dekorieren: Farbroller und Pinsel • Sägen: dünne Stücke Weichholz, auf der Werkbank eingespannt; Säge in Kindergröße
Vier- und Fünfjährige	• Verbinden Teile, um ein Objekt zu kreieren, sägen Holz auf die richtige Größe zurecht, messen die Teile, verwenden die Sägelehre, um Winkel zu sägen, arbeiten längere Zeit an einem Projekt, verbinden Teile auf verschiedene Weise – Leim, verschieden große Nägel, Schrauben • Benutzen Zwingen, um Holz sicher einzuspannen
	• Folgen einem Plan • Verwenden Material der richtigen Größe • Suchen nach Ideen für Projekte
Schulkinder	• Immer weiter wachsende Fähigkeiten, zunehmend anspruchsvollere Projekte

Tab. 12.3 Entwicklung der Fähigkeiten im Bereich Holzarbeit

Entwicklungsniveaus der Kinder beim Arbeiten mit Holz

- Babys: drücken, ziehen, schlagen, klopfen, biegen und drehen
- Kleinkinder: spielen mit Holz, Schlagspielzeug, benutzen Werkzeug
- Dreijährige: hämmern, schrauben, zusammenfügen, schleifen, dekorieren, sägen
- Vier- und Fünfjährige: kombinieren Teile um ein Projekt zu realisieren, folgen einem Plan, benutzen geeignete Materialien und Werkzeuge
- Schulkinder: zunehmende Komplexität der Projekte und Fähigkeiten

Der Wert der Arbeit mit Holz

- Ergebnisse der Arbeit sind sofort sichtbar
- Verbesserte Koordination der Kinder
- Verbesserte Kontrolle
- Verbesserte Zusammenarbeit
- Fördert die Ausdauer der Kinder
- Fördert das Verständnis der Kinder für Beziehungen
- Entwickelt ihr Verständnis für die Eins-zu-eins-Zuordnung
- Kind nutzt mathematische Fähigkeiten
- Kind ordnet geeignete Werkzeuge den Aufgaben zu
- Kind lernt, Werkzeuge sicher zu benutzen
- Interesse des Kindes bleibt über längere Zeit bestehen
- Erweitertes Vokabular der Kinder
- Das Kind lernt die Eigenschaften von Holz kennen
- Kind löst Probleme zusammen mit anderen

Die Rolle der Erzieherin

- Macht sich mit Werkzeugen und Materialien vertraut
- Schafft ein sicheres Umfeld für die Kinder
- Ist Vorbild für sicheren Umgang mit Material und Werkzeug
- Kontrolliert und beobachtet die Kinder
- Ist Vorbild, was das Vokabular betrifft, und sorgt dafür, dass die Kinder ihr Vokabular erweitern

12.2 Zusammenfassung

- Erkennt die Fähigkeitsniveaus der Kinder
- Schafft geeignete Aufbewahrungsplätze für die Projekte
- Kümmert sich um sichere Werkzeuge
- Sorgt für genügend Zeit
- Ist mit den Kindern stolz auf deren Erfolge
- Erkennt und berücksichtigt die Gefühle der Kinder

Effektive Aufbewahrungssysteme

- Lochbretter mit Haken
- Kleine Kommoden
- Büchsen oder Eimer
- Stapelbare Behälter
- Wandborde
- Ausstellungsregal

Effektive Beschriftungssysteme

- Umriss
- Wort
- Angeklebte Proben des Inhalts

Überlegungen zum Einrichten eines Bereichs für Holzarbeiten

- Platzierung: außerhalb des Durchgangsverkehrs, in der Nähe des Bereichs für kreative Kunst, auf gefliestem Boden
- Sicherheit: Zugänglichkeit aller Speicherräume, separate Bereiche für Hämmern, Sägen und Dekorationsarbeiten, Vorbild im Hinblick auf Sicherheit und korrekte Benutzung der Werkzeuge sein; Anzahl der Kinder begrenzen, Bereich kontrollieren und beobachten

Ausstellung

- Projekte, die noch in Arbeit sind, und fertige Produkte
- Ausstellung von Fotos

Beobachtungs- und Dokumentationstechniken

- Fähigkeits-Checklisten
- Projektdokumentation
- Ausstellung

12.13 Kontrollaufgaben

- Bauen Sie einen Gegenstand, den Sie im Kindergarten benutzen können: ein Puppenhaus, ein Puppenmöbelstück, ein Boot, ein Puzzle. Benennen Sie die benutzten Werkzeuge, beschreiben Sie, wie Sie sie benutzt haben und welche Prozesse stattfanden.
- Gehen Sie in einen Werkzeugladen. Machen Sie eine Liste von Werkzeugen, die für einen Kindergarten geeignet sind. Erklären Sie Ihre Auswahl.
- Gehen Sie in einen Spielzeugladen. Suchen Sie nach Spielzeug für Babys und Kleinkinder, das sich für die Entwicklung von Fähigkeiten, die für spätere Holzarbeiten benötigt werden, eignet. Erklären Sie den Wert jedes Spielzeugs in dieser Hinsicht.
- Jamie versuchte, einen Nagel in ein Stück Holz einzuschlagen. Er schlug ständig neben den Nagelkopf. Welche Strategien können Sie nutzen, um ihm zum Erfolg zu verhelfen?
- Beobachten Sie ein dreijähriges und ein vierjähriges Kind im Holzarbeitsbereich. Welche Fähigkeiten und Werkzeuge setzen beide ein? Vergleichen Sie die Resultate.
- Viele Kindergärten haben keine Holzarbeitsbereiche. Als Hauptgrund wird angegeben, dass es für kleinere Kinder gefährlich sein kann, mit Holz zu arbeiten. Wie können Sie den Bereich sicher gestalten?
- Erklären Sie, warum Holzarbeiten in ein Programm für junge Kinder einbezogen werden sollten.
- Beschreiben Sie, was das Kind durch die in den Abbildungen 12.2, 12.5 und 12.13 dargestellten Aktivitäten gelernt hat. Vergleichen Sie die Fähigkeiten der in den Bildern gezeigten Altersgruppen. Wie haben sich die Fähigkeiten mit dem Alter verändert?
- Wie unterstützte die Erzieherin Diana das Lernen und die Erfolge und Fertigkeiten der Kinder?

Literaturhinweise

Anmerkung:
Die ergänzenden Literaturhinweise wurden von Herrn Prof. Dr. Tassilo Knauf zusammengestellt.

Kapitel 1

Verwendete Literatur

Cadwell, L. (1997). Bringing Reggio Emilia Home. New York, NY: Teachers College Press.

Curtis, S., & Boultwood, M. (1963). A Short History of Educational Ideas. London, UK: University Tutorial Press Ltd.

Essa, E., Young, R., & Lehne, L. (1998). Introduction to Early Childhood Education. (2nd Canadian ed.). Scarborough, ON: ITP Nelson.

Fraser, S. (2000). Authentic Childhood: Experiencing Reggio Emilia in the Classroom. Scarborough, ON: ITP Nelson.

Gestwicki, C. (1999). Developmentally Appropriate Practice: Curriculum and Development in Early Childhood Education. (2nd ed.). Toronto, ON: Nelson Canada.

Harms, T., Clifford, R., & Cryer, D. (1998). Early Childhood Environmental Rating Scale. (Revised ed.). New York, NY: Teachers College Press.

Kostelnik, M. (1993). Developmentally Appropriate Programs. Eric Digest. ericeece@uiuc.edu.

Mayasky, M. (1998). Creative activities for young children. Toronto, ON: ITP Nelson.

McCain, M., & Mustard, F. (1999). Reversing the Real Brain Drain: Early Years Study Final Report. Toronto, ON: Publications Ontario.

Mead, M. (1975). Children's play style: Potentialities and limitations of its use as a cultural indicator. Anthropological Quarterly 48, 157–181.

Morrow, L. (1993). Literacy development in the early years: Helping children read and write. Boston, MA: Allyn and Bacon.

Newman, L. (1990). Intentional versus unintentional memory in young children: remembering versus playing. Journal of Experimental Child Psychology 50, 243–258.

Packer Isenberg, J., & Jalongo, M. (2001). Creative Expression and Play in Early Childhood. Upper Saddle River, NJ: Merrill Prentice Hall.

Parten, M. (1932). Social participation among preschool children. Journal of Abnormal and Social Psychology 27, 243–269.

Piaget, J. (1962). Play, dreams, and imitation in children. New York, NY: Norton.

Puckett, M., & Diffily, D. (1999). Teaching Young Children and Introduction to the Early Childhood Field. Orlando, FL: Harcourt Brace and Company.

Salisbury, C. (1991). Mainstreaming during the early childhood years. Exceptional Children, 58, 146–155.

Shipley, D. (2002). Empowering Children: Play-Based Curriculum for Lifelong Learning. (3rd ed.). Scarborough, ON: Nelson.

Smilansky, S. (1968). The effects of sociodramatic play on disadvantaged preschool children. New York, NY: Wiley.

Stone, S. (1995, September). Wanted: advocates for play in the primary grades. Young Children, 50 (6), 45 ff.

Ergänzende Literaturhinweise in Deutsch

Bayerisches Staatsministerium für Arbeit und Sozialordnung, Familie und Frauen/Staatsinstitut für Frühpädagogik München (2003): Der Bayerische Bildungs- und Erziehungsplan für Kinder in Tageseinrichtungen bis zur Einschulung. Entwurf für die Erprobung. Weinheim: Beltz.

Gisbert, K. (2004): Lernen Lernen. Lernmethodische Kompetenzen von Kindern in Tageseinrichtungen fördern. Beiträge zur Bildungsqualität. Herausgegeben von Prof. Dr. Wassilios E. Fthenakis. Weinheim: Beltz.

Kluge, N. (1999). Spiel und Schule – Zur Geschichte einer konfliktreichen Beziehung. In: Petillon, Hans/Valtin, Renate (Hrsg.): Spielen in der Grundschule. Frankfurt am Main, S. 43–53.

Petillon, H. (1999). Spielen in der Grundschule – Versuch einer Gegenstands- und Ortsbestimmung. In: Petillon, Hans/Valtin, Renate (Hrsg.): Spielen in der Grundschule. Frankfurt am Main, S. 14–42.

Schäfer, G. (2004). Bildung beginnt mit der Geburt. Ein offener Bildungsplan für Kindertageseinrichtungen in Nordrhein-Westfalen. Weinheim: Beltz.

Weber, C. (2004). Spielen und Lernen mit 0- bis 3-Jährigen. Weinheim: Beltz.

Kapitel 2

Verwendete Literatur

Bredekamp, S. (1987). Developmentally Appropriate Practice in Early Childhood Programs Serving Children from Birth to Age 8. Washington, DC: National Association for the Education of Young Children.

Campbell, D. (1997). The Mozart Effect. New York, NY: Avon Books.

Canadian Association for Young Children (1996). Play: Young Children Have the Right to Learn Through Play.

Chiazzari, S. (1998). The complete book of colour. Boston, MA: Element Books, Inc.

Doherty-Derkowski, G. (1995). Quality Matters: Excellence in Early Childhood Programs. Don Mills, ON: Addison Wesley.

Edwards, C., Gandini, L., & Forman, G. (1998). The Hundred Languages of Children. (2nd ed.). Greenwich, CT: Ablex Publishing Corporation.

Elicker, J., & Fortner-Wood, C. (1995, November). Adult-Child Relationships in Early Childhood Programs: Research in Review. Young Children, 51(1), 69–78.

Feeney, S., & Moravcik, E. (1997, September). A Thing of Beauty: Aesthetic Development in Young Children. Young Children.

Flannery, M. (1977). Art Education. The Journal of the National Art Education Association. Volume 30, Number 1.

Giedd, J. (1998, February). Pediatric seasonal affective disorder: A follow-up report. Journal of the American Academy of Child and Adolescent Psychiatry.

Harmon, D. (1951). The Coordinated Classroom. Grand Rapids, MI: American Seating Company.

Harrington, L., & Mackie, J. (1993). Mississauga, ON: B&E Publications Inc.

Hathaway, W. (1994). Non-visual effects of classroom lighting on children. Educational Facility Planner, 23 (3), 12–16.

Hawkins, W., & Lilley, H. (1992). CEFPI's guide for school facility appraisal. Columbus, OH: The Council of Educational Facility Planners International.

Hendrick, J. (1997). First Steps Toward Teaching the Reggio Way. Upper Saddle River, NJ: Merrill, Prentice Hall.

Hohmann, M., & Weikart, D. (1995). Educating Young Children. Ypsilanti, MI: High/Scope Press.

Hollwich, F., & Dieckhues, B. (1980). »The Effect of Natural and Artificial Light Via the Eye on the Hormonal and Metabolic Balance of Animal and Man.« Ophthalmologica. No. 4, 188–197.

Holt, B., Kamii, C., & Seefeldt, C. (1984, November). Ideas That Work with Young Children. Young Children.

Jackman, H. (2001). Early Education Curriculum: A Child's Connection to the World. (2nd ed.). Albany, NY: Delmar.

Katz, L., & Chard, S. (1991). Engaging Children's Minds: The Project Approach. Norwood, NJ: Ablex Publishing Corporation.

Lexington, A. (1989). Healthy offices: Hard to define but we need them. The Office. 73–75.

Libby, W. (2000). Using Art to Make Art Creative Activities Using Masterpieces. Albany, NY: Delmar.

Liberman, J. (1991). Light Medicine of the Future. Santa Fe, NM: Bear & Company Publishing.

Maxwell, L., & Evans, G. (2001). Design of Child Care Centers and Effects of Noise on Young Children. http://www.designshare.com.

Mayesky, M. (1997). Creative activities for young children. Scarborough, ON: Delmar.

Miller, S. (1991). Learning Through Play: Language. New York, NY: Scholastic.

Murphy, P., & Doherty, P. (1996). The Colour of Nature. Vancouver, BC: Raincoast Books.

Ott, J. (1976). Health & Light. New York, NY: Pocket Books.

Puckett, M., & Diffily, D. (1999). Teaching Young Children: An Introduction to the Early Childhood Profession. Orlando, FL: Harcourt Brace & Company.

Read, M., Sugawara, A., & Brandt, J. (1999, May). Impact of Space and Color in the Physical Environment of Preschool Children's Cooperative Behavior. Environment and Behavior, Vol. 31, No. 3, 413–428.

Reggio Children USA. (1987). To Make a Portrait of a Lion. Washington, DC.

Sharp, P. (1976, September). Aesthetic Responses in Early Education. Journal of the National Art Education Association. Volume 29/Number 5.

Stoecklin, V. (2001). Role of Culture in Designing Child Care Facilities. www.whitehutchinson.com/children/articles/childcarefacilities.shtml.

Swedo, S., Allen, A., & Glod, C. (1997). A controlled trial of light therapy for the treatment of pediatric seasonal affective disorder. J Am Acad Child Adolescent Psychiatry 36, 816–821.

Swiniarski, L., Breitborde, M., & Murphy, J. (1999). Educating in the Global Village. Toronto, ON: Prentice Hall.

Tauton, M. (1982). Aesthetic Response of Young Children to the Visual Arts: A Review of the Literature. Journal of Aesthetic Education, Volume 16, Number 3.

U. S. General Services Administration (GSA) (1998, June). Child Care Center Design Guide. Washington, DC: Public Building Service, Child Care Center of Expertise PBS 3425–13.

Wohlfarth, H., & Wohlfarth, S. (1982). The Effect of the Color Psychodynamic Environmental Modification Upon Psychophysical and Behavioural Reactions of Severely Handicapped Children. The International Journal of Biosocial Research 3, No. 1, 12–19.

Ergänzende Literaturhinweise in Deutsch

Becker, G. u. a. (Hrsg.) (1997). Räume bilden. Studien zur pädagogischen Topologie und Topographie. Seelze Velber: Kallmeyer.

Beek, A. von der u. a. (2001). Kinderräume bilden. Ein Ideenbuch für Raumgestaltung in Kitas. Neuwied: Luchterhand.

Dieken, C. van (Hrsg.) (2004). Lernwerkstätten und Forscherräume in Kita und Kindergarten. Freiburg: Herder.

Forster, J. (1997). Kind und Schulraum – Ansprüche und Wirkungen. In: Becker, Gerold u. a. (Hrsg.): Räume bilden. Studien zur pädagogischen Topologie und Topographie. Seelze Velber: Kallmeyer, S. 175–194.

Hermann, G./Wunschel, G. (2002). Erfahrungsraum Kita. Anregende Orte für Kinder, Eltern und Erzieherinnen. Weinheim: Beltz.

Holtappels, H. G. (1997). Grundschule bis mittags. Innovationsstudie über Zeitgestaltung und Lernkultur. Weinheim: Beltz.

Zeiher, H./Zeiher, H. (1996). Orte und Zeiten der Kinder. Weinheim: Beltz.

Kapitel 3

Verwendete Literatur

Erlbach, A., & Holm, S. (1997). Sidewalk Games Around the World. Brookfield, CT: The Millbrook Press.

Federation of Women Teachers' Association of Ontario. (1986). Play: Active Learning In The Early Years. Toronto: Federation of Women Teachers' Association of Ontario.

Federation of Women Teachers' Association of Ontario. (1986). Learning Through Play. 87, Number 2. Toronto: Federation of Women Teachers' Association of Ontario.

Furst, F., & Furst, J. (1982). North American Indian Art. New York, NY: Rizzoli International Publications Inc.

Hogben, J., & Wasley, D. (1996). Learning in Early Childhood: What does it mean in practice? Education Department of South Australia: Hyde Park Press.

Jackman, H. (2001). Early Education Curriculum: A Child's Connection to the World. (2nd ed.). Scarborough, ON: Delmar Thomson Learning.

Onyefulu, O. (1994). Chinye: A West African Folktale. London, UK: Viking Penguin.

Ergänzende Literaturhinweise in Deutsch

Ammann, R. (2001). Das Sandspiel: der schöpferische Weg der Persönlichkeitsentwicklung. Düsseldorf: Walter.

Engelhardt, G. von (1997). Kunstpädagogische und kreativitätstherapeutische Arbeit mit Naturmaterial, speziell Sand und Steinen: mit einer interkulturellen Studie über die Heilungsrituale und die Sandbilder der Navaho. Tübingen: Attempto.

Hirth, S. (1987). Musisch-ästhetische Erziehung in der Grundschule. Studieneinheit Sandspiele. Tübingen: Deutsches Institut für Fernstudien an der Universität Tübingen (DIFF).

Kohl, M. F. (2004). Matschen. Kreatives Arbeiten mit verschiedenen Modelliermassen. Seelze-Velber: Kallmeyer

Lange, U./Stadelmann, T. (2002). Sand – Wasser – Steine: Spiel-Platz ist überall. Weinheim: Beltz.

Marx, U./Steffen, G. (1998). Lesenlernen mit Hand und Fuß. Ein mehrdimensionaler Leselehrgang im handlungsorientierten Stationsverfahren., Horneburg/Niederelbe: Sigrid Persen.

Meister Vitale, B. (1998). Lernen kann phantastisch sein. Offenbach: GABAL.
Rose, E. M./Rose Dalto, A. (2004): Mandalas aus Sand: meditieren und innere Ruhe erfahren. Kreuzlingen: Hugendubel.
Warneck, I./Becker, M. (1999). Sand & Seele: Sandmalerei als Weg des kreativen Gestaltens. Engerda: Arun.
Zimmer, R. (1997). Sinneswerkstatt. Projekte zum ganzheitlichen Leben und Lernen. Freiburg: Herder.

Kapitel 4

Verwendete Literatur

Bennett de Marrais, K., Nelson, P., & Baker, J. Meaning in Mud: Yup'ik Eskimo Girls at Play. In Roopnarine, J., Johnson, J., & Hooper, F. (Eds.) (1994). Children's play in diverse cultures. Albany, NY: State University Press, 179–209.
Eliason, C., & Jenkins, L. (1999). A Practical Guide to Early Childhood Curriculum. (6th ed.). Upper Saddle River, NJ: Merrill.
Haight, W., Wang, X., Han-tih Fung, H., Williams, K., & Mintz, J. (1999, November). Universal, Developmental, and Variable Aspects of Young Children's Play: A Cross-Cultural Comparison of Pretending at Home. Child Development. Volume 70, Number 6, 1477–1488.
Johnson, J., Christie, J., & Yawkey, T. (1999). Play and Early Childhood Development. Don Mills, ON: Longman.
Panikkar, B., & Quinn, S. (1989). Water. North York, ON: North York Board of Education.
Shipley, D. (2002). Empowering Children: Play-Based Curriculum for Lifelong Learning. (3rd ed.). Scarborough, ON: Nelson.

Ergänzende Literaturhinweise in Deutsch

Koch, S./Ulrich, I./Ministerium für Kultur, Jugend und Sport Baden-Württemberg (Hrsg.) (2000). Wasser marsch: das Thema Wasser bearbeitet mit Video und Computer für die Grundschulklassen 3 und 4. Donauwörth: Auer.
Langer, A. (Hrsg.) (2000). Projekte »Feuer« und »Wasser«: fächerübergreifende Unterrichtsbausteine für das 1.–4. Schuljahr. (1. Aufl.). München: Oldenbourg.
Lebenswelt Tiere an Land, im Wasser und in der Luft (Sammlung überarbeiteter Beiträge der Zeitschrift Unterricht Biologie) (2001). Seelze: Kallmeyer Verlag (Gesamttitel: Unterricht Biologie. Materialien für den Sachunterricht.).
Patz, D. (2000). Spritzige Wasserspiele. Münster: Coppenrath.

Kapitel 5

Verwendete Literatur

Begly, S. (1996). Your Child's Brain. Newsweek. February 19, 1998.
Black, S. (1998, November/December). How Minds Grow with Music. Early Childhood News.
Campbell, D. (1995). The Mozart Effect for Children. New York, NY: HarperCollins Publishers Inc.
Challis, E. (1985). Jumping, Laughing, & Resting. New York, NY: Amsco Publications.
De Leon, Arcila M. (2000). AYRAM Prenatal Music Stimulation Program. In Music within Every Child Conference

Papers. Kingston, ON: Queen's University, pp. 79–82.
Haines, J., & Gerber, L. (2000). Leading Young Children to Music. (6th ed.). Toronto, ON: Prentice Hall Canada.
Habermeyer, S. (1999). Good Music, Brighter Children. Rocklin, CA: Prima Publishing.
Henniger, M. (1999). Teaching Young Children: An Introduction. Upper Saddle River, NJ: Prentice Hall.
Hepper, P. (1991). The Musical Infant. Irish Journal of Psychology. Volume 12, 95–107.
Hoffman, S. (1999, May). Take Note. Homemaker's.
Honig, A. (1995, July). Singing with Infants and Toddlers. Young Children.
Isenberg, J., & Jalongo, M. (2001). Creative Expression and Play in Early Childhood. (3rd ed.). Toronto, ON: Prentice Hall Canada.
Jalongo, M., & Collins, M. (1985, January). Singing with Young Children: Folk Singing for Nonmusicians. Young Children.
Pica, R. (2000). Experiences in Movement with Music, Activities, and Theory. (2nd ed.). Scarborough, ON: Thomson Learning.
Rauscher, F. (1996, Sept./Oct.). The Power of Music. Early Childhood News.
Red Centre Dreaming. (2001). Aboriginal Cultural Show. Red Centre Resort, Alice Springs: Northern Territory, Australia. http://www.aurora-resorts.com.au.
Shelter, D. (1990). The Inquiry into Prenatal Musical Experience: A Report of the Eastman Project 1980–1987. In Music and Child Development. Wilson, F., & Roehmann, F. (Eds.). St. Louis, MO: MMB Music Inc.
Shipley, D. (2002). Empowering Children: Play-Based Curriculum for Lifelong Learning. (3rd ed.). Scarborough, ON: Nelson.
Silberg, J. (1990). The I Can't Sing Book: For Grownups Who Can't Carry a Tune in a Paper Bag... But Want to Do Music with Young Children. Beltsville, MD: Gryphon House.
Wendell, H. (2000). The Healing Power of Musical Play in Preschool. In Music within Every Child Conference Papers. pp. 79–82. Kingston, ON: Queen's University.

Ergänzende Literaturhinweise in Deutsch

Beck Neckermann, J. (2002). Handbuch der musikalischen Früherziehung. Freiburg: Herder.
Berzheim, N. (1989). Aus der Praxis der elementaren Musik- und Bewegungserziehung. Donauwörth: Auer.
Haehnel, G./Söll, F. (2001). Wir spielen mit unseren Schatten: Musikstücke für Schattenspiele. Seelze-Velber: Kallmeyer o. J.
Herdtweck, W. (2004). Die Rhythmikwerkstatt. Von der Körpererfahrung zum ganzheitlichen-kreativen Gestalten. München: Don Bosco.
Verband deutscher Musikschulen (Hrsg.) (2004). Gute Musik für Kinder. Bonn.
Klöppel, R./Vliex, S. (2004). Helfen durch Rhythmik: verhaltensauffällige Kinder erkennen, verstehen, richtig behandeln. Kassel: Bosse.
Rolle, C. (1999). Musikalisch-ästhetische Bildung: über die Bedeutung ästhetischer Erfahrung für musikalische Bildungsprozesse. Kassel: Bosse.
Rompf, A./Rompf, F. (2004). Musizieren in der Grundschule: eine Anleitung für den Musikunterricht – nicht nur für Fachlehrer. (1. Aufl.). Donauwörth: Auer.

Kapitel 6

Verwendete Literatur

Francis. (2000). Discovering first peoples and first contacts. Don Mills, ON: Oxford University Press.

Reifel, S. (1984, November). Block Construction: Children's Developmental Landmarks in Representation of Space. Young Children.

Santrock, J. W. (1994). Psychology. Dubuque, IA: WCB Brown & Benchmark.

Schickedanz, A., Schickedanz, I., Hansen, K., & Forsythe, P. (1993). Understanding Children. (2nd ed.). Mountain View, CA: Mayfield Publishing Company.

Stephens, K. (1991). Block Adventures: Build Creativity and Concepts through Block Play. Bridgeport, CT: First Teacher Press.

Warren, A. (1987). Blocks. North York, ON: The Board of Education for the City of North York.

Wellhouse, K., & Kieff, J. (2001). A Constructivist Approach to Block Play in Early Childhood. Toronto, ON: Delmar Thomson Learning.

Ergänzende Literaturhinweise in Deutsch

Feldkamp, J. (Hrsg./Körperschaft: Industriemuseum Chemnitz) (1998).Legen, stecken, schrauben – spielend bauen: Begleitschrift zur Ausstellung des Industriemuseums Chemnitz gemeinsam mit dem Deutschen Spielemuseum e. V. vom 15. November 1998 bis zum 31. Januar 1999. Chemnitz: Industriemuseum.

Noschka-Roos, A./Knerr, G. (Deutsches Museum) (1986). Bauklötze staunen: 200 Jahre Geschichte der Baukästen. München: Hirmer.

Pecher, B. (2000). Kunst und Architektur für Kinder. München: Regenbogenland.

Kapitel 7

Verwendete Literatur

Berk, L. (1998). Development Through Lifespan. Toronto, ON: Allyn and Bacon.

Canadian Council on Social Development. (1988). The Progress of Canada's Children 1998. Ottawa, ON: Canadian Council on Social Development Publications.

Harms, T., Clifford, R., & Cryer, D. (1998). Early Childhood Environment Rating Scale: Revised Edition. New York, NY: Teachers College Press.

Hogben, J., & Wasley, D. (1996). Learning in Early Childhood: What Does It Mean in Practice? Education Department of South Australia: Hyde Park Press.

Rich, S. (1985, July). The Writing Suitcase. Young Children.

Schickedanz, J., Schickedanz, D., Forsyth, P., & Forsyth, G. (2001). Understanding Children and Adolescents. (4th ed.). Toronto, ON: Allyn and Bacon.

Shipley, D. (2002). Empowering Children: Play-Based Curriculum for Lifelong Learning. (3rd ed.). Scarborough, ON: Nelson.

Watson, L., Watson, M., Wilson, L., & Crowther, I. (2000). Infants and Toddlers. Scarborough, ON: Nelson Thomson Learning.

Ergänzende Literaturhinweise in Deutsch

Rücker-Vogler, U. (2002). Wege zum Entspannen/Geschichten zum Entspannen. Ravensburg: Ravensburger.

Anrich, C. (Hrsg.)/Bolay, E. (2002). Bewegte Schule, bewegtes Lernen. Band 2. Bewegung ein Unterrichtsprinzip: Bewegungspädagogik für weiterführende Schulen, Bewegungspausen im Unterricht, Entspannung

und Stille im Klassenzimmer., Leipzig: Klett.
Bartl, A./Puth, K./Clausen, M.. (2003). Kleine Stille zwischendurch: Entspannungsspiele für die Grundschule. (1. Aufl.). Berlin: Cornelsen Scriptor.
Granzer, D. (2004). Schweigen, Stille und Stilleübungen als Form schulischen Lernens. Genese und Rekonstruktion einer ästhetisch-didaktischen Kategorie. Opladen: Leske und Budrich 2000 (Forschung Erziehungswissenschaften Band 64).
Gruber, C./Rieger, C. (2004). Entspannung und Konzentration. Meditieren mit Kindern. München: Kösel.
Lendner-Fischer, S. (2004). Bewegte Stille und Entspannung mit Kindern. München: Kösel.

Kapitel 8

Verwendete Literatur

Elkind, D. (1988). The Hurried Child. Don Mills, ON: Addison-Wesley Publishing Company, Inc.
Fung, H. (1994). The socialization of shame in young Chinese children. Unpublished doctoral dissertation, University of Chicago.
Haight, W., & Miller, P. (1993). Pretending at Home: Early Development in a Sociocultural Context. Albany, NY: State University of New York Press.
Haight, W., Wang, X., Han-tih Fung, H., Williams, K., & Mintz, J. (1999, December). Universal, Developmental, and Variable Aspects of Young Children's Play: A Cross-Cultural Comparison of Pretending at Home. Child Development. Volume 70, Number 6, 1477–1488.
Harms, T., Clifford, R., & Cryer, D. (1998). Early Childhood Environment Rating Scale: Revised Edition. New York, NY: Teachers College Press.
Heath, S. (1983). Ways with words: Language, life and work in communities and classrooms. Cambridge, UK: Cambridge University Press.
Hereford, N., & Schall, J. (1991). Learning through Play: Dramatic Play. New York, NY: Scholastic Inc.
Mintz, P. (1998). The socialization of self in middle-class, Irish American families. Unpublished doctoral dissertation, University of Chicago.
Myhre, S. (1997, Spring). Enhancing dramatic play with prop boxes. Texas Child Care. 2–10.
Pulaski, M. (1973). Toys and imaginative play. In J. L. Singer (Ed.). The child's world of make-believe. New York, NY: Academic Press.
Schwartzman, H. (1986). A cross-cultural perspective on child-structured play activities and materials. In A. W. Gottfried & C. C. Brown (Eds.). Play interactions: the contribution of play materials and parental involvement to children's development. Lexington, MA: Lexington Books.

Ergänzende Literaturhinweise in Deutsch

Berzheim, N. (1990). Darstellendes Spiel im Kindergarten. Donauwörth: Auer.
Lemanczyk, K. (2002). Kindertheater von der Spielidee zur Aufführung. Heidelberg: Meyer & Meyer.
Müller-Mees, E. (2002). Kindersketche für Familienfeste. Berlin: Urania.
Kelber-Bretz, W. (2000). Kinder machen Zirkus. Heidelberg: Meyer & Meyer Verlag.
Spiel und Spaß aktiv (Vorhang auf: 12 einzelne Hefte, verschiedene Autoren). (2002). Münster: Coppenrath.
Hoffmann, C./Israel, A. (Hrsg./Körperschaft: Kinder- und Jugendtheater-

zentrum in der Bundesrepublik Deutschland, Frankfurt am Main) (1999). Theater spielen mit Kindern und Jugendlichen: Konzepte, Methoden und Übungen. Eine Veröffentlichung des Kinder- und Jugendtheaterzentrums in der Bundesrepublik Deutschland. Weinheim: Juventa.

Neuber, N. (2004). Kreative Bewegungserziehung – Bewegungstheater. (2. Aufl.). Aachen: Meyer und Meyer.

Stamer-Brandt, P. (2003). Wut-Weg-Spiele. (1. Aufl.). Freiburg: Christophorus.

Was für ein Theater. Themenheft von TPS (Theorie und Praxis der Sozialpädagogik), 01/2004.

Kapitel 9

Verwendete Literatur

Hurwitz, A., & Day, M. (2001). Children and Their Art: Methods for the Elementary School. Orlando, FL: Harcourt College Publishers.

Koster, J. (1997). Growing artists teaching art to young children. Scarborough, ON: Delmar.

Libby, W. (2000). Using Art to Make Art. Scarborough, ON: Delmar.

Reggio Children. (1995). The fountains. Municipality of Reggio Emilia: Infant–Toddler Centers and Preschools.

Shirrmacher, R. (1998). Art and Creative Development for Young Children. Scarborough, ON: Delmar.

Shirrmacher, R. (1986, July). Talking with Young Children about Their Art. Young Children. 3–7.

Ergänzende Literaturhinweise in Deutsch

Anweiler, O. (2003). Kreativitätspädagogik. Köln: Böhlau Verlag.

Bassachs, A. G. u. a. (2000). Allererstes Basteln – Kreative Bastelarbeiten mit Kindern. Ravensburg: Ravensburger.

Bostelmann, A. u. a. (2004). Die Töpferwerkstatt für Kinder. Experimentieren und kreatives Gestalten mit Ton. München: Don Bosco.

Brem, C. (1999). Sinneserlebnisse. Mit Kindern die sinnliche Wahrnehmung entdecken. Donauwörth: Auer.

Goecke-Seischab, M. L./Hillebrand-Brem, C. (2003). Mit Pappe und Kleister. Kreativität, die Kindern Spaß macht. München: Kösel.

Greine, R. (2002). Erfindergarten: Ideen gegen Monotonie und Langeweile im Kindergarten. Weinheim: Beltz.

Lange, U. (2004). Farben für den grauen Alltag. Muss Farbe immer aus der Tube kommen? In: Betrifft Kinder 01/2004, S. 16–21.

Seitz, R. (1990). Ästhetische Elementarbildung: ein Beitrag zur Kreativitätserziehung. Donauwörth: Auer.

Seitz, R. (1998). Phantasie & Kreativität: ein Spiel-, Nachdenk- und Anregungsbuch. München: Don Bosco.

Seitz, R. (2001). Vom Blau, das teilen lernte. Seelze-Velber: Kallmeyer.

Tervooren, H. (1999). Montessori-Pädagogik und rhythmisch-musikalische Erziehung im Kontext reformpädagogischer Modelle. Essen: Die Blaue Eule.

Kapitel 10

Verwendete Literatur

Dodge, D., & Colker, L. (1992). The creative curriculum. (3rd ed.). Washington, DC: Teaching Strategies, Inc.

Isenberg, J., & Jalongo, M. (2001). Creative Expression in Early Childhood. Upper Saddle River, NJ: Prentice-Hall, Inc.

Roopnarine, J., Johnson, J., & Hooper, F. (Eds.) (1994). Children's play in diverse cultures. Albany, NY: State University Press.

Ergänzende Literaturhinweise in Deutsch

Brem, C. (1999). Sinneserlebnisse. Mit Kindern die sinnliche Wahrnehmung entdecken. Donauwörth: Auer.

Hoenisch, N./Nigemeyer, E. (2001). Hallo Kinder, seid Erfinder! Abenteuer mit dem Alltäglichen. Weinheim: Beltz.

Knauf, T. (1998). Ein Vergnügungspark für Vögelchen. Annäherungen an Theorie und Praxis des Perojektlernens in Reggio Emilia. In: Welt des Kindes 06/1998, S. 6–11.

Knauf, T. (2001). Projekte in der Reggio-Pädagogik. In: PÄD Forum 03/2001, S. 15–19.

Knauf, T. (2000). Reggio-Pädagogik. In: Fthenakis, Wassilios E. / Textor, Martin R. (Hrsg.): Pädagogische Ansätze im Kindergarten. Weinheim: Beltz, S. 181–201.

Laewen, H.-J./Andres, B. (Hrsg.) (2002). Forscher, Künstler, Konstrukteure. Werkstattbuch zum Bildungsauftrag von Kindertageseinrichtungen. Weinheim: Beltz.

Lingenauber, S. (Hrsg.) (2004). Handlexikon der Reggio-Pädagogik. Bochum: Projektverlag.

Reggio Children (Hrsg.) (2001). Hundert Sprachen hat das Kind. Weinheim: Beltz.

Seitz, R. (1995). Seh-Spiele. München: Don Bosco.

Seitz, R. (1993). Tast-Spiele. München: Don Bosco.

Stenger, U. (2001). Grundlagen der Reggiopädagogik: Das Bild vom Kind. In: PÄD Forum 03/2001, S. 181–186.

Thiesen, P. (2001). Wahrnehmen – Beobachten – Experimentieren: spielerische Sinnesförderung in Kindergarten und Grundschule. Weinheim: Beltz.

Ullrich, W./Brockschnieder, F.-J. (2001). Reggio-Pädagogik im Kindergarten. Freiburg: Herder.

Kapitel 11

Verwendete Literatur

Bredekamp, S., & Rosegrant, T. (Eds.) (1992). Reaching Potentials: Appropriate Curriculum and Assessment for Young Children. Young Children. Vol. 1, p. 33.

Charlesworth, R., & Lind, K. (1999). Math and Science for Young Children. (3rd ed.). Albany, NY: Delmar Publishers.

Dighe, J. (1993, March). Children and the Earth. Young Children. 58–63.

Wilson, R. (1995, September). Nature and Young Children: A Natural Connection. Young Children. 4–11.

Yinger, J., & Blaszka, S. (1995, November). A Year of Journaling – A Year of Building with Young Children. Young Children. 15–20.

Ergänzende Literaturhinweise in Deutsch

Bernard, M. (2003). Erstes Rechnen mit Zahlen bis 20. Hamburg: Xenos.

Barbetti, Y. (2000). Mein Vorschulbuch-Zahlen, Buchstaben, Farben, Formen. Ravensburg: Ravensburg.

Caluori, F. (2004). Die numerische Kompetenz von Vorschulkindern: theoretische Modelle und empirische Befunde. Hochschulschrift Universität Hannover.

Domel, J. (1993). Zur Entwicklung des Zahlbegriffs im Vorschulalter: eine interventionsorientierte und sequenzanalytische Untersuchung auf der

Grundlage von Trainingsprogrammen zum Konstruktionsspiel. Berlin: Humboldt-Universität, Dissertation.
Fuchs, F. (2001). Zahlen, Mengen und Größen. München: Omnibus.
Geißler, U./Rieger, B.: (2003). Natur-Spielebuch. Ravensburg: Ravensburger.
Krekeler, H./Rieper-Bastian, M. (2001). Spannende Experimente-Naturwissenschaft spielerisch erleben. Ravensburg: Ravensburger.
Lück, G.(2003). Leichte Experimente für Eltern und Kinder. Freiburg: Herder.
Lück, G. (2004). Handbuch der naturwissenschaftlichen Bildung. Theorie und Praxis für die Arbeit in Kindertageseinrichtungen. Freiburg: Herder.
Lüders-Barrie, N./Hoenecke, C. (2003). Lernen an Stationen in der Grundschule. Trinkwasser, Abwasser und Experimente mit Wasser: 3./4. Schuljahr. Berlin: Cornelsen Scriptor Verlag (passend zu Box »Wasser 1« von Cornelsen Experimenta).
Metz, S./ Schäfer, C. (2003). Bärenstarker Vorschulspaß mit Buchstaben und Zahlen. Stuttgart: Ensslin.
Partecke, E. (2004). (K)Ein bisschen Lust auf Mathe. Ich bin drei! – mathematische Grundvorstellungen von Kindergartenkindern. In: Klein & Groß, 02–03/2004, S. 12–17.
Reggio Children (Hrsg.) (2002). Alles hat einen Schatten außer den Ameisen. Wie Kinder lernen. Weinheim: Beltz.
Reggio Children (Hrsg.) (2002). Schuh und Meter. Wie Kinder im Kindergarten lernen. Weinheim: Beltz
Weinhold, A. (2004). Experimentieren und Entdecken: mehr als 30 Experimente zu Luft und Wasser. Ravensburg: Ravensburger.

Kapitel 12

Verwendete Literatur

Feeney, L. (1991, April). The Wonders of Working with Wood. Scholastic, Pre-K Today.
Hogben, J., & Wasley, D. (1996). Learning in Early Childhood. What does it mean in practice? Education Department of South Australia: Hyde Park Press: South Australia.

Ergänzende Literaturhinweise in Deutsch

Bundesverband der Unfallkassen (Hrsg.) (2002). Holz: ein Handbuch für Lehrkräfte. GUV-SI 8041 (bisher GUV 57.1.30.6). Neuauflage. München: Bundesverband der Unfallkassen.
Lassert, U. (1998). Alles über Holz: Kopiervorlagen zur Freiarbeit. Sachunterricht 3.–6. Jahrgangsstufe. (2. Aufl.). Donauwörth: Auer.
Müller-Laackmann, B./Greving, H./Niehoff, D. (Hrsg.) (2003). Werken und Gestalten. (1. Aufl.). Troisdorf: Bildverlag Eins (Gesamttitel: Methoden in Heilpädagogik und Heilerziehungspflege).

Notizen